挖山洞的大兵

「麻色文革」最終曲

南懷沙 著

此書中既無臆造的人物，又無虛構的事件。人與地都稱其真姓實名。如果人物、地點的名稱與《三國演義》中巧合，則係事出有因；所寫事件的日期、細節、數字也都盡量地做到真實，若是出現些許差錯，那也是因為人的記憶難以經受歲月的磨損。

自序

所謂老三屆，指的是中國大陸文革開始那年正在中學讀書的高中和初中各三屆的學生。其實稱呼為老六屆才更能盡言其詳。這六屆中學生，多數出生於一九四六至一九五三年，文化大革命開始之際是十三歲至二十歲。

本人出生在一九五〇年，高中一年級沒有讀完，就趕上了文革，算是老三屆中的老高一。老高一有時還會被人稱作一九六八屆高中畢業生。

現在回頭來看，老三屆無疑是特殊時代造就的一個特殊群體；是一個受騙最久，受害最深，受苦最多的群體；是一個前無古人後無來者，經歷無可複製的群體。

自打我們降生在中國的土地上，一場場政治運動便接踵而來：土改、鎮反、抗美援朝、公私合營、抓胡風、合作化、反右派、大躍進、人民公社和四清，連喘息的間隙都沒有，直至波浪滔天烈焰滾滾的文化大革命。我們這一代人是吮吸著政治運動的狼奶長大的。是誰從小就把我們當做狼崽子來養的呢？

我們剛剛識圖認字，家長老師報紙書籍戲劇電影，教育我們的全是這主義那思想甲模範乙標兵，冷酷無情的人是英雄。誰個告訴過我們世界的真相？何人給我們講解過什麼是慈悲與憐憫？什麼是善良與寬容？什麼是真誠與尊重？

正當我們身體成長發育需要營養的時候，卻趕上了亙古未有的人為饑荒；我們吃糠咽菜含辛茹苦就讀到中學，學業卻被「史無前例」無情地終止。

文革伊始，狼崽子們就露出了冷酷殘忍的本性。我們焚燒圖書；我們砸毀文物；我們橫衝直撞；我們「文攻武衛」；我們批鬥侮辱刑訊關押逼死校長和老師；我們謾罵毒打杖斃無仇無冤無罪無辜的人。所作所為幾乎都是對人類價值觀的否定，每一樁罪惡幾乎都可以被列入人類文明史上的登峰造極。

文化大革命方興未艾，老三屆就被無情地甩下了決策者的戰車。紅衛兵小將成了文革犧牲品中的又一批，也是人數最多下場最慘的一批，幾乎囊括了整整一代人。所有的老三屆都淪為了失學青年和失學少年；千千萬萬城市裡的老三屆被發配去了山區邊疆農村。老三屆們從此落得一無所有，只剩下一句尷尬無奈的口號：「青春無悔！」老三屆的命運何其苦啊！

日月如梭，時光荏苒。最年輕的老三屆如今也都年逾耳順了。正所謂「江山不幸詩家幸」，我們老三屆人人都是江山不幸民眾遭難國家蒙羞的見證者。我們要肩負起歷史見證者的責任，我們應該把當年的經歷見聞感悟一五一十地說給後人聽，避免類似的悲劇在他們身上重複再現；我們也希望把歷史的真相告知於自由天空下的人；我們還要說的是：老三屆並非是突然降臨地球的天外來客，我們的所作所為既是中華文明的傳統延續，也是人類歷史的組成部分。

近年出現了不少老三屆秉筆直書往事的文章，有的已經出版成書。本人有幸也加入到了這一行列，沒承想鍵盤啪啪噠噠竟然敲出來七十多萬字。

我把敘事的筆端嘎然停止在了一九七五，那一年我二十五歲正當年。老三屆的青春無一不是來自荒漠的歌，我的這一曲或許也蒼茫。如此多的文字記述了一束人們不曾聽到過的陳年往事，我現在敘說起來仍悲涼。

如果介紹自己是序言的必要內容，我只能並不謙虛地說：我是一個普通的人，是一個普通的北方人；我生長在一個普通家庭；我家之所在是一座普通的縣城；我讀書的母校是一所普通中學；我服役的軍階是一名普通的士兵；退役後的幾十年，我依舊是普通了再普通。所以我展示給讀者的只能是一個普通人的所經所歷，一個普通人的所見所聞。

普通人的故事或許低沉卑微，卻也不缺少酸甜苦辣跌宕起伏；普通人的感受往往難以慷慨激昂豪情萬丈，卻最容易讓讀者產生共鳴；普通人是組成社會肌體的基本細胞，普通人心跳的聲音才是國家民族最真實的脈動。所以我執著地相信：普通人的所經所歷同樣可以用來書寫歷史，詮釋歷史，傳承歷史。

就在本書即將完稿的時候，我閱讀到一位朋友在她的書中寫出的一句話：「切莫因生命的平凡而放棄神聖的記憶權利。唯千千萬萬樸實的生命記憶，才能熔鑄成不可塗改的歷史真實。」這也正是我要說的，希望每一個讀者都能從我的書中閱讀出「歷史真實」。

南懷沙

二〇一三年三月

每個人的一生，都像一次旅行。不論你什麼時候出發，不論你從哪裏啟程，大家的目的地都一樣；不一樣的是沿途的風景；差別最大的是看風景的心情。

旅行的意義在於留足痕於大地，閱世界入胸襟；人生的價值體現在：當生命結束之後，憑欄回眸，還有人傳承著你的思想，你的記憶。

——題記

前言

開篇扉頁亮明了此書的宗旨：書中既無臆造的人物，也無虛構的故事。書中所述，全是與青春捆綁在一起的記憶，時時事事都刻骨銘心。故事發生的空間是三個渾然不同的場景：河北大平原上兩個相鄰的村莊；山東大運河畔一座古老的縣城；東北大山裏幾處簡陋的軍營。時間跨度是二十五年或更久一些，文革自然是全書的主題，也包括文革前的一些事情。整部作品記述了一個普通家庭的變遷，敘說了一個普通年輕人的苦澀感受，通篇都可以被看作是對階級鬥爭學說的精細解讀。

上中農，是一個專門用來區別階級成分的名詞，曾經在中國大陸流行流通了四十多年。在那個以人們的家庭出身來確立社會地位，分配政治權利甚至是生存權利的年代，上中農的身份奇特尷尬。上中農既不是被鎮壓被專政的對象，也不是被相信被依靠的力量，不上不下，中間偏右。因為「偏右」，上中農在多數情況下都會被疏遠，被懷疑，歧視羞辱壓抑自然是難免的。

文革期間，按照家庭出身把人劃分為「紅五類」、「痲五類」和「黑五類」，上中農通常是被劃歸於「痲五類」之中。《痲色文革》的書名也由此而來。

如果按照當年階級路線的政策細則來精準地研判，我實際上還算不得是一個上中農，因為我們家被確認為是上中農時，我還沒有來到這個世界。我的父親也算不得是上中農，他只能算是一個上中農子女，因為土改那年他只有十七歲。充其量我也只能算是上中農的孫子，一名上中農的後代而已。如此微不足道的一個身份，卻在我身上演繹出許多似是而非哭笑不得的故事，只因為它們發生在那不正常的歲月。

基建工程兵，原是解放軍的一個兵種，因其執行任務的特殊性，外界素來就對它知之甚少。一個上中農的後代成為一名基建工程兵的士兵之後又會遇到一些什麼呢？我相信每位讀者一旦跟隨我的思緒進入我的故事，心中都會湧出一股酸酸苦苦的感覺，並且這種感覺可能會持續好一陣子。

書卷合攏，掩面回味，上中農和基建工程兵這兩個原本陌生的概念，生澀的詞語，在你腦海裏留下的印象或許會是清晰而又難以忘懷的。

本書回憶文革的章節中寫有一些自我懺悔的文字。希望能有更多的親歷者和我一起來對當年的執迷瘋狂，對當年的是非顛倒，對當年的錯誤罪行，真誠地懺悔，深刻地反思。說真的，我們這些人用來完成這件事的時間也不是很多了。

在決定將此書付梓出版的時候，我突發奇想：假如閱讀這套書的人多了，我或許就會成為一名全中國最著名的上中農人士兼研究上中農問題的史學家啦。

全書按照時間順序集結為三部：

首部曲《饑餓的小城》；

二部曲《文革之火》；

最終曲《挖山洞的大兵》。

目次

第十五章　經始班（乙）

第十六章　經始班（丙）

第二十章　脫去軍裝

後記

附錄

第十二章　穿上軍裝

一、徵兵大會

春節前後是軍隊補充新兵的季節。一九六九年國家徵集的新兵比較多，很可能是解放軍一九五四年實行義務兵制度後，徵兵數量最多的一年。

因為「反復舊」，臨清縣革命委員會不能正常辦公，各個街道，各區各人民公社的政權機構也都癱瘓或半癱瘓了。為了完成徵兵任務，臨清縣武裝部決定把全縣每個大隊（村）的民兵連長，各級武裝部長都集合到縣城裏，直接向他們布置徵兵工作。這樣一來與會者要有五六百或七八百人，是一個規模空前的徵兵大會。會議經費撥下來，食宿仍由縣革委的會計袁英負責安排打理。

縣裏大凡召開這樣規模的會議，都要臨時招募幾個服務人員。父親和袁英說好，我成了臨時工中的一個。其他的也都是縣革委工作人員的子女，其中有袁英十五六歲的兒子。還有一個機靈的少年，姓白；另有兩三個年齡更小的女孩子。我對她們的印象是全都長相平平，其中一個有事沒事只知道對著我們幾個男的傻笑。

還需要說明的是：我們每人每天的報酬是一元錢，大致相當於當時二級工人的工資。

往年召開這樣規模的會議，住宿吃飯肯定要安排在縣招待處。如今招待處整棟樓都被炮轟派占據了，客房變成了革命造反的指揮部、辦公室兼臥室。民兵連長武裝部長們的住處只好借用師範學校的教室，吃飯還在招待處的餐廳裏。

我們幾個臨時工的職責是民兵連長武裝部長們沒有報到之前，先把那些教室打掃乾淨，破桌子壞板凳悉數存放它處，空曠的地面鋪上厚厚的麥草，沒有玻璃的門窗用舊報紙黏糊上。搞了三年多文革，照明的電燈破壞殆盡。每座教室裏需要配置一盞煤油燈，還要把一張《防火須知》張貼在醒目的地方。自帶被褥的民兵連長們開始報到，我和另一個人坐在學校的大門口負責登記，發放餐券和煤油。這樣的工作和我以前在建築隊房產科幹小工相比既輕鬆又乾淨，有著天壤之別，自我甚至有點兒白領的感覺。

更讓我欣喜的是吃飯。為大會服務的臨時工們吃飯既不要錢也不要糧票，而且還可以敞開肚皮吃。民兵連長們去開會，我們幾個就巡邏在他們的住宿處看守門戶，看守他們的自行車和被褥。他們就餐之後，我們再去招待處的餐廳吃飯。那些炊事員多數都認識，不是叔叔就是大伯，自然不會虧待我們。

早餐都是一樣的小米稀飯鹹菜饅頭。五六個饅頭兩三碗稀飯我一口氣就將它吃完；午餐更是豐盛：豬肉豆腐粉條子燉白菜。烹調的過程是先燒好兩盆子噴香噴香的豬肉片，用盆子盛出一半，鍋裏的豬肉用於燉菜。大隊人馬吃過以後，鍋裏還剩下燉菜若干，炊事員再把盆子裏的肉片倒進鍋裏，炊事員和我們幾個臨時工隨便享用。這樣的程序，與如今貪官污吏們中飽私囊享受特權的行徑無異。

炊事員們都是拿兩個饅頭端一碗菜，找一處凳子坐下慢慢地吃。我是一個饅頭三五口便下肚，一碗菜吃完，還要再盛一碗。五六個大白饅頭兩碗肉菜，風捲殘雲一般。晚餐的質量數量與午餐相同。

我活到十九歲從來沒有享受過這麼好的伙食。回家說與母親，心滿意足的感受溢於言表。母親感歎一聲：

「傻小子！你可吃幾天飽飯吧！」

在徵兵大會上幹了五天臨時工，印象最深的是吃得好。各位看官請不要恥笑我，民以食為天，乃至理名言。

至於這次會議的內容和我還有些什麼關係，我絲毫也沒有想過。

呵呵，它還真和我有些關係哩。

二、「要不，你也去當兵吧！」

「要不，你也去當兵吧！」

父親說這句話的時間是一九六九年一月末的一天。

離開臨清一中已經一個多月了，說好聽一點兒，算是高中畢了業，真實地說是強行被迫離開了學校，成了失學青年。沒有任何招工的消息。即使招工，炮轟派還在「反復舊」，肯定沒有我這個小捍衛派的出路。除了在招待處幹了幾天美滋滋的臨時工，冬季也沒有其他的零活幹。

我整天悶在家裏整理文化大革命以來搜集的毛主席語錄。我用自己最好的一個日記本，按照時間順序把毛主席語錄或者是我認為屬於毛主席的文章，毛主席說過的話，一筆一劃工整地逐條重新謄寫。有些是從未正式發表過的，是我從造反派的傳單和紅衛兵小報上抄來的。

我那時認為，社會上出現的混亂狀況，甚至包括貧窮饑餓造謠說假話等現象，都是因為毛主席的指示沒有得到真正落實造成的。宣傳毛澤東思想將是我畢生的任務。現在回憶我當時這樣的信念，絲毫沒有虛構的成分。那一年，我的腦袋深處真的全是這些現在看來非常幼稚愚昧的東西。

如同我這般認識的人，在當時的中學生裏絕對是大多數。這也正是毛澤東的魅力所在與成功之處。被他發動的文化大革命驅趕成失學少年、失學青年並且開始邊緣化的群體，不僅對他沒有絲毫抱怨，而且依舊對他崇拜萬分，信仰至迷。

一九六八年十二月二十二日，《人民日報》在一篇報導的編者按語中傳達了偉大領袖毛澤東的指示：

> 知識青年到農村去接受貧下中農的再教育，很有必要。要說服城裏幹部和其他人，把自己初中、高中、大學畢業的子女，送到鄉下去，來一個動員。各地農村的同志應當歡迎他們去。

這是一段改變了無數青年無數家庭命運的「最高指示」。

父親母親肯定也很重視毛主席這一「最高指示」的發表。他們擔憂我這個「知識青年」面臨的境遇。父親是從農村走出來的，他絕不想再讓我回農村去。他很清楚應當幫助我怎樣選擇。

文化大革命開始後，上中農的家庭成分一直是壓在我心上的石頭。羨慕解放軍由來已久，我卻不敢有一絲兒加入的企盼。一九六八年初徵兵的時候，我們臨清一中的同學走了十幾個，我們高一二班也去了倆，我當時卻連想都沒敢想。一年之後，當父親對我說上面那句話時，我說：

「要是能去上，當然好了。」

我內心想的是：我的家庭成分是上中農，即便參軍後沒有什麼前程，去外面長長見識，去軍隊裏磨練磨練也很好。那些年，隨著林彪的崛起，軍隊對政權和各行各業的介入，軍人的社會地位空前絕後地高漲。解放軍被說成是「毛澤東思想大學校」，當一名解放軍戰士是當時每一個青年人夢寐以求的選擇，我自然也不例外。

父親在告訴我之前，已經和縣革委主任武裝部長張靜軒說過。張部長滿口答應了父親要送我去當兵的請求。如果我參加戶口所在的街道遴選，上中農的成分，根本不可能通過。

第二天，父親讓我去徵兵體檢站找武裝部一個叫王富貴的參謀，張部長已經安排好由他來全程協助我。王參謀和我父親的關係也不錯，好到三十多年後，他還千里迢迢專程到我們居住的城市看望過我父親。

王參謀給了我一份《應徵公民政審表》。我填完後交給了他。王參謀指著《應徵公民政審表》家庭出身一欄說：

「什麼上中農？寫中農就行！」

外祖父家的地主成分，我也是如實填寫的，王參謀指著「社會關係及親友的政治面貌」一欄說：

「這個也要去掉！」

王參謀又給了我一份空白的表格，按照他的要求，我重新填寫上去。

後來我才知道，那年內部掌握的徵兵政策是主要徵集貧下中農的子弟入伍，中農出身的青年不能超過總徵兵數的百分之十五，上中農及以上家庭成分者的後代，一律不要。

我隱瞞上中農家庭成分和社會關係情況的行為，屬於政治錯誤。王參謀為了幫助我參軍，可謂用心良苦，卻為我埋下了一顆不大不小的地雷。這顆地雷什麼時候爆炸？我以後再予以敘說。

等候體檢的時候，我去外面買了幾個蘋果。有同學對我說，體檢時容易心情緊張，一緊張血壓會升高，蘋果可以降血壓。這種說法並沒有什麼科學依據。為了預防萬一，關鍵的時候就破費它一次。這是我第一次自己買水果吃。

父親知道有張部長的恩准，王參謀的協助，我肯定能夠如願。體檢完了，他讓我陪母親回河北劉口村老家過年。父親說：

「你這一走，說不定幾年才能回來，去看看你爺爺奶奶和姥姥吧。」

臨清兩派群眾組織的武鬥此起彼伏，炮轟派和捍衛派都占領有自己的據點，白天用大喇叭互相漫罵攻訐，晚上則有武裝游擊出沒。

河北的武鬥比山東更嚴重。我和母親走到保定，保定城裏大白天就槍聲不斷，有時是點射，有時響成一片。原督軍衙門，現在的保定地區革命委員會大門口擺放著數口棺材，每口棺材上都擺放著血衣和一些被染成了紅色的東西。四周矗立著很多大號的花圈，高高懸掛的條幅上寫著向馬輝（河北省軍區司令員，省革命委員會副主任）、劉子厚（原河北省省長，省革命委員會副主任）討還血債一類的大字。這些文化大革命中屢見不鮮的場面，是三十八軍支持的河北農大造反團創作營造的。雖然河北省革命委員會早已經成立，並且遷往了石家莊，保定的武鬥仍然激烈。

我和母親步行到保定東郊的路口去搭便車，正好遇到了南劉口村進城拉磚的馬車隊。因為武鬥，磚廠停產，十幾輛馬車全部空車回返。有幾個趕車的把式認識我和母親，坐在馬車上一邊聊天說話，說說笑笑就到了劉口村。

我要去當兵的消息出乎祖父的預料，他沒有反對，也沒有表示贊同，話語間流露出重重擔憂。我知道他擔憂的不僅是我的人身安全，他很清楚我上中農後代的身份去部隊後的劣勢。

我要去當兵的消息讓大爺爺家的全清叔叔異常高興。上中農的成分讓他在村裏一直感到壓抑，他認為我如果成為解放軍的一員，可以讓我們家族的人都能跟著揚眉吐氣。

我考上初中和高中的時候，都是我們家祖祖輩輩的第一人，現在我又要創造記錄了，在我所知道的家族史上，我將是第一個要去當兵的人。

另一個有趣的巧合是：當年父親從劉口村走出的啟動人是清苑縣武裝部的陳部長；而到我離開家門將要踏上人生獨旅之時，真正掌控決定權的人，也是一個擔任縣武裝部長的軍官。

我和母親從劉口村返回臨清的時間是一九六九年二月二十五日，農曆正月初九的中午。一進家門，見父親正拿著我的《入伍通知書》發愁。明天就是去武裝部報到的日子，他怕我回來晚耽誤了，那是個電話還沒有普及的年代。我及時地歸來，父親轉憂為喜。更高興的自然是我，雖然心裏早有準備，真的成為了現實還是讓我很興奮。

我的《入伍通知書》是被改過的，原來的報到日期三月三日被用鋼筆劃了去，改成了二月二十六日。

後來我瞭解到，三月三日第二批報到的是去新疆核武器試驗基地的防化兵，政治條件要求更高。雖然我在《應徵公民政審表》填寫家庭出身時把上中農改成了中農，還是達不到核武器試驗基地的政審要求，我便被退了回來。武裝部的人把我的報到日期改成了第一批的。

第一批報到的新兵，政審條件可能要比三月三日第二批報到的防化兵要低一些。那些屬於不超過總數百分之十五，家庭出身是中農的新兵，大概全都劃拉到了這一部分來了。一定是另有一個家庭出身貧下中農的小子，頂替我去了新疆核試驗基地。

四十年後，我從當年入伍去了新疆的王同學嘴裏瞭解到：凡是在那裏當過兵的人，多多少少都受到了核輻射的污染，很多人患上了莫名其妙的疾病，甚至整個身體都垮掉了，癌症死亡的也很多。二〇〇七年國家民政部門曾經行文，對國家進行核試驗期間在那裏服役的士兵進行身體補償，可見核輻射之言，確有其事。

有一次和王同學聚餐，同桌的是他一起服役的幾位戰友。大家回憶軍旅生涯，他們幾個都說自己的身體狀況很糟，並且異口同聲說自己的身體差的原因，完全是當年受到核輻射的結果。他們還說，當年他們駐地野生的黃羊很多，但所在部隊有一條軍規：不准任何人獵食黃羊。究其原因，無非是因為那一帶的野生黃羊幾乎全都受到過大劑量的核污染。

我的《入伍政審表》上填寫了「中農」兩個字，卻躲過了遭受核污染的命運。老子曰：「禍兮福所倚，福兮禍所伏」真乃至理真言。

我去同學張善欣家告別。丁金華和我參加徵兵體檢的事，善欣老兄是知道的，當面告訴他我要離開臨清時，他還是驚訝地說：

「真地啊？真要走了呀？」

說完，我們倆沉默良久，善欣老兄的情緒很低沉。這時，丁金華也來了，他也接到了《入伍通知書》。我們仨長久默坐，一起品嚐著分別的痛苦。

張善欣擔任邯鄲市副市長的父親，那時還屬於沒有被解放出來的走資本主義道路當權派，他不可能通過徵兵的政審關。再說他的眼睛近視，體檢也不會合格。

離別是人生必然的歷程，三個形影不離的鐵哥們就要分開，我們一起體驗著苦澀。後來聽善欣的母親說，我和丁金華離開臨清後，張同學曾多次獨自落淚。

那年應徵入伍的新兵很多，報到集合後臨時住宿在師範學校和縣黨校兩處，寬敞的教室裏鋪上麥草葦席即是下榻的床鋪。師範的學生食堂稍加修繕，用於新兵們臨時就餐。我報到後住宿在黨校，一日三餐都要列隊步行去師範學校那邊吃飯。

新兵集合後最重要的事情是換裝。新兵的所有服裝，包括外衣、棉衣、絨衣、襯衣、棉帽、襪子、褲頭、軍鞋、皮帶等，按大小分成五種號碼，發給身材高矮不等的人。我們換裝的地點在全城最大的澡堂「新華池」內。洗滌乾淨換上軍人的服裝，連褲頭都是新的，心情也煥然一心。剛穿上軍裝的新兵，並沒有軍人的風度，歪帶著帽子斜穿著襖，招惹路上的很多行人注目觀看，還有人指指點點，或許是在說：

「那不是某某某家的二小嗎？」

我們這一部分集合起來的新兵有四百多，編成三個連，每個連帶兵的來了七八個。我們是一連，連長于德海，東北人。我在三排，排長叫李風亭，山東臨邑縣人。三排的三十多人編成三個班，我被委任為臨時的九班長。

如果臨時班長也算職務的話，這個職務讓我很緊張。文化大革命期間流行的向毛主席表忠心的活動，一九六九年初達到高潮。每天起床後熄燈前，早請示晚彙報，吃飯開會集合隊列，凡有集體行動不論人數多少都要呼喊一遍。我擔任臨時的九班長，李排長不在的時候，要由我帶領三個班的人向毛主席表忠心。最簡化的程序也要由下面內容組成：

先唱歌曲《東方紅》。

然後右手舉著《毛主席語錄》高呼：「讓我們懷著無比崇敬的心情敬祝我們的偉大領袖毛主席萬壽無疆！萬壽無疆！萬壽無疆！」

然後是：「敬祝毛主席的親密戰友林副主席身體健康！永遠健康！永遠健康！」

敬祝之後，根據集合的內容背誦或朗讀幾條毛主席語錄。

晚彙報後要唱《大海航行靠舵手》；

開會發言後或散會要高呼口號，口號最少也要喊四個：

「無產階級文化大革命萬歲！

中國共產黨萬歲！

戰無不勝的毛澤東思想萬歲！

偉大的導師，偉大的領袖，偉大的統帥，偉大的舵手毛主席萬歲！萬歲！萬萬歲！」

每個環節都可以加上一些副詞和形容詞，整個程序下來少則需要五六分鐘，多則十幾分鐘也完不成。

讓我緊張的不是時間長短，而是絕對不能出錯。如果重要的詞語出了差錯就是一次反革命事件。我父親的頂頭上司，縣委辦公室的王主任就因為在群眾大會上做檢討，呼喊「戰無不勝的毛澤東思想萬歲！」時掉了一個「無」字，當場就被革命群眾一腳踹在地上，沒有回家直接關押了起來。為了不出差錯，我一遍一遍地默默背誦。

集合換裝以後，放假半天，讓新兵和家人告別，去照相館合影。我把自己的緊張告訴了父親。父親說：帶領大家喊背說唱時要集中精力，節奏不要太快，停頓間斷都不要緊，不出差錯就行。我按父親說的去做，代理班長的幾天真的沒有出現差錯。對這種完全形式主義的做法，我有一種感覺：表忠心做多做久做繁瑣了，大家雖然口頭上不說心裏也都會厭倦。這種情緒會使得人們和毛主席越來越疏遠。不知道英明的毛主席瞭解這些否？

換上軍裝後，我們全家人的合影（一九六九年三月）。

新兵集合以後，我發現有二十多個一中的同學出現在隊伍裏，僅我們一個連隊，就有十幾個。離開了學校，沒有什麼出路，大家就都選擇了當兵。三年文革，紅衛兵小將們都和武裝部的軍人們熟悉了，取得他們的幫助是很自然的事。幾個家在外縣的同學，沒有武裝部的特許是絕對不可能在臨清入伍的。看到這麼多熟悉的人將要和自己一起出發我很高興。尤其是我最好的朋友郭振忠；我初中時的班長劉玉林；高一二班的同學趙振廣和梁躍進竟然和我編在了同一個排，更是讓我喜出望外。

因為代理班長，以排為單位的隊伍，我的位置在最前面。從黨校去師範吃飯，路過京杭運河上的一座橋梁，只見有我們一中的女同學站在橋頭上在等我們的隊伍。有的我知道是等隊列中的誰，有的我不知道，反正沒有女同學在等我。一九六六年五一節帶領我們排練節目的宋同學也出現在那個橋頭。我知道她是在幫另一女生的忙，我們隊列中沒有她要等的人。

三、我們要去珍寶島

往年送新兵，縣城裏都要張燈結彩鑼鼓喧天，舉行隆重的歡送儀式。一九六九年實在有些異常。因為兩派占據著據點進行武鬥，為了不出意外，帶新兵的軍官和武裝部商量好，決定不再舉行什麼送別儀式，新兵們要悄悄地離開臨清。

三月三日凌晨四點，我們起床開飯。師範學校的門口已經排列著十幾輛「解放」牌卡車。雖然通知不讓家裏的人來送行，路邊還是等候著許多人，只是遠遠地觀看，沒有靠近我們的隊伍。黑暗中有人招手，有人抹眼淚，幾乎沒有什麼聲響。我們上車的時候，帶兵的人反覆清點了人數，連汽車下面也都檢查了一遍。據說往年有人偷偷藏在汽車下，抱著車軸強要跟著去部隊當兵的。

汽車開動了，整個城市沒有燈光，路邊送行的人群裏有女人哭出了聲音。因為夜裏下了地穿甲，路面很滑，車緩慢地行走著。帶兵的人告訴我們，運送我們的汽車是車隊最好的車，司機也是駕駛技術最好，而且家庭出身很好的。我坐在背包上，因為大家擠在一起，並不覺得冷。我沒有一點離家的傷感，心裏只有對將來的期盼，雖然我無法預料將來等待我的都會是一些什麼。大概所有的年輕男子離開家鄉父母，獨自踏上人生旅程時都是這樣的心境。

因為路滑，汽車緩慢地朝東行進，路上幾乎沒有車輛沒有行人。走出四十多公里，天才大亮，太陽從東方升起，路面上的薄冰開始融化。第一輛汽車停住了，車上下來的人封鎖了前面的公路，最後面的車也停在了路上。一聲令下，所有的人都下了車，原來是首長命令大家小解。四百多支水槍一陣掃射，熱尿撒在冰冷的地上，騰起一陣白白的水氣。當兵就是不一般，以前誰見過這麼有氣勢的景象？

後來，去臨清帶兵的軍官老兵們回憶那天凌晨開拔的情形說：「就像是去敵占區接兵一樣。」

新兵與接兵的軍官老兵們剛剛接觸，就開始打聽兩件事：一是什麼兵種；二是駐防的地域。接兵的軍官雖然嚴加保密，說話間往往也會透露出一些蛛絲馬跡。有細心的新兵發現到臨清接兵的軍官中有幾個人的軍大衣襯裏是厚厚的毛皮，所以可以初步判斷我們這三個新兵連要去的大方向應該是東北地區。

下午在禹城車站轉乘火車後，果真是往北行駛。我心裏沉思道：火車跑得越遠越好。起碼是離家越遠越能多增長見識。

我們很幸運，運載我們的不是慣常的悶罐運兵車，而是客運車廂，車廂裏明亮潔淨。多數新兵是第一次乘坐火車，好奇而興奮。那天是正月十五元宵節，窗外的月亮大而明亮。

晚上八點鐘，火車快到天津的時候，車廂裏的喇叭在中央人民廣播電臺新聞和報紙摘要節目中播放了中國政府關於中蘇邊界「珍寶島」事件的嚴正聲明。聲明還沒有播完，車廂裏已經沸騰，「打倒蘇修！」的口號此起彼伏。有新兵發表演說，要求上級直接把我們送到珍寶島去和蘇修作戰。還有人咬破了自己的手指寫了求戰的血書。帶隊的于得海連長，在充分肯定了同志們的積極性後，答應把大家的要求彙報給上級。

我和郭振忠對面坐在一個廂座裏。混亂中，我注意到演說表決心的有我們一中的同學；寫血書的是來自某個工廠的工人。我和郭同學都沒有激昂起來。明擺著的事，沒有上級批准，我們這些沒有武器沒經過訓練的新兵說上前線就能上前線嗎？爭先恐後地表現自己已經開始，看來到部隊後士兵之間的互相競爭將是非常地激烈。

四、紅色的帽徽紅領章

火車駛出了山海關。關裏的麥苗已經開始返青，關外的田野山坡上還滿是積雪。東北的天氣是比山東寒冷。

火車沒有按照戰友們的要求開往中蘇邊界的珍寶島。它在東北的某一個城市停了下來。雖然已經過去幾十年了，涉及到軍事機密，還是不寫出城市的名稱，姑且以街亭市稱呼之吧。下來敘事凡是涉及到部隊駐地附近的地理名稱我將全部予以移花接木張冠李戴，既迴避所謂的涉密之嫌，又不影響敘事的真實感。

街亭有一個步兵學校，我們這些新兵的培訓就安排在這裏。如果說是借用步兵學校的房子和設施則更準確一些。

有一隊穿著新軍裝帶著鮮紅帽徽鮮紅領章的解放軍士兵敲打著鑼鼓出來很遠迎接我們。我們中間有人帶頭喊口號，其中一句是：「向老戰友學習！」歡迎的隊伍笑嘻嘻地回應我們：「向新戰友學習！」。後來才知道，他們根本不是什麼老戰友。他們和我們一樣也是六九年的新兵，來自吉林省的東豐縣，只是比我們早來二十多天。以後大家熟悉了，常拿老戰友新戰友的話題開玩笑。

步兵學校的面積很大，四四方方一個大院，東西南北都有一公里還多。校園裏的設施很好，有靶場，還有體育館。天氣不好的時候，在體育館裏也能進行列隊訓練。

軍隊內部是不搞文化大革命的，軍事院校卻是個例外。我們住進步兵學校時，學校兩派的武鬥剛結束不久，校區之內除了我們這些借住者，幾乎空無一人，焚毀的斷壁殘垣和一道道戰壕還都保留著。吉林兵們剛剛到達那幾天曾經幫助清理過戰場。在一個結了冰的大水缸裏發現了兩具裸體的女屍，可想幾個月前的武鬥是何等激烈，參加武鬥的人裏混雜有何等禽獸。

新兵訓練期間，除去我們這些新兵，學校裏出出進進的人很少，很多辦公室的門窗都敞開著。學校的設施器材，基本上處於無人管理的狀態，儘管我們使用。那可真是一個訓新兵的好地方。

到達新兵連的第一件事是寫信，通信員每天送信取信都要扛著兩個麵粉口袋一樣大小的袋子。不久，新兵的帽徽領章發了下來，舉行了一個相當於授銜的儀式。帽徽是一枚鮮紅的五角星，鐵質，塗層是光亮的紅漆；領章是兩面平行四邊形的紅旗，平絨布縫製，完全模仿三十年代工農紅軍時期的樣式。佩戴上紅色的帽徽紅領章，大家都去照相館拍照。相片取出來以後，又寫更多的信，把自己的軍人形象郵寄給父母家人和朋友。通信員每天去送信，一個人扛不了，要找一個臨時助手幫忙才行。

這樣的場景截止於那年的四月一日，這之前，軍人寄信不需要郵資，信封上加蓋一枚三角型的印章即可。四月一日以後，軍人的優待取消，信也就寫得少了。每個月才六元錢的津貼，郵寄一封平信八分錢郵票，自然也要計算通信的成本。

上級宣佈取消軍人免郵資待遇文件上說這樣做是「為了更好地與人民群眾打成一片」。文革過後，軍人免郵資的待遇又恢複了，恢複的理由是「撥亂反正，糾正文革的錯誤」。

那年的四月一日，國家發生的大事是中國共產黨第九次代表大會召開，「九大」文件成了我們新兵連的主要學習內容。「九大」政治局委員裏出現了一系列的新名字，其中一個叫吳法憲。中央委員裏也增加了許多原第四野戰軍的將領，這些當年跟著林彪打仗的人地位職務全面提升，和林彪接班人身份寫進黨章是一致的，文化大革命形成的政治格局正式確立。

帶我們的老兵說，我們這支部隊的前身是三十九軍的一部分。三十九軍是林彪擔任四野司令員時，著名的「三隻虎」之一（另兩隻「虎」是三十八軍和四十軍）。三十九軍在朝鮮戰場上也打出了名聲。吳法憲擔任過三十九軍的政委，而我們的團長曾擔任過吳法憲的警衛員，我們的部隊應當屬於林副統帥的嫡系。這些隸屬關係和人事職務的變遷，算是我在新兵連接受的一種傳統教育。

東北三省區域遼闊，土地肥沃，既是中國的工業基地，又是中國的糧倉，所有才有關裏的窮人一代一代下關東的壯舉。東三省祖籍非原居民裏，自山東遷徙來的最多，據說占東北全部人口的三分之一以上。臨清的新兵和來自吉林東豐縣的新兵逐漸熟悉，詢問他們的原籍，也有許多是山東移民的後代。有三五個不久前還在山東老家務農，到吉林投親靠友時間不長就穿上了軍裝，連口音還是山東的棒子腔。

不知道什麼原因，東北人稱呼山東人為山東棒子，或許是因為山東人說話做事直來直去如一根棍棒？

東北人說河北人則是「河北老坦」，本意及出處均無從考證，一段以此杜撰的閒嗑在東北卻十分流行：

「不是俺老坦吹牛逼呀，我家哪年不養它二百隻雞呀，一天保準下三百隻蛋啊，其中有一百個是雙黃的！」

寓意無非是貶低河北人愛吹牛。我做為河北人，從來沒有意識到河北人中有那麼多喜好吹牛的人。

軍隊裏的東北兵管四川兵叫「錘子」，起因我也一直想考證明白，卻始終不得要領。四川人身材矮小，行軍幹活能吃苦，打仗勇敢不怕死。「錘子」的稱謂卻貶義多於褒義，來自四川的戰友不願意接受這樣的冠名。若有新兵以此稱呼一個四川老兵，則是極端的不尊重。

四川和山東一樣，人口眾多，生產生活條件都苦，歷來是中國軍隊最大的兵源地。因為在家苦慣了，當了兵後便什麼樣的苦都能吃；因為不願意再回到家鄉的苦窩去，長期留在軍隊，努力提升職務的動力便很強勁，打仗也就勇敢。所以部隊的軍官都願意帶山東兵和四川兵。

當然也不全都這樣，哪裏都有靈芝草，哪裏也出臭蒿子，兵源地域之說只能泛泛而指，不能單兵比較。這樣的兵源說，也只是幾十年前的概念。現在生活好了，資訊時代了，兵源優劣的差異肯定小了。再說現在當兵不僅沒有仗打，吃苦的差事也日漸稀少，悶頭悶腦的兵，哪個軍官也不喜歡帶了。

來自吉林東豐縣的新兵，人數與我們臨清來的差不多。他們春節前就到了新兵連，我們元宵節後才抵達步兵學校。若要同時結束新兵訓練，我們的日程自然要安排得緊張一些。

兩個新兵連一起開會，一起活動，就要暗暗地較勁。唱歌或表演節目一類，臨清兵木訥弱勢明顯。其他諸事則互為伯仲。同一年在兩個相距遙遠的地域接來這麼多新兵，自然會形成激烈競爭的格局。新兵訓練結束，下到老連隊後，山東臨清兵與吉林東豐兵的較勁還會一直演繹下去。

東北地區的糧食副食供應歷來比山東要好，所以六十年代初大饑荒期間，很多在山東生活不下去的人闖了關東。文革開始後，優劣的比較顛倒了過來。瀋陽軍區的陳錫聯司令主政遼寧，提出遼寧一切都要自給自足，說是不要外省支援一粒米一片菜葉。遼寧山多地少，本地糧食蔬菜肉食水果出產少，而城市人口的比例當時在全國是最高，只好把供應給城市人口的糧食與副食品數量壓了再壓。每人每個月供給三兩食用油，三兩肉，三兩糖，三兩粉條，……。供應什麼都是三兩，老百姓便給陳錫聯司令起了一個外號叫「陳三兩」。

需要解釋一下：美女陳三兩是明朝的一個著名才妓，「三兩」是藝名。大概是因為嫖客見其一面所需的最低嫖資是三兩白銀，可見其品位之高。傳說明朝的陳三兩能雙手書寫梅花篆字。曾經有一齣以她為題材的黑白電影，電影中說陳三兩的家在山東臨清州，算得我們這些臨清兵的老鄉。至於什麼是梅花篆字，看過電影《陳三兩》之後，我也沒有鬧個明白。

當時主政黑龍江的革命委員會主任是潘復生。黑龍江的副食供應每個品種都是半斤，潘主任的外號則是「潘半斤」。吉林省革命委員會主任王淮湘有沒有類似的外號，沒有聽說過，吉林省的供應也好不到哪裏去。

後來，我們山東兵探家歸來大都要帶回許多花生、大棗、水果糖給戰友們吃。很多遼寧兵、吉林兵帶回來的竟然是一種自家製作的「戰備豆」。所謂「戰備豆」即麵粉加上鹽或糖，沒有糖就放一些糖精，然後在鍋裏烤灼成花生豆大小的顆粒。因為可以長期存放，所以得了個「戰備」的名稱，這樣的食物油炸更好吃，但兩個省供應的植物油實在有限。

老百姓再省吃儉用也要供應軍隊。我們新兵連的伙食比普通的工人市民要好很多，每頓高粱米乾飯管飽吃，大鍋菜裏的油水也比一般城鄉人家的厚重。

山東兵吃慣了小麥饅頭玉米窩頭和煮地瓜的腸胃，開始接納高粱米和苞米茬子雖然不很習慣。仰仗年輕人的消化能力，三碗兩碗吃下去照樣能變成身體的熱量。最難忍受的是沒有湯喝，山東兵在家時哪個不是麵條、稀飯、玉米粥、白菜蘿蔔湯頓頓儘管喝來著？新兵連的炊事員是幾個臨時抽調來的老兵，既沒有做粥的習慣，也沒有熬湯的技術。再說新兵蛋子從一開始就應該適應軍隊的一切，包括飲食習慣消化能力和口味。山東兵們沒有湯喝，堅持三天五日還可，時日一多嘴唇上便都爆起一層白皮。

炊事員蒸煮高粱米飯的時候若米中的水多，蓋鍋燜蒸前往往會撇出一盆米汁。高粱米飯的米汁顏色紅紅的，還有一股怪味，慣常都是當作泔水倒掉或餵豬羊雞鴨的。山東兵們卻都把這些米汁當成了寶貝。值日的士兵去伙房打飯，不先去盛高粱米飯，卻趕忙搶一面盆米汁端回來。再後來有機靈者發現吉林兵伙房裏的米汁無人問津，便三五成群去他們的灶臺掃蕩。使得那些吉林來的戰友們有些丈二和尚摸不著頭腦。後來相互熟悉了並得知了究竟，便有人開玩笑地高聲呼喊：

「二小，又來喝湯啦？」

四十多年後回憶起搶米湯的故事，生動的情節還歷歷在目。我要說的是：大凡當兵的經歷，事情或大或小，都是一個從不適應到適應的過程。來自天南海北的一群年輕人，互相取長補短結成生死戰友，用血肉之軀用靈魂精神澆築成國家的防線長城，新兵連是磨合溝通交流的開始。

五、絨衣

在新兵連我就聽說了一個來自吉林東豐戰友的故事：

一九六九年二月初新兵們在吉林省東豐縣城集合換裝。如同我們換裝時一樣，他們的新軍裝，從外衣棉衣絨衣到襯衣內褲，從軍帽武裝帶到鞋子襪子，也都是全套發放。帶兵的連長啟程去東豐之前，就從團軍需股領取了軍裝，先行發運到當地武裝部。軍裝鞋襪的數量和新兵的人數完全一致，一件也不多，一隻也不會少。

軍裝發放完畢，新兵們喜氣洋洋地穿到身上，脫下來的舊衣服用原來的腰帶捆綁起來，送回各自家裏。

列隊檢查換裝的情況，唯獨絨衣出了差錯。一個高個子新兵領到的絨衣不是一套，而是一大一小兩條絨褲。也就是說多出來一件小號的絨褲，短少了一件大號的絨褂子。

帶兵的連長認為所有的服裝都是配套來的，一定是分發時出了差錯，另有一人領到了兩件上衣。裏裏外外查找一遍，硬是沒有結果。連長立即把一百多號還沒有穿戴整齊的新兵召集起來挨個詢問，還是沒有搞清。只好委屈了那個高個子新兵，二月的天氣，棉襖裏沒有絨褂子只穿襯衣，自然比其他戰友們寒冷很多。連長罵一聲「真是活見鬼了」，一面著人上報團軍需股，儘快予以調換。

乘汽車坐火車展轉到了街亭步兵學校的新兵訓練營，出操走隊列練習射擊政治學習，自然是團結緊張嚴肅活潑。

某天，一個帶兵的班長發現自己班裏有位矮個子新兵的衣服顯得比別人臃腫。班長讓他當眾解開棉衣。只見那新兵棉衣裏有好幾層絨衣纏裹在腰間。班長讓矮個子新兵繼續脫。直到把棉褲脫掉。原來矮個子新兵當絨褲穿的正是換裝時怎麼也找不到的那件絨褂子。兩條短腿伸到大號絨褂子的袖筒裏，馬馬虎虎還能裹到腳脖子以上。其餘肥大的部分，折疊起來纏裹在腰間，便如同懷孕一般。看到這般景象，新兵老兵們無不笑彎了腰，氣得班長恨不得過去一腳踹那新兵三個跟頭。

小個子的新兵打小生活在農村，沒有見過更沒有穿過絨衣一類的衣服。換裝的時候錯拿了一大一小兩個絨褂子，只認為部隊的軍裝就是這樣，想盡辦法武裝到身上，雖然十分地不舒服，或許還有些疑問，也不好意思問訊他人。連長整隊查尋絨褂子之時，他不是缺席，就是既沒有聽清楚連長說的什麼，也沒鬧明白大家究竟是在幹什麼，所以就一直堅持到暴露的時候。待小個子新兵把那件顛倒了的絨褂子脫下來，已經糟踐得不成樣子了。

工程團不論軍官和士兵，家鄉觀念都很強。大家沒事的時候在一起吹牛皮聊天，來自不同的省份不同的地域的人經常相互開玩笑，甚至攻訐。內容可能是對方家鄉的風俗習慣，也可能是一些發生在對方同鄉身上可笑或不上檔次的糗事。

東北到了冬季天氣嚴寒，為了節省取暖的柴火煤炭，很多人家男女老幼擠在一個火炕上就寢；山東西北部的人口密集糧食短缺，飲食習慣於喝湯喝粥。

山東兵擠兌東北兵說：

「你爹穿錯了你嫂子的鞋！」

東北兵則高聲喊道：

「二小，你娘喊你喝湯了！」

絨衣的故事傳開了後，但凡吉林兵與其他地域的戰友鬥嘴，只要對手說出「絨衣」二字，吉林兵就都啞口無言了。

六、「打倒臺灣！」

文化大革命中時興呼喊口號。大凡有人帶頭高呼一句，大家都會立即條件反射般地振臂相應。這些喜好帶頭呼喊口號的人參軍後，就把這一行為帶到了軍隊。

我們剛到新兵連不久，一連的排長武葆華去那裏看望，新兵們列隊歡迎。這樣隆重的儀式已經讓武排長有些消受不起了。突然我的同學新兵梁躍進帶頭高呼：

「向革命幹部學習！」

對這樣的口號大家一時沒有反映過來，呼應者寥寥無幾，場面便有些尷尬。如果這時呼喊「向首長學習！」倒還比較適當。武排長的軍階不高，對新兵們也算得上是首長。「向革命幹部學習！」是地方上文革聚會中時常使用的口號，梁同學梁戰友未加修改潤色就照搬了來，尷尬冷場是難免的。

後來三營的戰友給我講了一個故事：他們營有一個來自臨清金郝莊區的常姓戰友，文化不高，呼喊口號卻勇氣十足。也是在新兵連時，指導員帶領大家學習「九大」文件。文件中有「臺灣同胞仍然生活在水深火熱之中」的內容。

當指導員閱讀到這一句時，常戰友突然振臂大聲高呼道：

「打倒臺灣！」

有人習慣性地跟隨了一兩個字音，隨之是短暫的冷場，再隨後是一片笑聲。

很顯然，這時並不是需要或可以喊口號的場面。若非要喊一嗓子，也以喊「打倒國民黨反動派！」才比較適當。選擇喊「打到臺灣去！解放全中國！」也可以。

按照人們通常的理解，臺灣是一個省一個島的名稱，是一個地理概念。地理概念如何打倒？若非要打倒，那倒把臺灣給弄成了一個政治概念或一個國家。「打倒臺灣！」反而成了一個反動的被禁止的口號。量那沒有文化的常同志在那樣的場合不會也不敢為臺獨分子張目。

那次政治學習之後，常戰友便得了一個外號叫「打倒臺灣」。這一外號一直跟隨到他服役結束。

常同志第二次讓大家瞠目結舌倍覺震驚發生在一九六九年底。那是所謂的林彪「一號戰鬥通令」傳達到軍隊的基層。「通令」中有一條是不論軍官士兵，一律不許回家省親，家屬也不許到部隊探望。連長讀到這一段，常同志的神經又震動起來。他突然可著嗓子振臂高呼：

「強烈抗議貧下中農家屬來隊！」

會場頓時嘩然。

那個年代，在眾人面前呼喊錯了口號是很危險的。嚴重的可能會被當作反革命抓起來，判刑甚至槍斃。好像常戰友後來也沒有喊錯到那樣的程度。寫到新兵連的糗事，把素不相識的常戰友也描上幾筆。無他意，記錄時代風貌耳。

七、感受青春

一天，我們正在進行射擊練習。唐雲普副團長到新兵連視察來了。唐副團長問寒問暖，問我們山東兵是否適應東北的生活。帶領我們訓練的杜英豪排長突然把我從幾十個新兵裏拉出來，讓我站立到唐副團長面前。他對唐團長說：

「唐團長，你看我們這次帶來的兵怎麼樣？」

唐副團長微笑著拍了拍我的肩膀。

我當時不知道杜排長是什麼意思。我的身體不高也不強壯，沒有什麼值得誇獎的特長。從杜排長喜歡我的語氣中我突然意識到了自己的變化。

步兵學校的一座辦公樓內有一面大穿衣鏡，用於走進那辦公樓的軍人整理軍容風紀。唐副團長拍過我的肩膀後，我多次去那面大鏡子前仔細端詳研究自己。

我已經不再是兩年前那個自卑矮小的中學生了。我的身材不高卻很勻稱；皮膚很有光澤；五官端正；眼睛大而有神，尤其是配上一身新軍裝和鮮豔的帽徽領章，完全是一個英俊瀟灑的軍人。端詳研究自己幾次之後，我產生了一種從來沒有過的自信和愉悅。

街亭是一個駐軍很多的城市，有步兵和炮兵，還有空軍。星期天去街亭市內，大街上行走著許多軍官和士兵。雖然男軍人與女軍人都穿身著綠色或藍色的軍裝；男老百姓與女老百姓的衣服顏色也幾乎都一樣。女軍人窈窕的腰身，女青年彩色的圍巾，依然是一道道靚麗的風景。

一方水土養一方人，東北的女子，尤其是年輕的靚女，身材、皮膚、氣質的平均水平比山東好，特別是比臨清那樣大平原縣城裏的要好很多，身材也高很多，神態舉止也大方。東北地區各方遷徙來的移民雜居，身體的基因，交往的能力不斷地改造提高是很自然的生理現象和人文現象。

我行走在大街上，經常會吸引來年輕異性的目光。我的心中蕩漾著青春的漣漪。正在增長的自信，讓我第一次敢於面對面地審視目光所及的女性。青春真好。

第一個月的津貼領到六塊錢。這是我第一次拿到完全可以由自己支配的收入。我買了一只口琴，價格是二元九角八分錢。打從初中二年級，我就羡慕有口琴的同學。我喜歡聽口琴吹出來的音律節奏，喜歡吹口琴時身體晃動搖擺的姿態，卻一直籌措不出購買口琴的款項，現在終於如願以償了。我對蘇聯電影裏年輕軍人吹口琴的瀟灑身影印象很深，現在我也可以模仿那些青春的偶像了。

我現在還保存著幾張新兵連期間拍攝的照片：

一張是我自己的二寸照片，本是黑白的，我讓照相館給加了顏色，綠色的軍裝，紅色的帽徽領章，沖洗出來以後，我郵寄給父母幾張。父親把其中的一張寄給了我祖父，後來我在祖父家看到過它。

新兵連我們全班士兵合影。一律武裝著領袖的寶書，領袖的像章。那正是流行「三忠於、四無限」，對毛主席的個人崇拜達到極端的歲月。

排長鄭懷里（前排左二）後來升職至副團長；班長（前排右二）現在已經忘記他的姓名了，只記得他是河南扶溝縣人。後排左一是作者本人；右二是徐敬合。中排左二是「剛果（布）」于德明；右一是周百柱。

我在新兵連佩戴帽徽領章後的單人照。

還有一張是我和同學郭振忠的合影。我們的棉軍衣上都掛著一枚毛主席的像章。我胸前的是部隊統一發放的五角星的那種；郭老兄的比較大，圓圓的形狀。我們的神態很鄭重其事，一看就是兩個新兵。

第三張是我們新兵全班的合影。前排中間的兩位，一個是排長鄭懷里；另一個是李班長，他和鄭排長都是一九六五年入伍的，來自河南省扶溝縣。十名新兵和兩個老兵都用右手托著一本《毛主席語錄》放在胸前。每個人的衣服上都掛著一枚毛主席像章。那個年代流行這樣的裝備和姿勢，甚至神情。

八、走進深山

訓練新兵的軍官和老兵們對我們是什麼兵種，駐地在哪裏，將來我們會承擔什麼任務一直守口如瓶。越是這樣，新兵們越想知道個究竟。一次我們幾個臨清老鄉議論這事。有人告訴大家，他聽老兵們無意間說四連是「被服連」。「被服連」是幹什麼的呢？難道徵集我們這些年輕小夥子來部隊是讓我們學習縫紉，加工軍裝被服被褥？討論了半天也不得要領，更沒有結論。

說來有些奇怪，一群歪歪列列邋邋遢遢的農村來的小夥子，城鎮來的學生和工人，經過一個多月的訓練，會射擊了，會列隊了，走路的姿勢變了，舉止穿戴也像軍人的模樣了。新兵連快結束的時候，大家無不盼望著早日下連隊去，開始真正的軍人生涯。

我們新兵連的訓練截止到一九六九年四月十八日。離開步兵學校前，發生了一件在我看來十分反常的事：步兵學校裏和我們剛來的時候一樣，還是沒有人管理。大門口三五個負責警衛的士兵也經常不在哨位執勤。帶領我們訓練的軍官們看著有機可乘，便招來了很多卡車和老兵，把學校的桌椅板凳櫥櫃傢俱床板床墊子，甚至筆墨紙張辦公文具，凡是能搜尋到的都可盡往汽車上裝。光籃球架子就裝走了四五付，籃球有好幾十個。我們新兵幫著老兵們裝車，看著他們那興高采烈的樣子，我心裏很疑惑：這不是偷盜和搶劫嗎？這樣做是否違反軍紀？是否有損於解放軍的形象？

下到老連隊後不久，我的疑惑煙消雲散。同樣是中國人民解放軍，我們與步兵學校的待遇簡直是天壤之別。如果按照設施裝備的好壞，居住環境的優劣給每一個部隊劃定階級成分的話，我們毫無疑問是貧苦的雇農，是長工；步兵學校簡直就是地主老財，是大資產階級。不打他們的土豪，分他們的浮財天理難容。真是不拿白不拿，拿了也白拿，打劫那幫敗家的龜孫，實在是太應該太英明太天經地義了。

我們乘坐的卡車緩緩駛離街亭市。最初還是柏油馬路，進入山區後是蜿蜒的沙石路，再然後是山梁和鄉村間坑坑窪窪的似路非路，最後是沒有路的河灘。河灘裏是大大小小的石頭，汽車不僅顛簸，還要時常停下來，派人下車去移開擋路的石頭。卡車最後走到一個沒有人家，沒有莊稼，也沒有幾棵樹木的山溝裏停了下來。

出來迎接我們的是一些老兵。老兵們都軍服不整，不戴軍帽，不著外衣，穿著各種樣式，顏色也深淺不一的舊棉衣，有的棉襖上沾滿油污，有的棉褲上還打了補丁。我數了一下，山溝裏能看到的是十頂帳篷。除此之外，再也沒有任何其他與人類活動有關的物件了。

臨清來的新兵多數都沒有見到過山。放下背包，就有幾個好奇地爬上最近的一個山頭。老兵們看到了說：

「新兵蛋子，連山都稀罕。以後有你們望著這些山哭鼻子的時候。」

這時，我明白了老兵們對我們的兵種和駐地一直守口如瓶的原因。

第十三章　二連二班

九、山溝裏的保爾·柯察金們

一九六九年春節剛過，中國人民解放軍工程建築二一三團一營奉命移駐石頭溝。

團首長們指示說：石頭溝地處一九四五年蘇聯紅軍進入中國東北的必經之路上，戰略位置非常重要。現在我們與「蘇修」反目為仇，邊境衝突屢屢發生，「新沙皇」亡我之心不死，必然要冒險進攻我國。

團首長還說，如果「蘇修」侵略我國一定還會沿著二十四年前這條通道進攻。我們一營的任務就是要抓緊時間，搶在蘇修進攻之前修築好地下長城。任務光榮而艱鉅。

基迠工程兵之歌

1=D $\frac{2}{4}$　洪　科词　李遇秋曲

雄壮、自豪　进行速度

我们是光荣的基迠工程兵，毛主席的教导
我们是光荣的基迠工程兵，毛主席的教导
牢牢记心上。阶级斗争，我们做先锋
牢牢记心上。劳武结合，能工能战
基本迠设当闯将。从南方，
以工为主是方向。开矿山，
到北方，从内地，到边疆，
迠工厂，筑公路，架桥梁，
艰苦奋斗，四海为家，祖国处处是战场，
勘查资源，拦江筑坝，锦绣山河披新装，
千难万险无阻挡。
迠设祖国贡献力量。

基建工程兵之歌的詞譜。

作為一名普通士兵，我除了通過《人民日報》與中央人民廣播電臺知道我國的軍隊和蘇聯的紅軍在烏蘇裏江和黑龍江邊界上發生了衝突，並且衝突還在不斷地加劇外，對兩國之間以及世界上的政治軍事格局一概不知。

我們這幾百個軍人將要承擔的任務真的這麼重要麼？解放軍的各級指揮員大概都習慣用這種方式鼓動下屬。任何一個山頭都可以被說成是上甘嶺，都會被描繪成孟良崮，都會被當作是硫磺島或馬奇諾防線。

我被分在了二連二班。工程建築二一三團的番號是中國人民解放軍三二四一部隊。二連是三二四一部隊七十二分隊。我們下連隊之前，老兵們已經在石頭溝內安營紮寨，支起了帳篷，搭好了床鋪，安頓了鍋灶，有了照明的電燈。情景場面就是我們剛下車看到的那一幕。

工程建築二一三團的團部駐在鴨綠江邊的丹東，下轄三個營，二營與三營也都進駐了位於東北地區的所謂戰略要地進行備戰施工。

一營下轄四個連：一連、二連、四連、機械連，三連缺編。說是一九六五年被抽調去越南幫助胡志明的軍隊修築工事就再也沒有回來。

老兵們說，當時原計劃我們一營全都要去抗美援越來著，藍色的服裝和外語教材都發下來了。外語教材中如「繳槍不殺！」一類是英語；與日常生活有關的是越語。很多老兵都學會了幾句，其中最熟練的一句越語是：豆高里啊西（廁所在哪裏）？老兵們還說：幸虧沒有去，要是去了，很可能也就都見不到爹娘啦。

石頭溝裏沒有房舍，一連、二連、機械連都只能住在帳篷裏。緊急調來的帳篷數量不夠，營部和四連臨時住在位於石頭溝口的石窯村百姓家。

我們在新兵連聽到的關於四連是被服連的說法，也完全屬實，只是在這裏被服一說指的不是縫製衣服被褥。一連、二連負責打眼爆破搬石頭打山洞，是謂掘進連；四連負責蓋房、修路、砌牆、澆築混凝土，被服挖掘好的山洞，是謂被服連。被服連幹活也是辛苦大大地，一點兒也不比掘進連輕快。機械連的人員比較少，負責維修使用操作機械設備與木工製作。木工製作主要是給澆築混凝土的構建配製模板。機械連的活不重，還能學技術，尤其是汽車班的幾個司機，是最讓全營士兵羨慕的崗位。

機械連汽車班的汽車說來也十分寒酸簡陋，只有一部解放牌卡車算是新車；另有兩部蘇製「嘎斯」都很陳舊，很可能是抗美援朝時期的老爺車。蘇製「嘎斯」車的載重量不超過兩噸，其中一部的駕駛室還是木殼的。

營部的首長們沒有配備汽車，連一輛摩托車也沒有。他們短途外出多數步行，路途遠些或事情緊急，則調用機械連的汽車。最需要裝門面的場面，那輛解放牌卡車侍候。

石頭溝地處偏僻，不通公路，沒有人家，很少樹木，幾乎沒有水，只有光禿禿的山和亂石遍地的溝。白天，藍天白雲下一層層山巒；夜晚，中間是密密麻麻的星星，四周一片漆黑。如果沒有風，就是荒漠般的寂靜。偌大的東北三省，老天爺偏偏給我們選擇了這麼一個鬼地方，你說倒楣不倒楣？

第二天清晨，起床號聲響徹了石頭溝。二連全體起床後整裝跑步。沒操場，也沒有路，隊列只能在亂石灘上急速行進。不時有新兵被石頭絆倒在地，結結實實地摔了跟頭。隨即有班長或排長訓斥的聲音。連長也高聲吼叫著：

「起來！快跟上！」

跑出去一、兩公里，隊伍解散，撒尿。稍事休息後，連長命令每個士兵找一塊石頭背回營房去。石頭遍地都是，我尋到比較大的一塊扛到肩上，走回營房把石頭扔到大堆上，汗水已經濕透了棉衣。幾天下來，用早操背回的石頭，在帳篷的東側壘起了連隊的伙房、飯堂和豬圈。

說來也奇怪，頭幾天在亂石灘上跑步，低著頭看著地面，大白天也摔跟頭。跑了一些時日，晚間緊急集合，四周一片漆黑，憑借雙腳的感覺就能找到可以踩踏的路徑，再也不會摔跤。人，尤其是年輕人，適應環境的能力實在是值得讚嘆。

一切都剛開始。既然來當兵，生活苦一點兒，幹活累一點兒，再正常不過了。但是，千萬不要以為背石頭壘豬圈，住帳篷吃高粱米飯就是建築工程兵了。真正的繁重與艱苦還在軍事工程開工以後。如果把後來的勞動強度與危險程度看作一場馬拉松賽跑，一次五十公里競走，一次「鐵人三項」，背石頭壘豬圈只能算是飯後的湖邊漫步。

軍隊伙食供應渠道還沒有暢通，連隊搬家時帶來了什麼就吃什麼。春季正是東北缺乏蔬菜的季節，每天三頓高粱米乾飯，少鹽沒油的半碗熬白菜，菜碗裏一股爛白菜味。跑操崴了腳，搬石頭砸破了手，這樣的輕傷對工程兵說來是家常便飯，絕不允許請假休息。

老兵們說的一點都不錯，不到三天就有新兵哭鼻子了。誰也沒有承望當兵到了這麼一個荒涼偏僻的地方；誰也沒有想到入伍當上了工程兵，而且是建築工程兵。新兵們紛紛議論說：當兵的路走對了，但是門進錯了。

連裏的領導好像早有準備。住進帳篷後的頭幾天，全連開展的第一個教育活動就是結合學習毛主席的光輝著作「老三篇」（《為人民服務》、《紀念白求恩》、《愚公移山》），端正服役思想，狠批「路走對了，門進錯了」的錯誤思想和模糊認識。

我們二班和一班合住一個帳篷，對頭兩個大通鋪，二十個人密密地擠成兩排。

住進帳篷不久，我就仔細研究了它的結構：帳篷的外層是不透水的帆布，內層是厚厚的毛氈，既防雨又禦寒。每頂帳篷寬五米，深八米，四十平方米的面積，確實不小，去掉中間一米的過道，每個人的鋪位剛好是八十公分的寬度。整個帳篷靠木架支撐，架子的每一根方形木條都用螺栓連接。熟悉它的結構後，三四個人兩個小時就能安裝或拆卸完畢一頂帳篷。

每個帳篷有一個出口，一個厚厚的簾子作門；六個桌面大的窗戶，每個窗戶上一塊用井字布帶固定的厚玻璃。有老兵告訴我這樣高級的一頂帳篷，造價可達三千多人民幣。當時用這些錢，完全可以修建三大間結結實實的房屋。部隊應急調防，這樣的帳篷就派上了用場。下來的歲月我在這樣的帳篷裏住了將近四年，對它熟悉而有感情。

保爾・柯察金是前蘇聯的殘疾英雄奧斯托洛夫斯基的自傳體小說《鋼鐵是怎樣煉成的》中的主人公。上世紀五六十年代，保爾的名字在中國大陸家喻戶曉，成了吃苦耐勞為共產主義事業獻身的代名詞。我中學時代多次閱讀《鋼鐵是怎樣煉成的》。我不僅把奧斯托洛夫斯基的那段名言抄寫在日記本上，而且成了保爾的忠實崇拜者。想像著在黨和國家需要的時候，自己就會成為保爾・柯察金一樣的鋼鐵戰士。沒成想，走進解放軍的軍營之後，立馬就真地加入了保爾・柯察金的隊伍。

工程建築二一三團自一九六五年組建後，一直承擔著地下工程的施工任務，用通俗的話講就是打山洞。一九六九年春天，上級下達的指令非常緊急，吃喝拉撒睡的設施都還簡陋到極點，施工現場的動力電還沒有接通，給風鑽送風的空壓機房也沒有建起，我們就急急忙忙地開了工，說是為了與「蘇修」搶時間。上級專門給我們配備了兩臺從日本進口的柴油移動式空氣壓縮機。兩臺橘紅色的機器是「三菱」牌的，夜間上面的「三菱」標誌還能發出橙色的冷光，很遠很遠就能看到。

前面說過，我們二連是掘進連，顧名思義就是挖掘著山洞向前進。二連的編制是四個排，每個排四個班。四個班裏有一個爆破班，也叫風鑽班，工作是操縱著風鑽在岩石上鑽孔，然後塞填上炸藥爆破。其他三個班的工作是運渣，所謂運渣就是把爆破下來的石頭運到搬到山洞的外邊，如同煤礦工人幹的活，只是勞動的對象不是煤炭是石頭。說直一點，運渣就是搬石頭。每個排最後一個班是爆破班。這樣的話，四班、八班、十二班、十六班是爆破班，其餘的都是運渣班。我們二班是一個運渣班。

掘進山洞的作業面，分為底層與臺階上下兩部分開挖。爆破班進行作業時，風鑽一開，整個現場粉塵泥水油污碎石亂飛。雖然破棉衣外還要套上一身橡膠材料的工作服，風鑽班的士兵們弄一身泥水油污總是難免的。風鑽的震動很容易讓岩石墜落；整天和雷管炸藥打交道更需一萬個小心。爆破班的體力消耗雖然比運渣班輕一些，卻比運渣班更髒更危險。被選定在爆破班的士兵也要比運渣班的機靈敏捷一些。爆破結束，安全員排險並安裝好照明燈之後，運渣班就開始進洞幹活。不管爆破班一次爆破下來多少石頭，運渣班都要連續作業，直到把石頭全部運出山洞為止。

運渣班的活兒主要有三項：扒渣、裝車和運渣。

把臺階上的石頭扒到臺階下邊來，叫做扒渣。幹這個活兒一般都使用尖頭的鋼鍬。我們工程兵訂製的鋼鍬堅固無比，鋼鍬碰到石頭上，常常是火星四濺。在鋼鍬的脖頸附近栓上兩根繩子，一個人雙手握住鍬柄，兩個人負責拉拽繩子。凡是鋼鍬碰到的石頭，就都被劃拉到臺階下邊去了。

力氣大的士兵幹扒渣的活，可以不用他人拽繩子協助。自己用雙手握住鍬柄的兩端，用盡腰部的力量撥動鋼鍬，一個人能頂仨人使用。這樣的勞動姿勢，農民在場院上翻曬糧食或在田地裏平整土地時也經常使用。但山洞裏爆破下來的石塊比糧食沉重，比土壤堅硬，同樣的用力姿勢，其勞動強度不知要相差多少倍。我們二連能始終一個人用鋼鍬扒渣的，只有六班長鄭懷里和十三班長賈廷城兩人。他們二人身高力大，能幹能吃苦是全團都出了名的。他們倆都是一九六五年從河南扶溝縣入伍的老兵。

爆破前要在地面上鋪一層厚厚的鋼板。扒渣完成後，爆破下來的碎石就都給堆積到鋼板上了，接下來就是裝車。之所以在石塊下預先鋪墊上鋼板，完全是為了裝車時能使用大板鍬。每一柄大板鍬都又寬又長，如同簸箕一般，滿滿一大板鍬碎石有二十公斤重或者更多。掄大板鍬是運渣班士兵的基本功，體力消耗最大，最累人。

若石塊較大，大板鍬無能為力，就需要人用雙臂把它搬到車上去；若石塊重達一百公斤以上，需要兩個人抬它起來；二三百公斤重的石塊，則先由四五個士兵用力把它搬離地面，然後有一個身體強壯者曲身彎腰鑽到石塊的下面，用脊背的力量把石塊拱起，眾人再一起用力，把巨石擁進渣車裏；更大的巨石就只能用撬槓把它移到不礙事的地方，下次爆破的時候由風鑽班來爆破它。

運渣的活兒就是把裝滿石頭的渣車推出洞外，再把空車推回來。一般是兩個士兵負責推一輛渣車，幹一個作業班奔跑的距離少則數千米，多則上萬米，消耗的體能也很大。

運渣班最後的工作是把作業面上能撬動的石頭全都撬下來，把作業面的上上下下都清理乾淨，這時使用的工具是鎬頭與撬槓。還要把鐵軌鋪設到作業面的根部，把一塊塊厚鋼板鋪好。我們做這些掃尾工作時，一二十個士兵三下五除二，三五分鐘就能讓上下作業面一切就緒。這樣一說，好像十分輕巧，其實清理現場的活兒也都是繁重的體力勞作。若換成其他行業其他身份的一幫人來做，磨嘰半日恐怕也難以交差。

使用怎樣的文字才能如實地描述建築工程兵環境之艱苦，勞動之繁重？什麼累得腰酸背疼啊，什麼汗流浹背濕透了衣服呀，什麼粗糙的雙手滿是厚繭子啦，都不能盡其逼真，盡其詳實。就拿我們幹活時損壞報廢的工具來說吧：負責器材供應部門採購來的工具都是最堅固耐用的。到了我們手裏它們便都很快被磨損、被折斷。二連作業的山洞內外到處都有丟棄報廢的工具：扒渣用的尖頭鋼鍬磨損得只剩下幾寸長；大板鍬被磨掉了一半；磨損得只剩一半長短的钁頭；碰斷折斷了彎曲了的撬槓，歸攏到一起，可以裝滿一汽車。後來我曾參觀過一個國家級的博物館，裏面展出的有幾件修建進藏公路時磨禿了頭的鐵鍬洋鎬。單就磨損程度來講，展出的幾件，比我們使用後報廢的那些工具差遠了。

在山洞裏幹活，上下左右前前後後都是石頭。人夾在石頭縫裏出苦力，最大的危險是洞頂掉下石頭來砸著人，也就是我們建築工程兵通常說的坍方。所以不僅在山洞裏幹活的士兵都要帶上安全帽，凡是走進山洞的人也都要每人一頂。那時我們配備的安全帽都是用柳樹枝條編製的那種。安全帽只能對拳頭大小的墜石發揮防護作用，塌落的石塊再大一些，那就只能聽天由命了。

山洞裏陰涼潮濕，溫度常年在零上十度上下。為防止受潮受涼，也防止石頭磕碰擦傷，在山洞裏幹活的人一年四季都要穿著棉襖棉褲。到處是灰塵、泥漿和油污，再好的棉衣穿一天就會不成個樣子。所以上級給我們配備的工作服，全是其他部隊的士兵穿夠了年限回收上繳的破舊棉衣，水洗縫補後，又調撥給基建工程兵們進一步廢物利用的。我們施工穿的膠鞋、大頭鞋也都是廢舊品翻新的。雙腳蹬踩在剛爆破下來的碎石上，不用幾天鞋子都會磨損磕碰得如狼咬狗啃一般。解放鞋露出了腳趾，大頭鞋掉了鞋底是經常的事。

又破又髒的舊棉衣穿在身上，講究點的裏面還襯上件內衣內褲，多數人是赤身裸體地把破棉工作服包裹在身上。腰間再胡亂紮一根繩子，腳上的鞋子也都張牙咧嘴了，看上去軍容極端不整，甚至可以說是沒有一絲兒軍容，一丁點兒也不像解放軍的樣子。

上級配備給我們的運渣車類似於礦山裝載煤炭礦石的側翻鐵斗車，每車的容積大約在〇・三到〇・五立方米。為了提高效率，我們工程一營發明了一種半自動翻斗車。厚木板做成的車箱，不算車輪部分，高約一米，長寬一米二左右，下大上小，裝滿一車，一立方半還多。把滿滿一車石頭推到鐵軌的頂端，翻斗車就會撞到一座特製的翻車架子上，車箱與車座就會從前面分開，如一隻河馬張開了它的大嘴。翻斗車裏的石塊順勢全部傾倒出去。卸空了的翻斗車還會利用慣性產生的反作用力，自動從渣堆的頂端退回來。

翻斗車的發明人是誰，全營的軍官士兵都說不清楚。很可能是各連負責修理道軌的大頭兵們，憑著幹活時的靈感集思廣益，不斷摸索改進的結果。這種翻斗車不僅裝得多效能高使用便捷，而且製作工藝材料技術都很簡單。只要有四隻鐵輪，一塊鋼板，一根鋼樑，幾條木料，一臺電焊機，幾個老兵三五個小時就能製造安裝一輛。

上級配備的那些鐵殼翻斗車，我們全都進行了改裝，原來的鐵斗子都被拆卸下來棄用，僅保留了它的車軸和四隻輪子。鐵斗子車全部換成了自製翻斗車後，運渣的效率提高了很多倍。不知是友鄰部隊還是地方上的礦山企業瞭解到了這種翻斗車的優越性。他們派人找到丹東的團部求援。第二年我出差去丹東，任務之一就是攜帶了一套翻斗車的圖紙給團工程股。最終推廣到什麼範圍就不清楚了。

我們這些常年挖山不止的基建工程兵，施工中的環境之惡劣，勞動強度之艱苦，絲毫不亞於當年修建鐵路，砍伐木材的保爾・柯察金們。比他們優越的是我們的弟兄們不用受凍挨餓，高粱米乾飯從來都是可著肚皮造，破棉襖舊棉褲和棉大頭鞋雖然破舊骯髒，卻還是人人充足配有的。

雖然沒有受凍挨餓，我們剛到石頭溝時基本的生活條件都還是不具備的。石頭溝裏只有石頭沒有水，尋得一個低窪的去處，搬開層層石塊，小坑裏會慢慢滲出一些污濁的水。積攢一天，還不夠炊事班做飯用。士兵們洗臉刷牙，洗衣服就不要指望了。至於洗澡，那是根本不可能的事。

為了把石頭縫裏的水貯存下來，連裏決定在帳篷旁邊的河溝裏開鑿一個大坑。幾個士兵選定好一個低窪的去處，三下五除二就在亂石中清理出一片空地。爆破本是弟兄們看家的本事，放了幾炮，一個一米多深，兩米方圓的大坑就挖掘成功了。第二天清晨，大坑裏存滿了水，猶如一個小型的水庫，只是很渾濁，不能炊飲，用來洗臉刷牙還馬馬虎虎。

那天跑操背石頭結束之後，我去大坑邊洗漱。我用茶缸子在坑裏舀滿了水開始刷牙，茶缸子就放置在水坑的旁邊。牙刷在嘴裏晃動，晃出串串泡沫。我低頭審視那茶缸子的時候，只見它下面的一粒碎石突然鬆動，我趕忙伸手搶救。胳膊太短距離太遠，茶缸子傾斜後滾了幾滾，在我的注目之下掉進大坑裏就不見了蹤影。

褐綠色的茶缸子是軍隊統一發放配備的，不僅用來漱口刷牙喝水，行軍打仗拉練還要用它吃飯，失去了它會很不方便。也在一旁洗漱的四班戰友周百柱見義勇為，決定幫助我把茶缸子撈上來。雖是六月的天氣，山裏的水溫還很低。我認為不值得為一個茶缸子受涼，這是我自己沒有下水去打撈的原因。

沒由我來得及勸阻，周百柱已經脫去外衣，撲通一聲跳進水坑裏，水幾乎沒到他的脖頸。周百柱用腳摸了一遭，沒有茶缸子的蹤影。他施展渾身解數一猛子扎了下去。在水下摸了幾下，他頃刻便翻出水面並急急忙忙爬上了岸，只見紅色的血水染紅了他的右腿。水坑內剛爆破的碎石，片片如匕首鋼刀般鋒利，周戰友在水底時膝蓋碰到了水坑的側壁，石片在他的膝蓋上方劃了一道寸多長的口子。周百柱顧不得穿上外衣，趿拉上鞋子就跑往連部去找衛生員包紮。好在傷口不算太大，血流止住敷上藥用紗布包裹住傷口即可。該學習學習，該幹活幹活，什麼事也沒有耽誤。為了一個微不足道的茶缸子讓周戰友受了傷，我的心裏非常內疚。

幾個月後，石頭溝裏的生活設施才算完善了一些。營裏配備了專門的運水車，從幾公里外的水源地輪流給各連運送清水，士兵們才有條件洗洗涮涮了。住宿的條件卻一直沒有改變，全營的人馬全都繼續窩居在帳篷和幹打壘的簡易房子裏。各連的籃球場倒是平整了出來。

軍官們吃飯住宿和士兵們一樣，沒有一丁點兒特殊。那個年代軍隊基層的軍官都是如此。

我們二連的連長叫吳榮發，黑龍江人，五十年代初實行義務兵役制後入伍。吳連長沉默寡言處事公平，在士兵中的威信很高。

政治指導員叫鄭海雲，四川人，資歷比較老。他說話的嗓門很大，大到如同呼喊。一班的戰士王福中把鄭指的講話改編成「大喘氣」並模仿他的四川口音在帳篷裏播送：

「同志們，狗雞子操的。（長時間停頓，喘氣）美帝國主義啊，在朝鮮，殺人放火，強姦婦女，無惡不作，我也參加了。（再次停頓喘氣）抗美援朝，保家衛國。」

鄭海雲指導員常常為自己的資格很老卻長期擔任連職軍官得不到提升而耿耿於懷，不論什麼場合他都會因此而大發感慨，狠發牢騷。他多次在全連開會時大罵彭德懷，說都是因為反黨分子彭德懷他用單純軍事觀點治軍，強調軍事技術第一。他老鄭就因為上不去單槓，軍事科目不及格而耽誤了提拔。

其實，真正影響老鄭提拔的原因是因為他打的仗太多了，在參加解放軍之前，他還和解放軍打過仗——他是一個國民黨的俘虜兵。軍隊各級政工部門有一種約定俗成的軍規，對曾經的俘虜兵要限制使用，即便你老鄭加入了共產黨，當上了政治指導員，同樣也要受到限制。

後來，我從老兵嘴裏知道了我們二連這一百八九十號人馬在吳連長、鄭指導員的帶領下，多年來一直保持著全軍地下工程施工單兵掘進石方量的記錄；還保持著全軍挖掘一立方石頭消耗軍費最低的記錄。對吳連長，對曾經的俘虜兵鄭海雲指導員我不由得肅然起敬。至於說全軍有沒有這樣的記錄統計，我沒有考證。我們二連是一支最能吃苦，最能戰鬥（我們工程兵習慣於把施工也稱作戰鬥）的隊伍卻是不爭的事實。在和平時期，帶出這樣一支隊伍來是非常不容易的。

攻打孟良崮的軍隊能消滅國民黨的七十四師；固守上甘嶺的士兵可以粉身碎骨，很大因素是軍事格局的形勢所致，兄弟部隊都在血戰，只是流血多少的差異。和平年代，當多數軍人都在陽光下站崗出操走隊列，帶領著漂亮的女學生們搞軍訓的時候，單單讓我們這一群大傻子，穿著破棉襖，戴著柳條帽，開山打洞，吃苦受累，流血流汗，心裏能平衡嗎？

即便是保爾·柯察金還活著，士兵軍官們都圍著冬妮婭去跳舞喝咖啡的時候，他還能安心和少數的幾個戰友在冰天雪地裏去修鐵路嗎？因此，可以毫不誇張地評價：常年帶領著建築工程兵施工的軍官們都很不簡單。吳連長、鄭指導員都是優秀的軍人。

那年秋天，連級的軍官大換血，吳連長和鄭指導員都被調離。吳連長後來回了黑龍江的老家；鄭指導員調丹東團部任某部門的閒職，直至離休。如他這樣資歷經歷的軍官，尤其是家在南方農村的軍官，多數選擇的歸宿是軍隊的幹部休養所。

同時下到二連的新兵有七八十個，我在二連的時間又很短，與吳連長和鄭指導員幾乎都沒有直接的接觸，他們或許都叫不上我的名字，我對他倆的印象和敬意卻很深厚。

十、二班的戰友

我們二班的班長叫牛少泉，四川巴中人，一九六六年入伍；

副班長叫湯占海，一九六八年入伍，黑龍江省泰康（杜爾伯特蒙古族自治縣）人；

于東明，河南扶溝縣人，一九六五年入伍；

龐林學，昝某某（名字我忘記了）兩人與湯副班長同鄉，同年入伍；

五個老兵（如果一年前入伍的也算老兵的話）以外是我們五個新兵：張義和、計有庫、周永河、李金海和我，一共十條好漢。

牛班長的鋪位在帳篷的門口，躺下睡覺與一班長岳福祥對著腦袋，中間相隔著一米的過道，帳篷的門口有風，起夜的人過來過去會弄出動靜，班長的臥榻設於斯，體現了班長吃苦在前的精神。湯副班長的鋪位在最裏邊，這樣的安排符合軍規。

牛班長的身材不高，但很強壯。和多數戰友比，他算是比較胖的，但他的身上沒有脂肪，粗壯的腰身與雙臂全是肌肉。四川山裏人慣有的羅圈腿，大腿粗，腳腕子細，腿肚子圓圓鼓鼓的，爬山行軍不在話下，幹起活來又快又利索，一人能頂兩三個。

副班長湯占海面皮黑而粗糙，面部有一顆大而鼓的黑痣，身體單薄，幹起活來卻也是一副拚命的架勢。

二班的士兵們在山洞裏幹活並不都是和牛班長湯副班長一樣賣力。老兵於東明，入伍四年多，連個副班長都沒混上，身體也不強壯，只能幹一些看道頭、扳道岔的活兒。

龐林學與咎某某，入伍剛一年，就已經確立了不求上進的格局。他倆只想混夠兩年的服役期，然後平平安安地回家，好歹鬧一個退役軍人的身份。在山洞裏幹活的時候，他倆出工不出力，拿著一把鐵鍬比比劃劃，直腰歇息的時間比彎腰幹活的時間還長。有時甚至不穿工作服而是身著乾淨的軍衣，純屬裝一裝樣子。天氣不好或心情不好，兩人就推說頭疼腿疼肚子疼，賴在帳篷裏泡病號。

龐戰友不僅幹活偷懶泡病號，一天到晚還牢騷怪話風涼話掛在嘴邊，牛班長拿他也沒有一點辦法。這真是人要論了堆，天王老子也找不到合適的容器盛下他。湯占海副班長與龐戰友是老鄉，同年入伍，不僅當上了副班長，還入了黨，伶牙俐齒的龐林學便隨時隨地對湯副班長諷刺挖苦，語言刻薄尖酸。遇到這樣的情況，湯副班長只能一笑了之，並不與之較真。

不久我發現，龐林學表面上能說會道，其實他的所作所為所說，全是他同鄉咎某的主意與驅使，龐戰友認為自己很聰明，其實只是一隻頭腦簡單的學舌鸚鵡，一個被人操縱的槍頭。

咎某面白，體態微胖，較為特殊的地方是他兩片眉毛的上角都擰在一起，形成兩個螺旋——俗語通常稱之為「穴」。據說這樣面相的人都「難鬥」，也就是工於心計。咎某果然是為人深沉，話語不多。我與他相處不到三個月，印象中他的主要任務就是給龐文學裝藥，然後龐戰友就放了一炮又一槍。

經常和龐林學、咎某某應答唱和的是一班的士兵王福申，他仨既是黑龍江泰康老鄉，消極服役的態勢也非常一致。稍有差別的是那王戰友高興的時候，幹活兒還是挺出力的。如果某一天，趕上他們三個興致高昂，大清早眾人起床開始整理被褥內務的時候，仨人就會神采飛揚地大談特談夜間跑馬（遺精）的經過與感受。他們評論跑馬經典的過程幾乎都是睡夢中遇到了年輕的美女；最經典的總結性語言是：

「真TMD太可惜了，這麼多好孩子，沒見到媽媽的面就全都犧牲啦！」

如果夜間跑馬的是龐戰友，他就會以夜裏跑馬體力消耗太大而請假不去早操，不進山洞幹活。

牛班長多次私下裏叮囑我：不要受龐戰友他們的影響，不要計較龐林學與昝某的消極落後。這樣的談話，牛班長大概與其他四位新戰友也都進行過。

生活很苦，幹活太累，一九六九年入伍的新兵也出現了分化，有的新兵也開始泡病號了。一班有個吉林東豐縣的新兵叫郭林華，聽東豐老鄉說，他在家時給生產隊放牛，每天把牛群趕到山坡上，他就溜回家去找他新結婚的嫂子嘮嗑。他那在生產大隊擔任民兵連長的哥哥怕被吊兒郎當的弟弟抄了後路，就利用自己的職權把郭林華送到軍隊裏當了兵。郭同志到了二連一班不久，或許是在家放羊放牛懶散慣了，受不了搬石頭的勞苦，或許是還惦記著自己的新嫂嫂，準備盡早回家去，就也開始磨洋工泡病號，三天兩頭賴在帳篷裏不去山洞裏幹活。

郭戰友好像認為自己長得很英俊，每天要用很長的時間照鏡子。他有兩面鏡子，其中大的一面直徑有十幾公分。這樣大的鏡子在男性士兵，尤其是男性工程兵中肯定是尺寸最大絕無僅有的。郭戰友用鏡子把自己的臉照了又照，反覆照的結果是對自己的英俊又不是那麼自信。他的臉上有許多雀斑，還有幾顆黑黑的痦子。不知道他從哪裏學來一種去掉痦子的竅門：把廢舊乾電池外面的鋅皮挖一個洞便可以擠出一些含有硫酸的乳化物。用針刺破痦子的表皮，將硫酸乳化物塗抹在流出了鮮血的痦子上，過幾天，痦子就會自行乾癟脫落。只是等候脫落的幾天內，痦子周圍會有些紅腫，有些疼或有些癢。郭同志對著鏡子給自己做過手術後，臉上便有多處紅腫。

扯遠了，不說郭林華的痞子了。他只是當上了工程兵後不敬業的士兵之一，和我們一起到部隊的新兵，因為苦，因為累，決定開始泡蘑菇，準備混滿了服役期就回家的還有不少。臨清老鄉也有幾個，多是家在臨清城裏的非農業人口，服役期滿後回家就能安排去工廠工作的。

吊兒郎開始泡蘑菇的新兵，文化都比較低。不管他們事出何因，實際上是一種放棄競爭同時放棄機遇的行為。與這些戰友相反，文化程度比較高的新兵個個都是好樣的。一營四個連隊有臨清一中和臨西中學的「書生」十幾個。臨清一中高中三年級的劉貫義和王子龍一下連隊，就擔任了文書；我的好朋友郭振忠擔任了器材保管員；一連的叢高傑、王燦華，二連的趙振廣、張輝和我，都在運渣班搬石頭。不論在什麼崗位，我們都把參軍入伍當作人生一次難得的機會和磨練，在自己的崗位上釘是釘卯是卯地幹著。

我們二班的另外四個新兵：張義和、計有庫、周永河、李金海也都和我一樣，不僅沒有如同郭林華一樣撂了挑子，而且一個比一個決心大，一個比一個幹勁足。牛少泉班長對我們五個新兵的表現很滿意。我們二班在山洞裏作業時，五個新兵都搶著幹重活，牛班長欣慰地說：

「以後有你們幹的！」

在山洞裏運渣，最重的活是掄大板鍬往車斗裏裝石頭，一開始還沒什麼感覺，裝了幾十鍬，腰部就又酸又疼。牛班長知道掄大板鍬是運渣班士兵的基本功，不論你在家時是耪大地的農民還是當過搬運工、煤礦工，腰部的力量比起常年掄大板鍬的工程兵都要差得遠。

在車斗左邊與在右邊掄大板鍬，身體各部位用力不一樣，大家就經常調換位置，嘗試最適合自己的姿勢。幹再粗笨的活，也有技巧在其中。把我們五個新兵培養成強壯勝任的工程兵戰士，是牛少泉班長的職責。

跟隨牛班長在山洞裏運渣幹了十幾天，我原本不算強壯的腰部與雙臂不再酸疼，全身的主要肌肉塊都有一種快意的腫脹感。我盡量搶著掄大板鍬。最初我堅持裝滿一輛小鐵皮車，腰部酸疼得就受不了。現在裝滿一大翻斗車也不用停下來直腰了。木殼翻斗車的容積是鐵皮車的數倍。

我掄過一陣大板鍬，張義和、計有庫、周永河或李金海一如既往想要替換我。我發現牛班長在偷偷地向他們使眼色，示意他們推遲輪換我的時間。牛班長有意讓我多掄一會大板鍬，他要進一步鍛鍊我的腰身，我的雙臂，我的整個身體。看來牛班長是非要把我培養成一個像他那樣身強力壯的建築工程兵戰士不可。

張義和、周永河、計有庫都來自吉林省東豐縣。

三人中計有庫最為樸實，長相很像一個農民，沒有說話就先笑。聽別人說話，不論值得不值得發笑他總是回報以笑，並笑出聲來。他喜歡吸煙，煙癮很大。他讓家裏給郵寄來很大一包旱煙葉，味很濃很重叫關東煙或蛤蟆煙的那種。計戰友的家裏可能比較窮苦，起碼是衛生條件比較差。有一天，連隊的理髮員給他理髮，發現他的頭髮裏有很多蟣子。蟣子乃蝨子的卵也。頭髮裏有這麼多幼兒，他衣服被褥裏肯定潛伏著很多的成蟲。理髮員立馬給他理了一個光頭，理下來的所有碎髮用報紙包起一把火點燃。大家幫他把衣服被子都用開水洗滌了一遍，以免那些懶懶的寄生蟲傳染給他人。

張義和是初中畢業生，除我之外，他是我們一排文化程度最高的士兵，這樣文化水平的人來到軍營裏，應該是有一些抱負的。

周永河的個子比較高，紅臉膛；幹活非常麻利；沉默寡言卻性子急；文化不高心計卻慎密。

李金海和我一樣，來自山東臨清。他比我小兩歲，家住臨清大辛莊公社黃官屯村。六年後，他成為我加入中國共產黨的介紹人，本書的最後三章將詳細記述我與李戰友的經歷與交往。

十一、一隻狼

既然當了兵，就得來站崗。

石頭溝裏面沒有居民。天氣好的時候，周圍的山上偶爾會有砍柴放羊的喊一嗓子。我們的營房沒有院牆也沒有大門，白天不設崗哨。夜間每個連一個遊動的哨兵，手持步槍，防「階級敵人」的破壞，也防狼。

連隊的豬圈就在伙房旁邊，飼養著幾十頭大大小小的八戒。接連幾天夜裏都有小豬崽丟失。石窯村的百姓們說，荒涼的石頭溝本是一個野狼出沒的地方。連裏的首長決定組織一個打狼小組，保護辛辛苦苦飼養的豬和它們的孩子，也保護士兵的安全。參加打狼小組的是幾個老兵，都是班長副班長一級的人物，讓新兵執行這樣的任務連首長不放心。

打狼小組是業餘的，從山洞裏幹活歸來，參加打狼的幾個老兵就扛著步槍去山溝的各個枝杈，四周的各個山頭去巡邏一番。

石頭溝最裏面有一個向陽的山坡，山坡上有一大一小兩塊扁平的巨石，小的一塊傾斜著埋在地下，大的一塊呈三角形狀，壓在小的那塊上。兩塊石頭支撐在一起，中間的空隙有半間屋子大小，如同一個天然的山洞。早年有一個四處遊方的道士來到這裏，不知看出來何等的神聖，何等的仙氣，便選擇了這狹小簡陋的去處做了修煉之處，周圍的鄉民便稱此處為老道洞。老道在此處修煉了幾十年，後來還收了一個道童做徒弟。老道洞距離最近的村莊也有十多公里，師徒二人除了去周圍的村莊化緣求助食物，其餘的時間全在洞中修煉，老道士去世以後，小道士還俗做了山下一個村莊的人民公社社員。

我和戰友曾去那洞內查看，老道洞內有一堵半截石頭牆，牆上還有鍋灶煙道的痕跡。老道即便修煉成仙，依然還要吞食五穀，洞外有一片較為平坦的土地，是那道士師徒曾經耕種過的。旁邊有一土堆，是老道士的墳墓。讓人稱奇的是山坡上孤伶伶的兩塊巨石，卻有永不乾涸的水從老道洞內的洞頂滲出。水滴不緊不慢一滴一滴落下，看那節奏一天大約可以收集一兩面盆，足夠當年那師徒二人消用，這一奇特的水源當是那老道士選擇此處修煉的根本原因。

打狼小組的幾個老兵巡邏到老道洞，在洞內發現了一張紙條，紙條上寫著一些歪歪斜斜的文字：「天惶惶，地惶惶，我家有個夜哭郎，洞中的神仙念三遍，一覺睡到大天亮。」

紙條的內容逐級彙報上去，便有軍官懷疑是階級敵人甚至是美蔣或「蘇修」空降特務的聯絡暗號。全營士兵大會上營教導員趙樸還把紙條的內容予以宣讀，號召大家提高警惕，防止階級敵人，特別是「蘇修」派來的特務破壞我們的戰備施工。

紙條上打油詩般的祈禱詞，全國南北各地用於治療小兒夜哭都有類似的傳承。如果張貼於城市鄉村的街道，第三句中的「洞中神仙」改為「過路君子」則可。

這樣隨處可見的文字竟被說成與特務有關，未免有些風聲鶴唳草木皆兵了。文革搞了幾年，階級鬥爭的觀念深入到每個人的神經，小題大作，錯題正做，大家也都習以為常。雖然私下裏議論紛紛，各連的軍官還是遵照營首長的指示加強了戒備，夜間的遊動哨兵換成了雙崗，每個哨兵配備五發子彈。

緊張了幾天，二連輪到四排站崗。半夜裏持槍的哨兵聽到河溝對面的樹叢中有人或動物移動。端詳傾聽再三，那移動的聲音時斷時續，灌木荒草的枝葉也在晃動。哨兵當機立斷，瞄準那樹叢就是一槍。槍聲驚動了石頭溝裏所有的人，慌亂的軍官和士兵穿衣服抓武器忙亂了好一陣。眾人趕到事發現場，發現那樹叢中躺著一隻老母豬。原來是機械連的一隻老母豬夜間從豬圈裏拱了出來到樹叢中覓食，被二連的哨兵當成了階級敵人，「蘇修」特務或者野狼。

早飯後，機械連的司務長（好像是姓劉）一邊安排人宰殺那大腹便便的「階級敵人」，中午伙房裏肯定要改善生活了，一邊手持一根木棍做拐杖，巡遊到二連的地盤。機械連的司務長大概是排級軍官裏資格比較老的一個，他滿嘴跑火車，把整個二連上上下下前後左右諷刺挖苦帶幽默好一頓臭貶。營裏很快通報了這個不大也不很小的事故。通報的結果是各連隊夜間站崗的哨兵不再配備子彈了。

當天夜裏，是我們一排的崗。輪到我和副班長湯占海已是下半夜三點鐘。湯副班長負責巡邏帳篷周圍，我則去了東邊的豬圈和伙房。雖是六月時令，凌晨的氣溫還是很涼。我抱緊步槍站在豬圈的外面，集中精力用雙耳搜集著四周的動靜。一個人持槍站崗，尤其是在荒野裏站崗時間過得最慢。

大約過了半個小時或一刻鐘，我發現有一個動物從對面的山坡上緩緩地走了下來。它走到山坡的底部，進入滿是碎石的河灘溝底，蹄子或爪子踩在碎石上還嘩啦嘩啦地發出響聲。我的第一反應是：狼來了！

我雙手握緊了步槍，刺刀朝前，緩緩朝河灘溝沿移動了幾步。我的背後就是豬圈，裏面的肥仔們有的還在酣睡，毫無警覺地發出呼嚕呼嚕聲；有的沒有睡覺，習慣性地哼哼或吱吱。那不速之客已經走到溝底的中央，和我相隔只有四五米遠了。

憑借凌晨的暗光，我已經能夠看清它的全貌。這哪像一隻狼啊，它的軀幹矮小瘦弱，低垂著腦袋，甚至耳朵都是軟軟地耷拉著，尾巴下垂夾在後退中間，連搖晃的力量都沒有。萎靡垂頭喪氣的樣子，讓我覺得它好像不是一隻狼，而是一隻羊，一隻被放羊人遺忘在山坡上的老羊或病羊。但它的的確確是一隻狼，當我用刺刀對著它並發出兩聲驅趕的聲音後，它沒有後退反而又朝我近了幾步，還張開了大嘴露出了牙齒。我站在溝沿上，狼停在溝沿下，它的腦袋距離我手中步槍的刺刀尖也就是兩米。這時我緊張起來，身體的肌肉不由自主地收縮，握槍的雙手滲出了汗水，頭皮發麻，軍帽下的頭髮好像都要豎立起來。

讀到這裏，各位看官請不要恥笑我：難道一個軍人，一個手持步槍刺刀的軍人還怕一隻狼不成？我是一個新兵，一個來自人口密集的華北大平原的新兵，第一次單獨在東北的山溝裏面對傳說很凶殘的野獸，緊張是難免的。

我與狼對持著。它停留在那裏一動也不動。我用手中的步槍刺刀對準它，眼睛也不敢眨一眨。我設想著它朝我撲過來，如同在電影或畫冊中看到的那樣。如果它真地撲過來，最先接觸到的肯定是我手中的刺刀。

對恃了幾分鐘，我感覺好像過了好幾個小時。狼退卻了。它先是後退了幾步，停留了片刻，然後就扭頭爬上對面的溝沿，蹬落的碎石嘩嘩地掉到河溝裏，轉眼間就消失在河溝對面的山坡上，完全是沿襲來時的路徑。

我騰出一隻手，摸一把額頭上的冷汗，深深地鬆了一口氣。按照我的思維，我認為我遇到的是一隻老狼，身體雖然衰弱，卻肯定十分狡猾。它一定是知道單打獨鬥戰勝不了我手中的刺刀，就回去呼喊夥伴了。我趕忙跑回帳篷附近，找到正在巡邏的湯副班長，說明了剛才發生的事情。湯副班長隨我回到豬圈附近，豬圈內的「嘮嘮」們依然在安心地或呼嚕或哼哼或吱吱，完全一幅平安無事的景象。我們二人再三朝對面山坡上瞭望，沒有任何異常的動靜。這時，東方的天邊一片紅白，黑夜過去，天大亮了，炊事班的人馬已經起床開始準備早飯了。

以後我又在石頭溝附近單獨遇到過狼，就沒有第一次的懼怕與膽怯了。多次一個人夜間行走數公里山路，一支手電筒，一根木棍而已。第二年，隆隆的爆破聲，施工隊伍的嘈雜聲讓野狼失去了基本的生存條件，山嶺千萬年的主人銷聲匿跡了。按照如今關於野生物種保護的意識，按照《動物世界》裏的解釋，是我們侵佔了狼的家園，造成了區域性物種的滅絕。

十二、爆破事故

山洞的掘進剛剛開始，混凝土的澆築還無從談起，做為被服連的四連也暫先進行0號洞的掘進。0號洞與我們二連作業的00號洞相距不遠。

一天，四連的工地發生了事故。爆破後班長陳三喜與副班長高某某進入現場檢查爆破效果，一顆啞炮突然又響了，陳班長和高副班長渾身上下血肉模糊，雙雙倒在了剛爆破的那堆碎石中。站在遠處的戰友們趕忙跑過去，一邊救護一邊跑往營部衛生所報信。值班汽車加足馬力把陳班長高副班長送往最近的軍事醫院。醫生搶救了兩位戰友的生命，但沒有搶救成功二人的眼睛，他倆都雙目失明了。

按照爆破操作規程，最後一炮響過十五分鐘後，才可以去現場查看。之所以延遲十五分鐘，就是為了防備啞炮復活後的再爆炸。陳三喜二人不知道是因為自己的專業是澆築混泥土，操作爆破掘進比較生疏，還是忽視了起碼的安全規程。事故發生之後，全營召開了通報大會。有一位軍官在會上說：

「工程兵犯錯誤的機會，一生中也許只有一次」

這句話的意思是我們在山洞裏施工，生命無時不是處在危險之中，應當慎之又慎，一個不小心就可能玩完，連再次犯錯誤的機會都沒有了。這句話對我的影響很大，從此我每當進入施工現場都會用這句銘言警示自己。

一年多後，我和戰友李靖去那家軍事醫院看望陳三喜與高副班長。陳班長二人雖然不認識我和李靖，但對一個營的戰友去探視他們還是很高興。對於他們倆而言，認識不認識我們已經沒有什麼差別了，因為二人的四隻眼睛全都永遠地失明了。

陳班長告訴我們：出事故時他倆距離延遲爆炸的啞炮距離不遠，但也不是太近，爆炸產生的的無數石塊砸向了他倆的身體。除被較大石塊擊中造成的骨折外，還有無數碎小的石頭顆粒崩進了他們的軀體。他們的眼睛就是因為被細小碎石擊破了視網膜而失明的。

一年多的時間，他倆經歷過十多次手術，每次手術都要從身體裏取出很多塊碎石頭。大的如花生米，小的如穀粒，或者更小。陳班長說著，解開自己衣服的扣子，露出滿是傷疤的軀體。我用手隨意撫摸了一下，他身體前側的皮膚裏面，還埋有許許多多的顆粒。陳班長說以後還要多次手術，最後那些更細小的，時間長了會自己融化分解。

陳三喜是河南扶溝縣人，一九六五年入伍，身材矮胖，有文化。他工作認真身先士卒，在四連的班長裏屬於威信比較高的一個，正代理著排長，被提拔為軍官指日可待。一次意外事故，改變了他的一切。他在醫院的時候，他的妻子也在那裏陪伴著他。與我們交談，陳班長的面部還出現過笑容。

高副班長是黑龍江省杜爾伯特蒙古族自治縣人，一九六八年入伍，清瘦白淨，沉默寡言，還沒有成家。工作表現自然是比較好的，所以第二年就擔任了副班長。傷殘使他的情緒非常沮喪，看到我們，只是低沉地說了三兩句話。

兩人正值青壯年紀，此生將永遠生活在黑暗中，實在是讓人悲哀無比。

十三、五好戰士

關於「五好戰士」與「四好連隊」，百度百科上是這樣注釋的：

一九六〇年十月，中央軍委擴大會議決議提出：在全軍青年中開展以政治思想好、軍事技術好、三八作風好、完成任務好、鍛鍊身體好為內容的五好戰士運動。十二月三十日，軍委辦公會議傳達的林彪對一九六一年部隊工作的指示中又提出，一九六一年連隊工作主要抓四個方面；一是抓政治工作，抓活的思想；二是抓作風，就是三八作風；三是抓軍事訓練；四是抓生活。據此，一九六一年一月一日，《解放軍報》發表社論，傳達了中共中央軍委和總政治部關於創造四好連隊運動的指示，並公布了四好連隊的條件：政治思想好、三八作風好、軍事訓練好（生產、施工連隊則根據所擔負的主要任務改為生產好、施工好）、生活管理好。四好連隊評比和獎勵辦法是：以團為單位進行評比，半年初評，年終總評。團評出四好連隊後報師審核，由軍批准，然後由大軍區、軍種、兵種統一上報總政治部備案。凡是被評為四好連隊的，由國防部發給獎狀。被評為五好戰士的，由各軍兵種、各大軍區頒發證書和證章，證書和證章在六〇年—六四年由各軍兵種、各大軍區自製，六五年—六六年全軍統一製作，文革開始後證書、證章（毛主席像章）由各部隊製作頒發。同時，武警部隊（公安部隊），人民警察和地方一些部門也開展了五好運動，並製作了證書和證章。

九一三事件後，軍隊工作進行了大幅度調整，林彪在軍隊搞的「左」的一套被批判，五好戰士和四好連隊運動也隨即終止。

從上面的文字我們可以知道，「五好戰士」與「四好連隊」是林彪執掌中國人民解放軍軍權（這樣說實際上是不準確的，真實的情況是毛澤東主席在世的時候，除了毛本人，任何人都沒有真正染指過軍權，林彪只是負責解放軍的日常工作而已。當時「解放軍是毛主席締造，林副主席指揮的」那句名言，其實是一種非實質性表述）期間，對軍隊基層推行的一種管理方式。林彪死後，這兩項評比當做林彪的餘毒被批判糾正了。

士兵和軍官對林彪管理軍隊的上述方式評價如何呢？凡是上個世紀五十年代末到七十年代初在解放軍裏擔任過職務，服過兵役的人，可能都會認為評比「五好戰士」與「四好連隊」的時期，是和平年代解放軍軍紀最好，執行效率最高，最有戰鬥力的階段。毫無疑問，林彪帶兵還是有其獨到之處的。

注釋中說道，「五好戰士」與「四好連隊」每年正式評比一次。每年的年中進行一次初評。一九六九年七月初，我所在的二連開始了初評。只有初評入圍，年底的「五好」喜報才有希望到手。剛入伍的新兵，尤其是積極上進的新兵，無不躍躍欲試，以期實現參軍後的開門紅。

「政治思想好、軍事技術好、三八作風好、完成任務好、鍛鍊身體好」是「五好戰士」的標準。

所謂「軍事技術好」對建築工程兵說來，只要能拼命地幹活就行；

「三八作風好」，只要不吊兒郎當緊急集合能跟上隊列，平時不說操蛋話尊重領導服從指揮即可；

「完成任務好」，當然就是多幹活幹好活就行了；

「鍛鍊身體好」，多幹活自然身體也就鍛鍊得強壯了。

這樣分析的結果，需要比拼的就只剩下「政治思想好」了。

那是一個突出政治，思想工作無孔不入的時代，比拼思想好的花樣層出不窮。除去學習毛主席著作寫心得筆記這些必修課以外，當時在我們二連最為流行的還有三項時髦的活動：

一是吃飯的時候在飯堂賽歌；

二是每天晚上進行總結講評；

三是互相開展談心活動。

在飯堂賽歌，不是比賽哪個班的歌喉，也不是比賽唱歌的技巧與學會了多少革命歌曲，而是現編現唱，用唱歌的形式歌頌毛主席，歌頌革命事業，抒發革命豪情，表揚好人好事。

二班屬我的文化水平最高，牛班長就把編歌的任務交給了我。所謂編歌實際就是寫一首七言四句或八句的打油詩，把要表達的意思寫進去。當然了，如果能寫出十二句或十六句來那就更好了。至於歌譜曲調，一般都是大家唱熟了的幾個，其中有一首據說是來自黑龍江的太康縣，原創的歌詞大意是：

杜爾伯特大草原呀，陽光燦爛紅旗展呀麼，胡海！貧下中牧鬥志昂啊，戰天鬥地換新顏呀麼，胡海！

換上任意多的七言打油詩，甚至押韻不押韻都沒有多大關係，儘管呀麼胡海地唱下去。

黑龍江省太康縣又叫杜爾伯特蒙古族自治縣，因此大家都稱這個曲調為杜爾伯特調，稱來稱去簡化成了「伯特」調。後來乾脆把「伯特」用與其諧音，在東北地區語言中更為通俗的「埋汰」二字所代替。賽歌的時候，把編好的打油詩書寫成兩三張紙條，只要是班長或其他人說一聲：

「『埋汰』調。唱！」

全班同志就心領神會，整齊地胡海胡海地吼上一陣子。

吃飯時賽歌，讓整個飯堂都處於亢奮的狀態。時常有洋相表演出來，歌聲笑聲混成了一片，肯定能提高食欲。不好的是胡海得多了，延誤了吃飯的時間，飯菜會變涼。

每天晚上熄燈號前半個多小時，是總結講評的時間。全班一天的工作，每個人表現得是好是壞，發生了哪些好人好事，哪些方面做得不好，全班十個人都要發言總結或講評。哪個好，哪個壞，都要真槍真刀一五一十地說出來。表揚別人就像給人以廉價的蜜糖，自己的內心也會沉浸在甜蜜中。

在進行「批評與自我批評」時，容易做到的是自我批評。不管做過好事還是錯誤的事，把自己貶上一通，再挖一番思想根源，順嘴就可以說出。如果要橫挑鼻子豎挑眼地批評別人還真有點兒抹不開面子。再說，你如果今天批評這個，明天批評那個，把班裏的人都得罪了，那還有你的好嗎？但是晚上講評時重點強調的是「革命同志之間要勇敢地開展批評」，以達到真正幫助同志的目的。如果只能開展自我批評，而不能開展對他人的批評，就會被戴上一頂「思想鬥爭中顧慮重重」的帽子。

如何既能讓同志們感覺到自己是敢於使用批評這個思想鬥爭的武器而又不傷和氣呢？內中的訣竅頗費心思。我在臨清一中連讀書帶參加文革六年多，從來沒有演練過這樣的招數。通過一段時間的觀察、嘗試與思考，我逐漸有了一些心得，概括起來無非是兩個要點：一是開展批評說話直來直去，多多地用毛主席的話來對比；二是舉證講例子說細節時要避重就輕，不要讓戰友真正感覺到疼。

至於開展談心活動，如果拋開虛假，避開時髦抽象的政治概念，那倒是一個鍛鍊與人交往的時機。全班的十餘個戰友自然會有親疏。和每一個戰友談心，態度都要盡量地誠懇，至於交談的內容，一定是親疏有別的。譬如我與臨清老鄉李金海，過去雖然不認識，一下子分到一個班，關係自然很快地密切了，凡是涉及到班裏的事情，我們倆之間的溝通可以做到無話不談，有些事情必須反覆分析，詳盡了又詳盡。

年中「五好戰士」的評比開始後，我和李金海反覆分析了班裏十個人之間的力量對比。分析來分析去，我們倆得出的結論是：如果一人一票推舉的話我們倆實際上是處於劣勢的。無論我們倆在山洞裏如何拼命幹活；如何認真地整理內務；如何努力在吃飯的時候寫打油詩；即便牛班長和湯副班長能夠肯定認同我們倆的表現，這些都無法克服地域鄙視和地域親疏的觀念。來自黑龍江的龐戰友與咎戰友無論如何也不會投我們兩個山東兵的票；而來自吉林東豐縣的新兵是三個人。他們既是我倆的競爭對手，數量上也比我倆占優勢。到時候我倆和吉林東豐的三個新戰友如果真槍真刀地一票一票地爭起來，最多也就是弄個平手。

我們倆商量來商量去，得出的結論都有點兒悲觀。最後，李金海提議：到評比的時候，我們倆要盡量地最後表態。李老弟認為這樣做比較主動，前面發言的人會因為寄希望獲得後面的贊成票，而把贊成票投給後表態的人；後發言的人則可以更全面地權衡每一個人得到的贊成票數，做到有的放矢地投票。沒想到文化程度很低，年齡比我還小的李金海戰友思路竟然這樣地慎密與老練，不由得讓我對他刮目相看。

關於「政治思想好」這樣一個內容就敘說這麼多吧。莫說不曾有過如此經歷的讀者，連我自己都覺得非常枯燥，非常絮叨了。本書後面如果再遇到如此的題目，我也就不再這麼囉嗦了。

一九六九年中五好戰士初評的結果，我們二班被評上的是湯占海、張義和、李金海和我。牛班長是最後由連裏給平衡上的。很顯然，在評選過程中牛班長和湯副班長為了把我與李金海評上，費了心思，做了工作。作為班長副班長只有主持公道才能把全班搞好。

在我的人事檔案中，至今還保留著我在一九六九年被評為五好戰士的記錄卡片，看到這個卡片，雖然我在二連參加的只是初評，我還是不由得會想起牛班長和湯副班長以及我們二班的戰友們。

奖励种类	五好战士
奖励原因摘要	一九六九年度被评为五好战士
奖励时间	19
奖励人（姓名、职别、级别）	曹
审查人签署	政
备考	

這是我的人事檔案裏關於一九六九年被評為「五好戰士」的一張獎勵記錄卡片。我在二連參加的雖然只是半年的初評，但它與我年終得到的這個榮譽相關。

十四、王彥梅與岳保才

五好、四好的初評結束不久，二連也發生了事故。

那天是星期天，一營的黨委會正在二連連部的帳篷裏召開。營黨委會的一個重要的議題就是討論二連能否評上「四好連隊」。

我因為頭一天在工地上不慎踩到了一塊帶釘子的木板紮傷了右腳。行走不便無法上山，就在帳篷前一拐一瘸地用一些廢木板製作臉盆架子。右腳疼痛並不影響我使用雙手。

這時，只見六班的一名士兵氣喘吁吁地往連部跑去。我搶先問他：

「出了什麼事？」

那戰友稍事停留，隨口說了一句：

「王彥梅摔死了；岳保才為了救他，把腿摔斷了。」

說完，那戰友就徑直跑進二連連部的帳篷裏向領導們報信去了。

事情的經過是：小林河火車站卸下了一車皮鐵軌，是上級調撥給我們營用於在山洞裏鋪設小鐵道用的，需要抓緊時間運回工地。那天是星期天，代理二排長的六班長鄭懷里帶領幾個士兵驅車去了小林河火車站。王彥梅是六班的戰士，也放棄了休息跟著班長去了小林河。

放棄休息去運鐵軌是表現自己積極上進的機會；裝卸鐵軌對於我們這些工程兵算是清閒的活計，三下五除二，十根或二十根幾百斤重的鐵軌就能裝上卸下。去小林河車站幹活的間隙，還可以去那裏的商店遊覽一趟。

運氣好的話，還能遇到幾個年輕的女性，眼睛的享受是少不了的。一起去的還有六班的其他幾個人和四排的岳保才。岳保才與王彥梅同是來自吉林省東豐縣的老鄉。

裝運鐵軌的汽車是一輛蘇製嘎斯。車廂很小，車廂內裝著一個特製的鐵架子，十幾根鐵軌只能高高地平鋪在那個鐵架子上邊，形成了一個前高後低稍微傾斜的平面。那平面距離平地差不多有三米高。遠遠望去，裝運鐵軌的汽車整體形狀很像一臺蘇製喀秋莎火炮。

那天的天氣很熱，幾個戰士坐在了高高的平面上，汽車開動，頗為風涼。六班長鄭懷里坐在汽車的駕駛樓裏司機助手的那個位置。從小林子車站到我們的駐地石頭溝沒有像樣的公路，汽車行駛的路徑全是布滿亂石的河灘，汽車顛簸的程度可想而知。中間經過一個叫泉水溝的村莊，它附近的路顛簸得尤其厲害。

裝載鐵軌的嘎斯車走到泉水溝村南，汽車輪子正好軋在一塊大石頭上，車身一歪就把毫無提防的王彥梅給甩了下來。王戰友因為沒有提防，所以落地的時候是左肩最先著地，而他著地的地方，正是一塊埋在地下的大石頭。有人驚喊了一聲，汽車停下來。戰友們跳下車，趕忙把王彥梅扶了起來，鮮血如自來水龍頭一般從他的嘴裏噴了出來，看來是那塊大石頭把他的整個胸腔都給撞碎了。

慌亂了一陣，大家把王彥梅的屍體平放到路旁。這時人們才發現了趴在車輪一側的岳保才。王彥梅摔下來的時候，坐在他旁邊的岳保才伸手想把他拉住，結果不僅沒能如願，還把自己也給帶了下來。岳保才因為心裏有所準備，下落時雙腳最先著地，所以只是造成了雙腿骨折，身體的其他部位沒有受傷。

就近沒有任何通訊工具，報信的士兵氣喘吁吁地跑了數公里趕到二連連部。主持會議的教導員趙撲當即宣佈：營黨委會暫停。

董營長通知機械連的汽車和營衛生所的醫生立馬去現場救人。救人的汽車抵達軍事醫院後，王彥梅的屍體是直接送往太平間的；岳保才則住院治療。

過了幾日，事故的細節被人稍事篡改：原本是岳保才因為救護王彥梅不遂而雙腿受傷；改變後的細節是：王彥梅因為救護戰友岳保才而光榮犧牲。

這一改動的創意來自何人，當時就沒有幾人知曉。推波助瀾者卻大有人在。不贊成者沒有一個。教導員趙撲是最積極的推動者，他在全營士兵大會上頗為激動地聲稱：

「我們一營出現了一個捨己救人的英雄。」

有關王彥梅同志捨己救人英勇犧牲事蹟的報告，起草修改後上報給工程建築二一三團司令部和政治部；按照英雄規模的追悼會也在按部就班地籌備中。王彥梅的骨灰盛放在一個精緻的骨灰盒內。骨灰盒擺放在一個臨時搭建但規模頗大的靈堂裏，靈堂前懸掛著一大字橫幅，上面寫著九個大字：「王彥梅烈士追悼大會」，靈堂前的平地將是追悼大會的會場。數十個從街亭市買來的花圈擺放在那裏，據說光花圈就花費了五百多元錢，這在當時是一個大數目。

操持這些具體事情的是營部的會計魏書秀。橫幅上的九個大字也是他的手書。他是一個非常聰明能幹的人，善習書法，更善於揣摩領導的心事。

營部的軍官士兵也都跑前跑後，忙得不亦樂乎。忙裏偷閒的時候，出納王合文好奇地問大家：骨灰究竟是什麼樣的？大家誰也沒有見過，自然也與王出納一樣好奇。看看周圍沒有更高級別的軍官，王合文提議打開骨灰盒見識見識。王出納的提議得到大家的擁贊，精緻的骨灰盒的蓋子被掀了開來。我原先想像，人的骨灰定是一種黑顏色或灰顏色的粉末，如同鍋灶下或炕洞裏掏出來的粉塵那樣。實際上它像是石膏做成的骨骼模型被重力撞擊後的碎塊。王合文用手抓起一塊放到鼻子前嗅了一嗅說：

「沒有一點氣味！」

一個新兵驚叫一聲，顯然是發自內心天然的恐懼。王出納把骨灰盒按原樣蓋好後說：「我們這樣做有點不尊重（戰友），大家出去不要亂說啊。」

這是我第一次也是唯一的一次看到人火化後的骨灰。

王彥梅出事不久，我曾經專門去泉水溝村南的現場看過，路邊一塊深埋在地下的石頭上還滿是血跡。那樣埋在地下的石頭，老百姓通常稱作臥牛石，王戰友的胸腔就撞碎在那突出的牛屁股上了。

王彥梅生前與我直接的接觸不多，只是有兩次在籃球架子下亂扔籃球時交談過言語。他的家原在山東，父母都去世了，便投奔姐姐去了吉林東豐縣，說話還依舊是山東老家的口音。他的個子比較高，身材勻稱削瘦挺拔，紅臉膛，有數十粒雀斑和一只小虎牙，喜歡玩籃球，也喜歡笑。沒成想認識他幾個月後，那麼好的一個小夥子就變成了白色的塊塊。

岳保才我只知道他是二連四排的，究竟是在哪一個班，印象也都很模糊。我只記得他是五短身材，腿與臂膀都較粗壯，性情深沉，屬於埋頭苦幹的士兵。

王彥梅「捨己救人」事蹟的報告送交上級後，需等候審批。總導演趙教導員以及二連的吳連長、鄭指導員都在思考著一個同樣的問題：我們的營、連即將要成為「英雄生前所在某部」了，今後會有哪些事情需要認真地應對？起碼要有比較高級的軍官前來參加將要舉行的追悼會；或許還會有記者和大機關的筆桿子前來採訪……。

王彥梅生前使用過的用品也在清點整理，尤其是他的日記或讀書筆記之類的東西，將來會有更重要的用場，遺憾的是王同志的文化不高，基本上沒有遺留下這類能閃耀思想光輝的字跡。

各級機關對上報的這類事情一般都比較慎重，「英雄事蹟」發生時的細節都需要認真地核對，英雄的稱號決不會你報上來就當即給予批准的。

趙教導員導演並期盼成功的劇目在最後的關鍵時刻出現了問題。上級派人到醫院的病床前查問事件的關鍵人物岳保才時，岳保才一口咬定是自己伸手去救護王彥梅，而不是王彥梅為救自己掉下汽車的。過後營裏、連隊派去醫院的人多次找岳保才「談心」，做思想工作，岳保才始終也沒有改口。

上級是如何批示的我不清楚，最終的結論是王彥梅同志死於一次意外事故；二連因為發生了事故，取消了年中初評被評為「四好連隊」的資格。

追悼會既然已經準備，就要按計劃召開，因為毛主席在《為人民服務》這篇文章中說過：

> 今後我們的隊伍裏，不管死了誰，不管是炊事員，是戰士，只要他是做過一些有益的工作的，我們都要給他送葬，開追悼會。這要成為一個制度。

沒有上級機關的人和更高級別的軍官來參加王彥梅的追悼會。追悼會橫幅上「王彥梅烈士追悼大會」九個字被調換了兩個：「烈士」二字改成了「同志」。「同志」二字雖然還是由軍營書法家魏書秀揮筆，仔細看上去，還是與先前的七個字有所差別。

據說王彥梅的姐姐剛剛生過小孩，死訊傳到吉林東豐縣時，家裏的人沒敢告訴王姐姐。代表家屬參加追悼會的是王彥梅的姐夫，一個普通而穩重的東北農民。因為身份是姐夫，追悼會的過程中自然沒有表現出死亡家屬慣有的悲痛。

岳保才受傷之前，年中初評是被評上了「五好戰士」的，本可以攜此開門紅的優勢，再接再厲確定年底的「五好」，第二年弄個班長副班長的幹幹，接著是入黨提幹，圓就農村士兵的進城之夢。

岳保才傷癒歸隊後，既沒有哪位領導表揚他為救戰友而負傷的壯舉，也沒有人肯定他實事求是的精神。反倒好像是犯了什麼錯誤，受到了什麼處分，甚至像是偷竊了誰家的寶貝，成了一個姥姥不疼舅舅不愛的倒楣蛋。年底的「五好戰士」泡了湯；第二年依舊是冰冷的涼炕。兩年服役期結束，灰灰溜溜地從哪兒來又回到了哪裏。

據說回家後岳保才的境遇還算不錯，擔任了村裏的民兵連長。

趙撲教導員所導演的故事，如果放到現在，完全有條件實現巨大豐收和皆大歡喜。但現在還有幾個思維健全的人相信那些被政治劇導演任意編造篡改的故事呢？信念長城的毀壞崩塌，正是始於這些政治劇導演之手的。

當年王、岳兩位戰友的不幸對我的震動很大。我既為意外死亡的戰友王彥梅惋惜悲傷，更為被不公平傷害的岳保才悲傷惋惜。這件事對我思想影響的深遠程度，僅次於一九七一年九一三事件中林彪的出逃與焚亡。

自那時起，從小由父親、老師、報紙、廣播、連環畫、毛主席的著作、新兵連的教官以及指導員、教導員們，在我年輕的意識中鑄造的所謂共產主義理念開始動搖。董存瑞、黃繼光、邱少雲們的身影不再偉大，雷鋒、王傑、劉英俊們的形象有些黯淡。如同看到了一個屠夫把水注進豬肉裏去，從此便懷疑市場上所有的肉製品，雖然趙教導員注水的企圖並沒有得逞。

十五、離開二連

牛班長帶領我們在山洞裏幹活的時候，我注意到經常有幾個背著儀器，拿著尺子和標桿的人到現場比比劃劃，離開前他們在作業面上用油漆畫出一個輪廓，風鑽班下次打眼放炮的位置要在那輪廓之內。

老兵告訴我：這些人是營部Jing Shi班的，任務是測量山洞的尺寸和方向。我們連掘進的山洞從兩個洞口開挖進去，在大山的中間能不能準確地碰頭，完全靠他們的本事和他們肩上扛的儀器了。

我問老兵：

「他們為什麼不叫測量班而叫Jing Shi班呢？」

有老兵反問道：

「你沒有看到他們身上背的儀器上有一個望遠鏡嗎？那架望遠鏡能看出去很遠，還能看透到石頭裏面去，要不怎麼他們想讓山洞在哪裏通就在哪裏通呢？『鏡視』就是用望遠鏡透視的意思，所以他們叫『鏡視』班。」

我覺得老戰友說的有理。但另一位老兵卻不贊成這樣的解釋：

「什麼『鏡視』班？應該叫『進士』班。那幾位是咱們營文化程度最高的，都是高中畢業生，都屬於『進士』一級的，所以叫『進士』班。」

比較一番之後，我認為第一位老兵解釋的有理，第二位老先生把「進士」的基本概念都理解錯了。比較之後我心裏不禁產生了一個奢想：要是能給我這樣一個工作幹該有多美呀。「鏡視」班的工作肯定離不開數學，特別是幾何，那可是我最喜歡的學科了。美好的念頭一閃即過，還是老老實實地撅著屁股幹活吧！

雖然不敢抱有什麼奢望幻想，每逢「鏡視」班到工地測量的時候，我還是會仔細地注目觀看一番。

「鏡視班」的人馬好像有五個：

A、年齡最大的那位河南口音，沉默寡言，瘦，面白，衣著整潔，好像是班長；

B、嗓門很高，說話風趣，走路極其八字腳的那位也是河南人，他和年齡大的那位班長，大概都是一九六五年入伍的，與我們連一班的岳班長、四班王班長、六班鄭班長，還有我們二班的老于應該是同鄉；

C、身背大儀器箱子，身材最高，臉很黑，多美麗豆，軍裝邋邋遢遢的那個是東北口音，從做派上看，像是城市兵，他好像很有人緣，和誰都自來熟，二連許多老兵都和他開玩笑；

D、手提小儀器箱子的小個子好像也是東北人，面皮白裏透紅，腿短，褲子顯得很長，好微笑，不善言語，走路盡落在後頭；

E、第五位個子不高，頭大，帽子裏襯著紙，衣服潔淨，羅圈腿，背微駝，肩膀平端著，走路快，常和長美麗豆的那位高個子開玩笑，好像也是東北人；

一天，「鏡視班」的人又到我們幹活的山洞裏測量時，那位年紀最大好像是班長的人走到我的身邊問了我一句：

「你是姓藏（即便和我熟悉的人也會把我的姓氏讀成去聲）吧？」

我回答說：

「是。」

那人也就沒有再說什麼。

年中評上了「五好戰士」，讓我想當一名好士兵的鬥志更加旺盛，只有更加努力地幹，到年底才能把「五好戰士」的喜報寄回家。因為和我一樣想法的新兵很多，以至於下工回到營房後想找點好事做都很困難。內務整了又整；到伙房去幫廚都挨不上號；老兵的衣服無論藏到何處，都早有新兵翻出來給洗乾淨了，包括褲頭和襪子。

七月十三日是星期天，連隊照例放假，伙房裏吃兩頓飯。早飯後允許三分之一的士兵請假外出，外出的士兵一律要在下午三點吃晚飯前歸隊，晚飯的主食約定俗成必然是大米乾飯。

早在頭一天我就找到了一件「好事」，如果完成了效果一定極佳。帳篷群的南側靠山腳的位置是連隊的廁所：一個兩米多寬，十多米長，一米多深的大坑，上面鋪上若干厚實的木板，四周再用薄板圍起來，頂棚是木板加油氈。

一百多個大肚子壯漢半年多的排泄物都積攢在廁所的大坑裏，你能想像它有多少就有多少。冬季天冷的時候，穢物是冷凍的狀態，氣味還不會影響到帳篷裏睡覺的人。夏天來了，廁所裏的豐富積存時常刺激戰友們的嗅覺，蒼蠅也開始集會、就餐與交配。

我設想的「好事」是找幾個戰友，把廁所大坑清理乾淨。穢物運到遠離帳篷的山坡上去曬成糞乾，將來用於那些剛開墾出來的菜地裏。我知道這樣的「好事」肯定早有人考察過，大概因為它太艱鉅了，所以一直沒有人動手。

從風鑽班借來幾雙高筒雨靴，雙腳踏在一尺多深的黃色褐色黑色的黏稠物中，鼻子完全麻木，眼睛被沼氣、氨氣、硫化氫的混合體刺激得流淚。在那大茅坑裏揮舞鐵鍬的時候，我的腦子裏出現一個遐想：有過今天的體驗，人還有什麼幹不了的髒活兒嗎？

就描述這麼多吧，再說多了，讀者你的嗅覺都會突然過敏起來。

開始是我和李金海等四個戰友幹，後來又有三四個人加入進來。幾個小時後，廁所裏裏外外都清理得乾淨。去溝底的積水裏洗涮了雨靴，換掉濺滿了污物的衣服，身上的臭味依舊厚重。

就在我清理戰場的時候，連部的通訊員找我，說是連長要我去連部一趟。我趕忙跑步去了連部。連部裏只有吳連長一個人，他通知我：明天去營部報導，調往營部「鏡視班」學習「鏡視」。吳連長叮囑我說：

「去那裏後好好幹，不要給咱們二連丟臉。」

我一下子驚呆了，無比的喜悅充滿了我的大腦。如果能夠找到相似的感覺比擬，古代的窮秀才考中了狀元；邊遠的小吏被調往京城；近代的知青回城就業；貧苦山村的學子考上大學，歡喜的心情不過如此。

下午三點，全連的戰友在飯廳就餐，大米乾飯和帶肉的燉菜。大家都端起飯碗的時候，我們的牛班長站起來發言：

「今天我要表揚我們班的臧寶興他們幾個。他們星期天放棄休息做好事。至於做的什麼好事，現在大家在吃飯，我就不說了，反正大家的鼻子早就聞到了。」

餐廳裏一陣笑聲。牛班長接著說：

「我還要說的是，臧寶興已經接到了調令，明天他就要離開我們二連，離開我們二班。離開前他還堅持做好事，堅持站好最後一班崗，更應該值得表揚。」

牛班長的一席話，贏得了一片掌聲。很明顯，掌聲是戰友們送給我的。

我就這樣離開了二連，離開了二班，離開了我的牛班長。

牛少泉班長後來也調離了二連，去了一個不屬於工程團的單位，以後我就再也不知道他的音訊。雖然只和他相處了三個月不到，他對我的幫助與關懷，卻是我永遠難以忘卻的。

第十四章　經始班（甲）

十六、村民老王家

我到「鏡視班」報到後，方才知道不僅二連一排的老兵「進士班」之說不靠譜，「鏡視班」的名稱也是錯誤的。新單位的名稱實乃經始班耳。

經始班的戰友們還都住宿在石窯村的村民老王家。先介紹一下老王家的景況，然後再說經始班。石窯村在石頭溝的溝口，是一個只有幾十戶人家的小山村，姓氏混雜，村民種植附近山坡上那些靠天長莊稼的薄田，生活都很貧困。老王家尤甚。

老王五十歲不到，極瘦，彎腰，一臉菜色，不愛說話，白天去生產隊混工分，回到家就吸煙，一直吸到咳嗽不止。

老王的老婆也吸煙，用一根長長的煙袋。

我還沒有到東北時，就聽人說過東北的四大怪：「窗戶紙糊在外；大閨女叼著長煙袋；養了孩子吊起來；老公公錯穿兒媳婦的鞋」。

名不虛傳，老王的老婆大概還是閨中玉女的時候，可能就已經開始手持煙袋騰雲駕霧了。據說東北女人手中煙袋的長度，要隨著年齡與在家庭中地位的增長而不斷加長。到當上婆婆時，煙袋便可以達到一米多長。兒媳在外屋的灶臺前做飯，婆婆坐在裏屋炕頭上抽煙。兒媳如不聽從指派，婆婆揚臂揮動煙袋，煙袋鍋就可以敲擊到兒媳的腦袋。

老王家一天到晚除去做飯吃飯吸煙，餘下的時間就是咳嗽。她咳嗽的強度與聲響遠遠超過老王，即便夜間睡在夢中，咳嗽也如白天一樣激烈。她不停咳嗽的原因除吸煙外，還因為她患有嚴重的哮喘。一陣咳嗽之後，她會吐出一口濃痰。老王家裏沒有痰盂，為女主人準備的是一個紙製的痰碗。痰碗由厚紙糊就，刷上清漆，輕便而不易摔碎碰碎。紙質痰碗簡直可以說是一項可以享有專利權的發明。

頗為遺憾的是老王家從不把那痰碗放置於暗處，而是完全開放地放在炕頭上。夜裏躺倒睡覺，痰碗就在女主人腦袋的一邊，不用開燈，可以就近排吐。女主人睡覺姿勢變化，靠近那痰碗的或是臉，或是耳朵，或是後腦，全然不顧及痰碗的污穢。

老王的大兒子年齡已經不小，還沒有成親，所以也和父母睡在一個炕上。他的身材比老王高，還算強壯，在生產隊混工分的時候，肯定還是有些氣力的。但從他那沉悶的狀態看來，很可能是那出工不出力的主。從生產隊幹活回來，他就坐在炕沿上等候吃飯，吃過飯後還是坐在炕沿上沉悶。不清楚他是因為沉悶才沒有成家的，還是因為沒有成家而沉悶的。

老王家的院子不小，按說可以種植很多的蔬菜。老王只在院子裏種了很小的一畦，下工回來侍弄一下，缺水少肥，長得不好。從來沒有見過老王的大兒子幫過他父親侍弄院子裏的菜。老王和老王的兒子好像都沒有計劃，更沒有實踐過在偌大的院子裏多種植一些蔬菜瓜果，用以改善自家的生活。

王家裏的水缸很大。怕冬天結冰，大水缸就放置在睡覺的屋子裏，深埋在地下半截，高矮還與人的腰相齊，這樣才能把挑來的水很容易地倒入缸裏。老王的大兒子從不挑水，都是那老王或老王的小兒子的事。

解放軍幫老鄉挑水，好像是光榮傳統，我們不在老王家吃飯，卻還爭著給老王家挑水。山區的水井一般都比較深，石窯村屬於乾旱的山區，到水井打水要用很長的繩子。把挑來的水倒進老王家的水缸裏，沉澱在水缸底部的雜質便都泛濫上來：有米粒子，有粉條子，有爛菜葉子，有炊帚苗子，有地瓜皮，有蒜瓣，還有一些看不出原來是什麼，現在已經腐爛了的物件，凡是垃圾箱裏有的東西，水缸裏是應有盡有。

老王全家不僅用水缸裏的水做飯洗滌，而且他們家是從來不燒開水，用水瓢從缸裏舀出涼水直接飲用的。這樣不講衛生的結果，要麼患病並引起更重的病，要麼會使人的身體免疫力特別地強盛。反映在老王夫婦身上，大概是前者，當然了，他們倆拼命似地抽煙，大概也是中年身體就垮了的重要原因。

王家的飯食幾乎全是高粱米水飯，即把高粱米蒸煮成乾飯後泡在水裏食用。佐餐的是醃鹹蘿蔔和大醬。鹹蘿蔔與大醬都是自家醃製釀造。釀製大醬的缸就放在院子裏，因為大醬需要在陽光下曝曬，提高發酵的溫度。大醬缸的體型相當地大，這樣才能盛得下全家一年的消費量，而且一邊食用一邊往醬缸裏補充釀醬的原料。用於釀醬的原料當然是用麵粉蒸製的饅頭最好。

老王家沒有饅頭，他家的醬缸補充進去的只能是蒸煮的高粱米或發霉變餿的剩飯。晴天時，敞開醬缸曬太陽。這時如果突然變天，即便院子裏晾曬的還有棉被棉衣，最優先搶救的也應該是醬缸。如若沾惹上雨水，醬缸裏的寶貝將會全部變質報廢。縱觀老王家所有的財產物品，唯一珍貴的物品就是那一缸大醬了。

老王的二兒子還在讀中學，每天步行十幾里去公社所在地的中學上課。王老二的個子比他父親哥哥都高，甚至可以說長得有點兒帥。正是青春的年紀，朝氣與文化使他的性格比家人開朗許多。放學回家，我們如果也在，他就想法和我們幾個士兵交談。晚上熄燈睡覺後，他的談興依舊不減。沒有人回應，他便說我給大家講一個故事吧。如若還沒有人回應，他也堅持把故事講完。我大約聽他講過三四個，或五六個故事。唯一至今不忘的是《聰明的狗蝨》（這個故事的題目是我擬定的），石窯村的人管跳蚤叫狗蝨。

故事說：有一隻狗蝨在人的衣服下遇到一隻蝨子，狗蝨很看不起蝨子，說：

「你看你，長得這麼難看，走起路來像一隻烏龜。」

蝨子慢吞吞地說：

「你好？一天到晚偷雞摸狗的，跳來跳去像隻一條腿的螞蚱。」

狗蝨聽了很生氣，便想出一個狠毒的主意：狗蝨狠狠地在人的身上咬了一口，嗖一下子就跳得無蹤無影。人被咬得難耐，隨脫衣在疼癢處尋找，一下子把蝨子逮了個正著。人抓住蝨子後用兩個指甲咯砰一擠，蝨子便粉身碎骨了。

第二天，我問王家老二：

「為什麼管著跳蚤叫狗蝨呢？」

王老二把我領到院子裏。

石窯村的村民一般都飼養幾隻雞。雞是山村中老人孩子補充蛋白質的唯一來源。老王家沒有養雞，不知道是怕雞禍害院子裏的那一畦子菜還是迴避飼養的麻煩；村民多數人家都養狗，防人也防狼，主要是防狼。老王家也養了一隻。那隻非常瘦的狗就臥在院子裏，王老二把狗喚了過來，用手扒開狗脊背上的毛，只見亂蓬蓬的毛叢中，跳蚤們如集市上的人群，密密麻麻，熙熙攘攘。我是第一次看到這麼壯觀的跳蚤集會，瘆得我的頭皮直發麻。

可憐的狗啊，難怪你瘦得皮包骨頭。

老王家的狗蝨絕不僅是寄生於那條瘦狗的身上，老王家的炕上也是跳蚤的樂園。老王家的人看來是習以為常了。我們這些外來寄宿者卻不堪那些小精靈們的騷擾。我從衛生所要來一瓶敵敵畏灑在鋪蓋下床單下，夜間的騷擾稍事輕微。早晨起床後，身子下面、床單下面、褥子下面找到十幾個跳蚤的屍體。我們用毒藥暫時抵禦了跳蚤的進攻，卻改變不了老王家的衛生條件，更改變不了他們的懶惰心境，改變不了他們祖祖輩輩形成的生活習慣。

幸虧我和戰友們只在老王家住宿了十幾天，否則那些跳蚤不知會把我們蹂躪成什麼樣子。跳蚤的鄰居，那些行動緩慢的蝨子們，肯定也會進駐到我們的被褥衣服，甚至毛髮中來。

貧困也好，病殘也好，生活的條件艱難也好，人在何樣的處境，都絕不應該像老王家那樣生活。他們自己萎靡至此，老天爺和上帝也拯救幫助不了他們。

囉嗦一些老王家既讓人同情又讓人氣憤的糗事，表達一絲哀其不幸，怒其不爭的情緒罷了。

下面說一點士兵們借住石窯村時發生的稍微有趣的事：

既因為貧困，也因為冬季取暖薪柴的節省，石窯村多數人家只有一個臥室，兩間房子連通，向陽的一側一面大炕的那種。東北三省農村臥室幾乎都是這樣的格局。主人家的人口少則三五個，多則七八人，集中在炕頭下榻，炕梢還可以住宿數位甚至一個班的士兵。

營部和四連的士兵住宿進來，家裏的老人孩子未婚的小夥子們，生活起居如常。感覺不方便的是年輕的夫婦，還有那些未婚的姑娘們。年輕的夫婦們解決問題的方法，我沒有考證。即便考證出來，在這裏也不便公開。年輕的姑娘們多數還都下榻於自家的炕上，只是鋪蓋的位置與士兵們隔開。起到隔開作用的有的是父母的身軀和被褥，有的是一尺高的一面專用擋板。人家大姑娘都不在乎，士兵們還用管那許多？

軍民一起住宿了幾個月，有細心的新兵發現了一個有規律的現象：房東家的姑娘，每個月都要去親戚家或鄰居家住上幾天。帶著這個疑問請教結了婚的老兵，老兵笑著回答：

「新兵蛋子，啥也不懂，來例假了唄！」

於是，住在這家與住在另一家的士兵們便互相交流自家房東女兒的身體資訊。有的士兵們見面時會問：

「你們房東家的二丫頭來了嗎？」

被詢問的士兵心裏知道戰友所問二丫頭來的是什麼，笑著反問：

「你關心這個幹什麼？」

大家嘻嘻哈哈地笑一陣了事。

四連和營部在石窯村住了半年多的時間，軍民關係那是沒有說的，除去未婚的小夥子們，無不對解放軍親熱萬分。未婚的小夥子的不滿，是因為他們在年輕的姑娘們面前完全不是士兵們的競爭對手。

按照軍規，普通士兵是不能在駐地附近談對象的。營幹部，連幹部對這一點抓得很緊，排長、班長們對士兵們更是嚴加看管，一經發現嚴懲不貸。即使這樣，軍規的巨石下依然萌發出了愛情的種子。

四連離開石窯村後，愛情的種子繼續萌發，其中的兩棵結出了果實。第二年春天，一批士兵退役回老家了，其中有兩位來自黑龍江的士兵又返回石窯村，明媒正娶地帶走了自己的祕密情人。仍在服役的戰友們聽說後無不感歎道：

「這倆小子，真他媽夠鬼的。」

十七、小知識份子成堆的地方

詞典上的解釋：

「經始」一詞，意為「開始營建；開始經營」。《詩・大雅・靈臺》曰：「經始靈臺，經之營之。」北魏酈道元《水經注・河水五》上有：「岩側石窟數口，隱跡存焉，而不知誰所經始也。」

「經始」二字，用於測量班的稱謂，實在是太高雅了，高雅得有點兒玄妙。我不光喜歡經始班的工作，我也欣賞熱愛經始班的名稱。

班是軍隊編制的最小單位，一營經始班的人數比連隊的班還要少。人少故事不一定少，下來的歲月，我將在經始班服役或者說是當經始員四年有半。

其間，經始班換了三任班長；

有十八個士兵進進出出；

經始班共完成了×條山洞的測量任務；

國家和軍隊的高層也發生了很多大事，最震撼的是毛澤東主席的接班人，國防部長林彪的座機一九七一年九月十三日墜毀於蒙古國的溫度爾汗。各級軍官和士兵，從上到下都因為九一三事件而震撼顫抖，很多事情都出現了或巨大或微妙的變化；

我申請加入中國共產黨，一而再，再而三地被拒之於門外。最終我被強行調離了我無比熱愛的經始班。

四年半的經歷跌跌宕宕，此起彼伏，其中的詳情，且容我用甲乙丙丁四章的篇幅一一道來：

前一章我說過：我在山洞裏搬石頭的間隙曾經觀察過營部經始班的A、B、C、D、E五個人。到經始班報到後，他們自然都成了我的同班戰友。

A：年齡最大的那位叫關純立，河南省扶溝縣人，一九四二年生人，屬馬，一九六五年入伍，中共黨員。

半年前原班長劉明河退役後，他擔任了班長。關班長是一九六四年的高中畢業生，參加高考落榜後，第二年參軍到了工程團。

劉明河是工程團組建後，一營的第一任經始班長，山東臨邑縣人，一九六四年入伍，也是那一年入伍士兵中文化程度最高的。我與他沒有見過面，只是多次聽班裏的人說話時提起過他。

B：嗓門高，走路八字腳的那位叫王合文，與關班長一樣，也是河南扶溝縣人，也是一九六四年高考落榜的高中生。我到經始班後不久，他就被提拔去了新崗位：營部的出納員，出納和排長一樣的級別。他自然也是共產黨員，不然不會被提拔成軍官。前一章他帶領我們偷偷見識王彥梅戰友的骨灰，是發生在他擔任出納之後的事，只因為王彥梅和岳保才是二連的戰友，故安排在前面一章敘說了。

C：軍裝邋遢的那個長滿美麗豆個子較高的是趙生余，遼寧鞍山市人，一九四六年生，一九六八年入伍。他是鞍山十七中六六屆高中畢業生，屬於老三屆中的老高三。他分工使用經緯儀，只要是需要使用經緯儀的日子，裝經緯儀的箱子，當仁不讓地背在他的肩後。他還沒有加入共產黨，屬於超齡的老共青團員。

D：面白腿短，不苟言談的叫蔣文革，黑龍江省太康縣人，也是一名老高三。他原來的名字是蔣文閣，文化大革命初改成了蔣文革，入伍後新名字一直使用著，估計到文革結束了的時候，他一定會再更改回文閣的。他分工使用水準儀，進山洞測量時，手提水準儀的小箱子。他已經加入共產黨，不久和王合文一起離開經始班，新崗位是代理營部的書記官。書記官也是排級，代理書記官與代理排長一樣，還不能算是正式的軍官。

和蔣文閣戰友相處的時間不長，對其印象有三：一是他性格內向，沉默寡言，不善於和人尤其是領導交流；二是做事無條理，一張辦公桌整天是亂七八糟，滿是有用或沒用的東西；三是鋼筆字寫得一般。綜合這三點，他好像不是太稱職書記官的崗位。

E：頭大、弓背、平肩，帽子裏襯著紙，衣服潔淨，做事麻利的那位是烏居棟，也是黑龍江太康縣人，一九五〇年出生，老三屆中的老初二。烏居棟的職責是統計員，剛剛加入共產黨。他和經始班的人一起上山進洞主要是測量施工的進度。後來，他兼任了汽車調度，與經始班的主業日漸遠離。

王合文、蔣文閣調離了經始班，頂替他們位置的除我之外還有兩個與我同年入伍的士兵，早我幾天報到的叫楊玉霞；晚我幾天報到的是陳國和。

經始班在施工現場的工作照。操作經緯儀（高）者是趙生余；使用水準儀（低）的是楊玉霞；做記錄的是班長關純立。拍攝時間大約是一九七〇年冬天。

楊玉霞是臨清縣大辛莊公社孟莊村人，臨清民辦中學初二的學生。他感覺自己的名字很像一個女生，便把「霞」字寫成「洽」，戰友們和領導們卻都不接受，大凡書寫他的名字時，依舊使用女性色彩的「霞」字。再說他所選擇的「洽」字比較生僻，讀音是Qia而不是Xia，這大概是改動不成功的原因。他來自四連。

陳國和家在臨清惠通街，臨清一中高二三班的學生。陳學長在學校時的學習成績不錯，喜歡數學好鑽研，很適合經始班的工作。他來自機械連。

關班長說，我們還在新兵連訓練的時候，他奉命去新兵連挑選新兵，首選的條件就是文化程度要高，我們三個都是那時就被他鎖定了的。

為什麼同一年的新兵中，山東的被選中了三個，吉林兵卻一個也沒有呢？這個問題關班長沒有說過。我私下考證的結果是臨清來的新兵文化水平高，僅臨清一中的高中生就十幾個；另一個原因則是河南人與山東人之間互有好感的地域觀念。當然了，我們三個臨清兵不論是在新兵連，還是下到各自的連隊後，表現都是無可挑剔的。毫無疑問，這是決定我們最終被經始班選中的首要條件。

不管決定我們被調到經始班的因素是什麼，關班長的眼光沒有錯，我們三個都是好樣的，一營經始班在關班長的帶領下，將成為一個響噹噹，亮堂堂的班。

調整後經始班的六個士兵中有四個高中生，兩個初中生，文化優勢盡顯，我們經始班毫無疑問是全營士兵中文化程度最高的一個班。先莫多說我們的業務能力怎麼樣，表一表我們經始班的文體實力就能讓很多人都刮目相看：

關班長喜歡拉二胡，會的曲子不多，旋律卻悠悠揚揚；

趙生余與陳國和也會拉二胡，掛在牆上的兩把二胡，音質都很優良；

陳戰友的笛子也吹的相當好，從《小放牛》到《步步高》，從《太陽出來照四方》到《唱支山歌給黨聽》儘管點播；

班裏的口琴有三把，趙生余、楊玉霞和我可獨奏也可合奏，我們仨會吹的曲目可不算少，手抄的歌譜有厚厚的一本。

籃球場上經常有我們的身影，烏居楝、陳國和、楊玉霞和我都是營部籃球隊當之無愧的主力。

新任教導員王紹武評價我們時說：

「媽了個巴子的，你們經始班，真是一個小知識分子成堆的地方。」

這樣的話出自全營最高政治首長之口，可不僅是褒揚，其中的寓意，很值得我們班的全體成員仔細認真地掂量掂量啊。

一連的營房位於石頭溝的深處，因為地勢已經很高，大家習慣稱之為山上。一連飯堂的一側，生長著一棵野梨樹，人腰粗細，枝葉繁茂，在光禿禿的石頭溝裏它可以說是唯一可以被稱為樹的植物，其他只能算是荊條棵一類的灌木叢，蒿子和野草。

為了就近從事測量，經始班從石窯村搬進石頭溝之後直接就住宿到了山上。經始班的帳篷就架在了那棵野梨樹的旁邊，帳篷的門口就覆蓋在野梨樹的樹蔭下。寬大的野梨樹樹冠為我們遮擋風雨，夏日裏自然會賺取難得的陰涼。

野梨樹長在那裏也許已有幾十年了。春天，梨樹繁花如雪。白色的花瓣落盡，偌大的梨樹卻結不出幾個果實，三五個梨子形狀的疙瘩，長到棗子大小就不再進步，也許這正是野梨樹整個夏季樹冠繁茂，樹蔭森森的原因。山溝裏怎麼會有孤零零的一棵繁茂異常的梨樹？只能理解為是上帝或者說是老天照顧給我們經始班的禮物。

闞班長帶領我們在山坡上平整出一片地皮，把帳篷安裝支撐起來。帳篷裏窗明几淨寬敞整潔，一側支起鋪板，一側是兩張三抽屜桌。不久，營裏負責施工的許副營長；工程助理員黃玉奇；剛來的軍事院校的大學生工程技術員劉隆超也都把鋪蓋卷搬到了我們的帳篷裏。經始班的帳篷就成了一營施工的前線指揮所。

許副營長的名字我已忘記。只記得他矮個子，彎腰微胖，湖南道縣人。他年輕時在國民黨的軍隊裏當兵，後來成了解放軍的俘虜，參加過抗美援朝，據說很能吃苦很能打仗。他和二連的鄭海雲指導員一樣，因為是俘虜兵，官階很難遷升，算是老資格的副營級。他分工負責山上的施工，經常手持一根木棒，獨自一人在施工現場巡視。

他的著裝十分特殊：一身舊棉衣不著領章。棉襖很大，外面有口袋的那種，很像當年志願軍的棉制服；棉褲則是騎兵們換裝淘汰下來的馬褲，上面寬，褲腿窄。許副營長還負責全營的工程器材的後勤供應。據器材組的戰友們說，每逢調撥來了舊棉工作服，許副營長常常自己先挑選兩套喜歡的。許副營長當過國民黨的士兵，自身卻很自律，吃過飯後，飯碗都不讓我們幾個士兵替他洗刷。

到了冬季，帳篷裏需要燒煤取暖。我們在帳篷中間壘一座火爐和一面火牆。火牆是北方冬季取暖效果很好的設施，讓爐火從一面設計巧妙的空心牆壁裏通過，整個牆壁都是熱的，取暖效能高且安全潔淨，東北的城市農村普遍使用。請教曾經在家裏操作過的戰友，我和趙生余、陳國和一起畫出來圖紙。我們仨看著草圖研究再三，決定把憋氣口縮小並下移。這樣做既可以增長垂直煙道的高度，又可以增加熱氣在火牆裏停留的時間。火牆壘好以後非常好燒，嚴冬臘月帳篷裏溫暖如春。我還借此掌握了建設火牆的技術，若干年後曾在山東我家的住宅裏稍試身手。

剛搬到野梨樹旁不久，正逢一九六九年的八一建軍節，一連全體軍官士兵在飯堂裏聚餐。我們經始班也把桌子擺到了野梨樹下，與一連那熱鬧的飯堂僅相隔數米。吃飯喝酒的情節現在幾乎全都忘卻，只記得那頓飯有一道菜：西紅柿拌白糖。

在臨清家中，我很少吃到西紅柿，即便偶爾擺上餐桌，也多是做成西紅柿湯。有時得到母親的允許，可以生吃一顆兩顆，但從來沒有給西紅柿拌過白糖，那時家裏也很少見到白糖。是哪位神仙發明了這新穎而美妙的吃法？西紅柿切開數瓣，撒上盡量多的白糖，酸甜可口，美不勝收。

說來有些奇怪，因為西紅柿拌白糖給我留下的印象太深刻了，幾年，乃至幾十年後，每逢吃到西紅柿拌白糖的時候，我都會想起石頭溝裏的那棵野梨樹。當然了，現在的西紅柿幾乎都是快熟或催熟的品種，再想吃到當年那樣美味的西紅柿，也的確不是一件易事。

十八、芒果

我們搬進帳篷後不久，迎來了一位不速之客，它是一只芒果。

那年七月，出席「九大」的代表，街亭市某個大石油化工企業的劉同志到我們的駐地宣講「九大」會議精神。劉同志身材不高，微胖，雖然皮膚比較白，不似完全的工人，卻也戴著王進喜式的鴨舌帽，一身藍工作服，裝作很工人的樣子。他講話時的揮手的姿勢也很工人階級。他重點闡述了把林副統帥做為毛主席的接班人寫進《黨章》的偉大意義，估計是按照統一的傳達提綱照本宣科。

劉代表離開我們駐地的時候，給我們全營的官兵留下了一份珍貴的禮物，並且說是毛主席讓他帶給我們的。毛主席的禮物是一個芒果，是非洲哪個盛產芒果的國家元首訪問北京的時候，送給毛主席的。毛主席又讓「九大」代表們，轉送給全國各地的工人、農民和解放軍。

那個年代，芒果還是很稀罕的水果，不像現在全國幾乎所有的商店一年四季都有它的身影。我們國家的南方當時好像也不出產。我們這些生活在北方的人不僅沒有見過芒果，甚至連它的名稱也都是第一次聽說。

劉代表或者說是毛主席送給我們的芒果個頭不大，比我的拳頭還小一些，黃黃的顏色，周身都是橢圓的曲線，非常漂亮。芒果被放在一個專門製作墊著軟布的托盤裏。托盤上面蓋著一個透明的玻璃罩。劉代表把它交給我們營的領導時舉行了隆重的交接儀式。營領導以及我們這些士兵每個人都很激動，都從內心裏感到了幸福。

芒果在營部放置了幾天，圍著它觀瞻的人絡繹不絕。之後，營首長讓通信員把芒果護送到連隊，開始在每個排每個班的帳篷和幹打壘的屋子裏傳遞，讓每個士兵都能近距離欣賞親近毛主席的禮物。

我們經始班和一連的營房靠近。芒果傳到了一連，在那些勉強可以住人的幹打壘屋子裏展示了幾天後，一連的通信員把芒果送到了我們經始班。

班長關純立把芒果擺放在辦公桌的中央，他挨個詢問我們幾個下屬。在這之前，經始班六個人中只有來自鞍山的趙生余聽說世界上有芒果這種水果，也只是知其名而未見過其身容。

我們輪流把臉貼近玻璃罩，以最近的距離仔細地觀看了芒果，以最近的距離感受著幸福。老趙提議把玻璃罩掀開，大家都用手摸一摸，用鼻子聞一聞，更真切地體驗一下。關班長嚴肅地制止了他的企圖。芒果在我們的帳篷裏擺放了幾個小時，關班長就讓人把它送走了。關班長是一個謹慎的人，他不想讓這麼珍貴的物件傳遞到我們班時發生問題。

芒果送走後十多天，大家把它都給忘了，或者認為它已經離開了我們的軍營去其他的人群裏巡迴了。其實它沒有離開我們的山溝，它又回來了，不知是什麼人把它又送回了我們的帳篷。帳篷沒有門，我們進山洞完成測量任務時只是把門簾放下來。

玻璃罩裏的芒果顏色比前些時日變深了，淡淡的淺黃變成了濃濃的深黃。我們再次看到毛主席的禮物，已經不再感到那麼莊重。老趙笑嘻嘻地把它從玻璃罩裏拿出來，它的皮囊已開始萎縮，金貴的身體上有十分明顯的手指捏拿痕跡。我們幾個都拿起它放到鼻子下聞了聞，已經沒有了水果的香甜氣息，反倒有一點腐敗的酸味。關班長沒有制止我們的行為，他捏了捏有些柔軟了的芒果說：

「都快壞了，趕緊把它送走吧。」

又過了幾天，芒果就像擊鼓傳花的遊戲一樣，又被傳到了我們的帳篷。這次是營部通信班的張班長給送來的，他到山上修理通信線路，順便把那只芒果給我們帶了來。他傳達營首長的指示說我們經始班在山上執行任務很辛苦，要我們好好體驗一下毛主席的禮物帶來的幸福。

關班長對張班長說，我們已經體驗過兩次了。張班長還是把芒果留給了我們，像是完成了一項重要的任務高高興興地回營部去了。

玻璃罩裏的芒果有一小部分變成了黑色。這次我們對它已經沒有多少興趣。天氣開始變得炎熱，芒果在我們班放置了幾天，眼看著它身體黑色的部分在擴大。關班長為此而憂心重重。我們的帳篷成了擊鼓傳花的最後一站，花傳到我們手裏再也傳不出去了。芒果已經黑了一半，再不處理，它肯定會完全腐爛掉。

又過了一天，我隨意說了一句：

「爛掉了怪可惜，把它吃了吧，咱們也都嚐嚐芒果的味道。」

沒想到大家都贊成我的倡議，關班長也沒有反對。

說幹就幹，芒果被清洗乾淨，去掉腐爛的部分，帶著皮被平均分成了幾份，每個人也就是拇指肚大小的一塊。吃到嘴裏沒有一點兒美好的感覺，完全是腐爛水果的味道。

芒果的核很大，老趙用小刀把核清理乾淨後說要好好保存起來，準備以後找地方種植。大家和他開玩笑說：

「領導要追查是誰把毛主席的芒果給吃了，咱們就說是老趙。」

老趙很勇敢地說：

「就說是我主謀好了。」

大家愉快地說笑，雖然味道不美，但我們總算是吃過芒果了。它不是普通的芒果，它是毛主席的禮物。

以後沒有人再追問芒果的下落。那個盛芒果的托盤和玻璃罩，我們用來放置鬧鐘。鬧鐘放在裏面很乾淨，很合適。

十九、王部長詮釋工程建築兵

到經始班後，幹上了夢寐以求的工作，我自然是竭盡全力，認真學習測量的技術。不久我們三個新兵就都能勝任經始班的工作了。若關班長和老趙都不在的時候，我們仨也能完成最基本的測量，讓每一個施工現場都能夠正常地運作。

經始班的測量技術，實際上並不深奧，只需要一些基本的數學知識：平面三角與平面幾何。最複雜的計算也只是加減乘除，平方立方、函數、對數而已。初中、高中課本上都有的。

但實際幹起來，把數學知識嫻熟地應用自如融進每一次操作且不出差錯，並不是一件容易簡單的事。尤其是把紙上的圖形變成山體內的實物，山洞的高低，方向的偏正，要由每一次看似並不複雜的計算所決定，絕不是僅僅學過中學的幾冊數學課本，就能夠勝任的。

熟悉測量技術後，我認為經始員的業務水平大致可以分為三個層次：

一是能夠熟練操作，不出差錯；

二是別人認為你能勝任工作，因此敢於把重要的測量、計算任務交給你；

三是對工地的所有工程如何掘進開挖，澆築混凝土的形狀數量都胸有成竹，圖紙數據尺寸全部都融化在了腦子裏。山洞能不能貫通，什麼時候貫通，在什麼位置貫通憑著直覺就能精準地判斷，果斷地決定。

第一層次的關鍵是細心。長度、高度精確到釐米或毫米；經緯儀裏測出的角度，精確到秒。加減乘除，函數、對數，認真核對，多計算幾遍就行了。

第二層次等於是別人對你的信任。信任你的人首先是班長，還包括領導經始班的工程助理、技術員們，還有營長副營長，乃至各連指揮施工的軍官，爆破班的班長，團部工程股的參謀、股長各色人等。

第三層次就有點可望而不可及了。猶如同在一個廟裏為僧，不要說得道成佛，修成住持方丈的能有幾個？跟一個師傅練武，能成武俠高手的能有幾人？

軍隊或者說是國家，花這麼多錢投入這麼多人力物力為即將發生的戰爭建設龐大的地下工程。施工過程中絕對不允許出現一點兒差錯。否則你就吃不了的兜著走，任何形式任何級別的處分處罰隨時都可能降臨到你的頭上。

經始的名稱雖然高雅，經始員的工作雖然陽春白雪，但經始班的每個人頭頂上都懸掛著一把鋒利的劍。這把劍隨時都可能會砍了下來，用戰戰兢兢，如履薄冰來形容經始班的工作一點兒都不過分。

時間大約是一九六九年的十月，野梨樹的葉子開始變成黃色的時候，00山洞拐最後一個彎，專業術語是最後一個轉角，瀋陽軍區測繪隊來了三四個人。他們的工作是對照施工圖紙和現場勘測，校對最後一條巷道的走向與高低，專業術語叫複測，這是山洞能否最後準確貫通的關鍵。這項工作就好比平常由我們照看治療的一個重要病人，關鍵時刻需要由更高級的專家來會診一樣。關鍵的測量由軍區測繪隊來完成已是工程團多年的慣例。

測繪隊的隊長或副隊長姓吳，三十多歲，中等身材，面目清秀；另一位軍官較年輕，紅臉膛；還有兩個抱花桿跑塔尺的士兵。我們跟著吳隊長們幹了兩天，從洞外選擇設定輔助點，到每一個轉角，每一段山洞長度的測量，以及最後使用函數對數計算，都看了一個仔細。全過程我都做了筆記，很厚很厚的一摞。軍區測繪隊走了以後，趙生余、陳國和我們三人反覆商量，覺得測繪隊吳隊長他們給山洞做的最後診斷，如果由我們幾個獨立測量、計算也能圓滿地完成。

一個多月後，0山洞也到了要複測的時候，吳隊長一行幾個人再次光臨。經始班雖然和吳隊長他們也算同行，只是級別相差甚遠。所以我們向吳隊長自報奮勇的時候，說話用詞十分委婉。出乎預料的是吳隊長對我們的建議不僅非常贊同，而且鼓勵了又鼓勵。原來他們軍區測繪隊的人都把從駐地瀋陽跋涉到我們營的工地來執行任務當成了苦差事，如果我們能夠代替他們，豈不省卻了一趟趟的辛苦。

說幹就幹，吳隊長他們操作的時候，我們幾個也用班裏的經緯儀，比著葫蘆畫瓢地操作了一遍。計算的時候，使用的也是我們自己測得的數據。最後，兩個組計算的結果相差不多。最後一個轉角的角度僅差十到二十秒；最後一段巷道的長度僅差幾公分。吳隊長非常滿意。

為了保險起見，我們在山洞外另選了兩個與吳隊長們設定的標點完全不同的標準點，另行測量，另行計算，最後的數據還是相差不多。吳隊長對我們幾個大加讚賞，說我們一營經始班完全學徒期滿，今後就儘管大膽地獨立操作，其他的山洞貫通之前，他們就不再往返奔波了。

軍區測繪隊使用的經緯儀是德國（當時是東德）產的「蔡司」牌，最小讀值是一秒；我們經始班的經緯儀是北京產的「紅旗」牌，最小讀值為六十秒，估讀最小也只能精確到二十秒。

使用相對簡陋的儀器，完成精度要求如此高的工作，無疑是一創舉。如果放到如今，不立功授獎，也得通報表彰發獎金。那時我們經始班什麼也都沒有得到。只是這件事的全過程傳出去後，很多人都對我們經始班的業務水平刮目相看了。團部工程股的技術幹部們，營部那些我們的直接領導，施工連隊的軍官士兵，在業務技術上對我們經始班的信任與日俱增。

保證山洞準確貫通的測量原理，說來並不十分複雜，山洞在大山裏在地下無論怎樣拐彎，它的圖形在數學上只是一個閉合的多邊形，也叫做閉合導線。測量閉合導線的工具主要是經緯儀；計算數值的時候，則需要一本高位的數的對數表。究竟需要多少位？當然是位數越多越好了。軍區測繪隊的那本好像是十七位的。他們也只有那麼一本。

為了買到對數表，關班長派我專門去了一趟街亭市裏。我跑遍了街亭市的幾個書店，最後一個老店員幫我在書店滿是塵土的倉庫裏找到一本。十六開本，很薄，花了我一角九分錢，最大位數是十一位。

經始班學習並從軍區測繪隊那裏接手山洞複測業務，主要是趙生余、陳國和我們三人的心血與努力，連關班長也一直是似懂非懂。客觀地說，其中貢獻最大的是我本人。雖然沒有人出面這樣公開地評說宣揚，但大家有目共睹，心裏有數，這也奠定了我在業務上的威信，提高了全工地的人對我的認知度。

軍區測繪隊的人馬幾次來我們一營，軍區後勤營房部的部長王光石都和他們一起駕臨。王部長很胖，是那種腰圍很大，需要單另為其訂做軍衣的肥胖。王部長不僅胖而且很白，皮膚細膩，面容慈祥，舉止說話文質彬

我的工作照。我們就是使用這臺估讀刻度為二十秒的北京產的「紅旗」牌經緯儀完成閉合導線複測課題的。

彬。那一年他應該是五十四、五歲的年紀，和我們這些普通士兵說話十分隨和。

幾十年後，查閱「百度」，搜索到一些有關王光石部長的文字：

王光石，又名王兆玉，一九一五年出生於遼中縣四方臺鄉的一個農民家庭。一九三四年，王光石因不滿日偽野蠻統治，毅然離開家鄉前往北平讀書。抗日戰爭爆發後，他投筆從戎，在河北省參加了冀中人民抗日自衛軍，一九三八年五月加入中國共產黨，先後任通訊科長和團參謀長。一九四二年祕密返回東北老家，開展地下工作，擔任奉天蘇家屯「大東木業株式會社」的副經理。以此為掩護，王光石成立了抗日反滿的地下黨支部。搞到一些槍支、彈藥，建立起一支四十多人的地下武裝隊伍。

一九四五年「八一五」光復後，王光石奉命進入瀋陽，隊伍擴軍到四百餘人。稍後，他與剛剛開進瀋陽的冀熱遼軍區第十六軍分區司令員曾克林取得聯繫，被任命為五十六團團長兼遼南衛戍區司令員，負責遼中、臺安、盤山三縣的接管工作。

全國解放後，王光石曾任瀋陽軍區後勤部軍械部副部長、營房部部長，文革結束後，擔任瀋陽軍區後勤研究室顧問。

當時，軍區後勤部下屬各單位，幾乎都知道王部長曾是遼南一帶聞名的王司令。可是在我的心目中，營房部長的職位，和藹可親白白胖胖的形象，無論如何也和在東北獨霸一方的司令統一不起來。

王司令，不，王部長是正師級軍官，對我們工程營說來，他是級別很高的領導。他來我們工地，是貴賓中的貴賓。不知為什麼，王部長每次來都不讓營裏的領導接待，不住宿在專門招待客人的房間，而是選擇在我們經始班的帳篷裏就寢。他大概認為我們這些承擔測量工作的經始班士兵才是他最嫡系的下屬。王部長吃飯也不特殊，我們從一連的伙房裏打來什麼就吃什麼，高粱米飯也能吃滿滿的一碗。

一天，天氣晴朗，王部長高興，我們把一架躺椅擺放到野梨樹下。躺椅是營首長專門派通信員送到山上給王部長坐的（追根朔源，躺椅也應該是我們新兵訓練結束時，從那個步兵學校打劫來的）。王部長把肥胖的身軀斜躺在躺椅裏與我們聊天。趙生余的家在鞍山，說起來算是王部長的老鄉，口音很接近。老趙聊天的能力特強，只說得王部長興高采烈起來。王部長問我們：

「你們知道為什麼組建你們建築工程團嗎？」

我們這些士兵自然都不知道。

「是為了省錢！」

看著我們這些大頭兵全都莫名其妙的樣子，王部長繼續說：

「你們算算這筆帳：我們的連隊掘進山洞，挖出來一立方米的石頭，成本才十幾塊錢。你們的二連都能低到十三塊多一點兒。如果讓工程隊（指隸屬於地方，專門承建軍事工程的建築施工隊）來幹，每立方米的成本是四五十塊。哪一個划算？」

「再說了，國家養了你們這些兵，閒著也是閒著，還不如多幹些活，既節約了錢又鍛鍊了隊伍。」

王部長的一席話，讓我的心裏很苦澀。其他幾個戰友，大概也是這樣的感覺。什麼紅色的帽徽紅領章？什麼保家衛國捍衛邊疆？都不是！在高級指揮員眼裏，我們這些傻大兵只是一群廉價的勞動力而已。王部長說的其他話我都不記得了。只有養兵省錢說，我一輩子也都難以忘記。

王光石部長是我接觸過的軍官裏級別最高的。

二十、林副統帥一號戰鬥令

一九六九年三月初，珍寶島事件發生，中國和前蘇聯關係緊張，邊界軍事衝突不斷，隨時都有爆發全面戰爭的可能。毛主席向全國發出了「要準備打仗」的號召。

四月中國共產黨第九次代表大會召開。林彪成為《中國共產黨章程》中規定的毛澤東的接班人。

到了秋天，中蘇兩國關於邊界問題的副外長級談判定於一九六九年十月二十日在北京舉行。

九月上旬，召開了全軍戰備工作會議。

九月二十六日，毛澤東批示：

軍隊不要鬆勁。

次日，林彪指示：

用打仗的觀點觀察一切，檢查一切，落實一切。

中蘇邊界談判前夕，中共中央根據蘇聯當時的戰略動向和一些情報資料，懷疑蘇聯把談判作為向中國發動突然襲擊的一種煙幕，如同一九四二年日本突襲珍珠港前夕假裝和美國談判一樣。中共中央決定在十月二十日前必須將在京的中央黨政軍主要領導人疏散完畢。

周恩來總理留在北京主持工作。毛澤東去了武漢；林彪去了蘇州。其他幾個，多是已經失勢的人，疏散即成了貶謫與發配。劉少奇、徐向前去了開封；朱德、李富春去了廣東從化；陳雲、鄧小平去了南昌；陶鑄去了合肥；董必武去了廣州；葉劍英去了長沙；陳毅去了石家莊；劉伯承去了漢口；聶榮臻去了邯鄲。

一九六九年十月十八日，從北京疏散到蘇州的第二天下午，林彪叫祕書給當時的總參謀長黃永勝打電話，向黃口授了六條電話內容。大意是：蘇聯談判代表團將於十月二十日來北京，對此應提高警惕。為了防止蘇聯利用談判作煙幕，對我進行突然襲擊，全軍各部隊要立即疏散。各種主要裝備設備及目標要進行偽裝和隱蔽。通信聯絡要經常暢通。國防工業要抓緊武器、彈藥的生產。二炮部隊也要做好發射準備等等。

黃永勝隨即通過總參作戰部向全軍傳達了林彪指示，內容只剩下了四條（有關二炮的一條，不向其他單位傳達，另一條是關於武器生產的，也不向部隊傳達）。

剛從總參作戰部長提拔為副總參謀長的閻仲川，把林彪的指示加冠了一個十分顯眼的標題：

「林副統帥一號戰鬥號令」。

由此，全軍各部門立即進入一級戰備狀態。

軍內高層和基層對「林副統帥一號戰鬥號令」都非常重視。

「一號令」傳達到我們工程團後，所有休假、探親、出差的軍官士兵全部立即歸隊。為了準備和蘇聯打仗，各個施工工地星期天節假日不再休息，每天二十四小時馬不停蹄地爆破掘進。說這樣做是為了和「蘇修」搶時間，是謂「應急施工」。

一營三個工程連隊五百多人馬已經不能適應軍事工程快馬加鞭趕進度的需要。從昭烏達盟（那時昭盟劃歸遼寧省管轄）徵調來一千多個民兵組成了一個民兵營配合支援我們一營。民兵營下轄五個連隊，每個連隊二百多人。石頭溝裏驟然增加了一千多個穿黑藍衣服的青年壯年男子，一時間熙熙攘攘人滿為患，到處都是人汗味與屎尿味。

東北地區的冬天，天氣嚴寒大雪封山，所有露天的水都會結冰。沒有水，空壓機和風鑽都不能運轉。按照慣例，這時新兵開始集訓，老兵即將復員，軍官士兵下山休整，所有的作業面都要停工。

因為「應急施工」，一九六九年冬季工程團所轄的三個營都沒有停工。空壓機供水的水管進行了保溫改裝，保障照常運轉；給風鑽供水的管線太長，無法保溫。風鑽沒有水，士兵們只好撲塵作業。風鑽手每人武裝上一個簡易的口罩就不顧一切地開鑽打眼。一營先後出現了幾個患上矽肺病的士兵，都是「應急施工」時蠻幹的結果。

整個冬季五個民兵連也都和解放軍士兵們一樣既沒有停工，也沒有回家過年。石頭溝的全部人馬一直堅持幹到除夕夜。大年初一的餃子有許多人都是在山洞裏吃的。

施工的人馬多，開工的山洞多，經始班的任務加重了很多。因為晝夜施工連軸轉，工程的進度很快。每天一個作業面要爆破三四次。半天不去測量，山洞就可能偏離方向。

我們管偏離的部分叫超挖。假設風鑽班打眼，每排炮的深度為兩米，如果爆破開鑿的邊緣平均偏差〇・一米，超挖的石頭差不多就有三至四立方米。偌大的山洞作業面，不要說偏離〇・一米，就是偏離半米，經驗豐富的風鑽班長和帶班的排長副連長們憑肉眼也難以直觀地判斷察覺出來

為了避免和減少超挖，闞班長提出來要「排排經始」。「排排經始」的含義是說爆破班每排炮放過之後，我們經始班的人都要到施工現場去測量一遍。測量後用白色或紅色的油漆在作業面的石壁上畫出下次鑽孔爆破

的輪廓，我們管這個活兒叫做「畫幅圓」。

毫無疑問，「排排經始」可以最大限度地減少超挖。這樣一來，山洞裏的每一個作業面我們班的人每天都要去好幾次。白天忙了一天，夜裏山洞內爆破放炮的聲音響過一個小時後，大家再睏再疲倦，關班長也要把我們叫起來，爬出被窩去工地現場「畫幅圓」。

在那幾個月的「應急施工」中，關班長帶領經始班做到「排排經始」，究竟減少了多少超挖量，沒有人進行過核實統計，營領導和施工連隊都知道那肯定不是一個小數字。當時掘進連隊的一個士兵每天平均開挖石方在半立方米左右。少超挖一立方米石頭，就等於節省了兩個士兵一天的工作量。按照科學技術也是生產力的觀點，工程一營的軍官士兵，民兵營的全體民兵，如果以班為單位計算工作成績，我們經始班的貢獻最大；如果評選最有突出貢獻的人，非我們經始班的關班長莫屬。

我們班「排排經始」的做法，受到工程團領導的讚揚。團工程股還把我們的經驗向二營和三營宣傳推廣。憑借這樣的成績，一九六九年底「五好戰士」評選我們全班，包括統計員烏居棟六個士兵全部都評上了「五好戰士」。經始班也自然被評為了「四好班」。據說我們是整個工程團唯一「滿堂紅」的一個建制班。

班長關純立帶出來這麼優秀的一個班，他自己卻沒有再受到另外的表彰。

二十一、關班長

一九七〇年初，關純立班長當兵已經是第六個年頭了。和他一起入伍的河南兵，很多都被提拔成了軍官，進步快的都當上了連長副連長。王合文和關班長的文化程度一樣，當兵的年限一樣，關班長當經始班長，王合文是班裏的經始員，王合文被提拔成出納（排長級）後穿上了四個衣兜的幹部服，關班長還只是兩個小衣兜的班長。

關純立班長家在河南扶溝縣的農村。扶溝縣地處河南東部的黃泛區，極為貧窮閉塞。關班長希望能在軍隊內被提拔成軍官，這應該是他不再返回豫東農村去的唯一出路。

關班長性格靦腆內向，不善言談，稍大一點的場合說話就會臉紅。提幹無望，他的心情自然很鬱悶。鬱悶的心情使得關班長越發沉默。

他喜歡拉二胡。經始班有兩把二胡，音質好的那一把是關班長的。關班長拉二胡拉出的曲調都很低沉。一曲《江河水》他一遍一遍可以拉兩小時。他還喜歡拉《年三十》，那是一首用於憶苦思甜的曲子，比《江河水》還低沉。

閒來無事，關班長就用洗衣服來打發時間。關班長的衣服洗得很乾淨，一件襯衣他可以洗一個小時，直到領子袖口都洗得沒有一絲污痕。他的軍裝，有兩套都被他幾乎洗成了白色，穿在身上，人顯得潔淨，也顯得老相。

班裏幾個人聊天，關班長很少插言，有時他也覺得寂寥，便說：我給你們講一個故事吧。

關班長講的故事題目叫《利地》，說的是甲乙二人相遇。甲說：

「我最近非常苦惱，出恭總是找不到『利地』。」

所謂的「利地」就是能夠順利地把大便解出來的地方。甲大概是有便祕的毛病。

乙說：「那好辦。哪天你發愁的時候，我領你去找。」

這天，甲內急，找到乙。乙帶領甲開始尋找「利地」。走了一個地方又一個地方，走了一個時辰又一個時辰。甲內急甚，乙還是若無其事地領著甲轉悠。直到甲都要拉在褲子裏了。乙方指著一處說：

「這兒才是真正的『利地』！」

甲順利地完成了大便。

《利地》的情節有些幽默，甚至可以讓人發笑。講的次數多了，幽默盡失，也就沒有人發笑了。這個故事我最少聽關班長講過四次。當時我就猜想：或許我的班長就會這麼一個故事。

一九六九年冬，關班長探家時談了一個對象。女方是一個小學教師。他讓我看過那女子的照片，個子比較高，也比較胖，眼睛近視得很厲害。第二年探家時，關班長結婚了。又過了幾個月，關班長的夫人給他寫信。信封裏有一張她在照相館新拍攝的照片。關班長想她的時候，就拿出照片來看，也不迴避我這個下屬。一天他拿照片給我看，說：

「你幫我看看，她是不是懷孕了？」

我一頭霧水，反問關班長說：

「她寫信沒有告訴你嗎？懷孕沒懷孕你應該知道啊！」

關班長說：

「她的信裏沒有說。」

關班長兢兢業業地帶領我們幾個士兵在山洞裏「排排經始」，為「應急施工」做出的貢獻很大；關班長的業務能力，除了工程助理員黃玉奇，全營的官兵無人可比。關班長為人謹慎自律，群眾威信很高。施工的任務很重，一營乃至整個工程團上上下下都短缺技術幹部。關班長為什麼沒有被提拔為軍官呢？究其原因，是因為關班長的家庭出身是上中農。

和關班長情況相似的還有一連的六班長。六班長二十幾歲就滿頭花白的頭髮，乃通常所說的少白頭，面容也顯蒼老。不論軍官士兵都稱其為「老白毛」。連新兵也都呼其為「老白毛班長」。

「老白毛班長」一九六六年入伍，四川巴中人，身體粗壯，帶領士兵在山洞裏幹活從不惜力，衣服總是濕漉漉的，一個人能頂三四個。他還善於帶兵，調皮搗蛋裝病號泡蘑菇的士兵，經他調教後都能改變，老老實實地跟隨他去搬石頭。一連的指導員，後來成為一營教導員的王紹武非常賞識六班長，說他是最能吃苦，最以身作則，也是最會帶兵的班長。

「老白毛」提拔排長的呼聲很高，卻一直沒有能夠成為現實。賞識他的教導員王紹武能決定許多下屬的命運，對愛將「老白毛」也只能忍痛割愛，「老白毛」的家庭出身也是上中農，提幹政審的硬性規定難以逾越。當然了，「老白毛」只是一名來自農村的普通士兵。如果他有些背景，有比教導員更高級別的軍官為他表態說此人可以例外，則又自當別論了。

我和「老白毛班長」也很熟。一九七一年春節後，「老白毛」退役回了他四川巴中的老家。臨走前我倆在營房附近相遇。聊些道別的言語。說到心疼肋酸之處，「老白毛班長」憤怒地用拳頭敲擊著牆壁，感慨而悲愴地大聲呼喊：

關班長送給我的這張照片，是他回河南探親路過北京時在天安門廣場拍照的。時間大約是一九六九年春節前後。

「太不公平了！太不公平了！」

關班長和「老白毛」，都是那一時期上中農家庭出身的士兵無論工作多麼出色多麼努力，都不能被提拔為軍官的典型案例。

關班長非常清楚上中農的家庭出身，是自己提幹幾乎無法逾越的障礙，但他還是想努力地爭取把工作做得更好，貢獻更加突出。希望能用更感人的表現打動更多的領導和級別更高的領導，希望出現奇蹟。

因為我們經始班的工程測量工作已經做得很好，幾乎沒有什麼再提高完善的餘地。關班長認為只有劍走邊鋒，本職工作以外再做出一些閃光的事蹟才行。如果領導一個只有四五個士兵的班長也有施政綱領的話，關班長力圖創造更加感人事蹟的施政綱領是帶領全班打山草、撿木柴。

一九六九年的冬季快要來臨了，全營的軍官士兵住的不是帳篷就是幹打壘的簡易房，越冬需要大量的乾草用於禦寒保溫。我們經始班住在山上，帳篷附近長有很多野草。關班長從器材組領來鐮刀繩子，利用工作的間隙，帶領我們在工地附近的山坡山溝裏打野草。割下來的野草先找平整乾燥的地方曬乾，然後一捆一捆收集起來，背到帳篷附近堆積成一垛。

山裏的野草莖稈很粗，曬乾以後還是很有重量。一大捆乾草扛在背上很沉重，身上臉上會流出汗水，野草的種子碎屑常常會掉落到脖子裏，黏到臉上。關班長身材瘦弱，背上的乾草捆並不比我們的小，汗水經常濕透了他的衣服。山溝山坡上沒有路，亂石雜草間難以下腳。有一次關班長腳下一滑跌到了，把胳膊摔傷了一大塊皮肉。我們全班五個人苦幹了一個多月，曬乾的野草有小山般的一垛，除了留下一些給我們的帳篷防寒，其餘的全都拉回營部去了，有滿滿的兩嘎斯車。

施工的工地上需要很多木材，每年差不多有上千立方米。做枕木，做模板，做運渣車的車斗。施工現場到處是破碎的木頭，裂開的枕木，裂縫了的模板隨處可見。關班長讓我們去工地測量的時候，順便把這些已經沒有使用價值的碎木頭撿回來，曬乾，劈成手指粗細的木柴梓子。日積月累，積攢了很大一堆，大約有幾百公斤。一天，我使用鋸子鋸木頭，不小心左手的食指被鋸傷一道口子，傷口很深，都傷到了骨頭。去衛生所包紮，衛生員使用雙氧水為我消毒。傷口一接觸雙氧水，我就咕登一聲當即暈倒在地上，把衛生員也嚇壞了。原來我對雙氧水過敏，休息片刻，隨即無事。以後再使用雙氧水，我一定要躺臥到床上，方可讓醫生護士們操作。回憶到鋸木頭劈劈柴的往事，想起了雙氧水過敏暈倒的經過。

關班長找車把劈好的木柴塊運回了山下營部，高興得通信班張班長只蹦高。冬季取暖生火，給營首長們燒開水的茶爐都需要很多這麼大小的木塊。張班長說我們經始班想得真周到，再三表示感謝。

打山草、拾木柴，兩件看似微不足道的小事。關班長為了爭取能被提拔成軍官已經做到了極致。雖然百般努力，還是毫無結果，關班長最終也沒有實現自己的願望。我非常明瞭關班長當時的用意與心情，很願意幫助他做一點兒事。記憶中除卻身上的汗臭，還有一絲絲苦澀，為關班長苦澀。汗臭隨即洗滌乾淨，苦澀卻永久地黏貼在我的心頭。

關班長和「老白毛」班長一樣，也是一九七一年初復員回原籍的。離開前，關班長始終沒有一句抱怨，淡淡地收拾行李，淡淡地爬上一輛運送老兵的卡車。那天，風很大，關班長把棉軍帽展開護住耳朵。汽車開動，關班長朝我，朝經始班的戰友們揮了揮手。我強忍著淚水，揮手，再揮手，直至汽車開出了石頭溝。

關班長回河南扶溝老家後，一直在村裏當農民。大約是一九九〇年前後，我們的戰友，一營營部的管理員馮水央轉業後擔任了關班長所在鄉鎮的黨委書記。在馮管理員的扶植下，關班長擔任了幾年本村的黨支部書記。再後來，馮管理員在電話裏告訴我，說關班長的身體還好，只是耳朵已經完全失聰。關班長的妻子，那個曾是小學教員眼睛近視的女子，老年以後眼睛則完全失明了。夫妻二人外出，只能互相攙扶，關班長用眼，關夫人用耳，相依為命。

與關班長分別四十多年了，內心非常想念他。遺憾的是：通訊如此方便的今天，我卻無法與失聰的老班長通一次電話。敲打這些文字的時候，算一下關班長的年齡，他應該是七十一歲了。

二十二、黃助理與劉技術員

要管理整個工地的工程，做為最基層的指揮機關，一營營部的機構大概要比其他兵種同級別的單位龐大許多。一營營部人數最多時有五六十人，軍官與士兵的數量差不多。除去正副營長、正副教導員，營部其餘的軍官士兵大致劃分成五個部門：

通信班：包括通信員、司號員、廣播員，書記官（排級）屬於這一部門；

炊事班：包括炊事員、飼養員、給養員（一般稱其為上士）、管理員（連級，職責是整個營部的行政管理）；

衛生所：包括衛生員、醫助（排級）、醫生（連級）；

器材組：倉庫保管員、採購員，器材技術員（排級）、器材助理（連級）、出納（排級）、會計（連級）；

工程組：經始員、統計員、汽車調度、工程技術員（排級）、工程助理（連級）。

每個部門的士兵有三五個或更多，編制是一個班，設班長一人，不設副班長。連級或排級軍官自然成為各個部門的業務領導。

營部的共產黨員，約占總人數的三分之二，設立一個黨支部。所有黨員，按照部門劃分成五個黨小組。支部書記一般由副營長或副教導員兼任，副書記和黨支部委員則由各部門的軍官擔任。管理員是法定的黨支部副書記並主持營部黨支部的日常工作。正副營長、正副教導員都以普通黨員的身份，分散到五個黨小組裏繳納黨費，參加政治學習。各黨小組的組長一般是由各班的班長擔任。如果班長還不是黨員則要另當別論。

我們經始班的業務領導隸屬於工程組，工程組的業務負責人是助理員黃玉奇，工程組另一個軍官是技術員劉隆超。他們兩個調走之前都住在我們經始班的帳篷裏，我與他們相處的時間差不多有一年半。

黃玉奇是連級軍官卻不是黨員。這樣一來營部黨支部成員裏就沒有工程組系統的軍官。沒有自己部門的人就沒有話語權，這對經始班我們幾個積極要求入黨的士兵很不利。

黃玉奇是湖南株洲人，畢業於南京工程兵學校。那時候人們都比較瘦。南方人比北方人還要瘦。黃助理身材苗條，在南方人裏也算瘦的。黃助理瘦得很精神。

南方人一般比北方人精明。黃助理就很精明。施工搞工程他是科班出身，爆破掘進澆築混凝土，他既有理論也有施工經驗，工程的圖紙數據記得清晰，說起來頭頭是道少有差錯。做為工程助理，在業務上黃玉奇是非常勝任的。

也許是因為軍校出身，也許是南方人與北方人習性規則的差異，黃助理處事的方法和多數軍官士兵都不一樣。黃助理出差去北京，他在北京任職的同學或戰友幫他買了許多毛主席像章。他帶回來分給我們經始班的人，每人十個或八個，每一枚像章或八分錢，或七分錢。那時黃助理的津貼每個月七十多元，若豪爽一些，買幾枚像章送給戰友們完全應當，花費上他也完全能承受得起。全部照原價收錢，四捨五入小差大不差，大家也能理解。黃助理卻非要把像章的價格精確到每一分錢。他給我的幾枚像章，總共七角八分錢，我給了他八角。一星期後，黃助理從衣兜裏掏出來二分錢，鄭重其事地遞給我：

「臧寶興，我還欠你二分錢呢。」

何必如此精準？

大凡有戰友探家，因為假期有數，何時動的身，哪一天歸隊，早有人給算得一清二楚。這個戰友返回時一進營區就早有戰友靜心等候，眾人跟隨至宿舍，不管帶回什麼食物零嘴，徑直把旅行包打開，悉數往桌子床鋪上一撒，任憑在場的人爭搶，直至吃得一乾二淨。這就是軍營裏的豪爽風格。

黃助理探親回湖南株洲老家，返回時帶來兩只大號玻璃瓶子。一個瓶子裏是醃漬苦瓜；一瓶子是鹹辣椒，黃色薄皮的辣椒和紅色小而尖的朝天椒，湖南辣椒裏最辣的兩種。黃助理小心翼翼地把兩個玻璃瓶子從旅行包裏拿出來，打開瓶蓋子，用筷子夾出十幾個辣椒，分與我們幾個士兵。每人兩只，每個品種的辣椒各一個。醃漬苦瓜拿出兩塊，分割開來，就餐的時候，每個人都嚐一嚐。瓶子裏剩餘的辣椒苦瓜，黃助理再次小心翼翼地存放到一個安全的地方，每到開飯的時候，拿出一兩只辣椒一小塊苦瓜自己享用，絕不再讓與別人一點兒。

黃助理如此這般行事，規則精準細膩，雖然無可厚非，卻有些不合情理，尤其是不合軍營內豪爽粗曠的氛圍。時間一久大家會覺得你不仗義，不合群，與大家不一樣，甚至會有「非吾族類」之感。

大凡施工現場出現了差錯發生了問題，不管責任人是誰，做為工程技術主管，黃助理一定會橫鼻子豎眼地批評職責，一點兒也不留情面，猶如眼睛裏容不得一粒沙子。按說這是對工作認真負責啊。可時間一久，上上下下就覺得你不通融，不體諒人，不懂人情世故。

晚上，張副營長和我們幾個玩撲克，黃助理如果在帳篷裏，他一定參加。黃助理和張副營長的資歷相當，張副營長進步快，成為黃助理的領導。玩撲克的時候，黃助理對張副營長不僅絲毫不謙讓，而且經常故意卡張副營長的牌。如果張副營長輸了，黃助理一定會毫不留情地督促張副營長鑽桌子。如果黃助理輸了，不用任何人監督催促，他自己就很規範地從桌子底下鑽一趟。做任何事，黃助理都講究規則，做起來一絲不苟。

羅列這些小事，也不知道這是黃助理的優點還是缺點。反正為這些事情，讓每一個領導，每一個黨支部的人都認為他是「小資產階級思想嚴重」。這是黃助理雖然家庭出身不錯，入伍十四年卻還加入不了共產黨的原因。真不知道黃助理的這些行為習性與「小資產階級」有什麼關聯。

據說還有人反映黃助理與一兩個年輕女性有婚外聯繫，通過信。那時沒有手機，軍內電話使用受限，信件來往的數量與聯繫人都是誰，也全部處於眾目睽睽之下。我和他在一起一年多，觀察的結果是：黃助理與傳說中的女子來往不密切，通信也很少，基本屬於精神方面的交往。

大約是一九六九年底，黃助理加入了共產黨。那天吃晚飯的時候，黃助理鄭重其事地對我們經始班的幾個士兵說：

「我終於加入組織了，你們應當祝賀我。」

趙生余說：

「好事啊！是應該祝賀。也沒有酒呀」

黃助理說：

「今天沒有酒，先口頭祝賀吧，以後再補。」

黃助理入黨後，也沒有照例給他安排一個黨支部副書記或支部委員一類的黨內職務。營部黨支部內還是沒有我們工程組的人，我們經始班幾個積極要求入黨的士兵，依然如同沒有人關心的孩子。

黃助理妻子的姓名，我已經忘記了。我們駐紮在石頭溝時，她探親去過兩次，很南方的模樣，很賢惠，家在農村卻會縫紉技術，以給人縫製衣服為職業或半職業。我們第一次見到她時，她帶著一個五歲的男孩子。男孩子很瘦，骨架比北方男童要纖細許多。

第二年，黃助理夫婦又有了一個女孩。黃助理沒有見到女兒的時候，就給女孩子取名叫黃思玉。

黃助理給我解釋說：

「思玉，寓意是思念爸爸黃玉奇。」

關班長問他：

「如果叫『思奇』不更貼切嗎？」

黃助理說：

「『思奇』不行，很容易讓人理解為『思念劉少奇』，那可就是大問題了。」

黃助理很喜愛自己的孩子，沒有見到女兒之前，他經常把黃思玉小姐襁褓中的照片拿出來看，端詳來端詳去愛不釋手。

第二年，工程一營的正副職領導，全部都換成資歷和黃助理相差不多或低一些的軍官。黃助理依舊任職連級助理員。黃助理工作起來自然有些不自在。營裏的領導肯定也不願意手下有一個老資格的下屬。尤其是黃助理的業務能力強，有時或固執己見或橫挑鼻子豎挑眼，讓營首長下不來臺的場面不是偶然。在這樣的背景下，黃助理被調到團部工程股，級別職務都沒有變化，依舊是連級助理員。

後來，黃助理有幾次到一營出差，來也匆匆，去也匆匆。我與之搭三五句話，即行告別。

黃助理到團部後，他的軍齡滿了十五年，按照規定，他的妻子兒女辦妥了隨軍手續，戶口也從湖南株洲農村轉到團部駐紮的丹東市。後來，聽說黃助理的心臟不是很好，修養了很長時間。

四十年後，我去丹東，有戰友告訴我，黃助理幾年前在軍官休養所裏去世了。這一級別的軍官休養所，實際上就是一個以退休軍官為主的宿舍區。黃助理的孩子都生活在丹東，黃助理的老伴七十多歲了，還經常用縫紉機幫助別人縫補衣服。

一九五九年國慶節，還是南京軍事工程學校學員的黃助理曾參加過十年大慶的閱兵。他有一件白色的背心，上面印有閱兵紀念的文字。每年八月一日，黃助理都要把珍藏的背心找出來，鄭重其事地穿到身上，並且只穿一天。

黃助理是一位很優秀的軍官。他受過正規的軍校培訓，有軍人榮譽感，軍人素質高，敬業，講規則。我與之相處，潛移默化，從他身上學到許多軍人應有的東西。

技術員劉隆超是一九六九年秋天到我們一營的。他是西安軍事工程學院畢業，中共黨員。黃助理科班出身，學歷只能算是中專。劉技術員的學歷是正規的本科。劉技術員的到來，使得我們經始班的帳篷裏不僅是小知識分子成堆的地方，中知識分子也都有了。

劉技術員的老家是安徽無為縣，長江北岸的魚米之鄉。他們家好像曾經很富裕，屬於古老的書香門第，而他的父親卻是共產黨的革命烈士。劉技術員十多歲才開始上學，在軍事工程學院讀書的時候就入了黨，是學校的學生幹部。因為文化大革命，又晚畢業了幾年，他分配到我們營的時候，已經三十多歲，且面容有些蒼老。

我們幾個士兵剛剛與之相處，未免拘謹。過了些時日，看到劉技術員很隨和，沒有絲毫大學生的架子，打飯、洗碗、掃地、整理內務，與我們爭搶著幹，還喜歡和我們一起聊天說笑講故事。

他講過的一個罶、罩和一條小魚的故事。

安徽農村有一種捕魚網具，三四米見方，用四根竹竿撐起，沉入水下，突然拉出水面，網中的魚兒係數收入網中。這種高效的網具叫做罶；還有一種叫做罩的捕魚工具，形狀如一只無底大筐，用竹條或樹枝編製，直徑二尺左右，高七八十公分。突然把罩扣在認為有魚兒游動的水域，被扣在無底大筐內的魚兒便無處可逃，儘管甕中捉鱉即可。用這種工具捉魚，水的深度不能大於罩的高度，且水質渾濁為宜。與罶相比，用罩捉魚效能相對要低得多。

當年曾希聖擔任安徽省委書記的時候。看上了合肥某大學的一名姓于（或姓余，諧音）的大學生。於同學年輕漂亮，是一名趙姓團職軍官的未婚妻。曾希聖的愛情攻勢很猛，他官職的威懾力更猛。最後趙團長只好忍痛割愛，把于姓未婚妻讓給了曾書記。

有人把此事簡化為一個諧音故事，說：「一條小魚（于、余），沒有被罩（趙）抓住，結果被罶（曾）網了去。」

大躍進的時候，曾希聖在安徽刮「五風」（見第八章的注釋），安徽餓死了很多人。安徽是一個人口眾多的農業大省，據傳說那幾年餓死人的數量有幾百萬之多，僅次於河南和四川。諧音故事頗有挖苦貶低曾希聖書記之意。

巧合的是我的故鄉劉口村也有這兩種捕魚的工具，且名稱相同。劉技術員講這個故事時，他還沒有解釋我就聽懂了，所以印象深刻，四十多年後還記得清晰。

劉技術員和我們在一起只有一年多的時間。一九七〇年秋末的一天晚上，我們在帳篷裏玩撲克牌，參加的有張副營長，黃助理，劉技術員，廣播員周瑜，趙生余和我。玩了一會兒，劉技術員輸了。大家按照約定，要

劉隆超技術員一九六九年秋在北京天安門廣場。

劉技術員鑽桌子。劉技術員說什麼也不鑽。爭執再三，他還是頑固地拒絕。

突然，廣播員周瑜提醒眾人說：

「哦呵，大家都想想，是不是劉技術員一次也沒有鑽過桌子啊？」

這時，眾人如夢方醒一般，明白了劉技術員無論如何也不肯屈尊的原因。

大家一起玩了一年多的撲克。職務最高且身體肥胖的張副營長不管多麼費勁，多麼氣喘吁吁，多麼丟面子，卻也無數次從桌子底下鑽過去；非常愛面子的黃助理，也多次操演下蹲移動的姿勢；我們幾個士兵更不用說，關班長參加玩撲克的次數不多，輸了也毫不猶豫地紅著臉執行規則；老趙和廣播員小周郎常常鑽過去再原路鑽回來，說這樣更省事。整個帳篷裏的人，唯有劉技術員一次也沒有輸過，他真是高手啊。越是高手越要讓你鑽，似乎這樣一來，失敗多的牌技差的和高手也就扯平了一些。讓劉技術員來一次處女鑽，是帳篷裏每一個人的共同心願。

僵局持續了一個多小時，老趙為了牌局能繼續玩下去，提出來由他代替劉技術員受懲罰鑽一次。張副營長和黃助理都不同意，劉技術員自己也不同意。幾乎所有的妥協方案都嘗試了，還是沒有結果，最後只好不歡而散，拉燈睡覺。

第二天上午，劉技術員接到調走的通知。正好有順便的汽車，下午，他就離開了我們一營，新的單位駐紮在烏桓。

劉技術員走後我很想念他。半年後，我出差到烏桓，順便去看望劉技術員，他的同事說他外出了。我返回石頭溝軍營後班裏的戰友說，我不在的兩天，正好劉技術員回一營來聯繫工作，他不願意住營部招待所，晚上就來我們經始班住宿，用的我的被褥，當天上午剛剛離開。我們倆失之交臂了。

劉技術員的妻子叫慈欣，在瀋陽工作，劉技術員晚年定居瀋陽遼寧，兩個孩子都旅居海外了。我們曾通過兩次電話，只聞其聲未見其人。

回憶和劉技術員相處的時間，深感劉技術員不是一般的人，他不僅玩撲克是高手，其他大事小事他都能既不露鋒芒，又都盡在掌控之中，劉技術員是一個高智商、高學歷的南方人，是我的良師益友。讓人擔心的是他自尊心太強，在軍隊官場化的集體中，難免不會被人接受，遷升之途必然坎坷。

二十三、兩憶三查

「兩憶」是憶階級苦、憶民族恨；「三查」是查立場、查鬥志、查工作。「兩憶三查」是林彪主政軍隊時經常開展的一種政治學習形式。其淵源可追溯至上世紀四十年代解放軍組建初期的憶苦思甜活動。

一九七〇年春節剛過，我們一營到距離營房十多公里一個叫老虎溝的村莊和貧下中農一起開展「兩憶三查」。因為幾個民兵連還在施工，且每天的進度很快，黃助理、闞班長和趙生余留守在山上的帳篷裏。我和陳國和、楊玉霞、烏居棟、劉技術員隨大隊人馬去了老虎溝。

那時還有一個口號叫「三同」，即「同吃、同住、同勞動」。在老虎溝既然和貧下中農一起「兩憶三查」，肯定要和村民們「三同」。我們五個人都住在了一戶姓馮的老漢家裏，吃飯也和馮大爺家的人一起吃，按人數天數付給糧票和伙食費。

馮老漢不到六十歲的年紀，很顯衰老，一隻老寒腿，幹不了重活兒，只能隨大溜去生產隊裏混幾個工分。馮老漢沉默寡言，下工回來坐到炕上抽幾口旱煙。他的老伴白且微胖，快言快語性情十分爽朗。

夫妻倆有三個子女：

長子馮海山，在縣辦煤礦上當煤工。

女兒馮海雲，二十三歲，性格仿她的媽媽，亦爽朗，面容姣好，已嫁人，有了一個小男孩。她的夫君姓宋，是生產隊會計或生產大隊的會計，就住馮老漢家的隔壁。海雲女士每天可以回無數次娘家。為了節省幾十步路程，她從不走大門。院牆的兩邊各放置一隻矮凳，隨時翻牆而過。泥土的院牆竟被她的雙腳踏蹭出一個豁口。

老三馮海泉，十七歲，一個漂亮的少年，在公社所在地的中學裏讀書，每天往返於學校和家之間。

老虎溝和石窯村一樣，也是幾十戶人家，也是全靠山坡地靠老天爺種植高粱和玉米，村民的生活也都很貧困。老馮家的日子在村裏屬於中等偏下，全年都吃不上幾頓飽飯。原本四口人的飯食，突然增加了五個年輕的軍人就餐，糧票菜金都還沒有到位，馮大媽基本上處於無米下炊的境況。剛過完春節，馮老漢家還有過年剩下的一把粉條，三棵白菜。馮大媽全都做給我們吃了。接下來每頓飯就只能是鹹蘿蔔條佐餐。

馮家米缸裏的高粱米也已不多，每頓飯馮大媽做一小盆高粱米水飯，每人盛一小碗，盆子就要見底。我們五個軍人只好把碗裏的米飯盛得少了又少。馮老漢與馮大媽還勸我們要多吃。有一次馮老漢從菜窖裏找到幾塊地瓜，煮熟後我們都說好吃。馮大媽又從其他人家尋了一些，看著我們吃得高興，馮大媽樂得嘴都合不攏。馮大爺在一旁不停地說：

「你看看，讓解放軍同志吃這個，多不好意思呀！。」

馮大爺家的地瓜加鄰居家的地瓜，吃了三頓即告罄。

「兩憶三查」的動員大會上，王教導員宣佈了紀律，其中一條是不允許任何人去村裏的小賣部買零食吃。連隊有幾個士兵去買了幾塊餅乾被發現，全營點名通報批評。肚子裏饑餓事小，不犯錯誤事大，我們幾個只能強打精神忍著。

第四天或第五天剛起床，還沒有吃早飯，通信員要我和陳國和去臨時的營部接電話。電話是趙生余打來的，施工現場有一條山洞該拐彎了，關班長他倆完成不了，要我和陳國和回去支援，我倆聽說以後很高興。陳國和在電話裏小聲對趙生余說：

「弟兄，給留點兒飯。」

電話那邊的老趙立馬心知肚明。

我和陳國和早飯也不吃了，給馮大媽家省一點兒是一點，興高采烈地往石頭溝的山上趕。十公里山路一氣兒跑到，頭上熱氣騰騰，腹中饑腸轆轆。關班長二人已經吃過了早飯。老趙為我倆備下的飯菜熱在火爐上：滿滿一飯盆高粱米飯，半盆子豬肉熬白菜。二話不說，工作也免談，狼吞加虎嚥，兩只飯盆就見了底。關班長見我倆意猶未盡，說：

「先去幹活兒，中午食堂裏吃大米飯，和炊事班說說，給咱們多打一點兒。」

山洞拐彎的測量結束，我還陳國和又狠狠地吃了一頓，當天下午，便趕回老虎溝繼續忍饑挨餓。

我們回到老虎溝的第二天，劉技術的兩個妹妹到軍營來看望他。準確地說，兩個女子應該是劉技術員妻子慈欣的妹妹，劉技術員的倆小姨子。

二十多歲的叫慈彬，北京國際關係學院的學生，畢業後剛剛分配在一個農場裏養馬。農場和幹校是那幾屆大學生畢業後的主要去向，勞動鍛鍊的幹活；十幾歲那位，名字也是兩個字，只記得她還是一個中學的在校生。兩人從小生活在大城市瀋陽，性情活潑，衣著普通，卻大方得體。慈彬休假期間帶著妹妹來看望姐夫，探親的意味淡淡，對軍營的好奇心濃濃。

劉技術員請示領導後，把自己的兩個小姨子也帶到了老虎溝。說好聽一點兒是讓她們也接受一次階級鬥爭的教育，說實在一點兒是為了更加充分地滿足一下城市女孩子的好奇心。

「兩憶三查」的重頭戲是憶苦大會。解放軍憶苦的是一個軍官和一個士兵，說的內容大致相同：舊社會的時候自己的家裏很窮，父親給地主家做牛做馬當長工，吃不飽飯還經常挨打挨罵。憶苦的人事先書寫了草稿，閱讀稍一停頓，便有人帶領著高呼口號：

「不忘階級苦！牢記階級仇！」

「打倒萬惡的舊社會！打倒國民黨反動派！」

「打倒日本帝國主義！打倒美帝國主義！打倒現代修正主義！」

「共產黨萬歲！毛主席萬歲！萬歲！萬萬歲！」

貧下中農憶苦的有一個老漢。他在日本人統治東北時期，曾經被抓去當勞工，在一個煤礦裏挖煤，受過很多苦，九死一生；

還有一個很矮很瘦的老太太，她從小沒有父母，被親戚和人販子販賣了四五次，最後被賣到了老虎溝。瘦小的老太太的遭遇讓人同情，許多人都流出了眼淚。劉技術員的兩個小姨子哭得最為傷心，眼睛都紅紅的了。

瘦小老太的發言最後出現了紕漏。她苦難一生的軌跡並沒有截止到一九四八年解放軍攻克東北為止。她越說越傷心，淚一把鼻涕一把地訴說：

「俺家裏挨餓最厲害最厲害的那一年是吃過大食堂後的第二年啊，我的二小子就是那一年餓死的呀，我那可憐的兒啊！……」

有人還沒有回過神來；有人意識到不對味，驚訝慌亂中領頭喊口號者用高聲呼喊救了場：

「翻身不忘共產黨，幸福感謝毛主席！」

「無產階級文化大革命萬歲！」

「毛主席的革命路線萬歲！」

「戰無不勝的毛澤東思想萬歲！」

「敬祝毛主席萬壽無疆！」

憶苦發言結束後，是軍官士兵與老虎溝的貧下中農一起吃憶苦飯。

有了前幾天的饑餓墊底，憶苦飯就不再感覺十分難吃。穀糠麩皮乾菜葉子加上少許玉米麵做成的窩頭，每人分得兩個。有人大口地咀嚼並大口地嚥下，用意無非是表示吃糠咽菜是咱祖傳的本領，而且自己還依舊沒有忘本。

我雖然出身於上中農家庭，先輩的腸胃大概也消化過此等食物。況且我童年時期，正趕上「三年自然災害」，那時我們家的飯食，比舊社會的貧下中農還貧下中農，穀糠、麩皮都是糧店裏曾經佔用糧食指標供應的品種，所以我完成憶苦任務的速度還算很快。

慈彬姐兒倆每人只拿了一個窩頭，自然是吃得緩慢。咀嚼與下嚥皆艱難，又不願意讓別人看出，大半個窩頭藏匿於纖細的手掌裏，薄薄的嘴唇緊緊地閉著，腮幫不停地蠕動。

有人小聲嘟囔了一句：

「有點兒腦油味兒。」

其實我也品嚐出窩頭的異味來了，只是沒有把下嚥之物與頭髮的分泌物聯繫起來。一旦有人說破，便會想到窩頭裏的穀糠大概來自某位村民的枕頭，腸胃裏便湧出一陣惡心。

這裏所說的穀糠，指的是穀子碾成小米之後分離出來的皮屑。有的穀子，顆粒並沒有成熟，也就是說，作為果實的小米粒沒有發育飽滿，農家一般管它叫作秕穀。碾壓小米後把秕穀與小米與穀糠分離出來，小米是主要的收獲物；米糠可用來飼養雞鴨豬牛；秕穀則可以用來充填枕頭。北方人都喜歡這種枕頭，柔軟，不返潮，極能迎合頭顱的形狀，舒適而且環保。

老虎溝土地裏的出產很單一：高粱和玉米，根本不出產穀子。沒有穀子，哪兒去弄穀糠？部隊炊事班去老虎溝之前，事先大概也沒有攜帶這稀罕物件。炊事班準備憶苦飯時找老虎溝的生產隊長求援。定是生產隊長急中生智，胡亂從哪家的枕頭裏尋找來一些秕穀搗碎了湊數。按說秕穀雖然沒有成熟，其中的營養也要比穀糠多上一些。只是秕穀在枕頭裏駐紮過後，陳舊尚且不說，腦油味道自然是難免的。

和解放軍一起憶苦的村民，吃窩頭的進度與解放軍相差很遠。許多人只是嘴好像是在工作，窩頭卻一直藏在手掌裏。有的乾脆就將窩頭直接裝進衣兜。村民們的思想覺悟與表演能力自然無法和解放軍官兵相比，或許他們早就知道用來蒸窩頭的穀糠來自誰誰家的枕頭，而那家素來都不甚講究衛生，男人和女人的頭髮一年也洗滌不了幾次。

二十四、煤礦農工馮海山

馮大爺的長子馮海山，那年三十三歲，身高有一米八五還要多，在縣辦二里溝煤礦當工人。說是工人，身份卻是農民，掙的不是工資，是工分加少量的補助。哪個生產隊派去煤礦幾個勞動力，煤礦就把這些勞力的大部分工資劃撥給了生產隊，生產隊給被派去的人記工分，參加生產隊的年終分配。煤礦留下少部分工資，按照貢獻大小，做為補助發給下煤窯的人。馮海山除去一年的全勤工分外，每個月還能拿到十幾元的補貼，這樣的收入比大多數的農村社員都高。

馮海山幹活的二里溝煤礦，離老虎溝有四五公里。我曾經隨車去那煤礦拉過煤。說是縣辦煤礦，實則是一簡易的煤窯。一眼四百多米深兩米多直徑的斜井，井下的煤炭主要靠人工用鎬用鍬從石層中刨下來。刨下來的煤塊全部靠背煤工們用筐從井下背到地面上來。

背煤工的裝備是一大一小兩只煤筐，一根一米高矮的T型手杖。礦井的兩側，各有一根兩釐米粗細的鋼纜，中間是一層又一層只能放下半隻腳掌的小坑，供上下來往的煤工蹬踏。背煤工把兩只煤筐裝滿，大約二百五十斤輕重，裝狠一些，可達三百市斤。小筐掛在胸前，大筐背在身後。背煤工背著煤筐沿著礦井往上爬的時候，右手要抓緊鋼纜，左手用手杖撐地，腳掌要踩準斜道上的小坑。中間需要休息，把T型手杖放於身後那只煤筐的下面，暫時支撐一下，喘口氣，血液裏補充一點兒氧氣。背煤工幹活的時候不論行進或休息，都是三點著地，有人便稱他們是「三條腿的驢」。二里溝煤礦的背煤工勞動強度之大，條件之艱苦，環境之危險，幾乎都是人類的極限。

六十八歲的馮海山和他的小屋。（拍攝於二〇〇六年九月）

終生背煤挖煤，並且左腿和左眼因為工傷而殘疾了的老馮沒有養老金，也沒有家庭。孤身一人的他每個月能拿到縣裏給的一百零八元生活補助費。

馮海山就是二里溝煤礦的一名背煤工，一名最能幹的背煤工。馮海山在二里溝煤礦很有名氣。他的名氣不僅是因為能幹，不是僅僅因為他比別人從井下背上來的煤炭多，馮海山的名氣是吃出來的。

二里溝煤礦煤工的身份是農民，國家的糧食系統不供糧食給他們。縣裏給他們的糧食定量是每人每年五百斤毛糧。所謂的毛糧，就是未經加工過的玉米、穀子，沒有碾成米的高粱。煤工們的勞動強度太大，五百斤毛糧根本不夠吃，煤工們的意見很大，多次發生因為吃不飽飯拒絕下井的事件。

縣革命委員會王副主任（相當於王副縣長），專程到二里溝煤礦來調查處理煤工們的口糧供給問題。當天上午，王副縣長到達後先開會聽取了煤礦負責人的彙報，計劃下午再去井下現場，會議一直開到午飯時刻方才結束。

那年代縣長下基層也沒有人招待吃飯。王副縣長一行幾人自行去煤礦的食堂和工人們一起就餐，順便還可以考察一下煤工們的伙食。那天食堂裏吃的是玉米窩頭熬白菜，王副縣長一斤糧票買了五個窩頭，又買了一碗白菜，就自行吃了起來。

煤工們下井都是三班倒。那天，馮海山是白日班，午餐也在食堂裏吃，坐的位置正好與王副縣長挨著，他不知道旁邊幾個人是縣裏來的領導，還認為是哪裏來買煤炭的客戶。老馮也買了五個窩頭，熬白菜捨不得買，佐餐的是從家裏帶去的一段鹹蘿蔔。王縣長一個窩頭沒有嚥下，馮海山的五個窩頭，眨眼間就都包了圓，只把王副縣長吃了個眼花繚亂。

王副縣長問馮海山：

「五個窩頭你吃飽了嗎？」

老馮說：

「湊湊乎乎吧！」

「你還能吃嗎？」

周圍幾個正在啃窩頭的煤工也都不知道問話者的身份，沒等馮海山再回答，其中一個湊熱鬧的搶著說：

「五個窩頭算什麼，還不夠老馮塞牙縫的。」

王副縣長讓隨從又買來五個窩頭，放到馮海山的碗裏。老馮只當這個人是想和自己開開玩笑，便來者不拒，不緊不慢一口一口又把五個窩頭一掃而光。

王副縣長再問：

「你現在吃飽了嗎？」

老馮還是那句話：

「湊湊乎乎吧！」

王副縣長的隨從又買來一斤窩頭。馮海山與玩一樣，再次都給消滅乾淨。

王副縣長最初買的窩頭自己只吃了兩個，他把剩餘的三個也給了馮海山，馮海山又毫不含糊地吃了下去。前後一共十八個窩頭，只把王副縣長吃得腦袋有些眩暈。眩暈之後，隨即就有了清醒的決策。王副縣長不再問老馮是否還能繼續吃下去，他讓人把煤礦的負責人叫來，直接了當地說：

「下午也不用再考察了，這件事我現在就拍板：每個工人每年的糧食指標增加二百，按七百斤毛糧供應。」

王副縣長說完就開車拔錨回縣裏去了。增加口糧的喜訊傳遍了整個煤礦，傳遍了周圍的山村。人們都知道七百斤的糧食指標是馮海山吃窩頭吃出來的。馮海山成了不大不小的名人。

我們住在馮大爺家時和馮海山聊天，多次問及王副縣長請他吃窩頭的細節，馮海山不好意思地說：

「誰知道他是縣裏的王主任呀？」

然後就是嘿嘿嘿地笑個不停。

馮海山身高體壯，井下的活是那樣地繁重，腹中經常處於饑餓狀態，偶爾放縱一下肚皮，貧乏生活中的一朵浪花，一段小插曲。馮海山做夢也沒有想到，就因為飽吃了一頓窩頭，竟耽誤了自己的終身大事。

馮海山性情憨厚，不善言談，三十多歲還沒有談成女朋友。有七姑八姨親戚朋友給老馮介紹對象，但凡女方知道了十八個窩頭的故事便都望而卻步。糧食匱乏的年月，一個人的飯量大就是最最無法原諒的缺點，無法彌補的缺陷。

一提這事，馮大媽的氣就不打一個地方來，多次破口大罵那些因為十八個窩頭而誤解兒子的女青年們，挨罵者還包括添油加醋傳播吃窩頭故事的人們。

為了給馮海山說親，馮大媽省吃儉用，攢錢買了一臺上海產的縫紉機和一隻煙臺產的掛鐘，都是那年月的名牌。嶄新的縫紉機從來沒有使用過。既是怕受潮，也是為了展覽出效果，縫紉機就擺放在屋裏最顯眼的炕梢上；掛鐘用透明的塑膠紙包裹得嚴嚴實實，掛在牆的正中央，鐘擺指針也都是停止狀態。馮大媽指著縫紉機和掛鐘對我們說：

「結婚用的大件，我早就給準備好了，再買一輛新的自行車也行，可就是沒有人來！」

說這個話題的時候，馮大爺坐在炕上悶頭抽煙，臉色鐵青鐵青的。

在馮大爺和馮大媽眼裏，大兒子馮海山既老實能幹，又聽話孝順，還肯幫助別人，是天底下最好的兒子。我們幾個住在老馮家的解放軍官兵與馮海山相處了幾天，也無不認為馮海山是個百裏挑一的好男兒。

馮海山上下班騎著一輛舊自行車，一有空閒，他就修理擦拭自己的坐騎。自行車雖舊，卻一塵不染，兩個輪子飛速轉動沒有一點兒雜音。自行車上的許多部件，都是馮海山自己加工改裝過的。馮海山是一個勤快而且心靈手巧的人。

老虎溝村民晚上照明已經用上了電燈，電壓很不穩。傍晚最需要電燈明亮的時候，電燈卻如點燃的香煙，只有一絲兒紅火。馮大爺家的電燈經過馮海山的改造，就能正常使用了。那時還沒有穩壓器一類的設備，馮海山串連安裝了六個三十六伏的小燈泡，傍晚電壓最低的時候，小燈泡只開啟三個。電壓升高開啟的燈泡就增多，下半夜用電的人少了，六個小燈泡就全部開啟。馮海山對自己的發明很欣賞很得意，並幫助本村不少人家予以推廣。這樣的小發明，需要初中以上的物理知識。馮海山基本沒有上過學，屬於自學成才，劉技術員為此對馮海山讚賞有加。

我們在老馮家住宿吃飯的日子，馮海山不論什麼時間上班，都不和我們一起吃飯。每頓飯馮大媽蒸煮的高粱米飯只有小小的一盆。到了吃飯的時候，飯都端到了桌子上，碰上馮海山在家，他都會藉故走開。待我們吃過飯離開以後，再由馮海山回來打掃戰場，剩得多，他就多吃；剩得少就少吃，沒有剩飯，馮海山就餓一頓。

最初我們不知道是這樣，每頓飯幾乎沒有剩餘，著實地讓那馮海山餓了幾頓。我們知道真相後和馮大媽商量，要馮海山和我們一起就餐。馮大媽一百個不同意，她毫不掩飾地說：

「那哪行呀？這一盆子飯都不夠他一個人吃的。」

我們只有在吃飯的時候盡量少吃。每人往碗裏盛半勺高粱米水飯，左手端起碗，用碗把嘴擋住，高粱米一粒一粒地送入嘴中，細嚼慢嚥，裝做吃個不停，想法多給馮海山剩留一些。馮大爺夫婦倆看到我們的吃相，明白了我們的用意，一個勁地說：

「解放軍同志真好！解放軍同志真好！」

我們五個軍人的感受是：老馮這家人真好，馮海山這個同志真好。我們都為馮海山找不到女朋友而憤不平，尤其是劉技術員多次把那些女青年們當作思想落後不明事理不知好歹的典型來評判。烏居棟和劉技術員開玩笑說：

「讓你的一個小姨子留在老馮家怎樣？」

劉技術員有些當真地回答：

「好的，我和她們說說看。」

劉技術員究竟和他的小姨子們說沒有說，事後我沒有考證。他沒有說的可能性大；即便說了，也不過是開玩笑而已。

幾天後，我們就離開了老虎溝。滿打滿算我們在老虎溝住宿了不到十天，和老馮家的交往，基本上屬於萍水相逢系列。

我一生萍水相逢的人也許有三千，也許有五千，不知道為什麼，我卻一直惦記這一家人，尤其惦記馮海山的婚事，惦念的程度超過了我對許多親戚朋友的惦念。我心裏一直有個疑問：難道像馮海山這樣吃苦耐勞寬厚本分的男人，真地就能打一輩子光棍嗎？

二〇〇六年秋天，為了了卻心願，我去了一次老虎溝。三十六年後的老虎溝沒有太大的變化，只是去老虎溝的路平坦了一些。馮海山已經六十九歲了，正如我擔心的那樣，老馮一直沒有成家。馮大爺馮大媽早已去世。弟弟海泉結婚的時候，馮海山從北屋裏搬了出來，在不遠的路邊用亂石壘了兩間十幾平方米的簡易小屋。

推門走進馮海山的小屋，只見老馮正歪在小炕上聽收音機。他自然不敢認我，我直接了當地問他：

「你還記得當年住在你家的幾個解放軍嗎？」

老馮頻頻點頭說：

「記得，記得，怎麼能不記得呢？」

我說：

「我就是其中的一個。」

老馮有些激動：

「這麼遠，你還來看我。真是的，真是的……。」

打量他的屋內，桌子上放著一盆高粱米水飯，盆子好像還是當年馮大媽使用過的那個。我問老馮：

「現在你一頓還能吃這麼一盆子飯嗎？」

老馮笑著說：

「不能了，這一盆，差不多能吃兩天吧。」

簡陋的小屋裏，最值錢的是一臺十二吋的黑白電視機，很明顯，馮海山過得非常貧困。我問馮海山：

「現在還去下煤窯嗎？」

「不去了，好幾年了，我現在也幹不了了。」

「你現在靠什麼生活啊？」

我估摸老馮享受不到工人的退休金。

「你看，我這條腿和眼都是工傷。縣裏很不錯，每個月都發給我錢。」

我這才注意到老馮的左腿瘸得很厲害，左眼也完全失明了，

「能給你多少啊？」

「一百零八塊，過年過節還有一點兒。」

「夠花嗎？」

「夠了，反正就我一個人，夠花。天氣好時我再去拾點兒廢品。很不錯，夠花。」

馮海山的小屋簡陋破舊，院子很小，沒有門，院裏院外的界限是半截木樁。木樁上攀爬著一棵牽牛花。馮海山站在牽牛花旁邊，我給他拍了一張照片。

我讓馮海山陪我去他家的老房子看一看。老馮家的五間北屋已經非常破舊，只是院子原來的木門換了一付鐵皮大門。老北屋現在的主人是馮海泉的兒子，當年那個翩翩少年馮海泉，五十歲的時候，騎摩托車出車禍撞到一棵大樹上摔死了。院子的鐵門緊閉，海泉的兒子兒媳都不在家，從縫隙望進去，院子裏種著玉米和蔥。

我沒有問馮海山，但我完全能想像出來：樸實厚道的馮大爺，善良直率的馮大媽，兩位老人撒手西去之際，望著尚未成家的兒子馮海山，一定是淚水流盡，死不瞑目啊。

二十五、申請入黨

加入共產主義青年團，是那個時代青年人的一個程序性經歷。初中的時候，我的年齡不夠；上高中後，還沒有來得及加入，文化大革命就開始了。所以我到軍隊服役後，首先要加入的組織是共青團。

在我的人事檔案裏保存著一份《共產主義青年團入團志願書》。時間是一九六九年十月三十一日。入團介紹人是趙生余。在「本人現在的優缺點」欄目裏填寫的內容是：

該同志入伍後，努力活學活用毛澤東思想，刻苦改造世界觀，在繼續革命中樹立一不怕苦二不怕死的革命精神，在階級鬥爭的風口浪尖上，立場堅定，不懼險阻團結同志共同為革命大膽工作，細小工作積極認真，希望更高地舉起毛澤東思想偉大紅旗，為人民再立新功。

營部那時一共有十幾名共青團員，設立了一個團支部，團支部書記是衛生所的朱世和醫生兼任。全營設立了一個共青團委員會，簡稱團委。團委書記是一個微不足道的角色，所以現在已經記不清當時的團委書記是哪一位軍官擔任了。

營部團支部朱書記在《入團志願書》上簽署的意見是：

該同志入伍以來表現好，活學活用毛澤東思想，出身好。到會十五名團員，全部通過。

一個多月後的十二月十日，一營團委的審批意見是：

該同志出身好，入伍以來活學活用毛澤東思想，同意支部意見，批准為共青團員。

兩個欄目裏的批覆都說我「出身好」。至於我到底出身好還是出身不好，以後再理論。團支部書記與團委的批覆都強調「出身好」，可見「出身好」是一個士兵得到信任、承認與尊重，進而受到獎勵，加入黨團組織，再進而得到提拔的先決條件。

我正式加入中國共產主義青年團的日期，應該是一營團委最後審批的時間，即一九六九年十二月十日。出乎我預料，營部團支部朱書記簽字同意我加入共青團後不到一個月，營部團支部改選，我當選為團支部的宣傳委員。那時我的入團的程序還沒有走完，理論上，我還不是正式的共青團員。

團支部委員實在是一個很小很小的角色，只有十幾個團員的營部團支部宣傳委員更是微不足道，我的職責基本上是負責寫黑板報，辦壁報，搜集並保管一些學習材料。但是我入團不到一個月，就在團內有了職務，說明我的表現不錯，勢頭也不錯。

那時人們都說共產主義青年團是共產黨的後備軍。不僅加入共產黨的青年人都要先加入共青團，而且共產黨支部在吸收青年新黨員前，需要履行一個由共青團支部向黨支部推薦的程序。這個程序雖然不很重要，不起決定性的作用，有點兒類似於如今機關裏人事調整時的民意測驗。但是能夠被團支部推薦，起碼會產生一些「群眾呼聲」的效應。

我擔任營部團支部宣傳委員有兩年多，每一次團支部向黨支部推薦發展黨員的人選都有我的名字，並且如果推薦兩名以上，我就會因為得票比較多而排在前面。遺憾可惜的是直到我被調離營部，也沒有能成為共產黨員，辜負了我的那些團員戰友們的心意。

大約在一九七〇年三月，空軍某部到我們營來挑選飛行員。執行選飛任務的一行人馬帶著體檢的醫生和檢驗設備直接到了我們一營的駐地進行初選。如果選飛體檢需要三輪或四輪的話，初選是第一輪。選拔飛行員的條件首先是身體好。身體好的標準不是體格多麼強壯，肌肉多麼發達。選飛查體的主要項目是視力、聽力、神經反應速度、控制身體平衡的能力等等。選飛另一個要求是文化程度必須是初中以上，全營參加體檢的有幾十個士兵。

十五歲那年，我在臨清一中曾經參加過滑翔員的選拔，體檢過關了兩輪，瞳孔都放大過的。五年後，我二十歲，身體處於人生最佳狀態，幾個科的醫生都說我的身體不錯。我自己雖不是志在必得，卻也是滿懷信心。一個挖掘山洞的工程兵士兵，搖身一變，就可以成為駕駛戰機的飛行員，多麼美的夢啊！我正年輕，美好的夢想拳拳湧動。

篩選之後，一營參加選飛的士兵進入第二輪體檢者只有幾個人，要去街亭市內的軍隊醫院裏繼續查驗，其中沒有我。後來營部的於管理員告訴我，第一輪體檢我的身體完全合格。審查進入第二輪體檢士兵的檔案時，發現我的《應徵公民政審表》家庭出身一欄中填寫的是中農，不符合選拔飛行員的政治標準，所以我被淘汰出局。

飛行員的身體條件要求實在是太高了，一營參加選飛進入第二輪體檢的士兵最後全部都被淘汰。選飛的過程，小事一端，猶如投入水池的一粒石子，蕩起細微的漣漪，我的心中卻為此波濤洶湧，久久難以平息。

我再一次意識到自己麻灰色家庭出身的劣勢，自己無論如何努力，身體再好，工作成績再大，我都不可能取得像那些貧下中農出身戰友們一樣的收獲。更何況中農的家庭出身還是王富貴參謀替我隱瞞的結果。如果我們家的「上中農」暴露以後，我的處境比關純立班長和「老白毛」班長還要寒冷。設身處地，我便冷靜了許多，心裏常常掠過魯迅筆下祥林嫂一樣的感受。

據不完全統計，從一九六〇年到一九九〇年，三十年間中國大陸共發生駕機叛逃案件十七起，未遂五起，得逞十二起，多數逃往臺灣，得到了臺灣當局的獎賞。

沒有人做過有關這些人家庭出身的統計，更沒有人對叛逃人員的忠誠度與家庭成分究竟有沒有關係進行過研究，因此無法判斷中農或中農以上家庭出身的飛行員，是否真的就比貧下中農出身者叛逃的比例要高。但有一點可以非常肯定：像劉承司、邵希彥、高知學這些按照當年的政審標準選拔的飛行員，家庭出身肯定都是紅裏透紫，無可挑剔的或工人或貧下中農，肯定不是中農或上中農，更不會是富農或地主，他們最終還是選擇了叛逃。

按照那個年代的標準，我當兵的第一年應當是一個豐收年。七月，我被初評為「五好戰士」，年底，「五好戰士」的喜報寄回了家；因為在二連表現良好，我被調到營部經始班，從事自己最喜愛的工作。我還加入了共產主義青年團，而且當選為團支部的宣傳委員；經始班的本職工作我也是日漸長進，熟練地掌握了從測量到計算的所有技能。班長、工程助理、技術員和營首長都對我的業務能力，既信任又滿意。

時間大約是一九七〇年春節後的一天，黨小組長關班長把我叫到山坡上，坐下來和我聊天，按那時的說法或者應該叫做談心。關班長表揚鼓勵我一番之後，問：

「你還沒有申請入黨吧？」

我默認。關班長說：

「很多和你一起入伍的同志早都寫（申請書）了，在連隊幹的，都發展（入黨）了好幾個啦。」

按關班長的吩咐，幾天後我把寫好的《入黨申請書》交給了關班長。《入黨申請書》的內容，現在無從記起，無非是先談談對共產黨組織的認識：如何領導中國的革命，解放全國勞動人民，如何光榮偉大正確；然後表示自己一定好好學習毛主席著作，學習林副主席的指示，學習共產黨的《章程》，不斷提高自己的馬列主義水平，樹立共產主義世界觀，為共產主義事業奮鬥終身，貢獻自己的一切，直至生命；最後要求黨組織嚴格要求自己，考驗自己，讓自己去完成最艱鉅最危險的任務，等等。

遞交了入黨《申請書》後，我寫信告訴了我的父親。父親回信自然是千鼓勵萬叮嚀，要求我尊重領導團結同志謙虛謹慎好好工作，接受黨組織的考驗。我自然如同上滿臉發條的鐘錶，滴滴答答不停息地運轉，可勁地奔跑。

二十六、上中農（下）——政審調件來了

提示：

上中農（上）在首部曲《飢餓的小城》第一章裏。副標題是：三戶上中農的誕生；

上中農（中）在二部曲《文革之火》第八章裏。副標題是：用紅紙做一個「紅衛兵」；

上中農（下）被安排在這裏。題目相同的三節分列於三部書中，只因為它們在因果關係和邏輯上是有關聯的。

關班長對陳國和、楊玉霞我們三個六九年新兵的工作表現都很滿意，上級領導或其他單位的人問起來，他總是為我們說一些好話。表面上關班長對我們三個是一樣地褒揚呵護，但我能感覺到關班長內心裏對我的關心遠遠超過他人。關班長的關心不是什麼無微不至，他在一些小事上對我的要求更嚴，對我的批評比班裏的其他戰友都多。他的關心是外冷內熱，在一些重要的事情上，他真心實意地為我著想。

一九七〇年五月的一天，做為黨小組長的關班長再次正式找我談話。一般性的內容之後，關班長說我各方面都表現不錯，勢頭很好，領導都很滿意。關班長還說：根據我的表現，黨支部準備發展我入黨。他告誡我說最近一段時間比較關鍵，一定要謹慎再謹慎，不要出什麼差錯。

最後，關班長還向我透露，營部的會計（連級）魏書秀很快要調往團裏工作，出納（排級）王合文要接替他擔任會計。營首長在物色新的出納。魏書秀和王合文都相中了我，並極力向營首長推薦。因為只有先加入共產黨，然後才有可能被提拔為軍官，所以上級才這麼快就考慮接收我入黨，營裏正抓緊對我的考察，現在就等政審調件了。搞外調的人員最近就動身去山東，臨清肯定是要去的。

對我說來，關班長透露的可都是高度的「黨內機密」，如果不是出於對我真心的關懷，按他為人處事的風格是絕對不會私下對人說的。

一個入伍剛一年多的士兵，入黨提幹的好事將要接踵而來，該是一件多麼讓人高興的事啊。而我

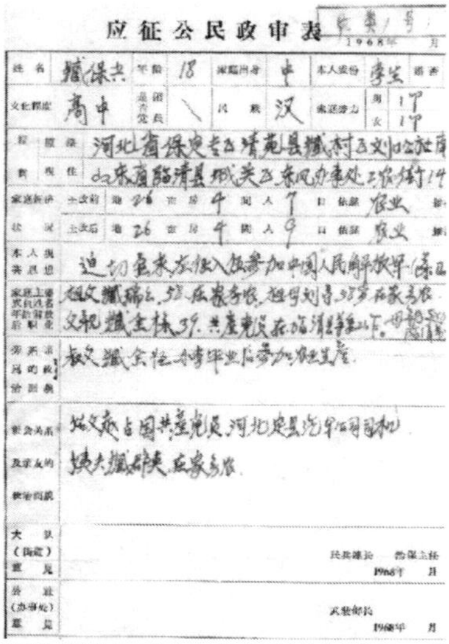

這份應徵公民政審表家庭出身欄目，我填寫的是「中（農）」；家庭經濟狀況土改前的土地畝數是二十六畝。這些都與實際情況有異。在當時屬於隱瞞家庭成分的政治錯誤。

聽關班長說過之後，不僅沒有一絲兒的喜悅，身體和心情都如霜雪打過的青菜葉子一樣，全都蔫癟枯萎起來。

我父親在臨清縣革委辦公室工作，屬於檯面上的人，去臨清外調的人一回來，我入伍時隱瞞了「上中農」的問題，一定會水落石出，我外祖父家的成分是地主，屬於更嚴重的問題，到時也一定會浮出水面。兩塊沉甸甸的石頭堵在我的心口，壓得我喘不過氣來。

艱難地度過了十幾天，我決定向黨組織交代自己隱瞞成分的事實。我一五一十地把實況向關班長進行了彙報，包括外祖父家是地主的問題。不知什麼原因，我心裏一陣委屈，說話的聲音竟有些哭音，只是堅持著眼淚沒有流出來。

關班長聽我把話說完，沒有批評也沒有安慰，竟然莞爾一笑。他說：

「你說的我已經知道，搞外調的人前天就回來了。沒什麼，安心在經始班好好工作吧！」

又過了幾天，帳篷裏只有我們倆的時候，關班長好似和我說話，卻又好似自言自語的口氣，慢條斯理地說了一句：

「你怎麼和我一樣，也成了上中農呢？」

我知道關班長說的是：他的家庭成分是上中農，費盡九牛二虎之力也提不了幹。事情卻會這麼巧，經始班又出來一個上中農。現在我們倆同命相連，是不折不扣的一個戰壕的戰友了。

四年半後，我看到了我的人事檔案中產生於一九七〇年的那些書面調件。

產生於一九七〇年的調件共三份。

關於我母親的兩份，三頁。

其一是母親的工作單位，臨清織毯廠革命委員會出具的：

我廠工人趙俊蘭同志，女，現年三十九歲，中農成分，原籍河北省清苑縣臧村劉口大隊南劉口村。其愛人臧泉（全）祿在我縣革命委員會工作，其長子臧保與參加中國人民解放軍，××省××市三二四一部隊。

該同志六五年由原吉市口服裝社轉入我廠以來，根據群眾反映與在廠內的表現，由（尤）其是在無產階級文化大革命中，高舉毛澤東思想偉大紅旗，突出無產階級政治，緊跟偉大領袖毛主席幹革命。趙俊蘭同志在工作中，積極能幹，遵守廠內的一切制度，表現很好。

特此證明。

此致

敬禮

織毯廠革命委員會

一九七〇年五月二十一號　（公章）

其二是臨清織毯廠三位老工人的證明材料：

證明材料

我廠工人趙俊蘭同志，自六五年轉入我廠以來，在無產階級文化大革命中，始終站在毛主席的革命路線一邊，旗幟鮮明立場堅定，堅決的捍衛了毛主席的革命路線。

趙俊蘭同志在工作中積極勞動，踏踏實實，能按時完成生產任務，遵守廠內的規章制度。

特此證明

證明人：　李桂香　（共產黨員）

陳秀榮　（老工人）

卞金英　（老工人）

一九七〇年五月二十一號

（三人的姓名旁都按有各自的紅色手印）

材料屬實

一九七〇年五月二十二號

（山東臨清織毯廠革命委員會公章）

來自我母親她們工廠的兩份調件，按照當時的標準，算不上陽光普照，也都是安然無恙。被叫到廠部去簽字畫押提供證明材料的三個老工人，當天就把平安無事的資訊告訴給了我的母親。

關於我父親的一份，兩頁，是用鋼筆書寫在臨清縣革命委員會的公用信箋紙上的。臨清縣革委當年的信箋很有時代特色，每一頁的抬頭最左側是三行紅色的小字：

最高指示　千萬不要忘記階級鬥爭

然後是九個特大號的紅字加一個大感歎號：

敬祝毛主席萬壽無疆！

調件的全部內容抄錄如下：

臧全祿同志的簡歷情況介紹

臧全祿，男，現年三十八歲，家庭出身上中農，本人成分上中農。原係河北省清苑縣南劉家口村人。原有文化程度高小，現有文化程度初中，現在行政工資級別二十一級。於一九五三年五月參加中國共產黨。一九五一年三月參加工作。

（**工作經歷摘錄時略去七行字**——**作者注**）

一九七〇年五月任臨清縣革委辦公室副主任。

土改前後家庭經濟情況：

土改前：全家六口人，三十畝地，四間房，半頭牛；

土改後：全家七口人，二十六畝地，四件房，半頭牛；

土改時自動獻地四畝。

該同志在歷次政治運動中，表現積極，立場堅定，在社教運動中，階級立場堅定，階級觀點比較明確，能積極認真的學習貫徹執行黨的政策和上級黨委的指示，工作有潑（魄）力，幹勁大，積極主動，認真負責，細緻扎實，有任勞任怨埋頭苦幹的精神。

以上材料係抄錄本人檔案材料。

一九七〇年五月二十一日

（山東省臨清縣革命委員會政治部公章）

文化大革命運動中，能捍衛毛主席革命路線，捍衛了毛主席革命路線，**（重複，原文如此）**，向錯誤傾向進行堅決鬥爭。

一九七〇年五月二十一日

（山東省臨清縣革命委員會政治部公章）

（下文為了敘說引用方便，這份政審材料我命名它為**《一九七〇年調一號》**）

按說這份調查材料，也沒有時代標準所詬病的問題。並且它還向數千公里外我所在的部隊黨組織證明了一個戰士的父親，十八年前就加入了中國共產黨，不僅沒有歷史問題和現行問題，也沒有涉及到我外祖父家是地主成分的社會關係問題，而且在文化大革命中是緊跟毛主席的，因為表現不錯，剛剛被提拔為縣革命委員會辦公室的副主任（級別相當於軍隊的副營職）。

頗為詭異的是，上中農出身的父親可以加入共產黨。我的家庭成分來自於我的父親，到我入黨的時候，上中農卻成為我無法逾越的障礙；父親在十幾天前剛剛被提拔了職務，我在將要被提拔的時候，卻因為他的家庭出身問題而被淘汰出局。

我當時並不瞭解上面三份調件的詳細內容，也沒有過多地想到公平不公平的問題。前有車後有轍，關班長和「老白毛」班長就是我的榜樣，更何況我還向黨組織隱瞞了自己的家庭成分，領導沒有追究，我就應該知足，應該萬分感謝了。我只有更加努力地工作，老老實實地接受上級領導和黨組織的考驗。

幾乎和我同時，經始班另兩個山東兵的家庭情況調件也都出現了問題：

陳國和的父親在臨清某商業部門工作，文革中參加了炮轟派，正被當作五一六分子而審查；

楊玉霞的父親是一位種棉花的能手（現在差不多應該叫專家或技師），經常被生產隊和公社派往外省外地去教那裏的農民種棉花。楊父的問題大概是涉及了一樁莫須有的歷史疑案，調查材料是他家所在大辛莊人民公社孟莊生產大隊革命委員會出具的。

三個能幹的六九年兵，個個給弄了一身污水。統計員烏居棟頗為驚訝地感歎道：

「你們三個山東棒子這是怎麼啦？」

在我們仨來經始班之前，六八年的老兵趙生余也早就污水滿身了。老趙來自鞍山市，父親是鞍鋼的老工人，家庭出身是響噹噹的工人階級，政審應該沒有問題。他讀書的鞍山十七中學給部隊發來一封調查材料，說老趙在十七中參加過文化大革命中的一次武

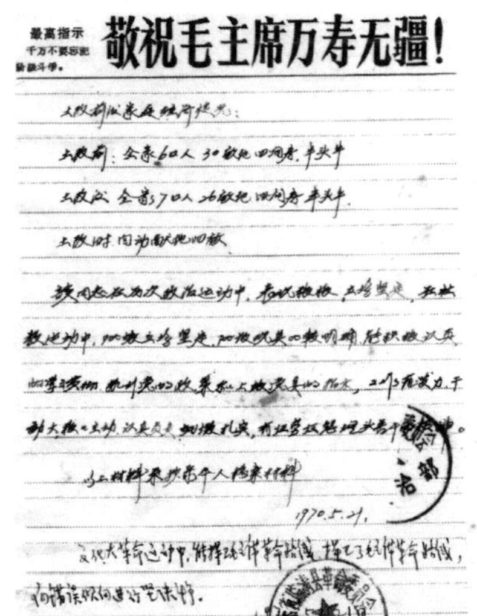
最高指示
千万不要忘记阶级斗争。
敬祝毛主席万寿无疆！
1970.5.21
山东省临清县革命委员会　年　月　日

《一九七〇年調一號》第二頁的掃描件。《一九七一年調二號》的用紙及印章與它相同；筆跡也完全相同。

鬥。老趙正為這件事經受黨組織的審查與考驗。

關班長正在「上中農」的磐石下掙扎，班裏的四個士兵又都個個是灰頭土臉。全國都處在近似瘋狂的運動中，一個班的士兵中有人通不過政治審查絲毫也不奇怪，經始班卻來了個全軍覆沒。

很長一段時間，我們帳篷裏的氣氛頗為奇怪。工作之餘大家都很少說話，呆坐或拉二胡或吹口琴。二胡拉《彩雲追月》和《江河水》，口琴吹《我的家在東北松花江上》。

二十七、「打倒現代修正主義！」

常年駐紮在山溝裏施工，有機會出差去外面看看是每個士兵的期盼。也許是關班長為了安慰挫折後的我，也許決定讓我外出一次的根本就不是關班長，反正一次我看似美差的事落到了我的頭上。差事很簡單：送一份我們一營改裝運渣車的圖紙到丹東，呈交團部工程股，另有一兩件更小的事現在都忘記了。時間是一九七〇年五月底，東北的天氣已經很暖和。

在瀋陽轉火車時，天還沒有黑，我去火車站外面閒逛。站前的廣場不大，除去騎著自行車下班回家的人，只有幾十個上下車的旅客。

有一個食品商店正在賣水果。可能是為了趕在天黑之前把剩餘的水果抓緊賣完，以免隔夜水果變質，商店門口擺出一個臨時的櫃臺，一兩個女售貨員還不時地吆喝兩聲。這樣的售貨方式在那個什麼物資都奇缺的年月，實在是不多見。我走過去仔細一看，櫃臺裏擺放著幾筐比紅棗大一些的圓形水果，有的還帶著碧綠的葉子。我不認識水果的名稱，又不好意思請教售貨員，以免影響解放軍的形象。一位買水果的瘦高個老漢與一位熟人小聲議論說：這荔枝真新鮮唉！我方知道這暗紅色圓圓的東西就是美女楊玉環的小嘴吃過，文豪蘇東坡詩作中寫過，大名鼎鼎，鼎鼎大名的荔枝。

那時，中國的南方北方都缺少冷藏設施。北方也只有瀋陽這樣幾個交通方便的大城市才有可能見到產自南方的水果。因為天熱，經過幾千公里路途奔波的荔枝從火車上卸下來立馬要在站前的食品店賣掉，正好讓我這樣一個從未見過，沒有吃過荔枝的士兵遇到，真是天生的運氣造化。

我毫不猶豫地買了一些。每斤五角五分錢，是那時最貴的水果。之所以記憶如此精準，印象太深也。轉乘北京發平壤的二十七次特快，車上的旅客很少。大半夜的火車有荔枝美口，幸福愉悅增加了很多。清晨在丹東下車，去團部辦事交差，會見在團部工作的同學老鄉，諸事多不贅述。

丹東臨鴨綠江口，對岸就是朝鮮的新義州。丹東原名叫安東，隋唐以來就是邊防重鎮。抗美援朝之後，丹東被冠以鄰邦朝鮮堅強的後方，反美前哨陣地的美名。為示與朝友好，城市的名稱也由安東改為丹東。與丹東同時改名的還有中越邊境的鎮南關改為睦南關。丹東市內有一山，雄鎮鴨綠江邊，虎視對岸的朝鮮，原名鎮江山。丹東改名的同時，鎮江山改為了錦江山。

因為地理戰略位置重要，丹東歷來是中國屯兵的重地。我們工程建築二一三團組建之後，一直駐守於丹東，也可算得上重兵之一。文化大革命開始後，朝鮮的金日成並不贊成毛主席發動的文革，一方面加緊了對朝鮮勞動黨內親華勢力的清洗，一方面密切了與蘇聯的關係，成為當時「反華大合唱」的一個成員。兩國領導人的交往暫時中斷。

丹東是一個沿鴨綠江東北西南走向的狹長城市。從丹東市革委大樓經火車站前到鴨綠江邊，一公里左右的路程。鴨綠江的大堤上，著名的鴨綠江大橋北側二百多米高聳著一排標語，八個紅色的大字：「打倒現代修正主義！」每個字有四五米高矮，非常醒目，即便能見度不是很好的天氣，鴨綠江對岸也能明明白白看個清楚。

這樣內容的標語，恐怕不會是主政丹東的軍官和地方官員擅自豎立。遼寧省的大員大概也無權造次。只有北京的高層做出具體的指令，鴨綠江邊才有可能出現這樣的工程。我在標語大字前瀏覽良久，再三觀望鴨綠江對岸，除卻和煦的陽光和微微的風，沒有任何的異樣。遊人也很稀少。

一九七〇年是中朝關係出現轉機的一年。一九六九年十月一日，中華人民共和國建國二十週年，金日成派朝鮮最高人民會議常任委員會委員長崔庸健到北京，祝賀中國國慶。根據毛主席的指示，周總理於一九七〇年四月對朝鮮進行了回訪，周總理訪朝的目的是為了修復兩國關係。我去丹東的時候，周總理訪朝才過去一個多月。又過了些時日，江邊的那大字標語就被拆除了。金日成不再是「現代修正主義」了，依舊是同志加兄弟。

第一次去丹東，拍攝了兩張黑白照片，一張在錦江山公園的門口，一張在一家叫做「東方紅」的照相館裏。那家照相館裏的佈景就是著名的鴨綠江大橋。

一九七〇年五月拍攝於丹東「東方紅」照相館，鴨綠江大橋是佈景。

二十八、火焰在爆炸聲中燃燒

一九七〇年七月十七日那天，天氣晴朗，氣溫也很高。我們經始班帳篷裏的人剛吃過午飯。我正在洗刷碗筷飯盆。關班長幾個站在野梨樹下乘涼。有人看到山下營部方向濃煙滾滾，驚呼一聲，大家便都尋高處往山下瞭望。我也從帳篷裏跑了出來。大家幾乎同時得出了結論：著火了。沒有人命令，也沒有人呼喚，全班人立馬朝山下跑去。平日十幾分鐘的路程，那天三五分鐘就趕到了。

失火的是營部器材倉庫。木板油氈搭建的臨時庫房早已火焰沖天，更何況倉庫內還存放著許多易燃的器材物資。駐紮在附近的二連、四連、機械連的人馬早就到達。營部的軍官士兵更是全力以赴。倉庫外不遠處胡亂堆著幾個電動機，那是最早發現起火的人踹開倉庫的門搶救出來的。按單個價值計算，電動機算得上是庫房裏最貴重的器物，也最容易搬動。搬運電動機最多的是木工房的賈師傅和二連的老兵張旺根。

賈師傅不是軍人，是軍隊聘用的一名木工，主要負責使用電鋸分解巨大的原木。賈師傅五十多歲，背微駝，氣力卻強過許多青年。抬原木到鋸臺，常常是兩個年輕的士兵抬細的一頭，賈老漢自己搬粗的一端。據說賈師傅闖進器材庫後，一隻胳膊夾攜一臺大號的電動機，進進出出了好幾次。只有賈師傅有這般的氣力。

二連的張旺根是一九六五年入伍的河南兵，沒有文化，身體乾瘦，幹活卻不要命。最出彩的事蹟是在山洞裏肋骨碰斷了兩根仍然堅持著不離開作業現場。是他最先踹門進入失火現場的。

使用慣常描述火災的詞語「濃煙滾滾，火光沖天」來形容器材倉庫的大火一點兒也不為過。面對燒成一團的火焰，我腦子裏湧出一個念頭：烈火正是考驗自己的時候，烈火中有榮耀，火災中的表現正是證明自己的機會。我如果為搶救國家的財產光榮負傷，做出些閃光的事績，就可以洗刷掉上中農給我帶來的污垢。我帶著這樣的念頭繞整個火場轉了一圈。幾乎全部坍塌了的倉庫，沒有一處可以衝進去的空隙。火焰還在雄起，稍一靠近熱浪就把人的皮肉灼烤得疼痛無比。我假若橫心跳進去，不要說搶救財產，整個人隨即也會化成灰燼。

冒死救火的念頭一出，我突然想到一九六六年底在北京大串聯，房管局技術學校附近一家小工廠失火時，那位非要衝進烈火去的青年。想到了那青年當時頗為滑稽的行為，我的心中難免湧出一縷苦澀。

我正胡思亂想之際，烈火中傳出一聲聲爆響。原來器材倉庫中還保管著幾箱手榴彈和子彈。它們受熱後紛紛爆炸。手榴彈爆炸聲音沉悶，還伴有碎片飛出。手榴彈爆響不久，子彈也都劈裏啪啦地響起來。兩種爆炸聲混合在一起，很像臨清一帶春節時燃放的一種叫做「十響一咕登」大小混編的鞭炮。

救火現場的總指揮，教導員王紹武問清楚器材庫裏手榴彈子彈的數量，趕忙站到一處稍高的位置。他大聲呼喚軍官士兵撤離到火場外圍去，以免爆炸造成傷亡。各連的軍官也都招呼自己的部下，救火的人馬從慌亂中逐漸清醒了一些，操作也有了條理。

救火最大的問題是沒有水。各個伙房儲水罐的水早已被用光。可以用來拉水的兩輛汽車也都開足馬力去了水源地，只是遠水解不了近渴。器材倉庫附近有一眼簡陋的水井，裏面有半米深淺的積水。使用繩索吊水桶下去取水效率明顯低下，便有一兩個士兵縱身跳進井裏。人在井底直接取水速度明顯提高。

那天的風雖然不大，卻是從西往東刮去。起火的倉庫東側就是機械連的機加工車間。車間也是簡易的工棚，造價不高。那幾臺車床、刨床、鑽床卻是機械連看家的設備。大火很快就燃到了加工車間。幾個有經驗的老兵，回住處拿來了自己的被子，用水浸透，蒙在了那幾臺機床的上面。加工車間燃燒坍塌了，有濕被子的保護，機床都沒有受損。

隨後的時間，全營的官兵只有眼睜睜地看著火堆燃盡，等候手榴彈子彈的爆炸全部停息。水井裏的最後半桶水也都用上。運水的汽車從幾公里外拉來滿滿兩車水也悉數揚灑在大片的灰燼堆上，澆滅了最後的煙火。營部器材組有人哭泣出聲音，一同落淚的還有連隊的幾個軍官和士兵。

火災過後，較為急迫的任務是查清事故的起因和損失的大小。

追查事故起因的負責人是營部即將離任的會計魏書秀。清理廢墟的時候，他在器材庫原先擺放辦公桌的位置發現了一個殘留的煙頭。器材倉庫的保管員許永明平日是吸煙的，殘留煙頭正是他經常吸的那種牌子。於是，火災的起因就確定為：保管員違反規定在倉庫內吸煙並隨意丟棄煙頭，從而引發了火災。

結論出來，給許永明的處分是開除黨籍。

許永明來自吉林東豐縣，家庭出身好，是營部六九年兵裏入黨比較早的一個。沒想到剛剛加入共產黨幾個月，就因為一個煙頭又被開除了出來。半年後，許永明退出現役回家務農，後來也和他的二連老鄉岳保才一樣擔任了大隊民兵連長。被開除出黨的人也能擔任生產大隊的民兵連長？或許是吉林東豐那旮能勝任此等重要職務的人才非常缺乏。

事故調查的結論，實際上是經不起推敲的。許永明喜歡吸煙不假，火災卻並不一定是因他吸煙引起的。魏書秀會計能在幾百平方米的灰燼中尋找出一個煙頭來的確是一個奇蹟。那時的香煙還沒有過濾嘴，都是能夠完全燃盡的那種。若是那未被許永明熄滅的煙頭點燃了倉庫，小小煙頭卻沒有隨大火一起燃燒殆盡？即便廢墟裏真地殘存了一個煙頭，也只能證明許永明曾經違反規定在庫房內吸過香煙，並不能確實地證明大火就是因為許保管員吸煙而引發的。又一個葫蘆僧亂判糊塗案。器材倉庫失火燒了個精光，倉庫保管員干係難脫。不拿你是問，問哪個？真也好，假也好，處分保管員許永明也算是適得其所。

雖然會計魏書秀曾經賞識過我，而且向上級領導提出過把我提拔成軍官的建議，我還是要客觀地記述一些有關魏會計的事情。魏書秀是一九六五年入伍的河南兵裏最聰明，也是軍階進步最快的人。當和他一起入伍的戰友們還在為被提拔為排級軍官拼盡全力的時候，他已經準備從連級的會計往上進階了。魏書秀的聰明表現在他能適應所有的領導。他不僅清楚每一個上司需要什麼，而且能夠做到領導需要什麼就立馬提供出什麼來。所以當營領導需要一個為火災承擔責任的人時，魏會計能從廢墟裏找到一個沒有燃燒完的煙頭，也就絲毫不奇怪了。

還有一件事更能說明魏書秀的適應能力：文化大革命開始後，魏書秀把自己的名字正式改成了「衛東彪」。這在解放軍的軍官士兵中是很少見的。他用「衛東彪」的名字不是一時心血來潮，短暫應應時景，而是把這樣的名字鄭重其事地使用了很多年，直至林彪折戟蒙古為止。那些年凡是經他簽署的財務帳單報表，上面的簽名都是「衛東彪」三字。領導們默認；群眾自然也都見怪不怪了。

火災事故的損失數字也是「衛東彪」同志統計出來的，只有幾萬元人民幣。這也正是領導上司們所希望的。真實的數字到底是多少，沒有人能確切地搞清楚。器材倉庫裏的物品多是前任營首長多年積攢下來的家底存貨，很多都是早已走過財務帳面，軍費裏早已列支了的。據說已調往團部擔任閒職的原一營董營長、許副營長聽到火災的消息後先後掩面而泣，一營的家底厚薄，他們二位心中有數。

事故過後，營裏表彰了火災中表現好的軍官士兵。二連的張旺根；跳進水井裏取水的那兩位；用自己的棉被保護機床的軍官老兵都榜上有名。我在參加救火表現平平，表彰沒有我的份。

二十九、劉維恩

石頭溝裏的軍事工程突飛猛進。經始班的工作有條不紊，全班五個士兵沒黑夜沒白天地奔波在每一條山洞裏。籠罩在全班頭上灰濛濛的政治陰影一時難以散去。作為整個施工隊伍中最重要的一個建制班，工程組的領導和營首長不僅重視經始班的現在，而且還要考慮經始班的將來。

一九七〇年秋天，營首長對經始班進行了改組：我臨清一中的學長陳國和被調離出去；從二連調來了一名六九年兵劉維恩；從一連調來了七〇年兵李靖。

這時，經始班共有六名士兵：班長關純立；經始員趙生余，楊玉霞、劉維恩、李靖和我。帳篷裏有兩張三抽屜桌，對擺在一起成一個方形的桌面。一側靠近窗戶，六個人圍著桌子的另外三面就餐，正好每一面兩個人。時間已久，各自的位置便固定了下來，並沒有人刻意安排，習慣成自然耳。

一天，忽然有人發現我們六個人中，竟然是有三個人左手使用筷子，且三個左撇子位置都挨在一起，所以從未發生筷子相碰的情形。趙生余感歎總結道：

「這絕對是老天的旨意，絕對是天意。『百年修得同船渡』，我們六個前世肯定有些緣分，所以此生才如此精準地又走到了一起！」

大家一起唏噓感歎，無不贊成老趙的總結。

去年調出經始班擔任代理營部書記官的蔣文革在新崗位上工作了一年，也沒有取得營首長的信任。失寵的蔣戰友最終被後起之秀廣播員周瑜所取代。下來的日子，他只好默默地等待退役回杜爾伯特的家。

陳國和則頂替了周瑜的空缺，走上了廣播員的崗位。從此，遍佈整個山溝的大喇叭裏經常地響起帶有山東味、臨清味的普通話播音。

新調入經始班的劉維恩和李靖，家庭出身都絕對優良，政審材料也都無可挑剔。這時，工人階級家庭出身的趙生余，「文革期間參加過武鬥」的調件問題，在主持營部黨支部日常工作的于管理員直接過問下已經解決。或者說是不再算數，或者說是不再追究。他很快就通過了入黨審查，成為共產黨員。如果把經始班比喻為一隻籃子。改組後的經始班，用最嚴格的政治標準來掃描，籃子裏也不再都是歪巴子瓜，黑心的梨和帶蟲眼的

一九七〇年經始班獲得的「四好班」獎狀。

棗子了。經始班依舊是一個響噹噹的建制班。

一九七〇年底，四好連隊和五好戰士的評比照常進行。經始班因為工作突出，對施工的貢獻很大，理所當然地再次被評為四好班。加上統計員烏居棟全班七個士兵又全都被評為了五好戰士。關班長多次向領導彙報每一個人的情況。營部的領導也都認為經始班每一個人的表現幾乎都無可挑剔，把哪一個拿下來都無憑無據。審查再三，最終還是同意了班內評選的結果。這樣連續兩年滿堂紅的班不僅在我們一營，整個工程團再次是絕無僅有。

據說，教導員王紹武還專門為此事請示過團政治處，並得到了團政治處的恩准。

經始班一九七〇年的四好獎狀最初是關班長保存著的，後來不知怎麼到了我的手裏，再後來就完全把它忘記了。第二年九月，林彪沉戟蒙古溫度爾汗。軍隊從此就不再開展「四好」與「五好」，四好運動成為了歷史，一九七〇年的評比成為絕唱。四十多年後的一天，我整理自己的書籍廢紙，偶然在一本書裏發現了經始班四十多年前的四好獎狀。這張近乎文物的獎狀品相完好，把它掃描下來，給幾位經始班的戰友發送過去，大家都十分驚喜。

一九七〇年的時候，軍隊內名目繁多的政治學習幾乎都要冠名為學習毛主席著作。學習的成果是召開各個級別的學習毛主席著作講用會。全軍最高級別最為著名的學習毛主席著作積極分子是十六軍的廖初江、福州軍區空軍某部的豐福生和廣州軍區某部防化兵的黃祖示他們三個。廖初江後來曾擔任過《解放軍報》社領導小組的組長；豐同志與黃同志也都被提拔為副軍級的軍官。靠閱讀毛主席著作，寫讀書筆記而被提拔為高級軍官，可能只有解放軍這樣的軍事組織中才有。後來不是湧現出好多少將級別的歌唱家嗎？

在林彪的倡導下，學習毛主席著作成為全軍上下最最重要的事。每個大大小小的單位，年中年底評比之後召開的表彰大會也都改稱為學習毛主席著作積極分子代表會。出席這樣的會議，特別是出席級別比較高的學習毛主席著作積極分子代表大會，往往是軍官進階，士兵入黨或被提拔成軍官的前奏。

我們經始班被評為四好班，尤其是實現了滿堂紅後，營首長讓我們班推舉一名代表，出席團裏年底召開的學習毛主席著作先進分子代表大會。關班長把準備講用材料的任務交給了我。關班長這樣做，絕沒有徇私偏袒的因素。我在工作中表現在諸位戰友中間的確名至實歸。

接受了關班長交代的任務之後，我心裏自然很高興。我按奈住內心的喜悅集中精力把寫好了的講用材料改了一遍又一遍。我心裏非常清楚做為一名普通士兵去團一級的表彰大會上去講用去介紹先進經驗意為著什麼。它即便不能完全改變對我政治審查的結論，起碼會淡化掉我身上的那些污斑。

臨到全團的學習毛主席著作代表大會即將召開，先進代表們即將動身的前一天，有領導通知關班長，決定由劉維恩替換我去丹東開會，替換的理由沒有說明。不需要上級過多的解釋，關班長和我都清楚箇中的玄妙。

班裏的其他同志，也都心知肚明。

如果是趙生余或楊玉霞頂替我去開會，全班戰友或許都能平緩地接受。換成了新來的劉維恩，大家就都覺得非常不爽。

大凡人的群體，不說完全講求論資排輩，一般也要有個先來後到。（據說一些動物群中也是這樣）。關班長帶領我們經始班的幾個士兵，沒黑夜沒白天，應急施工中排排經始，打乾草、揀劈柴，拼死拼活創出來一個響噹噹的四好班。他劉維恩來了沒有幾天，榮譽卻落到了他的頭上。若說局內之人都能心情舒暢地接受，那才是真地撞見了惡鬼。

統計員烏居棟高瞻遠矚地評論說：

「看來明年經始班的班長又要姓劉啦！」

前面我已經說過：關純立班長之前，經始班的第一任班長是劉明河。軍齡即將三年，關班長退役之後最有可能接任班長職務的趙生余聽了烏居棟的評論後，心裏大概也會很不舒服。

劉維恩沒有理由謙讓，更沒有理由拒絕到手的榮譽，但他明瞭箇中微妙。所以他去丹東開會啟程與返回都很低調。回來後與開會有關的事在全班戰友面前一字不提。經始班表面上好像什麼事都沒有發生，大家的思想深處卻出現了深刻的裂痕。一旦有了適當的契機，這裂痕或許會演變成繩索匕首一類傷人的工具；或許會成為見死不救甚至落井下石的藉口和理由，因為我們都是軍人。

不久，經始班的全體士兵和工程組的軍官們一起學習毛主席的著作。不知道是巧合還是有人故意，選擇的文章是毛主席一九四五年八月十三日在延安幹部會議上的講話。題目是《抗日戰爭勝利後的時局和我們的方針》。其中有一段這樣的文字：

抗戰勝利的果實應該屬誰？這是很明白的。比如一棵桃樹，樹上結了桃子，這桃子就是勝利果實。桃子該由誰摘？這要問桃樹是誰栽的，誰挑水澆的。蔣介石蹲在山上一擔水也不挑，現在他卻把手伸得老長老長地要摘桃子。

領讀者讀到這裏，房間裏一片沉寂。寂靜得連呼吸的聲音都互相聽到。那時學習毛主席著作，講究聯繫實際，每人都要講出一些心得，並且要把心得書寫到自己的筆記本上。聆聽過毛主席這段著名的論述後，經始班弟兄們的心得肯定都會有，只是苦酸的心得無法擺到桌面，無法在公開的場合說出來。

劉維恩，一九四九年出生，吉林省遼源市人。遼源市與東豐縣緊鄰，他是和東豐縣的兵一起入伍的。新兵訓練結束後，劉維恩到了二連四班。我在二連的時候，我們是一個排。住宿的兩個帳篷緊挨著。四班是風鑽班，負責打眼放炮，劉維恩很快就成了一名優秀的風鑽手。

劉維恩幹活做事，可以用一個字概括：快。劉維恩走路快。他的腿短，褲子便有些長，長到蓋住腳面甚至拖拉到地上。行走起來鞋子和褲腳都不離開地面，劉維恩的步幅小頻率卻很快，鞋和褲子蹭在地上呼呼有聲，高個子長腿的人也都跟不上他。劉維恩說話也快，心裏有什麼就說什麼，沒有城府，也不需要斟酌思考，竹筒子倒豆子，一股腦兒全都傾瀉出來。開會常常搶著發言，嗓門大，語速快。

劉維恩幹活更快。別的風鑽手還沒開鑽，他的鑽桿已突突地進入岩石裏一米多，一個作業班下來總要比別人多幹一半的活。幹活快的人就難免毛躁，受點輕傷是難免的。劉維恩挽起袖子和褲腿，手指手掌手背胳膊腳腕子腿肚子傷痕累累，舊疤痕上蓋著新疤痕。

這麼能幹的士兵，家庭出身又好，在連隊進步自然要快。當兵一年多，劉維恩就加入了共產黨，還當上了四班的副班長。

調劉維恩到經始班，營領導是頗費了一番心思的。經始班的幾個士兵文化程度高，業務上個頂個地棒，所差的是政治審查上污漬斑斑。不是家庭成分高，就是家庭成員有這樣或那樣的問題，以至於在加入共產黨這道門檻前或磕磕絆絆，或止步不前。劉維恩的家庭出身是工人。這樣好的階級成分，即便在工業發達的東北三省也只有瀋陽、鞍山、撫順、遼源這樣老工業城市老礦山城市裏有。劉維恩已經入黨，政治前途一片光明。營首長從連隊調這樣一個士兵，到「小知識分子成堆」，政治薄弱的經始班，「摻沙子」的意圖非常明顯。

劉維恩到經始班後工作說話走路，依舊是風風火火，快言快語快節奏，整理內務清掃帳篷打飯洗碗大活小活髒活累活都搶著幹。和我們幾個的明顯差距是洗刷碗筷毛躁，沒有我們洗得乾淨，還打碎過幾只飯碗。施工現場的測量技術，如畫幅圓測標高，劉戰友也能學得來，操作起來比其他人還快。更深奧一些的技術，特別是需要使用幾何三角函數計算的時候，他就十分為難了。

如果他是一個新兵，便可以從最基礎的數學知識學起。但他已有相當的資歷與資本，況且是政治優勢的資本，教與學的角色便非常地矜持，甚至有些尷尬。

毛主席領導的文化大革命已經進行到新的階段，毛主席和中央文革正指揮著無數個由工人、貧下中農和軍人組成的工農兵宣傳隊進駐到高等院校、科研部門乃至於中學小學。知識分子全都成為下等公民。毛主席這樣的戰略手段，被當時的主流宣傳工具解釋為「讓無產階級思想占領上層建築」。劉戰友分明是一位上級派來改造我們這些小知識分子，占領經始班這個非無產階級陣地的「工宣隊員」。

經始班所有的士兵，包括統計員烏居棟都非常清楚劉維恩調來的政治背景。劉維恩自己大概也完全知悉，所以他幾次在公開的場合向大家表白：

「我不想來，連裏不同意，非要我來。」

劉維恩所說可能是真實的。只是他說的「連裏」改成「營裏」更為接近實際。改變經始班人員組成的決策人只能是營長和教導員。劉維恩是一個性情率直的人，他能處理好和經始班小知識分子們的關係嗎？能實現營首長的戰略意圖嗎？戲曲小品還在後頭。

石頭溝04洞原本是民兵四連負責開挖的。因為山體石頭的質量很差，多次發生塌方。民兵同志們怕被塌落的石塊砸死砸傷。他們上工後都坐在洞口外面不進洞。這樣做既不耽誤記考勤領工資又不會發生危險。民兵營的領導多次到現場去指揮催促動員，沒有一點兒效果。

「罷工」事件影響很大，最終的解決方案是由解放軍的二連替代民兵四連來承擔04山洞的開挖。二連開進04洞時有意舉行了一場頗有聲勢的儀式：軍官帶領士兵，一改平日上工時一身破舊棉工作服的著裝，全是鮮豔的軍衣，紅色的帽徽領章，頭戴安全帽，身扛鐵鍬洋鎬，高呼著毛主席的語錄跑步進場：

下定決心，不怕犧牲，排除萬難，去爭取勝利！

坐在洞口的民兵們有人帶頭高呼口號：

向解放軍學習！向解放軍致敬！

響應者無幾。被解放軍替換下去的民兵四連悄悄地撤離了。

解放軍二連不辱使命，掘進04洞多次戰勝塌方。雖然有幾個士兵受傷，但無一死亡，受到上級的表彰。

劉維恩到經始班後不久，關班長帶領我們幾個進04洞內測量。洞內剛剛爆破完畢。風鑽班撤出了。運渣的士兵們還沒有出動，照明的線路和電燈也沒有接通，山洞內一片漆黑。經始班的人進洞測量自帶的照明設備是全營最先進最給力的：每人一隻手電筒，四節電池的大號電筒也有兩個，乾電池去器材組隨意領取使用。

我們幾個走進04山洞，洞內到處是剛爆破的碎石。四節電池的大號電筒也只能照到腳下有限的一小片區域。劉維恩走在最前面，我緊隨其後。關班長幾個跟在後面。忽然咕登一聲巨響，一塊巨石擦著我的安全帽和上衣的鈕扣，墜落在我的身前。因為慌張，大家手裏的的電筒都突然熄滅了。沉寂了一秒兩秒或十秒，關班長高聲問道：

「砸著沒有？都快說話！」

洞內才有了聲音和電筒的光亮。關班長清點人影和聲音的數量，知道一個也沒有缺少，大家懸空良久的心才落回到原處。我用手電筒照那墜落的巨石，只見它四四方方一塊，有一米五六見方，二尺左右厚薄，重量當在三噸以上。劉維恩說掛到了他後面的衣服；我說碰到了我的安全帽和褂子的鈕扣。

關班長招呼大家走出04洞，劉維恩的衣服後身和我前面的衣襟果然都有石頭泥漿劃過的痕跡。這時我才意識到冷汗早已濕透了我的內衣。想想真是後怕，假若我快半步或劉維恩慢半步，假若那石頭再大上一些，我和劉維恩都有可能變成一堆肉醬或兩個肉餅。

我和劉維恩都來自二連一排，原本就熟悉。04洞一起去鬼門關走過一遭後，我們倆的感情更加深了一步，一起拉家常也多了起來。

有一次劉維恩說到他自己的文化程度便有些自卑：

「什麼狗屁初中！煤礦的子弟中學，老師不好好教，學生也不好好學。都這樣，我還不是最差的。」

這是他對自己數學知識短缺的一個解釋。

還有一次說到他們家的住房，他說他們家和他大姨兩家合住一大間房子。我問他：

「兩家一間房可怎麼住啊？」

「房子間較大，對面炕，一家住一面。中間拉一道鐵絲，掛上布簾子，晚上睡覺時把布簾子拉上。」

他還說：

「東北的城市都這樣，不稀罕。住一起是為了冬天取暖，省煤。」

我追問道：

「兩家人睡在一起，晚上多不方便呀？」

「什麼方便不方便的，各家睡各家的，誰也不影響誰。我們和大姨家一間屋子裏住了十多年，兩家都生了四五個孩子。有閨女也有小子，一個也沒有鬧混。」

「那夜裏的動靜不大嗎？」

劉維恩知道我所說的動靜指的是什麼。他一言以蔽之：

「人，還不都那麼回事麼！」

劉維恩說他家和他大姨家合住十幾年，關係處得非常好。兩家的孩子們都以兄弟姐妹相稱，從來不打架。一間屋子裏的對面炕，南面一拔，北面一拔，溫度採光差異大。劉維恩說，他家和大姨家協商好，每隔一年南炕北炕調換一次，很公平。

我問他：

「是你的親大姨麼？處得這麼好？」

劉戰友用不屑的語氣答道：

「什麼大姨哎！十八竿子也打不到。我媽的一個同事，和我媽對撇子，兩人合得來。」

劉維恩的父親是遼源煤礦的一名普通工人，母親在一個類似於家屬工廠的小單位上班，所以才住這樣的住房，才有這樣密切的工友兼鄰居。後來我參觀過東北一個老煤礦職工的住宅，破破爛爛擁擠不堪，與劉維恩說的情況非常相似。

貧困的家庭，狹窄的住房，大概是劉戰友努力向上爭取被提拔為軍官的一個動力。無論如何，他也不願意再回遼源煤礦去和大姨一家住對面炕。

劉維恩到經始班五個月或六個月或再多一些的時間，清晰地記得是我們和他在一起過了整整一個冬天。大約是一九七一年五月的一天，我們幾個都去了泉水溝測量新工程的基準起始點。劉維恩獨自在石頭溝負責02洞的現場施工。那天，02洞有一條巷道應該轉角拐彎了，因為劉維恩的疏忽，多打了兩排炮，轉彎處超挖了一個大坑。其實也不能說是老劉疏忽，以他當時所掌握的技能，完全不勝任處理山洞拐彎的測量。測量出現差錯，對經始班來說就是責任事故。事故恰恰出在劉維恩身上。他疑似「工宣隊員」的身份無形中把事故的嚴重性放大了很多倍。好事不出門，壞事傳千里。事故很快就驚動了營首長。張副營長、王教導員、徐營長先後到現場查看。平日裏很少去山洞裏的管理員、醫生甚至通訊班的軍官士兵們也都先後前往02洞裏觀瞻。

沒有人的時候，我去事故現場仔細端詳計算了一番。山洞的走向調整正確之後，超挖的側壁出現了一個大坑。估算大坑的體積，大概其只有十幾立方米，最多不超過二十立方。按照民兵連單方掘進成本，每立方米按五十元人民幣計算，劉維恩失誤造成的經濟損失滿打滿算不超過一千元人民幣。

老劉的失誤能掩蓋過去嗎？我的結論是完全可以。掩蓋的辦法有兩個：

一個辦法是把山洞拐角附近的側壁不要開挖得如刀切一樣整齊，打總再多超挖幾立方米，讓超挖的大坑出現一個弧度。這樣一來，打眼看上去超挖的感覺就不那麼明顯了。等將來放線砌牆被服澆築混凝土的時候，誰還會去注意往日超挖量的大小？

第二個辦法掩蓋得最徹底：悄悄把山洞軸線的尺寸與角度做一細小的調整。使用經始班的鋼尺和經緯儀加上精密的計算即可大功告成。這一方法的風險是經始班內部必須嚴格保密。一旦洩露出去，經始班所有的人都可能會受到嚴懲。

這裏需要說明一點，上面設計的第二種辦法，我們班後來曾使用過兩次。時間都發生在一年後的一九七二年，趙生余擔任經始班班長期間。一次是李靖使用鋼尺測量00洞時鋼尺的讀數搞錯了一米；一次是趙班長帶領我們打撲克，延誤了一條引洞轉彎的時間，使那條引洞多往前開挖了七八米。兩次事故出現後趙班長都很緊張。他找我商量挽回的辦法。我給他的回答都是：你負責全班人的保密，我負責解決技術問題。實踐的結果是相安無事。班裏既沒有人洩密，山洞的貫通也準確無誤。這是後話，不再多敘。

一九七一年春天經始班發生測量事故後事態發展的脈絡非常清晰。因為劉維恩是上級派來改變經始班的「工宣隊員」，是竊取我們的勞動成果從峨眉山下來摘桃子的「小蔣介石」。全班的戰友都想看他的笑話。有的還有意無意地推波助瀾，極力地把事故放大擴大。這樣的情勢之下，我怎麼能不顧自身的安全去幫助他掩蓋呢？更何況我內心裏對劉戰友加塞一般取代我去參加全團學習毛主席著作講用大會，一直有著酸酸辣辣的感受。兩次端詳研究事故現場之後，我的決定是：不落井下石，也絕不伸出援救之手。

劉維恩出事故後並沒有受到什麼處罰，好像連批評也沒有多少。只是外界的輿論卻對他來了個一百八十度大轉彎。之前老劉是一顆冉冉升起的新星，經始班的候選班長；之後領導和群眾，營部的軍官和士兵，工程組系列內的人和與施工沒有直接關係的人，好像都對劉戰友產生了共識：像劉維恩這樣，雖然政治上紅彤彤，但文化程度不高的士兵絕對不適應經始班技術性如此強的工作。

又過了一周或兩周，營首長決定把劉維恩調出經始班。哪兒來還回哪裏去，劉戰友又回了二連。臨離開時，劉維恩給我們撂下一句話：

「你們都是知識分子。俺老劉是大老粗，幹不了這麼細的活兒。」

好馬不吃回頭草。劉維恩離開二連前是一名勢頭正勁剛剛入黨，提拔軍官蠻有希望的士兵。他從營部被退回二連之後，渾身上下免不了是灰濛濛的顏色。繼續擔當了一年多風鑽手後，劉維恩退役返回了遼源煤礦。

很多年後，遇到吉林東豐遼源的戰友，我問起劉維恩的下落。戰友們告訴我說老劉回遼源後一直在商業部門工作，因為能幹，上世紀八十年代擔任遼源某商場的負責人，沒少幫助在東北各城市安家的戰友們買電視機電冰箱和洗衣機。

三十、杜英豪

一九七〇年底，六五年入伍來自河南扶溝、西華、太康的士兵們服役快六年了。他們中有很多人被提拔為軍官，進步快的都成了連級副連級領導。一些沒有被提拔者便有些不太安心。尤其是工作能力比較強，擔任過幾年班長，本來有機會成為軍官，因為這樣那樣的原因錯失良機的，這時就開始鬧情緒了。排長連長副連長們多是他們的老鄉，資歷本事與之相仿，他們這一鬧，就不好領導指揮他們了。

整個工地有工程一營五六百軍人加上一千多民兵在緊張地施工。施工現場有許多具體的事情要有人做。營首長決定從連隊抽調幾個前面提到的老資格班長到營部工程組協助工作。具體任務就是滿工地巡邏，發現問題後彙報給工程組和營首長處理。職責相當於當今官場的巡視員調研員一類。這樣的閒差，說它重要就重要，說它不重要的確無足輕重。抽調這些人到營部的主要目的是為了減輕連隊領導的負擔麻煩。

杜英豪就是這時從四連抽調到營部的。和他同時到位的還有一連的游天祥，四連的魏福海。三個人都代理過排長，且都錯過了轉成正式軍官的機會。

杜英豪是一九六九年二三月去山東臨清接新兵的人之一。隨後他在我們新兵連任二排長。新兵訓練時，把我從人堆裏拉出來向唐雲普副團長展示的就是他。我與他有淵源，算是老熟人。

我們新兵訓練結束後，杜英豪回四連代理排長。他算是六五年河南兵裏代理排長比較早的一位。隨後他很長時間外出執行任務，去某城市的中學軍訓；去團機關幫忙，卻一直沒有成為正式的軍官。

杜英豪到營部後經常和我們經始班一起鑽山洞去工地。下了班有事沒事就到我們的宿舍聊天。他很健談，願意和我們談他的過去。說起來老杜的家是在河南扶溝，其實他家裏沒有一個親人。老杜是一個孤兒，從小就失去了父母，在村裏是吃百家飯長大。他十多歲就隨老鄉從河南去陝西新疆逃荒當盲流，遭過很多難，挨人打受人騙吃過很多苦。說到這些，老杜兩眼就會嘩嘩地湧出熱淚，濕透了手絹和衣襟。

和多數當過流浪兒童的人不同，杜英豪非常勤快，幹活做事乾脆利索。他心靈手巧，會做飯會縫被子補衣服，針線活比女人還細作。他還非常講究衛生，衣著比所有的戰友都整潔，尤其是襯衣，領子袖口沒有一絲兒污漬。他的文化不高，鋼筆字卻寫得很好，文筆也暢順。他的智商情商都很高，說話風趣幽默，善於表達，清楚什麼人愛聽什麼話，也清楚什麼人在什麼情況下不愛聽什麼話，能夠和各種性格的人相處。

與老杜交往那一段時間，我從他的身上學到很多東西。老杜從小有人生沒人養，沒長輩管教指導，卻具備了這麼優良的習性。看來人的素質多是天然生成，與後來的生活環境教育培養並沒有多少直接的關係。

傳說杜英豪在某城市的中學軍訓期間，認識了一個很漂亮的女學生。這個女學生還一直和他保持著聯繫。我問老杜。老杜喜形於色地告訴我確有其事，說：

「是真的！的確漂亮。」

瞬間他的神情凝重了許多，自言自語似的說：

「人家太年輕。俺家在河南農村。」然後長長地歎了一口氣。

忽然，他的話題一轉，拍著我的肩膀說：

「我給你介紹介紹怎樣？你們倆很般配，真的，準能成。」

這樣的話題，那時那刻我們倆只能哈哈一笑。

杜英豪不知道從哪裏搞來幾張唱片，是豫劇《朝陽溝》，估計也應該是當年在街亭步兵學校時的戰利品。接下來的日子，老杜糾集了魏福海、游天祥幾個河南老兵，躲在廣播室裏用留聲機聽《朝陽溝》。聽得興起，河南兵們就都手舞足蹈隨著唱片，吼上一段拴寶娘或銀環娘的唱段。

一天，大概是掰錯了開關或忘了切斷某個線路，留聲機裏的豫劇唱腔通過一個個大高音喇叭傳遍了整個石頭溝。山溝裏的軍人和民兵都撂下了手中的活計，傾耳聆聽美妙無比的豫劇旋律。廣播員陳國和和廣播室裏聽豫劇的河南老鄉們都沒有察覺。直到王教導員氣沖沖地推開廣播室的門，各位才從夢中清醒過來。後果是陳老兄挨了一頓批評，《朝陽溝》唱片被教導員沒收。

那時除了江青主持搞的幾齣樣板戲，其他的戲曲劇目全都不允許演出，也不允許私下裏欣賞。連《朝陽溝》這樣歌頌知識青年上山下鄉的戲曲都在違禁之列。

老兵退役復員的日子一天天臨近，老杜幾個談論最多的是退役後的去向。河南扶溝一帶的黃泛區，老兵是都不願意回去的。經始班的關班長也面臨這樣的選擇。

退役的老兵名單公布後傳來一個好消息：某個兵工廠來我們一營招收工人。河南老兵們的軍齡最長，自是首當其衝。競爭的結果杜英豪、魏福海、游天祥幾個都如願以償，我們的關班長落選。是否又是「上中農」作祟？我沒有核實考證。我只記得那些老兵離開軍營前幾天，關班長經常一個人呆坐著。杜英豪則很活躍，哭時鼻涕一把淚一把，笑時張開嘴哈哈有聲。遇到營首長還會做一個鬼臉。臨上汽車前一再拍著我的肩膀要我去看他。

杜英豪幾個去的兵工廠在瀋陽姚千戶，通信地址是蘇家屯七〇〇二廠。老杜去那兒後的第一個工作是採購員，算得上是人盡其用。物資緊缺的年代，即便是兵工廠的採購員也需要能說會道善於溝通者擔任，採購員的角色正好能發揮老杜的特長。期間老杜找到了對象並結了婚。杜嫂也是那兵工廠的工人，聽說人不僅長得漂亮，性格也開朗。我聽到老杜結婚後的聯想是：這女人可算有福氣，家務活肯定老杜一人就全包了。

杜英豪幹了一年多的採購員就不幹了。原因是常年在外跑採購，收入不高還要往裏搭錢，經濟上划不來。老杜要求去車間幹活兒。到車間幹活的第一天就發生了事故，一粒鐵屑崩進了他的眼球裏。大概因為七〇〇二是兵工廠的原因，老杜住進了瀋陽軍區總醫院治療眼睛。

他住院期間，我和李靖正好出差去瀋陽。他躺在醫院潔淨的病房裏繪聲繪色地向我們倆敘說他治療的過程：受傷的眼球被手術刀從一側切開，把眼球翻出眼簾之外，啟動一吸力強大的電磁鐵，那崩進眼球內的鐵屑就被從隱藏處吸了出來，然後再把眼球復位縫合。說的如此瘆人，他卻十分輕鬆。最後他告訴我們，眼球內的傷口癒合後，也會留下疤痕，表現在視網膜上會是一個黑點，黑點的大小取決於傷口癒合吸收的程度。

那是我和杜英豪見的最後一面。後來又通過三兩封信便中斷了。前年聽安家於瀋陽的戰友說老杜已因病去世了。

想念他，懷念他，寫此文。

三十一、「出土文物」

第十二章說過，我們新兵訓期間劫掠了步兵學校的許多東西，戰利品中有很多圖書。新兵訓練結束後，這些書被帶到了我們營房，在一些喜歡讀書的戰士之間流傳。

我是喜歡讀書並且四處搜尋這些圖書的戰士之一。一年後，流傳並保存在我手裏的圖書大約有了三十多本。現在能記得書目的有《青春之歌》、《野火春風鬥古城》、《三里灣》，還有兩冊范文瀾的《中國通史簡編》。在我之前，不知道有多少人翻閱過它們，有的沒有了封面，有的已經散開，有的沾滿了油污，工程兵手上的油污。

我把散開了的書用線裝訂好；丟了封面的糊上一層牛皮紙，再寫上書名；捲了頁的也都舒展開來。我把這些整理好的書碼在了一個包裝肥皂的紙箱裏，紙箱就放在我的床底下。按照當時軍隊的政治管理標準，閱讀這些書是思想不健康的表現，收藏它們則屬於嚴重的政治問題。我做這件事很有風險，所以任何人都不知道，包括和我住宿在一間屋子裏的經始班戰友們。

一天，關班長通知我們說，近期要清查個人用品。清查個人用品的行動每年都要進行，甚至有時還突然實施。突然實施往往比例行清查的效果好。其實那個時候軍隊士兵除了統一發放的服裝幾乎沒有什麼個人用品。幾件替換的軍裝用一個包袱皮包裹起來填充在枕頭裏面，其他的就是牙具肥皂信紙和《毛主席語錄》、《毛選四卷》和《林副主席的講話》了。

「鬥私批修」的年代，不僅軍隊裏是這樣，地方上工廠機關學校農村也都經常進行這樣的教育。大家都認為屬於個人的用品越多，私心就越重，越容易成為資產階級的俘虜。

軍營內對個人用品清查得很徹底，說是私人物件多了，打仗的時候光惦記著自己的家底，就不會勇敢地衝鋒了。至於毛主席著作政治學習材料以外的書籍文字，那更是要嚴加禁絕，因為它們會影響我們的思想，自然是清查的重點。

床下紙箱裏的書必須立即轉移。想來想去，我決定把書送到我的同學郭振忠那裏去。他在器材班當器材保管員，管理著一座器材庫。器材庫裏存放著各種各樣的施工器材，有許多大大小小的木箱子和紙箱子，我那個裝著書的紙箱放在那裏，不會引起任何人的注意。

清查個人用品如期進行，我慶幸那些書提前轉移到了安全的地方。又過了些時日，不好的消息來了。郭老兄告訴我，他那個器材倉庫裏的東西也要清點檢查。我建議他把那個紙箱再從庫房裏拿出來。郭老兄說，現在從庫房往外拿東西，萬一被人看到就壞事了，你和我都沒法解釋清楚。我們倆商量來商量去，決定放棄紙箱裏的書，由他悄悄地在庫房旁邊挖坑埋掉。

半年後，我和經始班的戰友們去山上的工地時，從郭老兄那個倉庫旁經過。庫房旁邊的山坡上圍著許多人。架設高壓線的士兵們正在挖一個線桿坑。線桿坑的位置正是郭老兄埋書的地方。我擠進人群，看到被挖出來的那些書正在驚奇萬分的戰友們手裏傳閱著。因為受潮，幾本書的邊緣已經腐爛，但內容卻還能夠看得清楚。有人大聲喊了一聲：

「出土文物！」

人們隨聲附和：

「是出土文物。」

郭老兄也在一旁觀看。我微笑著看了看他，他也是同樣的微笑，我們用眼神交換著內心的感受。

永別了，我的書。

第十五章　經始班（乙）

三十二、趙班長

關班長退役後。趙生余就任一營經始班的第三任班長。

前面我已經說過，趙班長生於一九四六年，一九六八年入伍。鞍山十七中學一九六六屆高中畢業生，是老三屆中最貨真價實的高中生。趙班長家是鞍山地域的原住居民。趙班長的父親是鞍鋼的工人，每個月一百多元的工資，絕對是那年代的高薪階層，老趙為此頗自豪。

趙班長雖然口訥，卻因為熱情直率且隨和主動，喜歡和各種各樣的人閒聊。他沒有就任經始班班長之前，就是全營乃至民兵營的知名人士。僅說趙生余的大號，大家也許陌生，若說經始班的老趙，整個石頭溝裏幾乎無人不知，無人不曉。

趙班長在外最知名最響亮的名號是「趙大埋汰」。埋汰一詞，東北方言中有二意：一做形容詞，邋遢，骯髒，不衛生耳；一做動詞，污蔑貶低糟踐的意思。趙班長「大埋汰」外號的含義是前者。起因是他的衣著一貫不整，甚至可以說是十分地邋遢。

趙班長頭頂上的軍帽，帽簷總是窩捲低垂，如當今笑星趙本山那頂著名的帽子一般；上衣和褲子經常有污漬和破洞；褲腿經常挽起一隻，不穿襪子的時候為多；軍鞋也有暴露腳趾的時候。

烏居棟開玩笑說老趙渾身上下都長滿了牙，把自己的衣裳啃得到處是窟窿；我考證後則正式公布：老趙身上的分泌物肯定具有腐蝕性，可以破壞任何織物的強度。

老趙身上分泌的油脂的確比一般人都多，面部頭部尤甚。一天，老趙的棉被曬在院子裏。一隻老母豬拱出豬圈，哼哧哼哧地滿地尋找食物。大概是嗅到老趙棉被上的腦油氣味，再不就是他那棉被上氯化鈉的含量比較高。女性八戒禁不住誘惑，張開大嘴把下垂的被角咀嚼了一番。待到有人發現，被角已經有許多破洞。老母豬啃被角的典故增強了「趙大埋汰」外號的傳播速度。烏居棟就時常把此舊聞當新聞來發布。

老趙與棉被的故事還有一講：平日裏老趙多半是不穿襪子與襯衣的。有家屬來軍營探親，幫老趙把棉被拆洗乾淨。到了晚上，老趙洗乾淨頭臉身軀與雙腳，拿出乾淨的襪子和襯衣襯褲，穿戴穩妥後方才鑽進被窩。老趙對自己類似於脫了褲子放屁的行為，有著完全可以說服人的解釋：白天髒，髒了別人；晚上乾淨，乾淨了自己。混是有些道理。

每人分了五斤蘋果，老趙將其傾倒在自己的床鋪上，盤腿坐在旁邊。蘋果也不用水清洗，在衣襟上擦拭一下，放到嘴裏就啃，還不耽誤和別人嘮嗑聊天，直到把五斤蘋果吃光。完後放言：

「吃個痛快再說，留著還是心思！」

士兵不多的自用物品，老趙一般不使用抽屜。口罩、鋼筆、筆記本、信封、信紙、信件、紙鈔、硬幣、郵票、肥皂、襪子、鞋帶、鈕扣、擦腳毛巾，不論多麼不相干的物件，都胡亂放在毛氈與褥子的下面。何時需用掀開就取，煞是方便。整潔自然談不上，串味更是難免的。

回憶趙班長的軼事，主線多與「埋汰」有關，絲毫沒有污蔑貶低老班長的意思，反倒覺得十分真實親切。其實這並不是趙班長的本來的面目，也不是他最初的風格。

一次，他拿出來一張黑白照片，照片上是一個帶紅領巾的翩翩少年。老趙解釋說那少年就是他。照相的時候他穿的是白上衣藍褲子，上衣是束在腰裏的，瀟灑得很。說著，老趙神情肅然，半是自言自語地說：

「我那時不是現在這個熊樣子。」

二〇〇九年八月我去東北看望趙班長時，我們倆在瀋陽火車站的合影。

還有一次他和我廣泛討論髒與淨，知識分子的思想改造以及經始班的對外形象問題。趙班長認為外界，包括領導都說經始班是小知識分子成堆的地方，需要改造。思想深處的東西誰個能夠看得到？別人看我們的思想改造好還是沒有改造好，只能看外表。毛主席不是說「別看農民手上有牛糞，可他們是世界上最乾淨的人」麼？我們邋遢一點兒，埋汰一點兒，別人就會改變對我們經始班的偏見。

趙班長既有理論，又有實踐，難道他真是在故意「埋汰」自己？難道他「埋汰」自己是為了我們經始班的整體形象？我們經始班這些小知識分子思想改造好與不好，真地與「手上有沒有牛糞」直接關聯嗎？實在是莫名其妙，那個年代莫名其妙的事多著呢。

三十三、殺豬與搓背

如果說打山草，撿劈柴是關班長的施政綱領，繼任者趙班長的施政綱領則是殺豬。

年關將近，營部炊事班要殺一頭肥豬過年。趙班長主動請纓，要求由經始班來承擔殺豬的任務。

頭一天晚上，趙班長專門為殺豬的事做了一番動員，大意是：領導和其他單位的人不是說我們班的人學生氣太重，說我們班是一個小知識分子成堆的地方嗎？我們要通過明天殺豬，讓人們看看經始班的人是和他們一樣不怕髒，一樣膽子大，一樣野蠻粗獷。趙班長還說，幹完了活兒，還能額外吃一頓血腸，何樂而不為？趙班長一席話，說得大家信心百倍躍躍欲試並垂涎欲滴。睡覺前，大家反覆討論了殺豬所需的器具作業程序和注意事項，直到胸有成竹為止。

第二天吃過早飯，趙班長帶著我和楊玉霞、劉維恩三個，身著進山洞幹活時穿的舊棉工作服徑直進入了戰場。李靖是回族，自是需要迴避。

營部的飼養員許文金把那頭將要被屠宰的肥豬趕出了豬圈，也許有三百市斤或者更多。許文金是一九六六年入伍的四川兵，飼養員裏的老資格。營部飼養的豬少，飼養員的活比連隊的飼養員要清閒一些，有照顧老許的因素。老許身體強壯，臉大，眼大，腰粗，腿和胳膊粗，嗓子也粗。他邊驅趕肥豬，邊可著粗嗓門用四川口音高喊：

「經始班的秀才們也能殺豬？哪個鬼才相信哦！」

趙班長朝飼養員揮舞著殺豬刀說：

「你不相信，連你老許也一起殺了。」

秀才們殺豬，第一個難題是如何把豬捆住。許飼養員不僅不配合協助，而且故意把豬轟得亂跑。我們幾個跟在肥豬的後面多次圍追堵截，奔跑了十多個來回，摔了幾個跟頭，最終才在豬圈的一個角落裏把它擒獲。每個人的棉工作服早已沾上了很多豬糞。

捆綁好的肥豬被抬到一張簡易工作臺上，支起大鍋開始燒水。經始班的四條好漢開始集思廣益，最後一次討論殺豬的程序。許文金在一旁發笑，禁不住指點再三。我們都說：老許你儘管去一邊待著歇息，不用你多嘴。煩人！

討論的結果：由我按住肥豬的腦袋。後肢劉維恩負責。前腿楊玉霞抓住。趙班長親自操刀。

明亮的刀子割破了肥豬的喉嚨。一股鮮紅的豬血噴到事先準備的大盆裏。豬血流淌了一陣，刀口便不再出血。肥豬卻還在掙扎，只是力量小了一些。我雙手抓著肥豬的耳朵，時間一久，手和胳膊都覺得酸軟。楊玉霞和劉維恩用力更狠，早都氣喘吁吁，臉憋脹得通紅。趙班長滿手豬血，看著還在喘氣渾身還在動彈的肥豬，莫名其妙甚至有些不知所措。

許文金哈哈大笑，用粗嗓門喊道：

「沒有捅到心臟吆！」

稍一遲疑，眾人的手有些鬆。肥豬突然掙脫了繩索，滾下了作業臺，再次奔跑起來。

許文金的笑聲更加響亮，一邊大笑，一邊為他的徒兒吆喝加油。

豬血滴得到處都是。看熱鬧的人也增加了不少。有人還高喊著趙班長的名字及「大埋汰」的外號。我和劉維恩隨手撿起兩根棍棒，狠狠地朝那不屈服的畜牲砸去。肥豬畢竟已被割斷了喉嚨，胡鬧了一陣後再次被我們捆綁起來，架上了死刑臺。

趙班長和我們繼續討論，都認為趙班長操刀的姿勢是規範的，刀子捅的方向也是正確的。只因為肥豬太大，刀子的長度不夠，因而沒能傷及心臟。

找到了失誤的原因，改進的方法也就有了。趙班長用刀把肥豬脖頸上的刀口擴大，然後脫掉棉工作服，左手挽起衣袖，手持尖刀，整個胳膊幾乎都伸進肥豬的刀口裏邊，刀尖徑直往心臟的方位一捅再捅。我也脫了外衣挽起袖子，模仿趙班長的動作也捅了八戒幾刀。豬血又流淌了一些，徹底結束了肥豬的性命。

看看天色不早，眾人還惦記著中午的血腸。許文金換好工作服，也加入到殺豬的行列。用鋼筋捅出通道，然後吹氣，敲擊，澆熱水，刮毛，開膛破肚，清洗內臟，灌血腸，有條不紊，一氣哈成。

把豬肉都清洗乾淨並交割給炊事班。因為曾經遭到棍棒的虐待，豬肉的表皮上留下大片大片的淤血。本該白色的肉皮，變成了紅白相間的顏色。炊事班的王班長指著花斑豬肉對過路的張副營長說：

「只有經始班的秀才們，能殺出這樣的豬肉來。」

張副營長滿面笑容，不住地感歎讚賞：

「不簡單，這就很不簡單了！」

軍營裏殺豬，歷來全由士兵們完成。殺豬的手藝，或從家鄉帶來，或是無師自通。此活兒既髒且有技術含量，為鼓勵自告奮勇者，殺完豬後，炊事班要慰勞一頓豬血灌腸。這一獎勵政策不知是何人制定，始於何年何月，反正它早已成為工程一營的第二百八十三條軍規。

因為肥豬掙扎逃竄，豬血損失了一些。減少了血腸的數量，卻沒有降低血腸的肥美。待血腸蒸煮完畢，炊事班王班長用盆子端給我們。大家邊吃邊說，邊說邊笑，美美地享受了一餐。

經始班殺過豬後，外界對經始班的看法並沒有改變，起碼是沒有可以看到聽到感覺到的改變。經始班依舊是「小知識分子成堆的地方」。經始班士兵們的思想依舊需要認真地改造。

軍人和民兵整日在山洞裏幹活，身上的汗水污漬豐富多產，洗澡是一個重要的問題。安營紮寨兩年後，石頭溝裏建起了一座澡堂。負責燒熱水管理澡堂子的是兩個民兵，一個姓高，個矮，面白，眼睛很黑，人很機靈；另一個，瘦，皮膚黑，常患紅眼病，姓氏被我忘記了。二人拿著五十多元的高薪，幹著最清閒沒有危險的差事，自是兢兢業業全心全意地服務。

澡堂免費。因為容量有限，一周開放六天，每天一兩個連隊。營部的人馬不受此項規定約束，只要澡堂燒水，隨時都可以進去洗浴泡澡。近水樓臺先得月耳。營部的人愛乾淨，經常去搶著洗第一水。如果這也算是特權思想搞特殊，那也基本屬於無法較真勿需糾正的。

營首長也經常和我們一起去洗第一水。那年月，等級的概念相對淡薄。軍官和士兵一起洗浴，大家都渾身赤條條無有一絲兒遮攔，身體構件的優良與缺陷一覽無餘，人人都看作是很正常的事兒。

戰友們一起洗浴，喜歡互相搓背。搓背的時候，新兵與老兵，軍官與士兵，上級與下級，領導與群眾，差別就顯現出來了。一般都是低層面的為高層面的服務，下級為上級服務。後來看電視《動物世界》節目，在一個猴子的群體裏，地位比較低的要為地位高的拿蝨子，梳理毛髮。軍官和士兵們一起洗澡搓背時的次序心態，大概與那群猴子是一樣的。

營首長裏，張副營長最喜歡洗浴泡澡。一天，他泡過熱水後爬到水池沿上，隨手把擰乾的毛巾扔給了我。我知道是讓我給他搓背。張副營長身高體胖，背部的面積很大且多油脂。給他搓背，勞動強度比較大。我給張副營長搓完後就隨手把我的毛巾遞給了他。張副營長遲疑良久，明白了我是要他也給我搓，他無奈地用手按著我的脊樑示意我躺下，用力為我搓了起來。這時一個來自吉林東豐的戰友趕忙奪過張副營長手裏的毛巾，代替了首長的工作。我才突然意識到了我與那吉林籍戰友的思維差異。

不久，經始班的宿舍裏進行了一次關於給領導搓背的理論研討。原來其他幾位也都遇到過類似於我給張副營長搓背的問題。討論是怎樣引起的，如今已無從想起，幾位戰友的觀點卻都還朗朗在耳。

趙班長認為：領導和部下一起泡澡，搓背應該是互相的，這樣才體現出平等的關係。他還以張副營長為例，說我們都沒有張副營長的脊背肥胖油膩，哪個和張副營長對搓都有點兒吃虧。趙班長是絕對公平論者；

劉維恩認為：給誰搓都無所謂，不過也不必要上桿子搶著去給領導搓，那樣就過分了。老劉的平民意識還是蠻強的；

楊玉霞更率直，他認為：用這樣的方式巴結領導有點下作，不值得；

我基本上同意劉維恩的平民觀點：我也不願意主動趕著去給領導搓背；

李靖則以見多識廣的語氣說：

「這裏面學問大了！不信你們以後仔細瞧著點。」

李靖在這方面，其實也是天橋的把式，光說不練的主兒。道理他明白得透徹，行為卻不見得能做出來。

李靖的論斷很有前瞻性。營部經常主動搶著給營領導搓澡的幾位士兵，一兩年後幾乎都被提拔成了軍官。與之相反，如趙班長那樣堅持絕對公平者，多數落空。這樣規律性非常明顯的現象，絕不是偶然而致。

用世俗的眼光看，搓背實際是一種社交公關能力。它不需要智商，卻需要情商。中國傳統的教育內容與教育方式，學生們多讀幾年書，增加了智商，增厚了「面子」，卻降低了情商，這就是通常說的「書卷氣」。

經始班的弟兄們只是「書卷氣」重了一些。趙班長故意往自己身上抹牛糞的做法，乃南轅北轍，緣木求魚。那時代所謂的思想改造，其真髓不外乎是讓有「書卷氣」的知識階層，放棄追求公平公正的意識，成為沒有獨立人格容易被駕馭的人，與沒有文化的工人農民一樣。

閒聊洗澡搓背的小事，引出如此高深的道理，是我小題大作嗎？

三十四、張副營長

還在中學的時候，我就喜歡籃球，不是一般地喜歡，是癡迷。不過沒有人願意和我一起玩，如果同學們在半個場地玩三對三或四對四，我提出把我做添頭加到一方，也沒有同學會暢快地答應。因為我太矮了，身高還不到一米五。

文革幾年，大凡聽到縣城哪裏有比賽籃球的消息我一定要去觀看，並且看得很投入。我崇拜縣裏的那幾位籃球明星，直接下場玩的機會一直沒有。

部隊駐紮在山溝裏施工，籃球幾乎是唯一的體育活動。年輕的士兵們不論山洞裏的活兒多累多苦，到了球場上依舊是生龍活虎。我當兵後身體還在發育，身高比服役前增加了幾公分，肌肉也不斷填充。奔跑，跳躍，神經快速反映，打籃球最能擴展體內的運動潛能。籃球場上熱鬧爭奪時我會紮進人堆裏瘋搶，三步上籃左突右衝，如同激烈實戰；球場上沒有人時，我就苦練運球與投籃。一年後，我就成了營部籃球隊的主力。

營部人少，籃球隊卻不是魚腩，與任何一個連的球隊較量，不說能穩操勝券，勝率都比較高。只要天氣允許，又沒有集體活動，營部籃球場上一般都會有球賽。冬季天冷時短，球賽多在午飯後；夏季天熱晝長，晚飯後賽球最宜。年輕的身體活力四射，我曾經一天打過三場比賽，筋骨也並不覺得累。一場球結束，用清水洗掉汗水，吃飯香，睡覺甜，渾身上下輕鬆舒服。

全營並沒有正式的球隊，如果需要組隊對外比賽，召集各連的幾個頂尖球員即可。如果這些球員有幾個應召去了團籃球隊，營裏再有對外比賽，我就差不多會被挑選出來代表營籃球隊上場了。

如果來者是附近煤礦與中學的球隊，比賽結束後，一般要招待他們吃一餐飯。主隊的球員也會有幾個作陪，我就參加過多次這樣的賽後餐。招待的飯菜很簡單，大米乾飯四菜一湯，多是白菜炒肉片、爆炒土豆絲、蔥絲炒雞蛋、涼拌豆腐皮、蒜泥拍黃瓜、紅燒茄子之類的家常菜。那年月，工人和教師的生活都很苦，他們很少有吃這等飯食的機會。組隊來軍營進行籃球比賽，冠冕堂皇說是為了擁軍，為了加強軍民團結，其實最有吸引力的是那一餐大米飯加四菜一湯。

裘皮溝礦中的籃球隊是訪問我們營最頻繁的球隊。他們球隊司職後衛的邢老師，負責盯防我進攻的位置。他多次把我右手的食指打得紅腫，我也碰壞過他的眼鏡。不打不成交，陪他們吃飯的時候，我倆經常聊幾句。

邢老師是上海人，復旦大學原子物理系的畢業生。他從小學到中學再到大學，沒有離開過上海一次，連火車都沒有坐過。他家大概是資本家或者類似資本家出身，兩年前從復旦大學畢業，便被分配到東北邊陲的煤礦中學。他學的是原子物理，到中學做物理教師，也算是有一丁點「專業對口」。邢老師身材高，皮膚白，文質彬彬，沉默寡言。因為眼睛近視，在球場上也需要佩戴眼鏡，用一條橡皮筋捆紮在腦後。像邢老師這樣被埋沒在荒野的專業人才，文革結束後，很可能會被抽調到國家的研究機構去。後來邢老師肯定是調回上海去了。

我們營部籃球隊的隊長兼教練是張副營長。他年輕時曾經是十六軍某師籃球隊的主力。我們玩籃球的時候，只要張副營長在家，他一定會出現在籃球場上。多數時間他在場下當指導，偶爾上場，只能腆著肥胖的肚腩表演幾個標準的投籃慢動作，命中率還是有的。奔跑上三五分鐘他便要氣喘吁吁地被換下場休息。

張副營長叫張守俊，安徽人。具體縣市我忘記了，大概是安徽中部，淮南、蚌埠一帶。他和王教導員、徐營長都是一九五五入伍的第一批義務兵，一九六五年組建工程二一三團的時候，由第十六野戰軍調來。十六軍長期駐防吉林省。張副營長的妻子就是吉林人，當是那時結成的姻緣。

張副營長身高一米八以上，濃眉大眼，白皮膚，紅臉膛，絡腮鬍鬚，若不是肥大的肚腩，儼然一個帥哥美男子。他的妻子，身材矮，相貌平平，在她家鄉某個商店做售貨員，隨軍後被安置在離軍營不太遠的小林河煤礦電話接轉臺工作。

我剛到營部的時候，張副營長還在一連擔任連長。他上任副營長後，與他資歷相當的二連連長吳榮發非常不滿，多次橫鼻子豎眼地當面發難揭短。說副營長的位置本來是他老吳的，張副營長請團裏的某某領導喝了一回酒之後，致使他老吳落選，老張才得以捷足先登。

這樣的場面，我親眼目睹了數次。向來沉默寡言的吳連長耿耿於懷咄咄逼人的語氣著實讓人下不來臺：

「呵呵，你老張的酒可真管用啊！」

面對尷尬，張副營長既不惱怒，也不辯解，嘻嘻哈哈一笑了之。

張副營長晉升後，分管全營的施工。為了就近指揮，也是為了圖個清靜，他也搬到我們經始班在山上的帳篷裏下榻。營首長與士兵們同吃同住還能帶來好的名聲。這時，原來紮營在我們帳篷裏的許副營長已經被調離到團部任閒職去了。

和許副營長一樣，張副營長的工作主要是去施工現場巡視。他進山洞時的著裝與許副營長不同，他從來都不裸穿棉工作服，總是軍衣齊整，帽徽領章全都佩戴，軍帽外再扣上一頂柳條安全帽，帽徽妨礙兩頂帽子的結合，張副營長有一頂軍帽帽徽的紅漆被安全帽磨蹭掉很大一塊。

張副營長的到來，給經始班的帳篷增添了歡快。他喜好娛樂，下棋玩撲克打籃球都是熟手好手。有他罩著，晚上熄燈號吹過，帳篷裏還會摸上幾把撲克，只要把帳篷的門簾窗簾都嚴嚴實實地放下來，不驚動附近早已就寢的友鄰就行。

張副營長還喜好吃喝，這大概是他肚腩肥胖的原因。經始班在一連的食堂就餐，每逢食堂改善生活，他都會朝我們幾個新兵喝一嗓子：

「讓那幫小子給咱們多打點兒！」

一連炊事班的人馬，可都曾是他的下屬來著。

平日裏沒有好的吃食，張副營長會搞搞精神會餐，給我們講述他某年某月，曾經跟隨他當年的領導去某城市吃過烤乳豬、燒大蝦什麼的；他還會向我們炫耀他的廚藝，例如木須肉怎麼炒，甲魚如何燉等等。他說他最喜歡吃麵條。擀麵條，麵要硬，越硬麵條越好吃。他問我們：

「一個雞蛋，不摻水，我能和進去半碗麵。擀出來的麵條，能讓我這個大肚子漢吃飽。你們信不信？」

他用手拍了拍自己的肥肚皮，又說：

「用雞蛋和出來的麵擀麵條，煮熟了那個爽，那個勁道啊！」

張副營長說得自己垂涎欲滴。聽眾們的哈喇喇也都要流淌出來了。那年代，軍營基層食堂的管理制度很嚴格，很民主。有職有權的軍官也都很自律，幾乎沒有大吃大喝多吃多喝的機會。張副營長嘴饞了，多數情況下也只能精神會餐口頭會餐滿足一下。

經始班的士兵，我與張副營長的關係最為密切。我不僅和他一起玩撲克打籃球，我還是他的棋友。張副營長也和別人下棋，但最喜歡和我較量於方形城池中。他多次直言不諱地說和我下棋最為上癮。

象棋者，君子心交也。下級與上級下棋，若心態不端，或有意讓棋，或膽怯手軟；長官和部下較量，把領導的顏面看得太重，就都算不上君子。張副營長下棋的時候是一個君子。他喜歡真槍真刀地較量。

若論象棋的水平，一營營部基本上我能拔得頭籌。與張副營長對壘，我的勝率要略高一些，且從不手下留情。愈是這樣，張副營長愈是願意和我下。贏我一盤他收獲的喜悅愈大。有時盤中較量得激烈，他的老帥告急，他臉上的汗就會流淌下來，或用手帕擦拭，或揮舞扇子取涼。這時若觀戰者說一句：

「你這小子，真不懂事，讓副營長一步唄。」

張副營長便揮手驅趕那觀戰者，緊忙說道：

「讓什麼讓？不用讓！」

一九六九年「應急施工」期間，撲克、象棋都是禁玩的。「應急施工」結束後，不是周日，下象棋也被禁止。我陪營首長下棋往往要例外。還是那句話：有副營長罩著，我一個士兵還用管那許多？文字敲打到這裏，真想回到過去，再痛快淋漓地與張副營長廝殺幾盤。

有一年，張副營長的夫人到石頭溝探親，帶著他們的三個兒子。老大老二五六歲，老三還是個抱在懷裏的嬰兒。張副營長家的二小子，眼睛大而有神，皮膚細膩，頭髮烏黑，神態莊重，寬肩直身板，用東北話說是條幹好。一打眼就能看出來這二小子繼承張副營長的基因多。

據說，三個兒子中，張副營長最喜歡二小子。人們都說長期兩地生活的夫妻容易生養丫頭，誰知道張副營長兩口子怎麼生出來這麼多的小子啊。

張副營長給二小子起了個很響亮的名字，可惜我忘記了，本文姑且稱呼他做張國鋒吧。

一天，張夫人帶著三個孩子在露天玩耍，一群士兵圍著她和孩子們說笑。老三太小；老大已經懂事，加之默言，年輕士兵們的挑逗，都集中於張國鋒身上。

一士兵問小國鋒：

「你管我叫什麼？」

「哥哥！」

國鋒小朋友回答得非常乾脆，看來是早有準備並曾經演練過。群體哄笑。

另有士兵給了張國鋒一隻點燃了的香煙。張國鋒把煙叼在嘴裏，模仿吸煙者真地噴噴吐吐。那士兵也問了相同的問題：

「咱倆關係這麼好，你叫我什麼呀？」

國鋒小朋友因為接受了賄賂，想了想以後才說：

「姨夫！」

「我呢？」還有人問。

「也是姨夫！」

「不行！」

「大姨夫。」

「他是大姨夫，我是幾姨夫啊？」

士兵們七嘴八舌。

「二姨父！」

「我呢？」

「三姨夫。」

……

「四姨夫！」

……

「五姨夫！」

……

士兵們起哄歡笑，爭著當國鋒小朋友的姨夫。張夫人在一旁看著兒子發瘋也呵呵地直笑。真不知道她到底有多少個妹妹。

士兵們得寸進尺，有人不懷好意地問：

「晚上你睡著了後，你爸爸和你媽媽在幹什麼？」

張國鋒有點人來瘋了，他模仿他爸爸騎在他媽媽身上的姿勢動作，嘴裏還發出「呼哧呼哧」的聲音，挺逼真。

小國鋒的媽媽站在一旁，依然在笑。眾人身後突然冒出了張副營長的聲音：

「這混小子他媽的晚上裝睡著。」

老爸的到來，並沒有壓制國鋒小朋友的談興，涉黃的表演繼續進行。

一老兵遞給張國鋒一隻香煙，說：

「我這是『大前門』的呀，那你管我叫什麼？」

張國鋒毫不思索地繼續發瘋，爽快地回答：

「那我管你叫爸爸！」

「我呢？」

「二爸爸！」

……

「三爸爸！」

張國鋒大聲呼喊，廉價地批發著爸爸。高潮迭起，調皮搗蛋的士兵們興高采烈歡呼雀躍。張副營長看到高潮即將結束，似真似假地責問妻子：

「媽拉個巴子，他這麼多爸爸，你高興啊？」

又一個笑的高潮。

第二年，張夫人又帶孩子們到軍營探親。士兵們再用類似的話題類似的手段挑逗張國鋒小朋友。張公子就不再表演人來瘋，忽閃著大眼睛一言不發，給他香煙水果糖理也不理，神態也小大人一般，煞是成熟了許多。張國鋒小朋友很招人喜愛，長大以後定是美男帥哥，加之天資不錯，若能經歷良好的教育，或許能有些作為。這幾行文字，是預測，也是我的祝願。

張副營長是一個隨和開朗的人。他很少裝模作樣地講一些當時最時髦有關政治學習，改造思想一類的言語，也很少板著面孔批評下屬。缺少威嚴的領導鎮不住人，加上他是營裏的副職，在入黨、提幹、提職最要緊的事上沒有決定權，缺少參與的力度，許多軍官士兵便不把他當做回事兒，背後裏經常有人稱呼他為「張大肚子」或「張大胖子」。他聽到這樣的稱呼後不惱怒，也不報復。

張副營長是和我關係最密切的軍官，我們倆的關係一直持續到我離開軍隊，後面的篇幅還會提及他。

三十五，特異功能早期版

我們經始班在山上的帳篷裏駐紮到一九七〇年底。搬回營部後，營部沒有我們的宿舍，只好暫借了倉庫的兩間平房。

所謂的倉庫，和我們工程建築團一樣也是軍區後勤部門的一個建制單位。它和我們工程兵的關係就好比如今一個建設項目的甲方和乙方。倉庫是甲方，我們是乙方。我們建設好了工程，就全部移交給倉庫來使用管理。

我們吃苦受累，住帳篷，住幹打壘，身穿破棉襖，頭戴柳條帽，流血流汗，死的死，殘的殘。工程和住房都搞得溜光水滑以後，就要交給倉庫的那些老爺兵。讓他們穿戴得人五人六地在裏面出出進進。最累的活是拿著一桿槍站崗，還牛逼烘烘地枯燥啊，寂寞啊，不安心工作，是不是地就鬧著要復員。牛吃草，馬吃料，老鼠生來打地道，革命事業有分工，都是天底下沒有法子的事。

平房是我們的四連剛建好移交給倉庫的，明亮的窗戶雪白的牆，比營長教導員的辦公室還漂亮。營首長讓我們經始班住進這麼好的房子，或許是對我們長時間住帳篷的補償，或許是對我們班出色地完成任務的獎賞。全營凡是去我們班玩的人都對我們的居住條件羡慕不已。

和我們經始班比鄰而居者，都是倉庫方面的人員，其中一個很特殊的士兵叫周革。那周革身高沒有兩米，也要超過一米九十五。個子高身體卻單薄，顯得體型非常細長。他的脖子也很細長，腦袋歪向一邊，走路有些搖晃，隨時都有歪倒或折斷的危險。周革的一隻眼睛的眼皮嚴重下垂，遮擋著大半隻眼睛。按說這樣的外在體型和容貌根本不可能參加解放軍。驗兵的第一個環節，就會被淘汰下去。但其貌不揚的周革有一個顯赫的父親，他的父親是解放軍總部某兵種的政委或副政委，這樣的職位完全能夠改變很多不可能的事情。按說周政委也算本分，沒有把自己的兒子安排在大城市大機關，或許是擔心兒子影響市容和軍容，或許是要派兒子到基層到艱苦的山溝裏鍛鍊鍛鍊。

實際上周革在山溝裏也根本享受不到一點兒艱苦。他不出操，不站崗，甚至都不用參加學習，包括非常重要的政治學習。這樣高級別軍官的子女越是到基層當兵，越是能夠受到最特殊的優待。

真正體驗到了艱苦的應當是周革的母親。那個身體微胖的中年女人，隔一段時間就要從北京奔波到我們駐紮的山溝來看望一次寶貝兒子。每次來都要帶著大包小包的零食。走的時候還要給周革留下大筆的零花錢。據說周革去街亭城送他媽媽回北京時，曾經創造過一天時間把他媽媽留給他的八十多塊錢都花掉了的記錄。那可是一個大數目，我們普通士兵一年的津貼都沒有這麼多。

周革有零食有零花錢出手又大方，所以人緣不錯。至於他不出操不站崗不學習對其他的戰友並不會造成傷害。再說平民百姓的子弟能和高級軍官的兒子比嗎？

周革空閒的時間多，經常閒逛到我們經始班的宿舍來玩，尤其喜歡和老趙聊天說笑話。

一個星期六的晚飯後，老趙估計周革等一會兒可能要到我們的宿舍來串門。他對大家說：小賣部剛進了許多蘋果，我們今天要想辦法讓周革請客，並如此這般地把他事先設計好了的方案告訴了大家。

過了一會兒，周革如期而至。老趙說自己最近學會了算卦，非常靈驗，可以現場演示。他拿了五只吃飯的飯碗，扣在桌子上，說他躲到屋子外面去，讓周革放一樣東西到一只碗的下面，他能算出東西被放在哪一只碗裏了。周革不相信，說老趙不是吹牛就是瞎蒙。老趙說他能夠連續算準三次，都能準確無誤。周革更是不信。

這時有人說那你們可以打賭呀。周革說：賭就賭，說話間就把自己的手錶從手腕上摘了下來。老趙說，我沒有手錶，和你賭不起，我們賭小一點的吧。這時又有人說你們誰輸了買蘋果請大家的客怎麼樣？兩人都表示贊成。還有人自報奮勇出面做中間人，讓打賭的雙方都先拿出五塊錢押在中間人手裏，誰輸了就用誰的錢去小賣部砸門買蘋果。這樣的提議，屋子裏的人都一致同意。

獵物已經走進陷阱。老趙裝模作樣地跑到屋外待了一會兒。周革把自己的手錶放到了一只碗下面。老趙進屋後很認真地挨個端詳桌子上倒扣著的碗。有人問他說：

「你算準了嗎？」

老趙沉思片刻，口裏還念念有詞，突然伸手掀開了扣著手錶的那只碗。周革雖然有些驚訝，卻仍然不相信老趙的神通，說老趙這次是蒙的。

老趙第二次走到屋子外面去。周革另選了一只碗來藏手錶。老趙進屋後一臉困難重重的模樣。有人問道：

「這次猜不出來了吧？」

老趙說：

「你不要光盼著我輸呀。」

結局當然是老趙猜了個正著。

第三次的過程和前兩次相似，只是插話的人說的是：

「這次你可要說準了哦。」

去買蘋果的人，果真砸開了小賣部的門。跟隨他一起返回來的還有小賣部的兩個服務員：孔令超和陳雙林。他們仨在路上遇到的人聽說有人請客吃蘋果，也都湧到我們經始班來看熱鬧吃蘋果。軍人小賣部的蘋果很便宜，五塊錢能買三十多斤。吃蘋果的時候，有人對周革說：

「你這樣和老趙打賭肯定光輸。你別看老趙長得黑不溜秋，他的眼睛特賊。經始班的人測量山洞，石頭的山都能看進去一百米深，別說那麼薄的飯碗了。」

還有人幫腔說：

「老趙能看透人的衣服，不管男人女人，也不管穿多厚的衣服，老趙都能看清楚裏面的光屁股。」

對這樣的揭發和指控，老趙全盤予以否認。為了證實自己的否認，老趙說可以不放東西到碗的下面，誰用手摸一下碗，他就能算出來摸的是哪一只。

周革對剛才的失利並不服氣，他不相信老趙算卦的本領，更想贏老趙一次。他提議要和老趙再賭一次。有人說：現在這麼多人，五塊錢的蘋果不夠大家吃的了。打賭的雙方都同意把賭注增加到十塊錢。二十塊賭金押到了中間人手裏，老趙算卦的次數還是三次。

接連「算」了兩次，自然老趙不會失誤。第三次猜試開始前，旁觀的烏居棟調侃周革說：

「你觸摸以後，碗上會留下痕跡。老趙那雙賊眼能看到上面的指紋。」

周革把眼睛貼近了碗，試圖看清上面的痕跡。老趙對這樣的懷疑嗤之以鼻，說：

「你的手指可以不接觸碗，只要遠遠地指點一下，我也能算出來你指點的是哪一只碗。」

對這樣的挑戰，周革很是興奮，說：

「好，我這次就這麼辦。」

老趙又躲到屋子外面去。周革這次很聰明，他狡黠地用手接連朝兩只碗都指點了一下。

老趙進屋時就皺著眉頭，一副思考狀。時間過了一兩分鐘，讓周革感覺到了勝利的希望。有人催促老趙：

「你看準了就快說，大家還都等著吃蘋果哩！」

老趙終於開口：

「周革，你這小子真狡猾。你這次指了兩個碗，讓我算得這麼費勁！」

老趙把周革剛才指點過的倆碗翻了過來，周革輸得心服口服。

小賣部的孔令超帶人去抬蘋果。十塊錢的蘋果有滿滿一大筐。大家喀嚓喀嚓啃蘋果的時候，烏居棟問周革：

「你想把老趙算卦的本事學到手，回家和你妹妹一起贏你媽媽的錢嗎？」

周革有一個十七八歲的妹妹，長得比周革端正一些，曾經來過我們的山溝看望哥哥。

周革一想覺得這樣很好玩，就央求老趙把算卦的本領傳授給自己。老趙說：

「我這麼好的本事怎麼能輕易傳人呢？這麼著吧，看在你迫切要求的份上，我就收你當一回徒弟。但需要你再買些汽水，給大家吃了蘋果後的肚子灌灌縫。」

周革學藝心切，親自跟孔同志去小賣部搬來了一箱汽水。

老趙如何給周革傳授技藝，這裏就不再表述。周革學會後回家贏沒有贏他母親的錢，我後來也沒有跟蹤調查。我只記得他給我們帶來的那個愉快的週末。

故事講到這裏，讀者可能早已洞悉了老趙所謂算卦的奧祕。（如果還沒有鬧清楚，請參考古裝電視劇《康熙微服私訪記Ⅱ》中的情節。）

十幾年後，全國各地冒出來許多有特異功能的人到處行騙，表演各種各樣的技藝。我回想當年老趙和我們班的戰友用來騙周革蘋果吃的小把戲，完全可以稱得上「特異功能」的早期版本。所謂的特異功能之所以能夠在山南海北大行其道，它標誌著我們民眾的智商，多數退化到可以與當年那個高個子周革看齊的水平了。

三十六、居棟與白德勝

經始班住在那平房期間，經常去我們宿舍玩的還有白德勝。白德勝是四連的一名班長。四連的營房與我們宿舍靠得近。

白德勝去找我們耍，是因為烏居棟，他和烏居棟是黑龍江杜爾伯特蒙古自治旗的老鄉，且是關係非常密切的老鄉。

白德勝是蒙古族，說話習慣用蒙古語，漢語都說不成完整的句子。他身矮體壯，皮膚白，體毛濃密，滿臉青春美麗豆。四連近二百個士兵，白德勝最能幹活。砌築混凝土牆，四十公斤重的水泥預製磚，別人雙臂搬一塊還要用上腹部的肌肉。老白一支胳膊夾一塊，在十幾米高的跳板上行走如飛。因為能幹，當兵第二年就擔任了班長。管理全班士兵，說不暢順漢語不要緊，帶頭幹活兒就行。

烏居棟也是蒙古族。嚴格地說，他只能算是半個蒙古族。烏居棟的父親是蒙族；母親是漢族。他能聽懂蒙古語，會說的也就十句八句，是一個幾乎完全漢化了的蒙古族。

前面我已經說過，烏居棟腦袋很大。「頭大心不悶」，烏居棟就聰明過人。他籃球打得也好，投籃用足腕力，很準，身體靈活，擅長假摔，能賺取很多罰球，假摔也需要聰明。

烏居棟入伍不久就擔任了工程統計員。統計員名義上是經始班的人，因為工作分工不同，烏居棟一般不參與班裏的日常測量作業，每半個月需要統計數字的時候，跟我們一起進山洞的作業現場測量並記錄施工的進度。後來，施工用的車輛多了，他兼任了全營的汽車調度，跟隨我們進洞的次數就更少了。需要的統計數據直接由我們幾個經始員替他完成測量。

經始班年年被評「四好」紅紅火火的時候，烏居棟參加經始班的政治學習，也參加經始班「五好戰士」的評比，並連續三年榜上有名。後來「四好」、「五好」都成為過時的風景，經始班的人也都污漬斑斑每況日下，烏居棟開始與經始班撇清疏遠。編制還是經始班的人，人卻「身在曹營心在漢」了。至於後來接替烏居棟，擔任統計員兼汽車調度的幾位，乾脆就都徹底脫離了經始班，成為工程助理技術員們的直屬士兵了。

烏居棟一九五〇年生人，與我同歲。他和趙生余同是一九六八年入伍。老趙擔任經始班班長之前還是之後，烏居棟都是最愛和老趙開玩笑的人。只要兩人遇到一起，烏居棟就要開始挑逗老趙。老趙隨和口納；烏居棟機敏嘴利，多半是烏居棟進攻，趙生余防守。來自大城市鞍山年長的漢族老趙，硬是讓來自草原農村年幼的蒙族烏居棟占去了許多嘴上的便宜。

烏居棟入黨挺早，我還沒有到經始班的時候，他已經是共產黨員了。不久，關於他將要被提拔成軍官的消息就開始傳播了，有時消息還很具體，具體到有關他提幹的外調人員已經到達杜爾伯特了；某月某日他將要去醫院參加體檢了，等等。他還不知道從哪裏搞來一件四個兜的軍官上衣，穿著它拍照了相片。結果是只聽到樓梯響，不見人下來，直到他退役離開部隊，將要提幹的消息依舊不絕於眾人之耳。

對於經始班我們後來的幾個士兵，烏居棟經常會擺一擺老兵的資格。縱觀他與班內諸位戰友的相處，他與我最為密切。他是黨員，關班長退役後，他擔任了工程組經始班黨小組的組長，是黨組織距離我最近的人。他經常給我透露一些黨內的祕密，祕密的細節細得不能再細。如：最近黨支部準備要發展某某入黨了；前天的支部會上，馮管理員為某某入黨的事，與朱醫生吵了起來。有時他的消息還會涉及營領導之間的關係；甚至團機關某些部門的人事變動。

烏居棟提供的消息，有的後來真地成為現實；有的則永無對證。他這些信息從哪兒得來的呢？幾年下來，我逐漸學會了對他提供的資訊進行甄別。毫無疑問，烏居棟是一個聰明機敏的人，他善於和人溝通，得到的資訊比較多，傳播的也多，傳播的速度也快。但從他嘴裏傳出的內容，多是經過他思維後加工過了的混裝品。幾位營首長幾乎都欣賞烏居棟的聰明機敏，他的出身又沒有問題，提拔軍官是很有希望的，人事系統也真地考察過他。最終讓首長們決定放棄的原因，或許就是他的高效打探，快速傳播和過多的混裝品。

白德勝空閒時找老鄉烏居棟玩耍，烏居棟常領著老白到經始班的宿舍說話聊天。白德勝說漢語，一個字一個字地崩，說著說著就出來一連串的蒙古語。烏居棟在一旁趕忙給翻譯成漢語。一來二去，白德勝就成了我的朋友，而且是十分密切的朋友。

不知道為什麼老白非常地欣賞我。一天高興，他非要認我做「老親（發音Qing）家」不可。東北說的「老親家」，乃兒女親家也。我還沒有結婚，何來親家之有?因此我調侃老白說：

「我的丈母娘據說還沒有找到男朋友。到哪輩子我才能和你結成親家？」

白德勝無容置疑，說：

「我可以等啊！」

白德勝長我幾歲，在家時就已結婚，妻子姓劉。老白的內弟劉成，也在四連當兵，漢族姓氏，也是蒙族，漢語說的比老白強不多少。烏居棟他仨交談，蒙古話和漢語混合使用。

劉成個子也矮，臉上的美麗豆也挺豐富，默言，喜微笑，也經常跟烏居棟、老白一起到我們宿舍玩。老白一來，衝我老親家老親家地叫著，二十歲的我，平白無故地多了兩個蒙古親戚，真是民族團結的先進分子。

白德勝的妻子，劉成的二姐來部隊探親。白德勝帶她到我們的宿舍串門。挺秀氣的一個女子，只是皮膚黑一些，或許是大草原上曬的。白德勝當著經始班的全體向她的妻子介紹我：

「唉！這是咱的老親家呵！」

白妻劉姐就抿嘴笑個不停。在場的人都很愉悅，甚至叫好，只有我有些不知所措。如果有面鏡子，我的臉一定不少紅色。

烏居棟、白德勝和劉成都是一九七三年春節後退役的。回到杜爾伯特後，烏居棟娶了劉成的三姐為妻，與白德勝成為連襟。東北叫連橋。

三十年後的一天，我要通了杜爾伯特自治旗的電信查號臺。查烏居棟，對方說沒有登記。那就查白德勝。好的，電話號碼記錄下來。要過去，一個年輕的男性聲音，我問道：

「白德勝家嗎？」

「是的，你是誰呀？」

「我是他的戰友，山東的。老白在家嗎？」

「我爸前年去世啦！」

老白那麼壯的身體，五十多歲就沒了，出乎我的預料。

「什麼病啊？」

「喝酒喝的，天天喝，勸不住！」

「你是他小子啊？」

「不，我是他姑爺。」

東北稱呼女婿為姑爺。我想起當年老白與我「老親家」的約定，思忖到：這是誰家的小子，頂了我兒子的位置？心中悶悶，夾雜著苦笑。為老白早逝發悶；為當年的戲言發笑。

年輕的男子在電話中問：

「你既是我爸的戰友，一定認識劉成吧！」

我把電話給劉成要過去。劉成正在打麻將，聽我自報家門，還能記起我來。他很高興。我問烏居棟的消息，劉成說：

「也死啦，比老白晚一年。」

「什麼病啊？」

「也是為喝酒。去年他家出了點事，心裏悶，喝多了。」

穿腸的毒藥奪去了烏居棟和白德勝的性命。嗚呼！我的兩位親密戰友！

三十七、李靖

李靖是一九七〇年入伍的兵，初在一連，幾個月後到經始班。他來自哈爾濱市，中專畢業生，到工廠工作兩年後又參了軍。他祖籍是山東莘縣張魯集，父親一輩闖關東，定居哈爾濱，父親是一名廚師。莘縣張魯集是回族居住區，李靖也是回族。

莘縣距臨清不到一百公里，中間僅隔著冠縣。遠在東北，莘縣人與臨清人，可以勉強算做老鄉。後來又有一位名叫張鎖柱的哈爾濱兵也調到了經始班。張戰友的原籍是河北清苑縣張登鎮，與我的故鄉劉口村同縣，相距二十多公里。我們仨溝通後決定互稱老鄉。外人聽到後都有些莫名其妙，追問我與他倆是哪門子老鄉。我仨異口同聲：

「不告訴你們！」

聽者更覺神祕。

李靖比我晚入伍一年，精確地說是晚九個月。一九六九年的士兵從那年的四月一日計算軍齡；一九七〇年兵改成了從一月一日算起。他年歲與我同庚，生日比我大二十天。因此他戲言：我這個老兵也要叫他這個新兵哥哥。

李靖來自大城市，見多識廣，接人待物老練大方。來自山東小縣城的我與之一比，很是相形見拙。幾個月後，李靖談了對我的看法：他說剛跟我接觸，感到我說話太硬，給人難以相處的印象，只想避而遠之。相處久了，覺得我還行，很夠哥們，做事又認真，願意與我結交。

李靖的話使我很受震動。以前還沒有人如此和我開誠布公地進行過溝通。他讓我認識到自己的不足並決心改正提高。早一年當兵的自尊使我不好明著拜師，只能偷著學藝。我從此注意觀察學習模仿李戰友的擅長，並且從此拿李靖做摯友待。

軍營內的澡堂還沒有建立之前，我們經始班的幾位，常去小林河煤礦蹭澡。煤礦的澡堂不對外開放，我們依仗解放軍的身份，管澡堂的師傅多半會放行。去得人多了，次數頻繁了，

我和李靖（前左）、張鎖柱（前右）。

師傅們也會厭煩，會找出很多理由讓你等待。等待的結果一般是享用煤礦工人洗浴過的剩水，澡池子裏的水質會濃濃加烏黑。因此，每一次去蹭澡，都需要演練一次公關的本事。這時候，我便有意識地搶著去和管澡堂的師傅聯繫。事先準備好一些套磁的話題，如果值班的師傅老家是關內，是山東河北；或者他有兒子親戚也在部隊當兵，套磁的話題自然也就有了，然後察言觀色，說一些師傅們喜歡聽的話，接下來一定是軍愛民來民擁軍。

年輕人的再塑性很強，我強制自己公關打頭陣，主動鍛鍊自己的做法收到了很好的效果。遇事遇生人膽怯，臨清人說這是怵頭。鍛鍊得多了，經歷的多了，我不再是怵頭了。與三教九流工農兵學商各式人物打交道，場合複雜一些我都能應付自如。在這方面，李靖是我的老師。

李靖弟兄四人，沒有姊妹。李靖行三，大哥叫李強，身材不高，人極帥。李靖有他大哥一張四吋的黑白照片給我看過後。他問我像不像電影演員趙丹。我說很像。李靖說他大哥在哈爾濱市公安局工作，是偵察員。李靖很崇拜他的大哥。極帥的哥哥在公安而且是偵察員，我也很崇拜。我對李靖只有羨慕的份。

李靖的二哥與四弟的照片我也見過。他二哥叫李健，沒有大哥帥，帶眼鏡，卻身體魁梧。

李靖身高一米七五，身材勻稱，高鼻樑，大眼睛，也算得帥哥，唯一的缺點是皮膚稍黑一點兒。

李靖的四弟叫李忠，身體還沒有完成發育，已經具備魁梧的輪廓。

李靖說他們弟兄四人是強、健、靖、忠四條龍。我覺得在他幸福而充滿成就感的父母心裏，應該是的。

李靖經常給我聊哈爾濱。什麼道裏、道外、南崗、廂房，防洪紀念塔，秋林百貨，兆麟公園。他讓我熟悉了一個我從未去過的城市。

作為回族的李靖，基本遵循伊斯蘭教規的飲食習慣。食堂裏做葷菜，有條件就給他炒雞蛋；否則就鹹菜伺候。李靖對食物的優劣雖淡然，久而久之炊事班還是會感到麻煩，李靖自己也覺得不便。

我與李靖一起出差，自是選擇穆斯林的餐館就餐。那年代餐館都是國家經營。餐館少，餐桌餐位也少。每到飯時，買餐的窗口和搶占座位都需要排隊，穆斯林的餐館更甚。和李靖結伴去餐館就餐，排隊就可省卻。在穆斯林餐館工作的人多數是回族。李靖進去用內部言語稍事溝通，餐館的工作人員就會提供方便。錢和糧票照收，不讓排隊就已經很照顧了。有幾次買了羊肉水餃，餐廳裏沒有餐位，我倆竟被優待進餐館的工作間圍著灶臺就餐，餐後還可以提供免費的餃子湯。

我發現，越是面對年長的穆斯林，內部語言越好使。我要李靖也把祕訣或者說是接頭暗號告訴我一些。他說教內有規矩，絕對不能洩露給教外之人。我倆關係再鐵，我依舊算是「外人」。

李靖人帥，會說話，能辦事，這樣的男子往往很有女人緣。李靖因割除闌尾炎去街亭的軍隊醫院住了一星期，就有一個女護士「緣」上了他。李靖回軍營後，來自那醫院的信就一封接一封。李靖向我坦白說那女護士是瀋陽軍區炮兵司令的千金，長得很一般，甚至可以說是醜。他不想讓女護士太傷自尊，僅僅與之保持通信關係。後來，我隨李靖去街亭出差，見過那好像姓魯，面容與線條都粗放的女護士。

我倆還去過女護士在瀋陽的家，很寬敞的一座平房。據說正軍級的魯司令住不慣樓房，家中的平房也是按樓房的設施裝修的，挺豪華。我倆只見到了魯家的保姆。魯司令在另一房間裏還咳嗽來著，他沒有出面接見我們。我當時有點兒失望，我很想看看正軍級的首長會是什麼樣子。

我們營的副教導員張保安，妻子在丹東某軍事醫院做護士長，人端莊漂亮。她見過李靖後，也想給李靖介紹一位女兵。吳護士長可不僅說說而已，她是很認真的。

其實李靖早已有了女朋友，他的女朋友姓馬，也是回族。兩人不是一個學校的同學，文革時，是一個紅衛兵組織的戰友。李靖好像是負責宣傳，也就是刷刷標語，印印傳單，搞一個高音喇叭加播音室什麼的。小馬同學是那廣播室的播音員。情竇初開的年紀，又是同樣的民族，水流自然朝著愛情的方向流淌。

李靖的大哥李強準備結婚。李靖去哈爾濱郊區的農村採辦大米，用以在婚禮上招待親朋。那天他正好在集市上遇到小馬同學。李靖問她何幹，她說是她姐姐結婚，來買一些食品。到了迎親的那天，小馬同學出現在李靖大嫂的伴娘群裏。大嫂介紹說是她的妹妹。李靖與小馬同學微微一笑，沒有把關係挑明，沒有告訴雙方家裏他們早就認識，並且很有可能發展成男女朋友。

李靖當兵，懷裏一直揣著小馬同學的照片。他曾多次拿出照片來給我看。讓我做參謀長，幫助評判。小馬同學從照片上看，說不上非常漂亮，卻也端莊大方，梳著兩條中等長短的辮子。

李靖穿上軍裝不久，家裏就開始給他介紹對象。回族聯姻，選擇面小，多是親戚的同鄉或同鄉的親戚。李靖又找我參謀過幾次，有的還帶照片。小馬同學的信件也大密度地郵來，何去何從需要李靖儘快定奪。

頭兩年，李靖還沒有探親假，只好另找因由請假回了一趟哈爾濱。李靖把小馬領到家裏。接下來，親上加親，李偵察員的小姨子轉眼間就變成了三兄弟媳婦。李靖戰友的戀愛史，完全可以拍成一部電影，也可以改編成電視連續劇。

李靖在人情世故方面可以做我的老師，卻也難以擺脫強迫被思想改造的魔咒。縱觀和李靖關係密切的軍官士兵，多是來自城市的。即便李戰友再擅長與人交往，他渾身大城市的氣息還是很難被來自農村的軍官士兵們接受。而這些人往往是集體中的絕對多數。

李靖當兵快三年了，家庭出身也沒有問題，入黨的事仍沒有進度。客觀上說是被我和楊玉霞兩個六九年兵壓住了。主要的原因還是黨支部內有發言權的軍官和多數黨員士兵，認為李靖同志的小資產階級思想還是比較嚴重，需要繼續改造。

如果說經始班其他士兵的小資產階級思想嚴重是因為多讀了幾年書。李靖則既讀書不少，還要加上大城市的優越感濃厚。

李靖是個聰明人，看著一時半晌也難以把自己的思想改造好，更改變不了城鄉之間互相歧視的關係，立馬決定改弦更轍，向領導提出退役的申請。李靖的理由很有說服力：穆斯林的飲食習俗影響部隊的戰備行動。

一九七三年春節過後，李靖退役回哈爾濱去了。服役時間三年整。

三十八、三千個雷管和兩枚火箭彈

一九七一年初，工程建築二一三團三個營的全部新兵都是在丹東團機關的大院裏集訓的。新兵訓練的壓軸戲是實彈打坦克。

中國和蘇聯在珍寶島衝突後，兩國一直處於準交戰狀態。蘇聯的部長會議主席柯西金訪問中國後，形勢表面上緩和了一些，軍隊備戰的氛圍絲毫沒有趨淡。

按說即便蘇聯的坦克真的打了過來，也輪不到我們建築工程兵站到前沿陣地上去拼命啊。話又說回來，軍隊是一個整體。現代戰爭不分前方後方。不論什麼軍種兵種，大家都有上前線的份。或許哪一天，蘇聯真地會把坦克空投到我們工地附近。有備無患，兵家真言。

所謂實彈打坦克，並不是找來一輛真坦克擺在那裏或開動起來，然後發射火箭彈把它擊毀，那樣成本太高。實彈演練的方式是用一塊二十釐米厚的鋼板替代坦克，火箭彈是真的。

新兵訓練真刀真槍演習的第二套節目是學習爆破技術。團首長決定讓每一個新兵都親自點爆幾次雷管炸藥，掌握工程兵的基本功。

兩枚火箭彈由駐紮在街亭市的某野戰軍提供；雷管和炸藥，團首長指令從我們一營運到丹東去。五六百名新兵演練爆破，需要的炸藥數量很大，我們一營專門派出一輛卡斯貨車裝載炸藥，從公路運往丹東。

按照安全規定，炸藥和雷管是不能裝載在同一輛汽車上的，這樣一來，三千枚雷管則需要另派一輛汽車。三千個雷管，體積重量都很小。營首長覺得，為它們再千里迢迢出動一輛卡車，很不划算。於是決定挑選兩名士兵乘坐客運火車來運送雷管，順帶把火箭彈也一起帶到丹東。

按照常規，這個任務應該由營部通信班派人前往，指派器材組的人馬運送也算適當。結果如此驚險重要的任務卻落到了我的肩上。營長親自向我下達指令說，之所以決定選派到了我的頭上，是營首長們研究這事時，都一致認為我做事細心，值得信賴。

闞班長那時還沒有退役，班裏的經緯儀與水準儀都需要例行維護保養了。我提出來要李靖和我一起去執行運送任務，順便去瀋陽鐵西某軍工廠做儀器的維保。李靖是分工操作經緯儀的；使用水準儀是我份內的事。兩架儀器都能兼顧，我這一提議闞班長和營首長都予同意。

其實派士兵乘坐客運火車運送雷管火箭彈更不符合安全規定，甚至是違反國家的法律。對此，營首長也肯定非常清楚。為什麼明知故犯如此安排？我沒有多問，還為自己得到了領導的如此賞識而高興。

兩包香煙大小的雷管盒，裏面可容納一百枚雷管。隨軍木工孫師傅給做了一個剛好能裝下三十盒雷管的木箱。三千枚雷管成為了一體，其爆炸的威力很大。大概與同樣體積的梯恩梯炸藥不差上下。我用一件軍大衣把木箱包裹起來，塞進一只六十公分長特大號的軍綠色旅行包裹。李靖背著經緯儀，我一隻手提著旅行包，一隻手提著水準儀，另外還準備了一條麻袋和一床棉褥子。由解放牌卡車專門送我倆到街亭市。營長親自送我倆上路，千囑咐萬叮嚀，要我們一定多加小心。

如約到街亭市某野戰軍軍部取了兩枚火箭彈。用來裝火箭彈的是一只專用木箱，兩枚子彈頭形狀的精靈，安安穩穩地卡在裏面。我用棉褥子把木箱包裹起來塞進了麻袋裏。大小四件行李都金貴緊要，我倆也不敢去餐館吃飯，胡亂吃了幾口自帶的饅頭，進站買票，登上了開往瀋陽的火車。麻袋被塞到車座的下邊。旅行包放到行李架上又被我拿了下來。它如果從高處掉下來後果不堪設想。把它放到我的身後可能更為安全。若爆炸，就先由我的脊背遮擋。

火車到達瀋陽，天色已經黑下來。換乘去丹東的火車還需要等候。正是春節前夕，上下火車的旅客很多。車站的高音喇叭裏不停地廣播火車資訊和旅客注意事項，嚴禁把危險品帶上車的聲音不絕於耳。那時沒有安檢設施，乘警與乘務員誰也不會懷疑兩個紅帽徽紅領章的解放軍，更不會有人檢查解放軍攜帶的物品行囊。我與李靖對視微笑，他用腳踢踢麻袋小聲嘀咕道：

「它如果響了，能把火車從頭到尾都穿透。」

我說：

「被乘警發現了，會把咱倆都給抓起來，咱倆就得在瀋陽過年啦。」

好在老天保佑，第二天上午，我倆平安到達丹東。新兵演練實彈打坦克安排在當天的下午。說好我和李靖兩位功臣也去現場觀看長見識。因為神經高度緊張了一天一夜，我倆在招待所裏睡過了頭，沒有能親眼目睹那驚人的一幕。據說二十公分後的鋼板，硬是被我們運來的那小玩意兒給炸開或者說是燃燒了一個窟窿。

我敢說，整個工程團，完成過如此任務的士兵只有我和李靖兩個；幾百萬解放軍中，幹過如此荒誕冒險勾當的人很可能也不多。這樣的經歷吹噓一下，亦可。

三十九、拉練（上）

一九七一年春節後，老兵退役，新兵還沒到，民兵們全都放假回家過年去了。我們工程一營的留隊人員進行了一次野營拉練。

軍隊模仿戰爭年代的行軍，進行野營拉練的號令，來源於毛主席著名的一一二四批示。一九七〇年十一月二十四日，毛澤東在北京衛戍區《關於部隊進行千裏戰備野營拉練的總結報告》上批示：

全軍是否利用冬季實行長途野營訓練一次，每個軍可分兩批（或不用分批）每批兩個月、實行官兵團結、軍民團結，如不這樣訓練，就會變成老爺兵。

不久毛澤東的批示以中共中央文件的形式下發。全軍迅速掀起了冬季長途野營拉練的高潮，一些地方的民兵也參加了進來。

一營參加拉練的人馬不到三百人。王教導員為前敵總指揮，總領隊。連隊的士兵要求是全副武裝，配備的武器要全部帶齊。每個士兵攜帶的裝備整齊劃一：一床棉被；一件棉大衣；一條糧袋，糧袋裏至少要裝五市斤大米或高粱米；一只軍用水壺；一只茶缸；一只軍用挎包。每個班還要攜帶兩個飯盆，野炊時飯盆當做飯鍋使用；還有幾只短柄鐵鍬，用來挖戰壕或支鍋灶，主要是支鍋灶基本上沒有挖過戰壕。

野炊需要柴火。做飯的時候，有人挖灶支鍋，有人去找水淘米，多數人去拾柴。一般情況下這樣分工是可以的，特殊時往往尋找不到足夠能點燃的柴火。便有士兵把乾透了的廢舊木頭劈成劃一的條狀備用。這樣的木柴條輕便高效，遠比臨時尋來的乾草秸稈好燒，底火還足。

問題又來了：野營拉練是解放軍走，老百姓看。子弟兵每人身後背著一小捆木柴，軍容不整，有礙觀瞻。便有聰明的士兵想出了解決的辦法：把束成小捆的木柴塞進棉大衣的袖筒裏，兩隻袖筒順綁在背包的兩側，軍容不整的問題就解決了。

經始班配備的武器是全自動衝鋒槍和半自動步槍各一枝，經領導批准，我們經始班僅攜帶了那枝半自動步槍。領導有意照顧我們。經始班的士兵除李靖因為穆斯林飲食不方便野營拉練外，趙生余、楊玉霞、劉維恩和我，四個人參加。

第一天行軍，二十幾公里鄉村道路，閒庭信步一般。午餐野炊，早餐晚餐炊事班準備。夜晚找一村莊住宿，老鄉家的姓氏都沒有問，村莊的名字也模糊不清。行軍的隊伍裏，最醒目的是炊事員身後的大鋁鍋，主要給養都在解放牌卡車上。接下來數日，每天行軍的路程逐漸增加，伙食的標準也越來越高。

若干若干天後，部隊到達五丈原。休整幾日，順便參觀煤礦的「萬人坑」，接受階級鬥爭教育。五丈原是一座老煤礦，日本占領時期，用抓來的勞工挖煤，死傷慘重。遺體悉數埋葬在幾個大坑裏。「萬人坑」是一座階級鬥爭展覽館，展品主要是當年勞工挖煤及被虐待的實物，還有大量骷髏和人骨。女講解員聲淚俱下，參觀者表情淒淒，最後高呼口號。

還參觀了日占時期勞工們居住的工房。工房全都是拱形房頂，低矮潮濕沒有窗戶，說是防止勞工逃跑。當年，很多勞工擠在一座拱形房裏，傳染病盛行。二十多年後，這些關押勞工的舊房子也都沒有閒置，新中國的煤礦工人仍舊住在裏面，每家一間，仍舊沒有窗戶。煤礦上帶領我們參觀的人沒有對此進行解釋，那些身穿破舊衣服的住戶全都神情木木，沒有激動熱烈的擁軍表現。

在五丈原駐紮休整了幾天，一次超強度夜行軍在醞釀中。代理書記官周瑜跑前跑後，身上背著教導員的手槍挎包。他向我透露機密說當晚計劃的行軍路程大約有七十公里。我暗暗為自己加油。加油有精神的也有物質的。最實惠的內容是去各連的炊事班找臨清老鄉籌集食物。一連的油餅牛肉；二連的燒餅加上營部的包子，豐富了再豐富。

提前吃過晚飯，天還不很黑。王教導員做了夜行軍前的臨戰動員，近二百名軍官士兵就上了路。解放卡車慢慢地跟在隊伍的後邊，它的任務是收留掉隊的傷病員。

離開五丈原後，沿一條公路急奔。速度很快，只有跑步才能跟上隊伍。我思想上有充足的準備，腳力也堅實鏗鏘。公路平坦，沒有磕磕絆絆。最感不適的是汗水流淌，濕透了襯衣，濕透了棉襖，褲襠裏也都濕漉漉的。這裏我可以向沒有參加過行軍的人透露一個祕密：行軍尤其是急行軍，衣服裏面是絕對不能穿短褲的。不然走起路來，短褲會縮捲到屁股溝裏，附近的皮膚都會被它磨爛。

公路上的疾行持續了三十多公里，到達一個叫桃花飛的村莊。村莊的名字實在是美，風景可能也很美。可惜是寒冬天氣，四周漆黑，什麼風景都看不到，依稀的燈光都黯淡得很。

即使能看到靚麗風景，大家也都沒有心思沒有精力來欣賞了。三十多公里的急行軍幾乎耗乾了每一個人體內的能量。走下公路後很多人都開始隨地小便。大便也不需要避諱，因為誰也看不清誰。開春後，那一片地裏的莊稼一定會長得好。即便是野草荊條棵子，也會比往年茂盛。連長、排長、班長都忙著吆喝召集自己的人。

沒有夜宵的指令，軍官士兵都開始吃喝，及時補充能量是每個人的必須。很多人擰開軍用水壺卻倒不出水來，寒冷的天氣把水壺凍成了冰坨。我對此早有準備，啟程前就把水壺裹挾在棉被裏了。油餅、牛肉、燒餅、包子儘管往嘴裏填塞，幾口氣把水壺裏的冷開水也喝了個淨光。食物與水裝進了肚子，挎包癟了，身上的負重覺得減輕了不少。其實只是從人體的外面轉移到了腹腔裏面。

休息了一陣，繼續行軍。接下來是有點兒起伏的山村道路，行軍的速度慢了下來。或許是三十多公里急行軍體力消耗太大，或許是半夜裏吃牛肉、油餅、肉包子後又喝了冰涼的水，很多人開始拉肚子。我們班的趙生余、劉維恩，廣播員陳國和，都加入了腹瀉的系列。

行軍拉肚子不僅消耗破壞體力，而且擦完屁股後急急忙忙追趕部隊，是件非常鬧心的事。況且光線不好，缺乏手紙，屁股往往不能擦拭乾淨。這麼不衛生的事，不宜聲張，屁股能擦乾淨或擦不乾淨只有自己能感受到。

經始班最重的負擔是那枝半自動步槍。出現腹瀉之前，你爭我奪，輪流著把它扛在肩上。之後輪流坐莊的局面漸漸改變，半自動槍最後一次輪到我的肩上後，就沒有再輪出去。我只好把它從左肩換到右肩，再從右肩換到左肩，或扛或挎或用手拎持地倒騰。

子夜過後，天空更暗。除去行走的腳步，幾乎聽不到其他聲音。路邊偶爾有幾聲較大的動靜，那是有戰友在蹲著排泄。我的身體也開始出現問題，前半夜出汗太多，牛肉、包子的含鹽量也稍高，口舌非常乾渴，好像燃著了火。

腳步移動間沒有耽誤我思考了一個幽默滑稽的問題：那幾個小子是下邊的洞洞出了毛病需要排出；而我卻是上邊的開口難受需要吸納。這問題再幽默再滑稽也不能說出來，否則老趙肯定會用這個話題，添油加醋地糟踐我臭我笑我一番。

胡思亂想，邊走邊想，眼看著三星移轉到了正南。有手錶的一定知道，時間該是下半夜的三、四點鐘了。腳下的路延伸到一個寬闊的冰面。分明是一條挺大的河流，嚴冬季節凍結起來，任人行走，任車輛通行。我嘗試著企圖在河面上尋一塊碎冰來解口渴之急，手腳並用折騰再三也沒有達到目的。除了先頭打前站的戰友，幾乎沒有人知道那條河流的名稱。後來我查地圖知道了，如今也最好不說，軍事行動的機密我準備保守它幾個世紀。

過了結冰的河面是一座村莊。村頭有幾棵粗大的樹木。是柳樹還是楊樹黑暗中難以辨認。嚴冬季節只有樹幹能遮擋寒風，到了夏季它們肯定會枝繁葉茂借人以樹蔭。出乎我們預料的是樹幹旁站立著五六個人。走近了，借著他們手中的火把才看清都是五六十歲，或六七十歲的老漢。火把也不是電影電視劇中的熊熊燃燒的那種。微小的火苗，微弱的光，只能照亮很近的範圍。他們身旁放著幾口大缸，缸裏是還冒熱氣的溫開水。有兩個老漢手端著碗只管往隊伍中遞。

打前站的戰友把要過部隊的消息傳遞給了那個村莊。於是乎，五六個老年村民（那時叫社員），夜半凌晨冒著寒風站立村頭，演繹了一場雪中送炭和軍民魚水情的傳奇。我接過一位老漢遞過來的水碗一飲而盡，飲了一碗又飲一碗，接連飲了三大碗。微光中我看到那老漢的鬍鬚上都結了冰，乾瘦的身軀僅僅覆蓋著一層薄薄的破舊棉衣。我心潮澎湃萬分激動，連說謝謝大爺，謝謝大爺，甚至想用高高的聲音呼喊出來。

行軍的速度更慢了，東方的天空變成了乳白色。擔負收留任務的卡車在濛濛的晨光中跟了上來，車上站滿了掉隊的傷病號。卡車加速往前駛去，它大概是準備要把車上的人先送到終點，再回來接一趟或兩趟。經始班的弟兄們沒有人被收留，也沒有失散掉隊。整個隊伍三三兩兩稀稀拉拉，近似於潰不成軍。

太陽出來了。路過村莊時，有不少圍觀的村民。腦子裏已經沒有了行走的概念和行走的感覺。腳與腿的挪動全靠機械的本能來支配。年紀最大的王教導員竟然一直堅持了下來。他的褲腿上沾滿了塵土，手中握著一根粗樹枝，棉軍帽的護耳落了下來，邊緣一層厚厚的白霜。看見我們經始班的幾位，王教導員揮了揮另一隻手，有氣無力地喊了一聲：

「同志們，加油！」

王教導員那年是三十七或三十八歲，能和我們小青年一起拼體力實在是不簡單。

到目的地吃早飯的計劃只好更改。時近中午艱難的行軍還沒有結束。目的地是一個名叫某某營子的大村莊，提前到達的炊事班把早已做好的早飯熱了又熱。我們經始班幾個弟兄走進一戶老鄉家，把背包往炕上一扔，就都不想再動彈了。我在背包上趴了一會兒，準備去炊事班打飯。另幾位這個看我一眼，那個看我一眼，眼睜睜看著我起身，連嘴唇都沒有動一動。下地後，我的雙腿雙腳如同灌滿了鉛，怎麼抬也抬離不了地面，只能蹭著地面慢慢往前移動。我打來一些飯菜，幾個人胡亂吃了幾口，就睡死過去，只到第二天早晨才醒了過來。

後幾天的內容平淡無奇，再說下去就浪費筆墨了。不，是無效地磨損鍵盤了。

平日裏，經始班幾位弟兄，論身高，論強壯，數我最差。那次野營拉練，我的體能表現卻最好。這不由得令戰友們對我刮目相看。事後，趙班長多次為自己辯解，說他身體綿軟的原因是拉稀，其實他心裏是服氣的。

現在回想起來，那次野營拉練正是我身體體能的巔峰時期，是我整個人生身體男性特徵的巔峰。

還是那句話：青春真好！

四十、黨支部委員老李

石頭溝的工程接近尾聲，民兵營轉移陣地去了青山溝子，一營的軍人們將要移師的地方是泉水溝。

說書的常講，人馬未動糧草先行。按照測量技術的要求，我們工程一營是人馬未行，經始班先動。工程作業人員未有進入之前，經始班要先去現場做基準點的核准，還要在安全的地點設立兩個基準點的確認點。以免施工時基準點萬一被破壞了，還能準確地找回來。

趙班長是帶楊玉霞、李靖和我去泉水溝的，劉維恩一個人留守石頭溝。上一章說的劉維恩負責測量02洞出現了事故，就發生在那天。

我記得那天的天氣很好，豔陽高照。頭一天晚飯，營部食堂吃的是炸油條，清晨動身時，炊事班王班長讓我們帶了很多剩油條做午餐。我們再三感謝王班長的體貼和關照。

上午的測量工作很順利。我們四個人的心情也都很好。到了吃午飯的時辰，趙班長決定去泉水溝村內找一戶人家打尖午休，起碼能喝上一碗熱水。

泉水溝是一個只有幾十戶人家的小村莊，全村的人家都姓鄭，都是乾隆年間從關裏逃荒到東北的一對鄭姓兄弟的後代。據說當年鄭姓兄弟逃荒來時還帶著自己的老娘。

泉水溝全村人是一個生產隊，鄭生產隊長聽明白解放軍的要求後把我們領到一戶人家，指著一位年近五十，皮膚白皙的婦女說：

「這是李嬸！」

又說：

「其他人家都埋汰，進不去腳，怕解放軍同志不習慣。李嬸家乾淨，就把你們安排在這兒吧！」

李嬸家果然乾淨整潔。炕上的被褥質地很好。傢俱簡單，櫃子上擺設的日用物品卻都是城裏人用的。外屋灶間也很潔淨，灶臺上方懸掛著一條肥大的豬腿，這樣保存鮮肉的方法應當是南方人的專利。

最讓我們驚訝的是李嬸家北牆和東牆上懸掛著兩塊很大的紅布，面積有三平方米或四平方米。紅布上鑲嵌著密密麻麻的毛主席像章，數量差不多有一千枚。牆上還掛著一個大尺寸的鏡框，裏面是一張單人照片。照相的人很年輕，身著新四軍的軍裝，頭戴新四軍的軍帽。

我的判斷是：這不是一般的人家。

李嬸正招呼著我們喝水，家裏的男主人回來了。男主人就是大照片上那位，只是年老了很多。和他一起回來的還有一個十二三歲的男孩，很白淨，很安穩，顯然是李嬸的兒子。女主人既然被稱做李嬸，男主人一定應該叫李叔了。

李靖把帶來的油條拿給李嬸。油條很多，足夠七個人吃的。李嬸決定熬一鍋小米稀飯，大家都說很好很好。

按照東北或北方的標準，李叔的身材很矮，背有些駝，頭髮花白稀疏。李嬸說話慢聲慢語，比較標準的南方普通話；李叔很健談，南方口音重，普通話音淡。喝水，吃稀飯泡油條不耽誤說話，很快我們就清楚了李叔和李嬸的來曆。

李叔是湖南人，是大名鼎鼎中共元老李富春的親侄子。他年輕的時候曾經參加過新四軍，文革開始前擔任漁陽市食品公司或蔬菜公司的黨委書記。前一年被當作「五七戰士」被安排到泉水溝來的。

「五七戰士」得名於毛主席的《五七指示》。

一九六六年五月七日，毛澤東看了解放軍總後勤部《關於進一步搞好部隊農副業生產的報告》後，給林彪寫了一封信。這封信後來被稱作《五七指示》。

毛主席說：

人民解放軍應該是一個大學校。這個大學校，要學政治，學軍事，學文化，又能從事農副業生產，又能辦一些中小工廠，生產自己需要的若干產品和與國家等價交換的產品。這個大學校，又能從事群眾工作，參加工廠、農村的社會主義教育運動。社會主義教育運動完了，隨時都有群眾工作可做，使軍民永遠打成一片。又要隨時參加批判資產階級的文化革命鬥爭。這樣，軍學、軍農、軍工、軍民這幾項都可以兼起來。

工人、農民、學生也要這樣做。

有人說，《五七指示》是毛主席深思熟慮的產物。假設同一時期產生的《五一六通知》開啟了文化大革命運動，是毛主席要砸爛舊世界的進軍號；《五七指示》則是毛主席要創造新世界的宣言書。

還有人說《五七指示》是設立「五七幹校」的官方背景和理論基礎，而「五七幹校」則是迫害幹部和知識分子的變相集中營勞改營。

反正是說好也有理，說壞也有理，怎麼說怎麼有理。扯遠了，咱還是繼續說李叔和「五七戰士」吧。

「五七戰士」其實是「五七幹校」的一個變種。通俗地說，「五七幹校」是集體發配；「五七戰士」則是單個流放。被命名為「五七戰士」的人，一般都是受到批判排擠即將要被淘汰的領導幹部。而這個幹部既沒有嚴重的歷史問題，也沒有可供打倒的現實罪行，便被冠以「五七戰士」的美名，派遣到偏僻艱苦的農村，讓他扎根那裏為落實毛主席的《五七指示》去奮鬥。

一般情況下，「五七戰士」的工資照發，黨員的組織關係保留，甚至還會在當地農村的黨組織裏給安排個無所謂的職務。人身也比「五七幹校」裏的人自由。老李夫妻被發配到泉水溝後，兩人的工資一分錢都不少，每個月有二百多塊錢的收入，那可真是很高很高的工資啊。

李叔還擔任了農村黨支部的支部委員。只是他任職的黨支部在十幾里地外的青山溝，不知道這樣的安排，是否懲罰手段的變種。老李說他一般每個月步行去青山溝兩三次，挑好天，鍛鍊身體。

我們好奇地問及老李與北京大人物李富春的來往，老李在談話中盡量迴避具體的內容。對老李一家關照比較多的好像是居住在大連的一個姐姐。因為湖南普通話與北方語言的差距，那一日我始終沒有弄明白，經常對老李一家施以援手的大連女士究竟是老李的姐姐還是大人物李富春的姐姐。

老李夫婦有五個孩子，三個大的都下了鄉，遼南一個；內蒙一個；另一個在漁陽附近，好像不是壽春就是祁山。三個大孩子都需要他們夫妻用人民幣接濟；兩個小兒子隨他們一起住在泉水溝。我們看到的男孩子是他家的老五。李家老五對我們很親熱很友好，我們決定稱呼他為小李子。

李嬸說她每年都飼養一頭肥豬，過年的時候屠宰掉。

李叔說：

「豬肉一點兒也不賣，全部吃掉。這個村子，不，整個公社可能就數我們家的生活好。」

說完，夫妻倆都哈哈地笑著。屋外的豬圈裏真地有一頭半大的豬，灶臺上用煙燻法保存的豬肉肯定是春節宰豬時的存貨。李嬸身著圍裙，餵豬時的姿勢與當地的農婦沒有什麼兩樣，或許年輕時在湖南老家就實踐過的。

我們回石頭溝後，有一天軍營裏放電影，小李子爬山越嶺奔跑十多里地去觀看。另一個與他差不多高的男孩子可能是他的四哥。我給他倆提供了飲水和小板凳。部隊搬到泉水溝附近後，老李找過我們幾次，全是為了搭軍車進城的事。

林彪事件後，政治壓力趨淡。老李他們家族的大人物們在北京的地位有些恢複上升。不久，老李夫婦帶著孩子就結束了「五七戰士」的生涯回漁陽去了。從此我再也沒有見到過他一家。

算一算，如今小李子也都應該是五十多歲的老漢了，老李夫婦可還在否？

四十一、被槍斃了——第一份入黨志願書

當兵第三年了，我的工作依舊是兢兢業業勤勤懇懇扎扎實實，再加上認真學習謙虛謹慎。測量業務也沒有出現過差錯。為了實現成為中國共產黨的黨員的目標，我仍然拼盡力氣地努力著。

按照當時共產黨發展吸收新黨員的程序，一個士兵入黨要通過三個步驟。為了敘說方便，姑且稱它為三道關隘吧：

第一關是由團支部和各黨小組討論通過，提議推薦你為黨員發展對象；

第二關是黨支部研究同意發展你，並讓你填寫《入黨志願書》，然後召開支部黨員大會審查通過你的入黨志願書》；

第三關是報請上級黨委批准。工程兵建築二一三團一營設有共產黨的委員會，具有吸收新黨員的審批權。到我申請加入中國共產黨的時候，一營黨委會的書記是教導員王紹武。

我還擔任著營部團支部的宣傳委員。每一次團支部向黨支部推薦發展黨員的對象，我都榜上有名。如果每一次推薦的人選兩個以上，團支部上報的時候要列明先後順序。我幾乎每一次都排序第一。各黨小組討論的時候，多數黨小組，多數黨員也都多次推薦我。群眾呼聲與領導的意見相結合，黨支部終於同意發展我，讓

我填寫了第一份《入黨志願書》，時間大約是一九七一年七月底或八月初。這標誌著我通過了入黨審查的第一關。

《入黨志願書》我填寫得很認真，上中農的家庭成分和外祖父家是地主的情況我都如實直書。兩位入黨介紹人是班長趙生余和黨小組長烏居棟。他們倆都在我的《入黨志願書》上簽署了很友好的讚賞意見。事已至此，我認為應該是板上釘釘不會再節外生枝了。祈盼已久的願望即將實現，我從心裏長長地舒了一口氣。

按照程序，下一步應該是讓我參加營部全體黨員大會，審查並表決通過我的《入黨志願書》了。大約過了三周或四周的時間，營部黨員全體會議如期召開，和我同時填寫《入黨志願書》的另一位戰友參加會議並獲得通過。我朝思暮想的會議卻沒有讓我參加。幾天後黨支部副書記管理員馮水央讓我把已經填好了的《入黨志願書》繳了上去，究竟是什麼原因，他沒有說，後來再也沒有人告訴我。

沒承想子彈都上了膛，還沒有摟扳機，它就啞了火。我在加入共產黨的第二道關隘前馬失前蹄，栽了跟頭。事情真他媽的莫名其妙，甚至有些荒唐，荒唐中還有些滑稽。難道還有什麼需要對我保密驚天大事的嗎？我只想用腦袋狠狠地撞撞石頭牆。

三年半後，我在我的檔案袋裏看到了另一份有關我父親的政審調查材料。這份調查材料的形成日期是一九七一年八月十九日。與一九七〇年五月二十一日的那份一樣，都是兩頁紙，字數比前者少；筆跡也完全一樣，字形細長，是同一個人執筆；調查材料的用紙與前者也相同，都是臨清縣革命委員會的公用信箋，每一頁的抬頭最左側是三行紅色的小字：

最高指示　千萬不要忘記階級鬥爭

然後是九個特大號的紅字加一個大感歎號：

敬祝毛主席萬壽無疆！

有關臧全祿同志的情況介紹

臧全祿，男，現年三十九歲，家庭出身上中農，本人成分上中農。河北省清苑縣南劉家口村人。原有文化程度高小，現有文化程度初中，行政工資級別二十一級。於一九五三年五月參加中國共產黨。一九五一年三月參加工作。現任我縣康聖莊人民公社革委會黨的核心小組副組長。

（簡歷略）

土改前後家庭經濟情況：

土改前：全家六口人，三十畝地，四間房，半頭牛；

土改後：全家七口人，二十六畝地，四間房，半頭牛；

土改時自動獻地四畝。

該同志岳父家的家庭成分是地主；

一九四六年在保定讀書期間參加過童子軍，係國民黨特務的外圍組織。

臧全祿同志文化大革命前在舊縣委宣傳部、舊縣委辦公室任幹事，文化大革命中堅持反動立場，瘋狂地反對毛主席的革命路線，惡毒攻擊紅色政權。

以上材料係抄錄本人檔案材料。

一九七一年八月十九日

（山東省臨清縣革命委員會政治部公章）

（為下文敘說引用方便，這份政審材料我命名它為《一九七一年調二號》）

和這份調查材料同一日期形成的還有臨清縣革命委員會辦公室黨支部出具的一頁文字，其主要內容、結論與蓋有臨清縣革命委員會政治部大印的完全相反。縣革委辦公室黨支部這份材料的原件一直保存在我的人事檔案中，現抄錄如下：

證明材料

臧全錄（祿），家庭出身上中農。

文化大革命前在舊縣委宣傳部，在舊縣委辦公室當幹事，在過去的運動中沒發現什麼問題。

在文化大革命中，站在毛主席革命路線一邊，抵制了資產階級政客王效禹在山東所發動的「反逆流」和「反復舊」的錯誤。在縣革委機關正（整）黨建黨中是領導小組的成員。通過正（整）黨建黨根據工作需要，調到康聖莊公社任革委黨的核心小組付（副）組長。在清查「五・一六」運動中沒有發現問題。

在文化大革命前和在運動中，都是緊跟毛主席革命路線的。工作也比較積極認真。

臨清縣革委辦公室黨支部

一九七一年八月十九日

（蓋有臨清縣革命委員會辦公室六公分直徑的紅色印章）

閱讀完這兩份政審調查材料，發生在一九七一年八月我填寫《入黨志願書》後子彈啞火的事件基本上有了答案。在我即將參加營部黨員大會前夕，這兩份調查材料不期而至。黨支部的領導們大概被第一份材料中的「國民黨特務的外圍組織」和「瘋狂地反對毛主席的革命路線」，「惡毒攻擊紅色政權」的文字嚇了一跳。黨支部領導們的膽子很小，心卻很粗，臨清縣革命委員會政治部說我的父親「文化大革命中堅持反對立場，瘋狂地反對毛主席的革命路線，惡毒攻擊紅色政權。」而同一天臨清縣革命委員會辦公室卻說我父親「在文化大革命前和在運動中，都是緊跟毛主席革命路線的。工作也比較積極認真。」為什麼不仔細審閱，審閱後還應該做一下分析，分析後起碼會對兩份結論完全相反的材料提出疑問。可惜沒有人仔細閱讀，沒有人進行分析，也沒有人提出疑問。

假設當時有人把子彈啞火的原因告訴我，我也一定會要求黨支部重新調查取證，同時會和嫁禍於我的父親聯繫，要他去查問個究竟。我父親那時雖然剛被從臨清縣革命委員會辦公室被排擠到邊遠的康聖莊人民公社，但他仍然擔任著公社革委會主持工作的黨核心小組副組長。

這時，營部士兵們的檔案，全部掌握在書記官周瑜手裏，產生於一九七一年八月的兩份調查材料，周瑜應該是第一或第二經手人。他在我第一份《入黨志願書》被槍斃的過程中發揮了何等的作用，本書第十七章末尾

《書記官周瑜》一節，我再提供更加接近真實的講述。

四十二、胃潰瘍

第一次加入共產黨的努力失敗了，我心裏很鬱悶。沮喪的心情讓我患上了胃潰瘍，或許不好消化的高粱米是另一個原因。

準確地說，我患的應該是十二指腸潰瘍。吃過飯兩三個小時，我腹部的右側，胃器管的下方就開始難受。說疼也不很疼，說漲也不很漲，醫生說是典型的十二指腸潰瘍。醫生給我開出的藥方是飯前服用維生素U與氫氧化鋁乳液。

民兵營有一千多民兵，昭烏達盟給配備了兩名醫生。一位姓馬；一位姓于。民兵的兩位醫生都集中到工程營的衛生所工作，既能充分利用有限的醫療設施，又能發揮民兵醫生的作用。他倆在營部衛生所工作期間，我和他倆都有交情。

馬醫生四十歲左右，個高，身材修長，籃球打得好，混編參加我們營部的籃球隊也算得上主力。我經常和馬醫生一起打球。馬醫生社會經驗豐富，談吐文雅，善交往，人緣好，卻醫術平平。

于醫生五十多歲，矮胖，腰圍很粗，頭髮也粗，白多黑少。于醫生不善察言觀色，說話倔而衝，生人都不願意和他打交道，他的醫術卻很好。在衛生所的擔任衛生員的臨清老鄉葉思龍告訴我，于醫生的醫術比衛生所的軍醫朱世和，比前面說的馬醫生都要高明很多。甚至可以說他們三人不是一個檔次。

我和于醫生的交情始於他在施工現場醫務值班室的帳篷裏。醫務室的帳篷與我們經始班的帳篷緊挨著，閒暇時，我常去找于醫生聊天。一個人說話倔衝，只能說明他沒有心計城府，性情直爽。越是這樣的人越好打交道。和于醫生交往多了，我發現他讀過不少書，對世事看得比多數人都透。

我向于醫生請教潰瘍病的治療，他說：

「維U也好，氫氧化鋁也好，都只能緩解症狀。它們是治表不治本。」

「治療胃潰瘍最好的辦法是控制飲食。」

又過了幾天，我和于醫生聊天說別的話題，他卻突然把話題轉到了胃潰瘍上來了。于醫生說：

「小臧，我不是嚇唬你。胃病是很難治癒的。你年輕的時候不把它除根，拖到三四十歲以後，它就要陪伴你終生了。」

于醫生的話讓我感到恐怖。過了一會兒，于醫生又對我說：

「在現有的條件下，我給你推薦一種食物怎麼樣？」

我問他是何物，于醫生說：

「鍋巴！」

于醫生解釋說：

「越是硬的食物，你吃的時候越會細嚼慢咽，你的唾液分泌的就越多。你還年輕，治療你胃病最好的藥就是你自己的唾液。」

我按照于醫生說的，開始吃鍋巴。

那時，軍人的糧食供應也是有指標限制的。建築工程兵每人每月供應五十六市斤糧食。這個數字是軍人的最高標準，差不多是普通市民供給量的二倍。這麼高的糧食供應指標還是不能滿足士兵軍官們腸胃的需求。工程兵幹活兒體力消耗太大了。工程二一三團在黑龍江的北安有自己的農場；遼寧東溝縣還有稻田。派駐這兩處種地的有幾十個士兵。每年抽調人馬去那兩個地方去從事種地的任務，士兵們多數都爭先恐後地踴躍申請報名。挖山洞比種地累很多，危險很多。兩處農場每年收獲的小麥、土豆和稻穀，悉數無償地劃撥給連隊，作為一線士兵們的營養補充。

東北地區給軍隊提供的糧食品種，一半是粗糧，一半是細糧。細糧一般指的是大米和小麥粉；粗糧包括高粱米、玉米和小米。粗糧的三個品種可以任選，我們工程一營幾個連隊食堂的粗糧幾乎全選擇的是高粱米。追根溯源，工程團的前身三十九野戰軍工兵營時期，我們部隊駐紮的地點在遼寧省的遼陽大石橋附近，那一帶出產的高粱米品質最好。軍人的飲食習慣，也就一茬兵一茬兵地傳承下來。

高粱米做乾飯比大米出數，還頂餓。炊事員為了使高粱米飯口感好，往往會摻進一些大米。我們管高粱米大米做的混合乾飯叫二米飯。這樣統籌的結果，食堂裏每星期只能吃到三五頓細糧，大部分時間吃的都要高粱米飯和二米飯。

高粱米飯和二米飯蒸煮出鍋後，鐵鍋上會有一層乾硬的鍋巴。鍋巴有時火候適度，乾硬也適度，大家就都去伙房搶著吃；有時候米飯糊鍋了，鍋巴就只能餵豬。我和炊事員說好，鍋巴的質量不論好壞，都給我留出一碗來，炊事員多數會同意。

不久，我被派去青山溝子負責民兵營工地的測量，就餐在民兵營營部的食堂。民兵多數來自內蒙昭烏達盟，那裏的飲食習慣與東北的大部分地區不同，喜食小米。民兵營部食堂的主食是小米乾飯。于醫生告訴我：小米鍋巴治療胃病效果最好，我心中竊喜。

民兵營部食堂只有一個炊事員，姓徐，五十七八歲的樣子。他參加過中國人民志願軍，卻沒有去過朝鮮。

他在丹東志願軍的某個後勤單位做過幾年飯。民兵營部的人經常拿他這段經歷開玩笑，說他是抗美援朝好幾年，沒有越過鴨綠江。

老徐為人很厚道，甚至可以說是太老實了，老實到民兵營部的所有人都可以支派他幹這幹那。十幾歲的小通訊員都和他開一些過分的玩笑，老徐很尷尬時也只是紅著臉笑一笑。越是這樣厚道善良有些軟弱的人，你對他稍微尊重一點兒，他就會時時處處報答你。

有一天晚飯，老徐用鍋鏟攪拌鍋裏的小米飯時，不小心鍋鏟把頭頂上的燈泡給碰碎了。開飯的時候已到，就餐的人都進入了餐廳。老徐再三向大家解釋事故的經過，希望得到領導和群眾的諒解，並要求大家小心翼翼地把碎玻璃從小米乾飯中挑揀出來，注意不要把嘴扎破劃破。

眾人都沒有遇到過這樣的情況，一時不知道應該怎樣辦。有的領導訓斥了老徐幾句；還有人罵罵咧咧，邊罵邊離開了餐廳，表示不願為一碗小米飯而冒口腔受傷的風險。

不就是幾塊碎玻璃嗎？吃的時候仔細一點兒把它們都揀出來不就行了嗎？我率先端起一碗老徐盛好的飯，說：

「怕什麼的？看是米飯把我吃了，還是我把它吃了。」

就這麼一件小事，老徐多次對我表示感謝加表示友好。老徐真是一個厚道人。

如果鍋巴也能評比出等級的話，小米鍋巴絕對可以列為鍋巴家族中的最高一級。民兵營部食堂很小，每頓飯產出的小米鍋巴有限。除非質量很差，糊鍋了或沙子多，一般情況下大家都爭之搶之，爭搶食之。我堅持吃鍋巴的事得到老徐非常熱情的幫助，開飯前老徐先盛出一盤子鍋巴放在我常坐的位置，他人就不再染指。老徐幫助我有兩個理由：第一個理由既冠冕堂皇且名正言順，把鍋巴讓給我吃是擁軍，而親人解放軍需要用鍋巴治胃病；第二個理由也說的過去，我是不論鍋巴的質量好壞，每頓都堅持吃一大盤子。

有炊事員老徐的幫助，我吃了一年多的小米鍋巴，治好了我的胃潰瘍。不，準確地說是十二指腸潰瘍，並且從此再也沒有復發。

幾乎可以肯定，于醫生和炊事員老徐如今都已經作古了。我永遠都不會忘記他們兩個。可惜的是我只記住了他們的姓氏，沒有記住他們的名字。

他們是我今生今世的恩人。

四十三、驢

軍營裏全是男性，各個民兵連也都是男民兵。整個山溝都是男人的世界，沒有一個女人。

每個連都有一套馬車，主要是用於運送給養和施工器材，也接送人員，屬於軍隊的正式裝備。大車老闆喂養牲畜帶駕馭馬車，屬於部隊的正式編制，隸屬於炊事班。每個連還都飼養著一頭毛驢，主要用於往工地送飯。毛驢不屬於軍隊正式的「編制」，各個連隊隨意添置，隨意決定取捨。我們營有一個不成文的或者說是約定俗成的軍規：馬匹一定要配置兒馬；毛驢一定養叫驢。主要是避免男性們想入非非。據說過去曾經在騍馬或草驢身上發生過問題，沒有造成什麼嚴重的後果，影響卻非常不好。這是上述軍規出臺的歷史背景。兒馬經過獸醫的手術刀處理，都失去了雄性的特徵；幾頭叫驢卻都天然渾成，依然保留著老天爺賜予的本性本能。

每個連和營部都有豬圈，連隊每年飼養一百多頭豬；營部的豬圈裏也有三四十頭大小八戒。豬的繁殖要靠老母豬。選派的飼養員，不僅工作細緻認真責任心強能幹，而且也都是思想過硬的士兵。這樣的軍規和佈局，使得整個山溝裏除了老母豬和母老鼠，再也沒有雌性動物。

沒有結過婚的士兵，從來沒有見到過雲雨；結了婚的軍官和士兵一年才下一場或兩場雨水。軍官和士兵都處於乾渴的狀態。飼養棚裏的叫驢們也都很乾渴。

營部炊事班的小王，一九七一年入伍，家是山東高唐縣。高唐的口語，說什麼什麼東西沒有了時，往往要在「沒有」兩字之間多一個「家」字，說成「沒家有了」。久而久之，大家給小王起了一個諧音外號叫「沒醬油」。

「沒醬油」家在農村，文化不高，人卻很聰明，做事也勤快，為人又隨和，還能講故事，有時還能講一些很有哲理的故事，許多人都喜歡和他聊天。我們經始班的趙班長就經常去找「沒醬油」談笑說話。

營部炊事班的班長也姓王，一九六八年入伍的黑龍江人，個子很矮，沉默寡言。他原本是一連的炊事班長，王教導員和張副營長從一連升遷到營首長的位置後不久，就把他也調到營部來了。沉穩的性格加上營首長的嫡系，說話便有些分量。那些想到伙房裏找點兒零食外快的人，往往會在王班長面前卻步。

為了調劑伙食，每個連隊都有自己的豆腐房，一般都是生豬飼養員兼任做豆腐。營部沒有豆腐房，豆製品靠山溝外一個村的老漢供應。那時沒有冰箱，豆腐不容易存放。豆腐皮好運輸，易存放，做菜燒湯熱炒涼拌都適宜。所以我們的部隊剛安營紮寨於此不久，營部的伙房就開始購買那老漢的豆腐皮了。

老漢做豆腐皮的技術十分精湛。豆腐皮用布包裹好，放在褡褳裏，趕一頭毛驢沿著崎嶇蜿蜒的河灘小路，徑直到營部豆腐房卸貨。卸貨付錢之後，王班長往往會招待老漢吃飯。所謂吃飯不過是把伙房的剩飯加熱一下，一碗熬白菜，高粱米飯或二米飯管夠。鄉民的生活很苦，一年到頭難有幾頓飽飯。我看到過老漢在我們的伙房裏狼吞虎嚥地進食，剩高粱米飯一連可以吃上幾大碗，完全不像一個六十多歲的人。

老漢給我們的伙房送豆腐皮，日期沒有準確的約定，有時相隔三五天，有時間斷七八日。那年代沒有電話，更沒有手機，沒有辦法提前聯繫預約或告知。

一天下午，王班長帶領炊事員在伙房裏準備晚飯。「沒醬油」對王班長說：「送豆腐皮的老漢要來了。」王班長將信將疑。半個小時以後，老漢果然如期而至。隨後卸貨付錢，招待老漢狼吞虎嚥，一切都照程序列事。下來的日子，「沒醬油」預測老漢光臨的事接連發生。每一次都準確無誤，連時間都不相差幾分鐘。王班長感覺事情有些蹊蹺。詢問「沒醬油」，「沒醬油」笑而不答。王班長更覺得自己的部下有些神祕，認為「沒醬油」或許能夠預測將來的一些什麼事情。

「沒醬油」的本領幾經傳說，讓經多識廣的張副營長都感到有些奇怪。張副營長親自把「沒醬油」找來，很認真很嚴肅地要問個究竟。「沒醬油」一看都驚動了營首長，趕緊說了實話。他的回答是一個字：

「驢！」

原來送豆腐皮的老漢趨趕的是一頭草驢。每當老漢和草驢走進山溝豁口的時候，軍營裏的幾頭叫驢就開始鳴叫。最先是位置在最外面，四連的大個叫驢；然後是二連和機械連的兩位；最後是遠在山上工地附近一連的老公驢。四個高分貝男高音大合唱，給山溝裏的枯燥增添了一點兒生機。細心的「沒醬油」發現了叫驢們吼叫與送豆腐皮老漢光臨的因果關係，於是就有了讓炊事班長和張副營長都感到神祕的預測。

山溝豁口距離我們的營房差不多有兩三公里。老漢和驢要跋涉半個多小時。中間還要拐幾個彎，從營房根本望不到豁口附近。老漢來的日子刮的也並不都是順風。叫驢們是怎麼獲得它們所期盼的異性就要來臨的資訊呢？自然界的奧妙有許多是我們人類無法解釋的。

第十六章　經始班（丙）

四十四、林彪叛逃

中國歷史長河中的一九七一年，是以林彪為標識的年份。那年的九月十三日，林彪夫婦和兒子林立果乘坐的飛機墜毀於蒙古國的溫度爾汗。

那也是小道消息最多的一年，軍營裏也不例外。因為控制嚴密，軍紀約束，軍隊基層單位有關林彪的小道消息傳播開始得要晚一些。啟動之後，傳播的速度之快，影響力震撼力之大則都甚於地方。我們工建二一三團的前身淵源是四野的嫡系三十九軍，受到的震感比其他友軍還會強些。

一九七一年國慶節後的報紙上報導：首都北京天安門沒有舉行大型的慶祝活動，僅在北京市勞動人民文化宮、中山公園、頤和園、天壇等公園裏進行了遊園。參加的黨和國家領導人，除周恩來外都是次輕量級人物。

經始班的幾個士兵素來喜歡閱讀報紙，看過十月二日的《人民日報》後，大家都注意到了毛主席和林副主席以及總參謀長黃永勝等人缺席了遊園活動。議論的結論是：因為戰備形式緊張，主要軍事首長們大概都站到自己的指揮崗位上去了。

又過了幾天，星期天休息，我和好朋友郭振忠請假去公社（鄉）所在地巴塔子玩。郭同學的工作早已變化，由器材倉庫保管員改為了器材採購員。東北三省工業發達，採購施工器材一般不需要到關內的省市。東北三省幾乎都讓郭老兄跑遍了，我很羡慕他的差事。郭兄其實根本不屑到什麼巴塔子玩。他的目的是陪陪我，兩人說說話。

去巴塔子的路上空無一人，也沒有車輛。我們倆說話，只有他知我知天知地知。能偷聽到一言半語者，只有路上的螞蟻和亂飛的蒼蠅。

郭兄說：

「你聽說沒有？咱們國家出大事了！」

我說：

「什麼大事？不就是陳伯達嗎？」

中央文革小組的組長陳伯達早已失勢，對他由內部批判逐步轉為對外公開。我們部隊剛剛學習過批判陳伯達的材料，因此我這樣說。

郭兄說：

「不是。比陳伯達還大！」

我半是自言自語地說嘟囔道：

「不是陳伯達，那還能是誰啊？」

思考再三，我問了一句：

「難道會是總理？」

郭兄說：

「比總理還大。」

「那就是林彪啦！真的嗎？」

郭老兄點了點頭。

我一時還改不過口來，問：

「林副主席怎麼啦？」

「摔死啦！叛逃去蘇修，從飛機上掉下來摔死的。」

我沉默了很久，腦子裏需要運轉很多程序才能適應突如其來的驚人消息。

郭老兄說他是住宿在瀋陽的一個招待所裏，聽一個從北京來的幹部說的。那人和他住在一個房間，起碼是一個團級軍官。

郭兄強調說：

「那人說的很肯定，絕不會是謠傳。誰敢散佈這樣的謠言啊？」

我仍然一時轉不過彎兒來。

反覆思考討論，還是真假難斷。最後，我倆約定：絕對保守祕密，對任何人也不能講。回到石頭溝的營房分手前，我倆又把約定互相叮嚀了一遍。

一九六七年一月十三日中共中央、國務院頒布了《關於無產階級文化大革命中加強公安工作的若干規定》，簡稱「公安六條」。這是一個令人毛骨悚然，奪去了無數生命的文件。「公安六條」的第二條特別規定：

凡是投寄反革命匿名信，祕密或公開張貼、散發反革命傳單，寫反革命標語，喊反革命口號，以攻擊污蔑偉大領袖毛主席和他的親密戰友林副主席的，都是現行反革命行為，應當依法懲辦。

我和郭老兄就是有一百二十個膽子也不敢冒著殺頭的危險，把他從瀋陽聽到的小道消息再傳遞給第三個人。

一九七一年十一月二十六日下午，工程一營的全體官兵，民兵營的全部幹部群眾，近兩千人集合在石頭溝的一塊相對平坦的山坡上，參加傳達中央文件的大會。會場四周一二百米的範圍，布置了持槍的警戒，以防止意外事件的發生。持槍的士兵們手中的半自動步槍是否都壓上了子彈，本人沒有及時地跟蹤查問，事後也沒有進行考證。

來自昭烏達盟的民兵營，最高領導是一名姓賈的副政委。賈副政委是昭盟某個縣武裝部的副部長，屬於副團職軍官，穿軍裝。民兵營裏設一個只有團級單位才有的職務——副政委，大家都莫名其妙。據我推測，低位高配很可能是為了遷就賈同志的原有職務。至於他為什麼被發配到民兵營裏來任職，我始終沒有搞清楚，最大可能是他前幾年在清查「內人黨」運動中傷人太多，犯了錯誤。沒有真憑實據，咱不亂說。

除去臨時主席臺的位置有幾條板凳，全體到會人員一律就地坐下。大會由民兵營的賈副政委主持。專門從丹東趕來的工程團王副團長傳達《中共中央（一九七一）第五十七號文件》。王副團長沒有一句例行的開場白，乾咳一聲清了清嗓子張口就念：

《關於林彪叛國出逃的通知》

毛澤東主席批示：「照發。」

這時，人群中有人高喊了一聲：

「念錯了！」

高喊一聲的士兵不是一連就是二連的。立即有一軍官站起來揮手制止了那個人。

王副團長繼續朗讀：

中共中央正式通知：「林彪於一九七一年九月十三日倉惶出逃，狼狽投敵，叛黨叛國，自取滅亡。」

「現已查明，林彪背著偉大領袖毛主席和中央政治局，極其祕密地私自調動三叉戟運輸機、直升機各一架，開槍打傷跟隨他多年的警衛人員，於九月十三日凌晨爬上三叉戟飛機，向外蒙古、蘇聯方向飛去。同上飛機的有他的妻子葉群、兒子林立果及駕駛員潘景寅、死黨劉沛豐等。」

「在三叉戟飛機越出國境以後，未見敵機阻擊，中央政治局遂命令我北京部隊立即對直升機迫降。從直升機上查獲林彪投敵時盜竊的我黨我軍大批絕密文件、膠卷、錄音帶，並有大量外幣。在直升機迫降後，林彪死黨周宇馳、于新野打死駕駛員，兩人開槍自殺，其餘被我活捉。」

「根據確實消息，出境的三叉戟飛機已於蒙古境內溫都爾汗附近墜毀。林彪、葉群、林立果等全部燒死，成為死有餘辜的叛徒賣國賊。」

「林彪叛黨叛國，是長期以來，特別是黨的九屆二中全會以來階級鬥爭和兩條路線鬥爭的繼續，是林彪這個資產階級個人野心家、陰謀家的總暴露、總破產。」

「我們黨是從階級鬥爭和兩條路線鬥爭中成長壯大起來的。早在土地革命初期，林彪就對中國革命前途悲觀失望。在無產階級文化大革命中，他提出『帶槍的劉鄧路線』等反毛澤東思想的反黨亂軍的主張。」

……

王副團長讀完文件。工程一營王教導員站起來也只講了兩句話：

「中共中央文件今天就傳達到這裏。回去如何組織學習討論，聽候上級黨委的通知。散會！」

後來我們才知道，《中共中央（一九七一）第五十七號文件》成文與毛主席批示，都是在那年的九月十八日。先傳達到黨內高級幹部；九月二十八日擴大到地、師一級幹部；十月中旬，傳達的範圍擴大到基層黨支部書記、副書記；十月下旬傳達到全國人民。傳達到我們這些在山溝裏施工的士兵和民兵時，已是林彪墜機七十四天之後了。

不久，我們又學習了中共中央下發的影印件《五七一工程紀要》。

林彪事件的發生，不亞於在中國大地投下一顆重量級的原子彈。蒙古國的荒原小城溫都爾汗在中國一夜成名，家喻戶曉，老幼皆知。

外國人評論說：

「上帝最好的學生背叛了上帝」。

九大黨章中寫明的毛主席接班人，我們最最敬愛的林彪副主席，竟然出逃！而且出逃方向，竟是當時中國人民最大敵對國——蘇聯！

天天舉著《毛主席語錄》，口裏喊著「毛主席萬壽無疆！」的人；曾親筆寫下「偉大的導師，偉大的領袖，偉大的統帥，偉大的舵手」的人；曾經諄諄教導我們要「讀毛主席的書，聽毛主席的話，照毛主席的指示辦事，做毛主席的好戰士」的人，竟然是一個野心家陰謀家，而且要謀殺毛主席！

全國人民天天祝願他永遠健康的林副主席，最終死於非命！

百戰百勝的將軍，十大元帥中最耀眼的一位，竟然當了逃兵！

林彪既是造神運動的集大成者，又是金色神像的毀壞者。他的猝死，讓所有紅色的，閃閃發光的革命理論，都霎時變成了蒼白灰暗和污濁。

震驚、疑惑、迷茫，甚至感到羞辱。精神挫折，理想破滅，激情不再，替代它們的是思考、是懷疑，是對領袖、黨、國家、世界、社會、人生、理想和現實的重新認識。

毛澤東頭頂上的光環隨著《五七一工程紀要》的下發傳達公布於世而失去了光輝與顏色。

千千萬萬中國人恰恰是在讀了這份紀要後，才開始明白了很多事理。

林彪這夥人說的倒有些實事求是呢。上山下鄉不就是變相失業嗎？五七幹校不就是變相勞改嗎？還有紅衛兵是替罪羊，農民缺吃少穿，工人受到變相剝削，幹部敢怒不敢言，《五七一工程紀要》裏的這些話句句都能讓普通中國人產生共鳴。

聽到傳達《五七一工程紀要》之後，我一方面驚訝老人家怎麼連林彪的這些要命的話也都給公布出來；一方面對領袖駕馭全局的能力開始懷疑了。

林彪事件是國民開始覺悟的分水嶺。

林彪死後，軍隊內部開始收繳銷毀一切有關林彪的書籍、文件、材料、紀念物品等。瀋陽軍區的軍內報紙《前進報》的報名原本是林彪題寫，林彪事件公開後立馬更改了字體。

更為明顯的變化是軍內的凝聚力下降，管理鬆弛，軍紀渙散。各級軍官的醒悟是紛紛選擇務實，開始明目張膽地為自己為子女為親屬謀取好處。士兵的戰鬥力銳減，兵明顯地不好帶了。

林彪事件是一個分水嶺，它宣佈了文化大革命從理論到實踐的破產。林彪死了，中國人清醒了，很多人的信仰改變了。這或許是林彪對中國做出的最大貢獻。

毛主席是中國人民的大救星。毛主席是說一不二的真龍天子。二十多年間，林彪是唯一敢於在遭毛澤東批評斥責後拒不檢討、頑強對抗的人。也是唯一拼著身家性命狠狠地給了毛主席當頭一棒的人。

毛主席一生英明，看人極準，沒有什麼人什麼事能瞞得過他。林彪卻實實在在地騙了毛主席一把，他讓英明的毛主席失去了自信；讓全國人民開始懷疑所謂的英明偉大明察秋毫是否只是神話和傳說？

二把手林彪駕機叛逃摔死了；

一把手毛澤東聽說後，心臟病復發，接著又患了大葉性肺炎，身體江河日下；

三把手周恩來，在證實了林彪死於蒙古後當眾嚎啕大哭；

這之前，四把手陳伯達寫詩盛讚林彪：

漫漫思想界，長夜有明燈。賴此導人類，探討永無垠。

與世隔絕，長時間處於監禁狀態中的罪人彭德懷聽專案組宣佈了林彪反黨事件後，對看管人員大聲呼喊道：

「這樣把林彪殺了我有意見！」

罪人偉人，成敗沉浮，是非曲直，功過榮辱，奸佞忠臣，冤屈公允，哪一個又看得明白？哪一個能說的清楚？

四十年後，林彪之死依然朦朧。真實的過程與細節，或仍在封鎖，或被逝者帶走，或許它將成為人類歷史長河中一個千古之謎。

四十五、通緝令

大約是一九七二年五月的某天，工程一營全體官兵的一次會議上。正式的議題結束後，張副營長宣讀了一張《通緝令》。被通緝者是某軍的副軍長，殺死軍政委的妻子殺傷副政委後潛逃。關於那副軍長的外貌通緝令中是這樣描述，張副營長也是這樣宣讀的：

各省、市、自治區公安機關軍管會：

現行反革命分子余洪信，於一九七二年五月十八日凌晨二時許，行兇殺人後，畏罪潛逃。

余犯現年四十七歲，男，身高約一．八米，身體肥胖，留短髮，黑紅長圓臉，肉泡眼皮，厚嘴唇……

還沒有讀完，全場一片笑聲。一向嚴肅的營長和教導員也都笑了。

張副營長大聲嚷道：

「他媽的，這小子怎麼長得和我一個樣啊？好！好！好！下邊的就不念了，如果誰在咱們的地盤上再發現一個和我長的差不多的人，不管三七二十一，趕緊給我把他抓起來。千萬要注意，那小子可帶著槍呢！」

《通緝令》傳達不久，聽說那位被通緝的副軍長，在山西某縣城的城樓上吊自殺了。還有一個說法是他自殺於一片麥田裏。林彪死後，從上到下進行清洗，軍隊內的過激事件大量出現。因為張副營長戲劇般的傳達，我記住了其中的一張《通緝令》。

工程建築二一三團團長劉培顯，戰爭年代曾經擔任過「林彪反黨集團」主要成員，中央政治局委員，空軍司令吳法憲的警衛員。一九六八年六月三日，毛主席和林彪在北京接見瀋陽部隊團以上軍官時，劉團長曾經去過吳法憲的家裏。為這事，林彪死後，劉團長受到審查。最後的結論是：「僅是一般工作往來，沒有參與他們的反革命活動。」

林彪事件後不久，大約是那年的九月下旬，軍隊的上層已經傳達，下層的軍官士兵們都還不知情。一天，工程營接到上級的通知，說是瀋陽軍區江擁輝副司令員當天下午要到我們工地視察，要我們做好迎接首長的準備。營裏趕緊集合各個連隊，軍官士兵都換上嶄新整齊的軍裝，全部人馬提前半個多小時在營部前的球場上等候。江擁輝副司令員乘坐一輛綠色的吉普車如期而至。出乎全營官兵預料的是，副司令的吉普車在準備歡迎他的隊伍旁沒有停下，徑直朝山上的工地快速駛去。營裏的幾個領導交頭接耳地商量，都認為首長可能會在看完了工地返回時再接見我們，決定繼續等候。半個多小時後，江副司令的吉普車從山上行駛下來，走到隊伍的集合處連速度都沒有減，直接駛出了石頭溝。全營的官兵大眼對小眼，徐掌財營長可著嗓子高喊一聲：

「解散！」

時局驟變，軍隊高層有些亂套。驚慌失措乎？言行謹慎乎？二者都有可能。

遼寧凌源籍的一名士兵，有同學在空軍某部服役。空軍出事以後，那同學慌亂中把日記本學習材料郵寄回家，致使擔任凌源縣革命委員會副主任的父親也受到牽連，被隔離審查了很久。

營部器材組李技術員的弟弟在第二十野戰軍服役。第二十野戰軍在審查林彪案件過程中，被確認為是林立果「聯合艦隊」的「主力艦」，受到嚴厲整肅換血。李技術員的弟弟原來是很有希望被提拔成軍官的，結果被整肅回了河南農村老家。李技術員說他的弟弟為自己的前途被毀整天哭泣。

上面幾個個案，管中窺豹，略見一斑。林彪事件對軍隊的震撼難以估量。

作為一名普通士兵，九一三事件後，我感受比較深的事還有很多。其中一個細節，微小也微妙：林彪死後，供應給軍隊的高粱米由二級變成了三級或四級。四級高粱米色紅，口感發澀，還帶有怎麼也淘洗不掉的高粱殼。我因為患過胃潰瘍，養成了細嚼慢嚥的習慣，吃飯時用筷子把高粱殼揀出來，一一黏在碗沿上，一碗米飯裏的高粱殼，可以密密麻麻地圍著碗沿黏一圈。

四十六、「精神病患者」

這個戰友我不認識，也沒有見過他。他的姓名我也不記得了。他不是我們一營的，我現在甚至都想不起來他是二營還是三營的了。問過幾個戰友，他們也都想不起來了。我只知道他來自哈爾濱市，是一九七〇年一月入伍的士兵，姑且叫他松花江吧。

有關林彪九一三事件的中央文件傳達到部隊後，很多人過了很久才真地醒過神來。從副統帥到反黨分子；從接班人到叛國者，反差太大了，每個人頭腦都要有一個慢慢適應的過程。

聽完中央文件的傳達後，連隊組織軍官士兵分組討論。松花江在他們班裏討論時提出了自己的懷疑，他認為：林副主席沒有死，更不會叛黨叛國，他一定是被什麼人陷害關押起來了。我們做為解放軍戰士，做為林副主席指揮的軍隊，應當挺身去解救保護我們的副統帥。

班長和班裏的戰友開始認為松花江是在開玩笑，隨意說說。後來看他的態度很嚴肅很認真，就和他進行爭論。班長說：

「你應當相信中央文件。」

松花江說：

「那文件是偽造的，有人冒用中央的名義。」

班長向連裏彙報討論情況的時候，就把松花江的話當作學習討論中的「模糊認識」反映到連裏。連長指導員副連長副指導員一起和松花江談話。松花江依然堅持自己的看法，依然很嚴肅認真的樣子。連隊把這件事當做學習中央文件中出現的「活思想」向營裏的領導彙報了，營長教導員也無法改變松花江的觀點。團裏的首長們知道了松花江的事情感覺問題很嚴重，反覆研究後，決定把松花江弄到丹東的團部來辦專題學習班，無論如何也要把他的思想扭轉過來。

松花江住在團部的招待所裏，穿得乾乾淨淨，不用再和往日那樣在陰暗潮濕的山洞裏搬石頭，每天由團政治處的主任幹事們領著他學習。

時間過了幾個月，解釋開導恫嚇都沒有效果。松花江還是堅持應當儘快去解救林副主席。團裏的王政委認為政治處的那些幹事口才不行，便決定從全團選拔幾個口才出眾的人和松花江辯論。這幾個人都曾經是出席各級活學活用毛澤東思想積極分子大會的代表，表達能力強，詞彙多，口才好。其中就有我們營的張副教導員，他那時在三營擔任一個連的指導員。

四個能爭善辯的人和松花江同吃同住同學習，無論他們說什麼，無論他們怎樣口若懸河，松花江的陣地依然固若金湯。不是松花江有三頭六臂，只因為他的記憶裏和大家的記憶裏一樣，能夠說明林副統帥一貫正確的事例和文字實在太多了。以往上級下發的政治學習材料裏幾乎都是這樣的內容。《中國共產黨章程》裏確立的接班人麼。

九一三事件以後，全國還有沒有其他亮明和松花江相同觀點的人我不清楚。松花江是真死心塌地地信奉林彪，還是騎虎難下進而逢場作戲，大概也沒有人確實地知道。工程團的領導肯定把松花江的事向上級進行了彙報，上級是否再往上彙報了就不得而知連。很明顯，越往上彙報，問題就越嚴重。級別越高的領導人越不好拿出妥善的處理意見。

松花江的學習班辦了幾個月，沒有絲毫進展。大約一九七二年的夏天，有高人給束手無策的團首長們出主意，派幾個人把松花江看護押送到大連的一個軍隊精神病醫院，由醫生出具了一份精神病鑒定書。傳說這個高人是團工程股的楊希祿參謀。楊參謀足智多謀，是全團上下公認的「高參」。

不久，松花江就以精神病患者的身份被押回了哈爾濱，按因病退役處理。

又不久，已經安排了工作，開始上班領工資的松花江給自己班裏的戰友們來信了，其中一句話是模仿四川戰友們的語言：

「哪個龜兒子有精神病？」

四十七、青山溝子

青山溝子是一個比石頭溝還荒涼的山溝。民兵營轉移陣地到青山溝子後不久，我就帶著幾個人也去了那裏。民兵營有一千多號人馬。說是民兵，其實只是一個民兵的稱呼，沒有配備武器，也沒有進行過軍事訓練，功能完全是幹活的苦力，完全相當於如今的農民工。他們也許是中國最早的一批農民工。

因為勞動強度大且非常危險，國家給民兵們的報酬很高，最低的每個月也有五十多塊錢，和解放軍的排長、連長們差不多。昭烏達盟屬於貧困的農牧地區，有這樣的掙錢機會，農村青年報名很踴躍。經過層層選拔後組建的民兵營，成員的素質還都不錯，幹起活來，有一定的戰鬥力。雖然如此，拿他們和解放軍的戰士們比還是相差很遠。計算單人的日掘進量，差不多兩個民兵才能頂得上一個解放軍。

民兵營的頭頭和民兵連隊的主要負責人，都是原籍的地方幹部。民兵營領導成員的組成頗有些奇怪，前面提到的那位因人設職穿軍裝的賈副政委，是民兵營的名義最高負責人。不過他駕臨青山溝子的時候很少，民兵營真正的負責人是顧教導員。

顧教導員年近六十，一頭濃密的白髮，戴高度近視眼鏡。據說他是一個老資格的公社書記，國家行政十七級幹部，比我們營的營長、教導員的行政級別都高很多。

民兵營沒有營長，只有一名姓李的副營長，蒙族，四十多歲，身體高大魁梧。

民兵營部另一個比較重要的人物是王祕書。王祕書很胖，很多人都喚他作王胖子。

胖人往往都很隨和。隨和的王祕書是民兵營部和我交往最多的人。一天，我倆在籃球場上乘涼聊天聊得投機。王祕書說到他做新郎官的經歷：他結婚時才十四歲，根本不懂男女間的情事。他老婆比他大五歲。結婚的那天晚上，他和小夥伴們一直玩耍到後半夜，回到洞房後，十九歲的新娘子已經睡下。小新郎官就自己另鋪被窩就寢。接連三天都是如此這般。第四天晚上，小新郎官玩倦了回到新房後，只見新娘子已經把屋內全部的被褥能鋪墊的鋪墊，能裹捲的裹捲條數霸佔了去。十四歲的王小夥只好囫圇著衣衫躺倒炕上就寢，連一只枕頭都沒有。天氣寒冷，小新郎堅持了半時三刻就有些渾身顫抖。這時新娘大姐朝他招手。小新郎官滾身過去，新娘子順勢用胳膊把他攬進了溫暖的被窩裏。王祕書笑著說：

「鑽進被窩才知道裏頭不光暖和，還，還真那個好！嘿、嘿、嘿……」

「怎麼個好法啊？」

我明知故問他。王祕書依舊笑著：

「你呀，你以後就知道啦！」

後來王祕書被提拔為副教導員，王祕書就成了王副教導員。

除此之外，民兵營部還有曹幹事、閻幹事和通訊員、衛生員、炊事員等，總共十二三個人，可謂短小精幹。精幹的根本原因是他們根本就沒有多少事可做。

閻幹事的外號叫「閻婆惜」。這個外號很奇特，所以我至今記得。「閻婆惜」瘦且黑；王胖子胖而白，對照鮮明，二人經常針鋒相對地互相攻訐。閻幹事的外號也是曾經看過《水滸傳》的王祕書給起的。閻婆惜在《水滸傳》中基本上是一個反派角色。

民兵營部人少，矛盾可不少，經常爭吵甚至謾罵。那些年，內蒙古自治區追查「內人黨」的過程中有很多蒙古族的幹部職工被當做「內人黨」遭到審查、關押、毒打。整個案件牽連受陷的人達三十六萬六千人，死亡一萬一千六百多人，傷殘數萬。民兵營部內的人際關係，與那一場血腥不無關係。

據我的猜測，顧老頭子與李副營長大概分屬兩個不同的陣營，二人表明上還能商量工作，內心裏其實結怨甚深，形同水火。幾年後，民兵營解散回家，營長的位置一直空缺，李副營長白白鑽了三四年山洞，職務也沒有轉正，算是一個明證。

民兵營下轄五個連隊，四個來自昭烏達盟。昭烏達盟原來隸屬於內蒙古自治區，文革期間劃歸遼寧省，文革結束後又退歸內蒙。民兵營一連的人主要來自敖漢旗；二連來自寧城；三連來自翁牛特旗；四連來自林西。只有五連不是來自昭烏達盟。五連基本上是獨自作戰，很少參與民兵營的集中活動。

民兵營部設在十餘間亂石砌牆油氈蓋頂的簡易房裏，辦公室宿舍和餐廳連在一起。我們經始班的帳篷就支在民兵營部的下邊。因為山坡陡峭，帳篷的頂部還沒有民兵營餐廳的地面高。我們去餐廳吃飯，如同爬到二樓或三樓，樓梯是幾塊石頭。

衛生所也在青山溝子設了個醫療點，負責處理應急傷病。臨清老鄉衛生員葉思龍是其中唯一的軍人，其餘兩三位都是民兵。

經始班跟隨我去青山溝子的是七一年兵郭景文和卞九寬。為了體現「軍民共建」，還給我們配備了兩個民兵，一個叫吳岐春，一個叫侯申明，工作、學習、生活完全和我們在一起。

郭景文的家在遼寧凌源縣農村。他的身材、五官很像林彪，眉毛酷像。林彪沒死之前，大家就都看出來了，哪個敢說出來？批判林彪的時候，班裏有人幽了一默：

「林副主席就在咱們身邊呀！」

眾人無不豁然省悟。之後，「小林彪」的外號確立，並得到經始班以外的眾人認可，郭景文本人亦默認。

郭戰友的性情也仿林彪，很少和別人語言交流，沒有事做，可以長時間靜默。我帶著他單獨在外執行任務兩年有半，我倆竟然沒有聊過一次家常。我除了知道他家在農村，家中比較貧困外，其他一概不知。他的另一特點是非常節儉。他把一名士兵的開支縮減到了最低的限度：牙膏每天只擠出一點兒（這一點據說也和林彪相似）；洗衣粉和肥皂也盡量少用，主要靠雙手的搓揉把衣服洗淨；使用信封和郵票的數量也減到最少。他一個月的開支絕不會超出兩元錢，津貼結餘下來，積攢到一定數額後寄回家去。就連發給個人的棉線手套，他都捨不得戴，積攢到一定數量也寄回家去。他有一件棉線編織成的背心，原料就是手套拆成的棉線。

另一位士兵卞九寬，是郭景文的凌源老鄉，他的個子很高，幾乎是整個工程營裏身材最高的士兵。客觀地評價卞九寬戰友，應該說他的智商比較低。在經始班幹了幾年，測量工作他僅僅學會了一些簡單的操作。沒有哪一個領導他的人敢於把最簡單的計算交給他做。卞九寬的低智商還表現在他整天照鏡子。如同我在二連二班時，對面一班床鋪上那個吉林兵郭林華一樣，卞大個子反覆照鏡子後得到的結論往往不一致。結論樂觀的時候，就興高采烈，高聲地說話；悲觀的時候就往臉上猛抹雪花膏。我認為經常照鏡子的人，一般都智商低，包括年輕的女人，舞蹈演員和美容美髮師除外。

按卞九寬的個頭，好像可以稱呼他為大卞；若依他的年齡，稱呼小卞亦可。可惜他的姓氏前加上大和小這兩個字後，與大便小便諧音，極度不宜，我們只能稱呼他為老卞。

老卞另一出眾的特點是打呼嚕。他睡覺，躺倒就著，接著就山呼海嘯，震得一個屋的人都無法入眠。眾人均醒，豈容你獨自酣睡？連平日沉默溫和的郭景文也都難以接受，他拿過老卞剛剛脫下來的臭襪子，塞進了它主人的嘴裏。臭味讓老卞醒了過來，他從嘴裏掏出襪子，聞聞是自己的，隨手把它放到枕頭下，歪頭繼續酣睡。

大個子老卞也不是一無用處，經始班日常工作最多的是用油漆在石頭上畫出將要開挖的輪廓。三米高的作業面，他舉手就能夠得到；攀爬作業面的臺階，他一般不需要梯子，手足並用，身體縮展兩三次，即可登頂。

派到經始班「軍民共建」的民兵吳岐春，昭盟喀喇沁旗那爾村鄉人，蒙古族。吳岐春的身材苗條，皮膚平滑細膩，完全沒有蒙古族的粗曠。他蒙古語說的流暢，使用漢語時偶爾會蹦出一個蒙語的單詞。他還教會了我兩個：一是戈拉吞哈拉牙，意為回家；一是巴達伊迪，意為吃飯。我至今還記得。

吳岐春人很聰明，善於思考，閒暇時間多用於自學，不明白的地方用紙記下來反覆琢磨，自己攻不克，再請教我。他以邊遠農村文革初中的基礎，很快就掌握了經始班最高難度的測量和計算。經始班的正牌士兵，多數都與其相差甚遠。大凡這樣的人，做事都認真。我如有事需要離開青山溝子一天半日，去山洞內測量需要注意哪些細節，我都是單獨向吳岐春交代，他基本能做到萬無一失。遇到意外的情況，還能超常發揮。

吳岐春比我小兩歲，來做民兵前就已經結婚。他的妻子曾經到青山溝子探親一次，按北方少數民族地區女性的標準衡量，他的妻子很漂亮，兩人的感情很好。他妻子探親還不忘擁軍，把我們帳篷裏的被褥都拆洗了一遍。

侯申明來自昭盟翁牛特旗花加喇嘎鄉，漢族。他原是民兵三連的通訊員，後被派到經始班來「軍民共建」。侯申明很機靈，指派他去辦些小事，基本可以三面見光。他自己說是初中畢業，初中的數學知識一點兒都沒有。我多次試圖給他講解一些，卻好似對著牛犢子拉小提琴。他自己有時也拿著數學書看。從他東張西望的神態，我知道他一點兒也沒有看進去。機敏的人不一定聰明，智商不一定高。民兵侯申明同志跟著幹些操作性的活兒還行，他不適應技術性強的工作。

我曾經託侯申明在他們家鄉翁牛特旗買了幾張羔羊皮子。那裏有一種綿羊，剛出生的羊羔渾身的毛就很長。羊羔子如果夭折了，羊羔皮子加工後蓬鬆柔軟，既保暖份量又輕，尤其適宜女性的服裝。我把羔羊皮郵寄給母親，她給自己縫製了一件皮襖。母親很滿意，我很欣慰。

兩位民兵弟兄和我一起工作的時間不到兩年，民兵營撤銷解散後，他們就都回家鄉去了，幾十年來再無聯繫。閒暇無事，回憶起他倆，我的假想是：農村開始可以發家致富後，吳岐春很能幹，日子會過得不錯，賢惠的妻子會讓他很幸福；侯申明與之相比，對社會激烈競爭的適應能力會更強一些，或許能成為一個富人。我的假設如果與實際不符，一定是哪裏出現了意外。

郭、卞、吳、侯、我，經始班軍人和民兵一共五個人，我算是負責人。為什麼說算是，因為只是按資排輩，趙生余班長口頭下達的指令。青山溝子同時開工了八個作業面，測量的工作量比另一個新工地泉水溝還

郭景文（前左）吳岐春（後右）侯申明（前右）我們四人與二營經始班的王班長（後中）及他的部下（前中）合影於一九七二年秋。背後的建築是營部的伙房。

大。施工中發現了問題，各民兵連的人往往不聽勸告，不聽指導，很難協調。我既無職又無權，責任卻很重。我把這些都當作領導對自己的信任，當作黨組織對自己的考驗，盡自己最大的力量而為之。

和在石頭溝時一樣，經始班的帳篷很有凝聚力和吸引力，我們安頓好以後，裏面先後還住宿過幾位其他單位的軍官士兵：

一位軍官是技術員曹福英。他是一九六八年兵，黑龍江杜爾伯特人，原是一連的風鑽班長。名義上他負責整個青山溝工地的技術工作，實際上他什麼都不負責。營首長和工程助理也都清楚老曹連工程圖紙都看不明白，所以什麼技術問題也不會找他是問。他也從不朝我們幾個發號施令。曹技術員人很厚道，與我們幾個相處的非常融洽。他最大的特長是擀餃子皮的技術絕對一流，他一個人擀皮能供給七八個人包餃子；最大的缺點和大個子老卞一樣，睡覺時也愛打呼嚕，且分貝很高。

第二位是機械連負責管理空氣壓縮機房的戴玉其。他是黑龍江省肇東縣人，孤兒，人很忠厚。他的背有點兒弓，牙齒黑黃。據他說是因為故鄉肇東一帶的水很不好，孤兒多的原因也是因為當地的水質差。戴玉其比較明顯的缺點是衣服很少整潔，經常油漬斑斑，帽簷低垂。

第三位是汽車十五團派來專門負責給青山溝工地運水的值班司機。青山溝子沒有水源，生活與施工用水均靠從外面運進。司機名叫劉吾顯，一九六八年的老兵，黑龍江省龍江縣人，身材很高，會打籃球。大老劉的家庭出身也是上中農。汽車十五團與工程二一三團的階級政策如出一轍，掌握的標準也基本一樣。他比我入伍早一年，還在共產黨組織的大門外面接受黨組織無休無止的考驗呢。劉吾顯與我同病相憐，成為摯友順理成章。

老劉開的是一輛木棚蘇製卡斯，車很破，駕駛棚很矮。他縮圈在駕駛室裏，頭能碰棚頂。需要弓著腰歪著脖子才能看清前邊的路。真不知道北極熊一般身體的老毛子們，是怎樣駕駛這種型號汽車的。

第四位就是我的同學老兄郭振忠。他卸任採購員後，被派到青山溝子負責管理那裏的器材倉庫。有我在，老郭自然會到經始班的帳篷裏來住宿。郭兄駐守青山溝子器材庫的時間不到半年。

我們和衛生所兩頂帳篷裏的十二個人，都在民兵營部小食堂就餐，頗有喧賓奪主的架勢。

四十八、山坡上有人唱《國際歌》——第二份入黨志願書

或許是我在青山溝子積極工作多作貢獻的努力沒有白費；或許是領導們決定不再計較我的政審污漬；或許是誠心暗中給我使絆子的人稍微鬆懈；或許什麼原因都沒有。一九七一年十二月，我的第二份《入黨志願書》在營部黨員大會上獲得通過。我成功地越過加入共產黨的第二道關隘。接下來還有第三道關隘，那就是要上報營黨委會審查批准。

因為從小受父親的影響，加上學校的正統教育，書籍、電影的灌輸，念中學的時候，我就基本上成了一名共產主義的信仰者。幾年混亂無比的文化大革命，僅僅讓我產生了一些疑惑，並沒有改變我的信仰。我填寫《入黨志願書》，希望黨組織批准為加入中國共產黨，就好比信徒讓主持人舉行一次宗教洗禮的儀式。儀式過

後，我就成為正式的馬克思主義的信徒了。

林彪事件，讓無數中國人開始懷疑反思自己過往的認知，進而開始改變信仰。我在這一過程中思想變化很大，變化得很快。

加之經常有人拿我的上中農家庭出身說事。我無論如何努力工作，都無法彌補祖父曾祖兩輩人家裏的土地多出來那麼幾畝的過錯。這些荒謬甚至有些滑稽的不公平，加速了我對以往信念的懷疑，直至打心裏對這些所謂的思想，對看似金光閃閃的理論，完成了一次否定。

一九七一年年底，營部黨支部讓我填寫第二份《入黨志願書》的時候，我就已經沒有了以往的神聖感，基本上把加入共產黨僅僅當成了一種與信仰毫無關係的程序了。我父親的人生是按這樣的程序一步一步走過來的；戰友們、同學們進入的也都是同樣的程序。

一九七一年十二月三十一日，星期五，我回泉水溝去參加政治學習。學習結束後，營部黨支部副書記管理員馮水央把我叫到他的辦公室。馮管理員告訴我，我的《入黨申請書》在營黨委會上沒有通過。馮管理員說他沒資格參加營黨委會，否決的原因他也不清楚。

第二次再遭閉門羹，我的感受和頭一次大不一樣，心裏有一種被欺騙被欺負的疼痛。和我同年入伍的六九年兵，絕大部分都入了黨，被提拔為軍官的也不少了。我幹得不比他們差，付出的比哪個都多，做出的貢獻能頂他們倆甚至仨。我整天工作在營首長的眼皮子底下，我的表現究竟怎樣，你們應該都很清楚呀！

難道就因為我的家庭出身是上中農，外祖父家是地主嗎？憑著這些八竿子打不著的事，就可以這麼歧視我，欺負我，耍弄我嗎？我父親參加工作第三年就入了黨，到我這裏怎麼就不行了呢？掌握階級政策的標準差別這麼大，難道還有第二個共產黨嗎？實在是太不公平了！

氣憤也好，不滿也好，我只能強壓怒火不能發作。因為我知道發作不僅於事無補，而且會使我更被動。一起去參加政治學習的老卞、小郭當天下午沒有回青山溝子，我一個人跌跌撞撞往回走，腦袋裏模模糊糊。

「上中農」與「地主」的問題早已擺到了桌面上，黨組織已經考驗過我了，實在找不出自己被再次出局的原因和理由。我心裏很清楚：入黨的最後一道關隘前再被打回原處意為著什麼。我基本上再也沒有翻盤的可能了。我現在的處境好像是一個黑乎乎的深淵中，身體還在下沉。我要好好清理一下思路。

第二天是元旦，卞九寬圖熱鬧留在了泉水溝過節。郭景文回到青山溝子後，瞅我的眼神有些變化。幾乎可以肯定他已經知道了我昨天的遭遇，他小心翼翼地保持沉默。

衛生員葉思龍和郭老兄都還不知道我的噩耗。這時候不告訴或晚告訴兩個至交或許更好。

元旦那天的主要活動是中午的會餐。整個上午，帳篷上面的伙房裏一片菜刀剁案板與鐵勺碰炒鍋的聲音。還沒到吃午飯的時候，人已開始往餐廳彙集。我拾級而上，朝餐廳走去。心裏突然有一種想喝酒甚至想喝醉的衝動。

往常節日和經始班的戰友們會餐，解放軍營部的食堂有一個不成文的規矩，每個餐桌只提供給一瓶白酒，八個人或十個人分享，想多喝也沒有。在民兵營部聚會情況就不一樣了。餐桌旁早已擺下了許多「雪花」牌啤酒和「凌川」牌白酒。人人都摩拳擦掌，大有一醉方休的架勢。

會餐開始，顧教導員舉起一杯白酒就表示要擁軍，然後一飲而盡。我們幾個士兵，自然要用一致的行為表示愛民。有來有往，三五個回合後便有人酒力不支。顧教導員被小通訊員攙回宿舍去休息了。

我的感覺是渾身發熱，摘掉了帽子腦袋上還是冒汗。昨天的氣惱和鬱悶再次噴湧，只想用雙拳狠狠地敲擊桌子，高聲把自己的委屈哭喊出來。我的腦袋還沒有糊塗，還能控制住自己的喉嚨，委屈和哭喊都隨著白酒食物嚥進了肚裏。俗話說：「苦酒悶茶不自在的煙。」苦悶的心情助長了喝酒的衝動，我很想用醉酒的方式進入一個忘掉自我的世界。

依然留在餐廳裏的人們多數都改換成了啤酒。我也端起身前的啤酒杯慢慢地吞咽。民兵營身體魁梧的李副營長喝了幾杯啤酒後，走到我的對面，非要再和我碰一杯白酒不可。有人遞給他一小杯白酒，他接過來把它倒進一個大大的啤酒杯裏，然後指著白酒瓶子說：

「來！給我滿上！」

我手中的啤酒杯也有人給斟滿了白酒。

我和李副營長隔著餐桌面對面站立著。李副營長說：

「小臧同志，你辛苦啦！」

我說：

「李副營長，您辛苦！」

我倆一齊把大杯的白酒端起來，舉過了頭頂，同喊一聲：

「幹！」

兩只杯子碰到一起，我倆的動作整齊劃一，仰頭張嘴伸脖子，把杯中的白酒一飲而盡。餐廳裏再次進入喝酒的高潮。

郭老兄見我白酒喝得太多，趕忙給我的杯子裏換成了啤酒。我端起來喝的時候，發現啤酒裏又有人給摻進了很多白酒。半醉狀態中很容易進入別人的埋伏圈。問題是我意識到自己進入了圈套卻毅然不顧。把杯中的啤酒摻白酒喝完後，我就完全失去了意識。

接下來我又喝了多少，喝的是啤酒還是白酒，喝完酒還發生了什麼，我是怎麼回到帳篷裏去的，怎麼躺到自己的床鋪上去的，所有的一切，我就都不知道了。

二十多個小時後，我醒了過來。已是第二天的中午，明亮的太陽掛在空中。我的頭很疼很疼，四肢無力。我打算走到帳篷外邊去，腿腳不聽使喚，身子晃來晃去只想摔跟頭。

郭老兄一直守在我的身邊，我酒醒之後，他和其他的弟兄們都鬆了一口氣。

吳岐春說：昨天我嘔吐了一塌糊塗，都是郭老兄幫我清掃洗滌擦拭的；

郭老兄說：老鄉葉思龍怕我昏迷中心臟發生問題，給我注射了一支強心針；

侯申明告訴我：昨天李副營長也喝醉了。整個下午，李副營長都在山坡上奔跑，一邊跑一邊高唱國際歌。

起來，饑寒交迫的奴隸！
起來，全世界受苦的人！
滿腔的熱血已經沸騰，要為真理而鬥爭！
舊世界打個落花流水，奴隸們起來，起來！
不要說我們一無所有，我們要做天下的主人！
這是最後的鬥爭，團結起來到明天，
英特納雄耐爾就一定要實現！

這是《國際歌》的第一段歌詞。民兵營的人都知道，李副營長只會唱第一句，而且老跑調。據說，李副營長在山坡上唱《國際歌》的時候，有幾個民兵一直跟在他身後和他一起唱，是也喝醉了還是李副營長的知己保鏢，那就不清楚了。

林彪事件之後，毛主席大病一場，巨人的身體垮了下來。病稍癒，毛主席向全黨全軍全國人民發出了唱好三首革命歌曲的號召。三首革命歌曲包括《國際歌》、《三大紀律八項注意》、和《東方紅》。毛主席還曾親自指揮唱《國際歌》和《三大紀律八項注意》，號召人們不僅要唱，還要講解，還要按照去做，想以這種小朋友過家家式的辦法收攏人心，收拾殘局。

過後審視，此舉收效甚微，反倒讓人對曾經英明無比的毛主席有一種英雄不再，江郎才盡的感覺。毛主席指令的三首革命歌曲，我全都會唱，但毛主席已經再也收攏不了我的心了。我不再是他的忠誠戰士了。我開始懷疑他說的很多話，開始懷疑他的學說，尤其是他關於階級和階級鬥爭的學說。是他的歪理學說把我害苦了。

一九七二年元旦我因為醉酒而不省人事時，是郭老兄（右）幫我清理，衛生員葉思龍（後）施以救護的。此照片拍攝於其後不久，我還皺著眉頭，盡顯身體之殤與精神之苦。

拍攝地點在營部的籃球場；背後的平房是經始班的宿舍。

四十九、軍屬（上）

元旦醉酒讓我的身體很受傷。本來我的胃就不好，接下來休養生息了好多時日。靜下來反思，認識到由著性子糟踐自己的身體實在是錯誤荒謬。借酒澆愁的臆想是意志軟弱和思維幼稚的混合物。酒是穿腸的毒藥，很多人卻偏愛喝它。或許男人的一生，多數都有醉酒的經歷。有人淺嚐輒止，終生迴避同樣的錯誤；有人不能自拔，長期沉溺其中，終被毒藥害死。

我打心裏暗下決心：這次知道了自己的酒量，若再重犯酗酒的錯誤，妄為人也。此自戒誓言，我堅守至耳順之後，一直沒有逾越。

元旦後不久，我接到父親的來信，說因為我祖父的身體不好，全家計劃回河北劉口村過年，問我能否也請假前往會合。我回信說：試試看。

因為林彪事件，一九七二年解放軍沒有徵兵，也就沒有士兵退役。

一進臘月，通過民兵營的關係，從昭烏達盟搞來幾汽車牛肉、羊肉和驢肉，說是才三四角錢一斤。蒙古人宰殺牛羊驢馬，自有獨到之處。每宰殺一頭，剝皮剔骨後，整個的肉體都囫圇著塞進它的草包（胃）裏。草包紮口後放置在室外冷凍成南瓜型的硬塊。既乾淨衛生，又易於保存運輸。蒙古軍隊橫掃歐亞大陸的年代，冬季的肉食據說就是這樣包裝運載；夏季則要曬成肉乾保存。蒙古祖先的工藝技巧，年代久遠，卻沒有失傳。

同樣是羊肉「南瓜」，體積卻相差很大。個頭小的明顯是一隻小羊。小羊的肉嫩，好吃。民兵營的閻幹事很有經驗。他帶領人專門為民兵營部的食堂挑揀了一批小型號的羊肉「南瓜」包。

有了充足的肉食，解放軍和民兵的每個伙食單位紛紛改善生活。民兵營部食堂就餐的人少，分到的肉品卻不少，所以那一個月的飲食安排得最好。每天早餐都是羊肉水餃；午餐晚餐，每人都能吃到一盤醬牛肉或醬驢肉。把羊肉牛肉驢肉消滅光了，民兵們就都放假回家過春節去了。

我和郭景文、卞九寬回到水泉溝大本營。全營的官兵都處於休整狀態。我開始籌謀請假回劉口村過年的計劃。

我離開父母兄弟快三年了，想家思親之情深深切切。我尤其思念兩個弟弟。二弟寶昌參加工作已經快兩年了，他在棉紡織廠做電工；三弟寶華在上中學。他們現在怎樣？身體有多高了？音容笑貌時時在目。去年春天，家裏寄給我一張他倆的二吋黑白照片。我把照片安放在一面小鏡子的背面，想他們的時候，就拿出來端詳。照片中的二弟開始有了青年的輪廓；三弟還是頑童一個。

我的兩個弟弟。這張在我的上衣兜裏保存了四年的照片，拍攝於一九七一年春。

按照軍規，士兵服役四年後才可以享受探親假。每年一次，一次十五天。我服役還剛滿三年，按規定還沒有假期。機會卻朝我走來了。

臨近年底，徐營長和王教導員都到丹東團部開會去了，張副營長在家主持工作。二月十日下午，張副營長找我下棋，我倆廝殺了幾盤互有輸贏。張副營長的心情很好，我趁機和他商量請假的事。張副營長痛痛快快地說：

「算你小子走運，現在我說了就算數。你寫一個申請報上來，我簽了字，明天去趕火車，還來得及。」

我一聽，萬分驚喜，張副營長可真夠朋友。看看日曆，那天是臘月二十六。趕忙把申請寫好；管理員簽字；張副營長簽字；找會計借路費；準備隨身衣物，一氣呵成。

第二天上午，正好有去街亭拉貨的車。我已經爬到了卡車的上面，管理員馮水央又把我喊了下來。我心中一陣緊張，莫非好事還會泡湯？

馮管理員把我叫到一邊，用標準的河南話問我：

「聽說你探家不去山東去河北？路過不路過北京啊？」

我回答說：

「去保定必須在北京換車。」

「那還是個事哩！上級有通知，尼克森要來哩，幹部戰士出差都不讓上北京去。你說這咋辦？」

我說：

「我在北京下來這趟車就上那趟輛車，一分鐘也不停留還不行嗎？」

馮管理員想了想說：

「那中！千萬不要出車站。可要注意哩，說什麼也不能犯政治性錯誤。」

我釋然，愉快地登上了探家省親的路程。

一九七二年二月十二日凌晨，我抵達北京火車站。距離美國總統尼克森抵達北京的時間二月二十一日還有九天。北京火車站和往常一樣，並沒有限制旅客的進出。北京高層的通知到了下邊，往往會拿著雞毛當令箭，層層加碼是常有的。

我牢記馮管理員的囑咐，在站內稍事停留就登上了南去的列車，當天傍晚就抵達南劉口祖父的家中。

那天是臘月二十八，父母和弟弟們三天前早已到達。全家人的喜悅無以言表。兩個弟弟整個晚上都咧著嘴瞅著我傻笑。

父親那年四十一歲，還在臨清縣的「老少邊窮」康聖莊人民公社任黨的核心組副組長，那是他人生的一個谷底。

我的大爺爺臧瑞生年前因為胃癌去世了。祖父的白血病比大爺爺的病發現的還早，已經多次去保定的醫院就診治療過。表面上看不出祖父有多大變化，實際上早就病入膏肓了。父親很清楚白血病凶多吉少的歸宿，這是他謀劃全家一起回劉口村過年的原因。

祖父才六十歲的年紀。末路疾病過早地降臨，他的內心一定痛苦。他已經辭去了生產隊會計的職務，靜心與疾病進行最後的抗爭。身體和內心裏如何痛苦，祖父都掩蓋得了無痕跡，外表上盡量表現得非常平靜，說話依舊是安詳和藹的語氣。

六三年大洪水過後，因為財力有限，祖父家三間房的地皮只搭建了兩間房子，去年才把那一間補蓋上。院子的大門也翻蓋一新。大門的門框上掛著一塊木牌，木牌上寫著四個紅顏色的字：

「軍屬光榮」。

祖父指著四個紅字說：

「村裏知道你當了兵以後，非給掛上了這麼塊牌牌。」

祖父說的「村裏」指的是村黨支部書記耿澤民和生產大隊大隊長穆章法。文革初期他倆被造反派奪了權，兩年前又恢複了職務。我的原籍雖然是南劉口村，但我不是從劉口村報名應徵入伍的。村裏給掛上一個「軍屬光榮」的牌子純屬照顧。背後的原因或許完全是村幹部對我祖父的尊重。

祖父還說：

「就這麼塊牌牌，還有很多人咬對。（咬對，劉口一帶的俗語，妒忌不服氣並公開用言語表示反對的意思，對發Dei音。）某某的媳婦在大街上就大聲小喊地吆喝，說什麼寶興他們家是上中農（音：Neng）；他姥姥家是地主。他憑什麼能當兵啊？」

祖父的話再次提醒了我一定要低調。在村裏行走說話都要小心謹慎，真要有人往部隊給我寫封什麼什麼的信，無疑會讓我的處境雪上加霜。我沒有便裝，出門時沒有辦法不穿軍衣。軍帽就不要戴了，對「咬對」我的人，起碼可以減輕一些刺激。

大爺爺家的全清大叔卻不認同我這樣做。他很願意讓我陪他去街上人多的地方諞一諞（劉口俗語，諞，炫耀的意思）。他強拉著我往外面走。我把軍帽扔到炕上，他又拿起來替我戴在頭上。我和全清大叔一起走出家門。他高聲和遇到的每一個人說話，向不認識我或認不出我的人介紹我。

年關來臨，村民們都有閒工夫。南劉口村村中央的老集上和小南街一帶遊玩閒逛的人比較多。一家半露天的自行車修理鋪，和一間小小的理髮店是村裏唯有的工商業。修自行車的師傅還在幹活。周圍或站或蹲有十幾個人在嘮嗑。全清大叔和那些人打招呼。認識我的人也招呼我：

「回家來過年昂（昂，是劉口一帶口語常用的疑問語氣詞）？」

我點頭一一應答著。

還有人問我在哪裏當兵。全清大叔替我回答了。

理發店裏的火炕上有人在下象棋。全清大叔不知怎麼知道我能夠上陣，非要我下上一盤。見有生人而且是穿軍裝的生人坐到了棋盤的一端，霎時圍上來很多人旁觀。對手的身份我不清楚，大概是南劉口村或一定範圍內的高手。如此的場合與氛圍，我的棋走得很拘謹，稀裏糊塗地丟了一顆大子，殘局後只好推盤認輸。

我想借機下場。全清大叔在身後按住我的肩膀。圍觀者餘意未盡，紛紛嚷著要我倆再殺一盤。我理解全清大叔的心意，第二盤把全部的精力投入進去，儘管十分吃力，總算沒有讓全清大叔失望。

觀戰者有人評論道：

「一比一，下平了（Lie）。都不賴！」

我順勢把座位讓給了旁邊一位中年人。

文化大革命進行了五六年，從吃飯穿衣看，劉口村人們的生活比一九六九年春節我回去時還要差一些。中老年人多數都穿著帶補丁的衣服，口糧也逐年減少。困難的農戶生產隊分配給的小麥自家捨不得吃，偷偷地用自行車馱著去西村調換玉米高粱一類的粗糧。交換的價碼一般是一斤小麥能換得一斤二兩或一斤三兩玉米。玉米比小麥禁得起吃，可以節省一些。

西村是劉口一帶的人對臧村以西諸村的稱謂。劉口村「常年吃白麵旋餅」的悠久歷史，被土地集體所有制徹底改寫了。

除夕那天，母親幫祖母準備了年夜飯。最主要的菜肴是一盤燉豬肘子，一盤子糟魚，餘下的盡是些白菜豆腐粉條子。兩張小餐桌擺在東套間的火抗上，把大奶奶和全清大叔大嬸也請了過來。喝酒的時候，祖父端起酒杯後說了一句：

「恐怕這是咱們家最後一個全客年啦！」

翻譯成普通話則是：這可能是咱們全家最後在一起過年了。言外之意是感慨自己身體重病恐怕去日無多。

祖父說罷，眼眶就紅了，有淚水湧出，只是沒有掉落下來。

祖父的話，耳背的祖母沒有聽到。坐在炕頭最上位的大奶奶，眼淚早已噴湧而出了。

祖父的感慨最終成真，那年春節是我與祖父的最後一次會面。第二年七月，祖父病故。

五十、永遠十九歲的馬九成

青山溝子裏僅有的一棵歪脖子柳樹吐綠的時候，民兵四連的施工現場，00山洞內發生了事故，一個民兵正揮舞著大板鍬裝車，頭頂上有一大塊石頭突然墜落，把他砸到在地，整個腦袋都砸爛了，那民兵當場死亡。

我們幾個走到發生事故的那個洞口時發現情況有些異常：沒有翻斗車進出，洞內也沒有一點兒聲響。細心的郭景文發現地面有血跡。我們順血跡往山洞裏走去，洞內空無一人，電燈依然明亮。血跡的密度很大，不是點點滴滴，而是三五條或粗或細的鮮血長帶。血的長帶上還有白色的斑點，我們走到發生事故的地方，才知道那白色的斑點就是死者的腦漿。

事故發生後，現場的人急急忙忙把傷者（死者）抬到山洞外面，所有的民兵也都撤離走了。肇事的那塊石頭已被摔成數塊，石頭上血跡斑斑。地面上則是很大的一片鮮血，旁邊有一頂變了形的柳條安全帽。安全帽裏有半帽盔黏稠的液體，那是死者的鮮血和腦漿。

山洞塌方和巨石墜落實在可怕，黃玉奇助理員關於工程兵犯錯的機會只有一次的警示，再次在我耳邊響起。

被石頭砸死的民兵叫馬九成，時年十九歲，昭烏達盟林西縣人，出來做民兵還不到一年。

幾天後，馬九成的父親來到青山溝子處理兒子的後事。馬九成的父親有五十多歲或六十多歲，身材不高且瘦，頭上包一條灰白的毛巾。

馬老漢臨走前，民兵營和民兵四連的領導們在餐廳招待他吃飯。馬老漢坐在穿軍裝的賈副政委和顧教導員中間。賈副政委連軍帽都沒有摘掉；顧教導員卻脫掉了上衣。領導們都喝了酒，說話的聲音很大。賈副政委和顧教導員為一件什麼事爭論起來。馬老漢呆呆地坐在那裏，不喝酒，也不吃飯，時不時用手擦拭眼睛，或許是照應淚水；或許是眼有痼疾。

旁邊一張桌子上放著馬九成的骨灰和照片。照片挺大，大概是一尺的。照片上的馬九成戴著帽子，很多農村的男人照相時都習慣戴帽子。照片上的馬九成很瘦，單眼皮，小鼻子，眉毛很濃密。照片上的馬九成是十九歲或十八歲。他的人生永遠停留在了十九歲。

馬九成被砸死的前兩個月，民兵一連來自敖漢旗的三個民兵因為在連接雷管與導火索時吸煙，一盒（一百個）雷管差不多都爆炸了。三個人沒有被炸死，六隻年輕的眼睛全部報廢。

在我敲打這些文字的時候，遠在敖漢旗或許會有三個瞎眼的老漢還在冥冥中回憶著往事。當年青山溝子裏的景物已是留存在他們腦海中最後的影像，最後的色彩。

五十一、概率

「常在河邊走，哪能不濕鞋？」說的是概率問題。

工程兵常年鑽在山洞裏施工，前前後後上下左右都是石頭。用老兵的話說是「六塊石頭夾著一塊肉」，難免不發生工傷事故。

如果一個人進山洞或勞動或測量或巡視一次算做一人次。那麼被突然從上面塌落下來的石塊砸傷砸死的概率有多大呢？我們整個工地，山洞裏多的時候近兩千人馬出出進進，人少的時候三五百人，六年下來，被石頭砸死的只有馬九成一個；砸傷致殘者屈指可數，不超過五個人。用數學公式粗略計算一下，得出如下的答案：被砸死的概率大約是一百萬分之一；被砸傷致殘的概率大約是二十萬分之一。

這樣的概率真不算高。我打從入伍就在山洞裏幹活。最危險的也就是一九七〇年秋在04洞內和劉維恩一起，差一點被巨石滅頂那次，結果也是有驚無險。六年下來，檢查全身，只有左手的手背上留下了一個兩釐米長的傷疤，是被石塊砸過的遺跡，有傷無殘。

上面的概率對我說來，算是有效。

一九七一年的春天，我們工程團的上級機關，軍區後勤二分部的助理員徐某到我們營蹲點調研。那徐助理員年紀不到四十歲，身材纖細，皮膚白淨，說話輕聲慢語，一副文弱書生的樣子，看樣子不是行伍出身，大約是畢業於某一個軍事院校。

徐助理到我們營部住下的第二天，營部的全體人員到01洞裏勞動。我們經始班的人為了積極表現，自然也都參加了。營部的士兵多是從連隊抽調而來，幹起施工的活路卻都沒有什麼戰鬥力，進山洞勞動，象徵意義遠遠大於實際意義。01山洞已經貫通，大塊的石頭已經運出洞外。營部的士兵去那裏勞動，最重的活兒也只是平整一下地面，然後把一些小塊的石頭運走。

徐助理也主動地加入了我們的隊伍。他一直在大機關工作，第一次下到施工部隊，自然也是第一次走進正在施工的山洞。徐助理剛一到施工現場，四周的黑暗，呲牙咧嘴的石頭，著實讓他有些緊張。幹活的時候，徐助理挨得我很近。他一邊手持鐵鍬撥弄石塊，一邊不斷地抬頭觀望頭頂上的石頭。

幹了一會兒，也看了一會兒，徐助理開始細聲和我交談。他用比較委婉的語言向我提出了一個問題：頭頂上的石頭有沒有隨時掉下來的可能？我費了一番功夫才聽明白了他的疑問。我也盡量委婉地告訴他：雖然山洞掘進的時候，炸藥成千上萬次爆炸，那些容易脫落的石塊多數都被震落下來了，但因為雨水的滲透等原因，還是隨時會有石頭坍塌墜落的，所以我們工程兵部隊規定所有進山洞的人必須戴上安全帽。在山洞裏幹活時還要隨時隨地觀察頭頂上的情況，尤其是停留休息的位置，一定要選擇上面石質看上去比較堅固牢靠的地方。

徐助理對我的話，似懂非懂，緊張的情緒絲毫沒有減輕。

過了一會兒，帶隊的朱醫生招呼大家休息。我習慣性地在靠近洞壁的地方，找到一處我認為安全的去處，坐了下來。戰友們或坐或站，三五成群圍靠在一起吸煙聊天說笑。

徐助理按照我說的，朝山洞的拱頂認真端詳了一番，才選定了一個休息的去處。他模仿他人用石塊把鐵鍬墊高，然後坐到了鐵鍬柄上。坐下以後，他還是不放心頭頂上的安全，又抬頭再三審視，隨後把身下的鐵鍬挪動了差不多一米的距離，之後放心地坐了下來。

一分鐘後，事故發生了：喀嚓一聲，一塊西瓜大小的石頭突然從上面墜落下來。還好，石頭沒有砸中徐助理的腦袋，而是砸在了他的大腿上。徐助理一聲尖叫，隨即昏死過去。

幸好有帶隊的朱醫生，隨即為徐助理診斷：右大腿的骨頭被砸斷了。簡單包紮固定以後，大家七手八腳把徐助理抬到山洞的外面。聞訊趕來的值班汽車已經抵達，朱醫生和兩個衛生員護送徐助理徑直朝最近的軍隊醫院駛去。

幾個月後，徐助理出院了。他受傷的右大腿縮短了三釐米，行走需要一根手杖支援才行。

第一次踏進工程兵施工的山洞就出了意外，對徐助理來說，進山洞勞動被砸傷致殘的概率是百分之百，是我們營所在那個工地平均值的二十萬倍。

五十二、朱文芝

朱文芝，一九七一年一月從遼寧省凌源縣入伍，先到二連十六班，幾個月後調入經始班。

朱文芝的身材很高，幾乎和大個子卞九寬一樣高。二連十六班是風鑽班。朱文芝身穿風鑽班的橡膠工作服操作風鑽的時候，魁梧的身軀猶如變形金剛一般。

山洞每掘進幾十米，經始班就要在山洞的頂部沿軸線的位置固定一個基準點，這時就需要風鑽班幫忙。遇到二連十六班在作業面幹活，朱文芝就可以發揮他身材高大的優勢，用巨大的手掌握住鑽頭，突突突幾下子，基準點的位置就鑽好了一個孔，然後塞進一根木樁，在最精準的位置釘一根鐵釘，三下五除二一氣哈成。如果要我這樣普通身高的人去做，往往要東倒西歪地搭人梯才能夠到那樣高的位置。幫過我們幾次忙後，經始班的人都記住了二連十六班的那個能幹的大個子新兵。當聽說他就要調來我們經始班的時候，大家都很高興。

朱文芝是一九四九年出生，入伍比我晚兩年，歲數比我還大一歲。他並不是凌源縣人，他原本是本溪市第十中學初中三年級的學生，一九六九年響應毛主席的號召上山下鄉去了凌源縣，兩年後應徵入伍。朱文芝說，那年本溪第十中學下鄉的名額是五十個。

「他媽的，都傻逼，爭著搶著。報名的有好幾百，還敲鑼打鼓，紅旗招展。去他媽的一個好地方還值得啊？結果去的是那個破凌源。」

這句話是四十年後我和老班長趙生余去本溪看他，一起喝酒時大朱說的原話。

凌源縣地處遼寧省的最西北角，與內蒙河北搭界。無論地理位置，還是自然面貌經濟文化，凌源縣可能都是遼寧最差最艱苦的地方。

說是一九五六年，上級的一個合作化工作組去凌源山區某村推動建立合作社。村公所的牆壁上竟然還懸掛著蔣介石的畫像。工作組的組長，向一個好像是村長也類似族長的老漢連說帶比劃了半天，那老漢方才明白了一些：

「喔！換了朝代啦？」

這個花絮般的情節，是那一年去凌源接新兵的軍官回來後說的，好像不是杜撰與演繹。去那裏接兵的軍官們說，合作化工作組經歷的情節，是聽當地幹部們介紹的。一九七一年初，凌源縣山區的很多人家，包括一些大隊部的牆壁上都還懸掛著劉少奇的標準像，卻是他們親眼所見。文化大革命搞了四年多，頭號走資派劉少奇被開除黨籍也兩年多了。毛主席一次次強悍無比的最高指示，竟然沒有傳達貫徹到那裏，可見那裏的山區是多麼的閉塞。

朱文芝下鄉的那個村莊當時叫三家子人民公社半拉杖子大隊戲樓杖子生產隊。如果地名沒有改變，現在應該是：凌源市三家子鄉半拉杖子行政村戲樓杖子自然村。朱文芝說，那一帶漢族居住的村莊一般都叫什麼什麼杖子；蒙族多的村莊則叫什麼什麼營子。

戲樓杖子生產隊有幾十戶人家，一二百畝山嶺地，年成好時可以吃半飽，天旱的年頭只好挨餓。這樣的艱苦環境倒是很能讓城市裏下鄉到那裏的知識青年得到鍛鍊。只是一下子給這麼小的村莊增添了十幾個能吃飯的年輕人，地裏出產的莊稼卻不會增加，全村人吃飯的問題也就更加成問題了。

一提起戲樓杖子村，朱文芝就會說：

「那窮地方，兔子都不拉屎。」

戲樓杖子村的貧下中農用知識青年們的安置費給本溪去的學生蓋了三間房子做知青點。男知青住一間；女知青住一間；當中的一間燒火做飯。朱文芝被推選為戲樓杖子知青點的「點長」。

我問朱文芝：

「為什麼你能當上『點長』？」

「傻大個子，光知道幹活。」

朱文芝說：

「生產隊裏幹活就那麼回事。大家都那麼幹，你只要稍微使點力氣，就比別人幹得多。最累人的活兒是上山去砍柴火。那光禿禿的山上，什麼柴火都沒有，只能費勁巴拉地刨點兒荊條棵子的根。那些根疙瘩，誰知道它們在山上長了幾十年還是幾百年？又沉又硬。往家裏背，累死人；把它們劈成能燒的柴火，更累人。」

朱文芝說，男知青到了那裏怎麼著都行，大不了沒有飯吃餓得跑回本溪去；女知青可就慘了。凌源山裏每個村都有很多光棍漢子，都跟惡狼一般。

「××杖子村的光棍漢最多，有的都乾靠了幾十年。你想想，城裏的女學生去了那裏還能有個好？他們仗著成分好，欺負了兩個女知青。不是一般地欺負，是真的那個啦。」

我禁不住追問：

「能白欺負嗎？公安局不管？」

大朱說：

「公安怎麼管？那些人巴不得被關押進去，能有人管他們吃飯呢？」

「那兩知青就白給欺負啦？」

大朱說：

「沒有。這事在知青中間傳得很快。大家到淩源一年多，早就受夠了。尤其是男知青，都想鬧點兒事。差不多全縣的本溪知青都集合起來了，裏三層外三層把××杖子包圍了個密不透風，就跟電影裏日本鬼子包圍中國的村莊一樣。村裏的男人，從十幾歲到六七十歲的老頭，全都給揍了個狠的。胳膊、腿打斷了很多，終身殘廢的不少。事兒鬧得這麼大，都驚動了省裏。」

「最後知青該倒楣啦？」

「事弄大了倒沒事。最後強姦女知青的那幾個貧下中農被抓了，判得很厲害。村裏的幾個知青都給轉到了其他的知青點。」

「知青沒有被處理的嗎？」

大朱說：

「奶奶的，處理誰呀？人那麼多。從那以後沒有人再敢欺負本溪知青啦，真他媽的過癮。」

朱文芝十餘歲的時候，父親因病去世。母親帶著他和他的一個弟弟一個妹妹改了嫁。繼父是本溪鐵礦上的工人；母親在家屬工廠上班。兄弟姊妹一共五個，朱文芝最大。從小苦慣了，又去最苦的山區當了兩年多知青。磨難讓他變得比同齡人成熟老練，也比經始班我們幾個世故，雖然我和趙生余、楊玉霞比他當兵早好幾年。

一個班的戰友住在一個宿舍裏，每個人與外界的通信基本上沒有祕密可言。朱文芝經常接到一個在朝陽地區革命委員會工作的人寫來的信，看字跡是一個年輕的女子。我問朱文芝，他說是同學。

郭景文好像早就知道點底細。小郭告訴我說是女同學，大朱他們一個知青點的，後來被抽調到朝陽地區革命委員會辦公室工作。小郭還說，那女同學長得很漂亮。

後來大朱向我坦白說，郭景文所言全是真的。那女的曾經與大朱有那麼點兒意思。好像那女的家庭情況與大朱一樣困難，又住在一個知青點。大朱在生產隊勞動時幫助她；她幫助大朱洗涮縫補衣服。青年男女同命相連又相憐進而相戀，兩人之間產生些感情再正常不過了。

有一年春節，知青點的其他兄弟姐妹都回本溪過年去了，就剩下了他倆，感情就有些突飛猛進。

我問大朱：

「發生真事了嗎？」

大朱明知道我問的什麼，還故意反問我：

「你指的什麼真事啊？」

「就是那種真事。」

大朱呵呵地笑，還搖手比劃著：

「呵呵呵，沒有，沒有，還不到那種程度。」

我又問：

「想來著沒有？」

「哈哈哈，想是想了，能不想嗎？咱又不殘廢。那事可不能隨便做啊。」

我相信大朱說的是實話。朱文芝同志是一個老實人，一個勇於承擔職責的男人。

其實，就在我和大朱議論那位在朝陽工作的女同學時，大朱和她的關係已經接近尾聲。塵埃落定之後，我很為大朱遺憾，再三追問究竟。大朱鬱悶帶憂傷地告訴我：

「條件都在這兒明擺著，人家在大機關工作，我只是一個小戰士。再說我這個長相，人家能願意嗎？」

客觀地講，朱文芝同志的長相的確不容得讚美恭維。他的身體很強壯，身材很高，腰卻有點兒彎，屬於通常說的水蛇腰那種。最減分的是他的臉。大朱的臉很長，比《冰山上的來客》中飾演排長，以臉長而著名的電影演員梁音的臉還長。大朱的嘴還很大。有一次吃飯時他突然興起發飆，當眾把兩個饅頭捏到一起，一下子就都塞進了自己的嘴裏。我們軍營食堂裏蒸的饅頭個頭都是很大的。

我雖然從未有過和大朱一樣與異性的交往經歷，但我還是很同情大朱。有一段時間，我內心裏經常貶低那位在朝陽大機關裏工作的女陳世美。

晚上熄燈後，經始班裏的士兵們一時難以入睡，便有人向老趙提議：

「班長，再來一段！」

趙班長的年齡最大，老高三，讀過的書也多。文化大革命以前，如《三言》、《兩拍》甚至《紅樓夢》，都被思想控制部門和中小學的施教者當作「封資修」，當作淫穢讀物而嚴厲禁止閱讀。趙班長好像閱讀過《三言》和《兩拍》。我們提議趙班長來一段，就是請班長講一段那些禁書中的情節，最好是能帶一點兒色彩，如賣油郎如何獨占花魁；和尚尼姑私通勾引良家女人；某家小姐娘子紅杏出牆一類的故事。

趙班長基本上不會拒絕大家的盛情。他常常用典型的鞍山話慢慢地把故事情節展開，說到精彩處往往會賣一個關子，說：

「天不早了，明天還要工作，咱們都睡吧！」

大家便七嘴八舌地央求班長：

「不睏！不睏！講完再睡！」

整個軍營就訂閱了《人民日報》（一日四版，沒廣告）、《前進報》（四版，小版面）、《參考消息》三種報紙，《參考消息》還不允許士兵閱讀。書籍除了《毛澤東選集》、《毛主席語錄》、《最高指示選摘》、《林副主席講話》之類，再無其他的印刷品。軍官士兵們都生活在文化的荒漠中。趙班長講的故事，猶如荒漠中的幾滴水。當然了，這幾滴水或許是濕潤了戰友們的性饑渴，或許讓青春的性饑渴更加奔騰，那就因人而異了。所以趙班長講完故事後往往會說：

「明天起床後檢查褲頭，看哪個小子晚上不老實，又他娘的亂跑馬。」

「跑馬」在我們軍營內指的是遺精。

趙班長肚子裏可以滿足聽眾的儲存也是有限的。為了細水長流，趙班長便不能做到有求必應。當部下們提出講故事的要求時，趙班長會說：我做班長的不能腐蝕你們呀。有時老趙甚至坦承自己會講的故事大家都聽過了。

遇到趙班長託辭的時候，朱文芝便央求班長說：

「我先講一個，為你開開場子，鋪墊鋪墊。完了，你再給我們講高級的。」

朱文芝講的故事也帶色彩，其中一個我至今記得：

故事說一幫長工夏天在院子裏乘涼。地主家的小姐在臥房裏睡覺。長工們通過窗戶的縫隙看到了小姐的玉體。因為天熱，那小姐赤身裸體，連私處也都暴露無遺。長工們在窗外都禁不住野馬奔騰。其中一個長工用一根高粱秸蘸上自己遺出的精液送到小姐的私處，小姐就懷孕了。孩子長大後，經常跟在那長工的後面喊爹。地主沒有辦法就把小姐許配給了長工，還給了長工很多土地和財產。

這無疑是一篇充滿空想主義幻想和階級鬥爭學說，以極其特殊的方式，打土豪分田地，包括瓜分土豪家女人的鄉土文學。

朱文芝還講過一個更階級鬥爭的故事：

說是一個地主和一個窮人打賭，誰輸了就當眾把對方的一泡大便吃下去。第一次窮人輸了，沒有辦法，只能強忍著把地主拉出來的大便吃進肚子裏。地主因為經常吃魚吃肉，飯量又小，大便的數量少，據說質量也不錯。第二次打賭，地主輸了，該地主只好當眾吃窮人的大便了。窮人的飯量大，大便的體積也大；窮人吃糠咽菜，大便的質量就很糟糕。地主吃完窮人使勁拉出來的一大灘黑乎乎的大便，就一命嗚呼啦。又一篇農民戰勝地主的傳奇。

我問朱文芝，這兩個故事可是下鄉期間，在凌源戲樓杖子聽來的？老朱說：都是在那旮旯的生產隊裏幹活時，聽貧下中農們講的。中學生大朱上山下鄉去凌源的農村勞動鍛鍊兩年多，所接受的再教育也包括這些內容。

經始班裏三個一九七一年入伍的士兵，朱文芝和我在一起工作的時間最短，我與他的關係卻比和我形影相隨了幾年的郭景文、卞九寬密切，溝通反而多一些。

好多年以後，大約是二〇〇七年的一天，我從其他戰友那裏知道了朱文芝家裏的電話。徑直要過去，大朱（不，應該稱呼其為老朱了）在電話裏還沒有開腔，我說：

「先不用你告訴我，讓我猜一猜你的現在怎麼樣？」

老朱在電話裏說：

「好的，你猜猜吧！」

我說道：

「我不用猜就知道大朱你現在肯定能當上個官。但你的官當不大，而且肯定是一個副職。」

緊接著我還說：

「你現在一定喜歡吸煙喝酒。」

大朱在電話裏如當年一般哈哈大笑：

「都讓老戰友你猜對了，你猜的一點兒也不錯……」

朱文芝復員回本溪後，安排工作到歪頭山鐵礦。他很能幹，先做黨支部書記，十多年後當上了副礦長，後來轉做工會主席，副職裏的副職。吸煙喝酒的嗜好我也猜對了，與我通電話的時候，剛喝了很多酒。

五十三、兩名女知青、兩車鋼材和一塊上海牌手錶

一九七三年六月二十二日至八月七日，國務院召開了全國知青上山下鄉工作會議。會議期間，一份新華社的《情況反映》引起中央領導和與會者的震動。

《情況反映》中有如下的內容：

雲南生產建設兵團以種植橡膠為主的四師十八團百分之七十以上的人員是來自北京、上海、四川、昆明的知識青年。這個團的部分領導人對有缺點、錯誤的知識青年不是堅持正面教育，而是採取捆綁吊打手段進行鎮壓。據一九七二年四月統計，十八團三十個單位，有二十三個單位發生過捆綁吊打知識青

年的事件，被捆綁吊打的知青達九十九人，許多人被多次吊打，捆綁吊打的手段有二十九種之多。例如：背扁擔、跪劈柴加踩槓子、捆上後用鋼筋絞、吊在空中往牆上撞、夏天烤太陽、冬天澆冷水等等。受拷打的知青，絕大多數僅有罵人、打架、小偷小摸、不服管理、勞動偷懶等缺點、錯誤。有個知青因為開大會時放個屁，被當場批鬥，罪名是「污染空氣」。

《情況反映》還有如下內容：

雲南生產建設兵團一營長賈小山，強姦女知青二十餘人；一師某指導員張國亮強姦女知青幾十名；黑龍江兵團十六團團長黃硯田、參謀長李耀東強姦女知青五十多人；內蒙兵團被姦污的女知青達二百九十九人，罪犯中有現役幹部二百零九人……。

七月五日，葉劍英在那篇《情況反映》上批示：

事態嚴重，請電告昆明軍區派人查報。

七月六日，周恩來總理的批示：

此等法西斯行為，非立即處理不可。只要十八團被控事件屬實，應請省委、軍區立即派人主持，首先將這幾個團部負責人停職交待，並開群眾大會宣佈此事。省委、軍區要負責保護這些受摧殘的知識青年。

李先念批示：

內中有些人不是共產黨，是國民黨，至少是國民黨行為。不知為什麼得不到糾正？省委、軍區難道說一點也不知道嗎？

雲南、黑龍江、內蒙等地，根據中央領導的批示，成立了專題聯合調查組。

雲南省聯合調查組《關於雲南生產建設兵團第十八團部分幹部摧殘迫害知識青年的調查報告》中有如下內容：

……

第十八團衛生隊長孫濤，四十五歲，河北河間縣人。一九四五年入伍，一九七〇年三月調入十八團任衛生隊長。副營級。姦污女知青十一人，三人墮胎。占衛生隊女知青人數一半以上……

李文峰，三十歲，貴州石阡縣人，十八團二十連指導員。正連級。姦污、調戲、猥褻女知青十五名。被姦污女知青中有二人跳河自殺未遂……

第十六團五營三連連長陳忠友，有婦之夫，姦污、調戲女知青十一人，女知青上山割膠，聽見樹葉響都以為連長來了……

第十六團九營二連連長田宮成，有婦之夫，姦污上海女知青多人……（略）

雲南生產建設兵團第三師的一期《會議簡報》有如下的內容：

第十團司令部參謀孫小虎（正連級），有婦之夫，長期姦污三名女知青，並致使其中二人墮胎……

第十團司令部參謀刁世美（正連級），有婦之夫，採用欺騙，引誘和脅迫等手段，雞姦男知青二十餘人……（略）

國務院、中央軍委（一九七三）一〇四號文件，《關於黃硯田、李耀東姦污迫害女知青的通報》有如下的內容：

黃硯田，黑龍江兵團十六團團長、四十九歲，江蘇泗陽人，一九四三年入伍，一九四五年入黨。李耀東、十六團參謀長，四十八歲河北遷西人，一九四四年入伍，一九四三年入黨。姦污，猥褻女知青達數十人。有的被黃姦污後，又被李姦污。

一九七三年八月二十二日瀋陽軍區在十六團（現新華農場）召開公判大會，宣判因犯姦污女知識青年，破壞毛主席關於知識青年上山下鄉革命路線罪行的原十六團團長黃硯田、參謀長李耀東死刑，立即執行。

十六團團長黃硯田，參謀長李耀東，都是抗日戰爭中參加共產黨的老幹部。「判處死刑，立即執行」後，案子通告全國。國務院、中央軍委（一九七三）一〇四號文件傳達到黑龍江全體知青。

（頗為詭異的是，一九八三年年瀋陽軍區軍事法院複查後認為：原定事實有出入，量刑過重，改判：撤銷原判決。人都槍斃了，撤銷原判又有何用？依仗職權強姦一名女知青和強姦十名都是人間的惡魔，惡魔與惡魔又有有何區別？）

當年的《全國知識青年上山下鄉工作會議簡報》第八期的內容：

遼寧省一九六八年至一九七三年，共發生摧殘知青和姦污女知青案件三千四百多起，四川省三千二百九十六起。

在所有摧殘迫害知青案件中，姦污女知青案件比例最大，占百分之六十、七十以上，有的達百分之九十。例如河北省，僅一九七二年就發生迫害知青案件一百二十六起，姦污案一百一十九起，占百分之九十四。江蘇、吉林兩省，均占百分之八十以上。

國務院知青辦《簡報》第十一期的內容：

雲南兵團不完全統計：吊打知青六十九起，僅一師批鬥知青七百二十七人。有的知青被吊起來活活打死……

姦污女知青（不完全統計）：黑龍江兵團：三百六十五起。內蒙兵團：二百四十七起。雲南兵團：一百三十六起。廣州兵團：一百九十三起。其中師級幹部二人，團級幹部三十八人……

雲南省知青辦《情況反映》第十四期的內容：

據不完全統計，雲南生產建設兵團自一九六九年組建以來，共發生破壞知青上山下鄉案件四百一十一起，其中姦污案二百零七起，捆綁吊打案九十八起，凶殺二起，逼婚三起，打擊報復五起，煽動外逃一起，死因不明三起，猥褻八十三起，強姦未遂九起。犯罪人員中，現役軍人占一百一十六人（師級幹部四人，團級九人，營級三十一人，連級一百零五人，參謀幹事十人，其他七人），地方幹部犯罪二百四十五起。已處理一百七十九件，占百分之四十三點六。死刑四件，死緩二件，無期三件，十年以上四件，九年以下十三件，行政處分一百三十八件，其他十三件。未處理二百三十二件，占百分之五十六點四……

有民間的社會學家調查報告，上海女知青在各地插隊落戶過程中，有百分之六點三二的人遭到強姦和姦污，被強姦和姦污後與當地男子結婚的不在調查人數之中。

不再羅列這些讓所有正常人心酸的歷史塵埃了。想瞭解當年那段歷史的讀者，只要隨意使用搜索工具，就可以閱讀到很多這樣的資料。

我們工程一營的營長徐掌財，上海南匯人。徐營長的夫人姓沈，隨軍後，和教導員的夫人老賈一起，使用一臺製釘機為部隊生產鐵釘。我們營加民兵營施工需要很多大大小小的鐵釘。團裏批准一營設立一個小型的製釘廠，（如果只有兩個工人一臺機器的生產車間也可以叫做工廠的話）既是施工的需要，也是因人設事，讓兩位第一夫人能夠就近照顧營領導。

沈夫人有兩個妹妹是從上海下鄉到黑龍江建設兵團的女知青。兩個女知青到我們軍營看望沈夫人的時候，我們這些士兵都把她倆看了個仔細。兩人都穿著很舊的知青衣服，很瘦，腦後留著兩條極短的辮子，有兩次還戴著落色的舊軍帽。雖然著裝簡陋陳舊，上海年輕女子的氣質風度依然瀟灑。

其實，兩個女知青並不是老沈的親妹妹，最親近的關係也只能是她的表妹或堂妹。兩個女知青去過軍營幾次以後，徐營長把她倆從黑龍江建設兵團給調到距離我們軍營幾十公里一個叫長阪坡的村莊（生產大隊），由兵團戰士變成了插隊知青。

當時，兩個女知青回上海去是不可能的，她們倆插隊的長阪坡村也是丘陵山區，生活條件生產條件也都不好，徐營長沈夫人之所以費大氣力把兩個表妹或堂妹從黑龍江建設兵團調出來，自有它的原因和道理。老沈向別人解釋說是因為兩個女孩子有病，黑龍江太冷，身體難以適應。至於除了躲避黑龍江的寒冷之外，她們還要躲避什麼。讀者看過本節最前面的一些文字，也就了然於心了。

兩個女知青在長阪坡安頓下之後，就很少到我們的軍營來看望姐姐姐夫了。不過，她們的姐夫徐營長為了安頓保護她們，卻為自己引來了一些不大不小的麻煩。長阪坡生產大隊的人和管轄長阪坡生產大隊的人都與徐營長夫婦非親非故，兩名表妹知青安排到他們那裏是有代價的。

長阪坡生產大隊革命委員會的負責人去過我們軍營幾次，徐營長夫婦自然要招待他們吃飯，很可能還要喝酒。那些人第三次或第四次去軍營的時候向徐營長提出來生產隊需要一些鋼材。

徐營長的確掌管著很多鋼材，有各種規格的角鋼、扁鋼、螺紋鋼和鋼板。但這是軍用物資用於軍事工程，哪個敢送與你們？那時軍人遵紀守法的觀念很強。若是今天，不要說生產大隊集體需要，就是送予個人，只消稍微變通拿一些去好了。

兩個女知青安頓在人家的村莊，不說猶如人質，將來恐怕還要有很多事情需要這些地頭蛇似的人物首肯照顧。徐營長躊躇數日，還是安排人弄了兩車角鋼圓鋼盤鋼，多是或有鏽跡，或彎曲變形近似於廢鐵的那種。這些鋼材，在物資極缺的年月對於長阪坡這樣的生產大隊已是難得的珍貴。徐營長做事謹慎，全營上下知道兩車鋼材去向的人不超過三個，其中就有汽車調度周倉。運輸鋼材的兩輛汽車，隸屬於汽車十五團，駕駛員不是我們營的人。

要想人不知，除非已不為。世界上沒有不透風的牆。這件事讓教導員王紹武知道了一絲兒資訊。

自從解放軍還是紅軍的時候，每一級軍事指揮員都配有級別相同的政工幹部。團以上的叫政委；營裏的叫教導員；連裏叫指導員；排裏沒有相應的軍官，卻還有一個黨小組長陪伴。政工幹部多數都擔任著黨委會或黨支部的書記。權力勢力多數情況下要超過同級的軍事指揮員。這樣配備的確有利於「黨指揮槍」；相反的後果是政工幹部與軍事指揮員經常是矛盾重重，互相扯皮，用軍人行話說是「尿不到一個壺裏」。

我們一營的教導員王紹武和營長徐掌財是一九六九年秋天同時任命的。一開始還看不出什麼來，一年半載之後兩個人的分歧爭鬥便循序漸進了。

王教導員掃聽到有關鋼材的信息後，決心要以此為突破口抓到徐營長違紀的證據。最先踏入王教導員視線的是汽車調度周倉。只要周倉能證明為徐營長派車運輸過鋼材，事情就基本板上釘釘了。

周倉是山東人，原先在四連澆築混凝土，因為貌似憨厚為人又靈活，被抽調到營部工程組做混泥土實驗員，有時也客串一下汽車調度。周倉在四連的時候就加入了中國共產黨。

按說周倉只是一個士兵，一個普通的黨員，營黨委書記教導員讓你證明點什麼，你就乖乖地從命好了。周倉一則有營長撐腰，二則山東人瓦崗寨水泊梁山的家底還沒有完全丟棄，硬是不買教導員的帳。王教導員決定先拿周倉開刀。因為周倉正陷入一場有關男女作風的官司糾紛。

男女作風問題的另一當事人是機械連木工班班長劉表的夫人蔡女士。蔡夫人到軍營探親時與劉表一起住在泉水溝的一戶老鄉家。木工班長劉表去山洞裏幹活的時候，工作比較清閒的周倉經常去找蔡夫人說話聊天。一來二去兩人就有了偷偷摸摸的苟且。沒成想好事情做得不周密，劉表知道自己的後路被周倉抄了，便提出要與蔡夫人離婚。這僅是一件只有與周倉劉表關係近的士兵們知道的小事，天曉得王教導員是怎麼打探到的。

蔡夫人早已經被劉表嚴厲指責批評後給攆回了老家。王教導員把劉表招到自己的辦公室，答應給劉班長無限期的探親假，要他如此這般回家找蔡夫人取得證據，證明周倉道德敗壞，玷污了蔡夫人。劉表回家一趟不辱使命，軟硬兼施地讓蔡夫人簽字畫押，把按了鮮紅手印的證據帶回了軍營，恰如其分地交到了王教導員的手裏。

各位看官也許驚訝，解放軍內部怎麼會有這麼多亂七八糟的故事？其實這也有一個循序漸進的過程。一九七一年林副統帥亡命溫度爾汗之後，解放軍的軍心震驚之後逐漸演變為信仰消失軍紀渙散，表現在工程營這樣遠離政變中樞的基層單位，就是軍官和士兵們都開始忙活自己的事情。諸如周倉苟且蔡夫人之事，已經屢見不鮮，偷盜軍用物資私肥的現象也是層出不窮。尤其是士兵中那些家庭出身好，早早地入了黨，提拔為軍官又沒有多大希望的人，基本是能出手者就出手。

就在王教導員準備降伏周倉之前，周倉早就和器材組的保管員張昭、滿寵等人勾結在一起，把器材倉庫裏的幾臺電動機用火車發運回了山東臨清老家。只是王教導員不知悉而已。

我對這些苟且之事的感受是：這些素質差，品行也差，卻能盡早入黨的老兄們都開始腐敗了，開始偷竊了，我他媽的卻還在為入黨而拼命地工作。心內難免憤憤不平，並因此而沮喪鬱悶。

王教導員手持劉表取來的證據與周倉攤牌。你周倉周同志的面前，明明白白有兩條路：如果你一五一十地揭發徐營長私自利用部隊的鋼材與地方上拉關係，我就放你一馬，否則我就堅決開除你的黨籍。

出乎王教導員的預料，周倉同志寧死不屈，寧死不講，寧願被清除出黨，也不揭發信任自己的領導徐營長。結果，王教導員也就真地開除了周倉的黨籍。

一九七五年三月，士兵周倉退役回原籍。徐營長當時正在丹東參加團裏的會議。為了能見周倉最後一面，徐營長請假提前坐夜車趕到了街亭市。在火車站為周倉送行的時候，徐營長擼下自己手腕上的「上海」牌手錶給了周倉。

「小周，回家後有什麼困難可以回來找我。」

周倉講義氣夠朋友；徐營長也夠哥們。

我們這些位於整個事件外圍的士兵們，只知道一營黨政軍事兩位第一首長的爭鬥；知道起因是因為兩名上海知青；知道劉表夫婦為此而離婚；知道周倉被開除出黨；甚至知道徐營長的手錶給了周倉。其他的因由細節卻都模糊不詳。

幾十年之後，幾個戰友與周倉一起喝酒，念及此事，我故意把事情往大裏說：

「周老弟，當年那麼大的動靜，莫非是營長把他那兩個小姨子怎麼怎麼啦？那可是破壞知青上山下鄉運動的大罪呀。」

周倉說：

「哪裏和哪裏呀？就為兩車破鋼材。教導員想整營長一個狠的。」

「營長給你手錶的事可是真的？」

「真的。『上海』牌，還挺新。」

「你也挺夠意思啊！」

「那當然。營長信任咱，咱還能出賣人家嗎？我把那兩輛運鋼材的汽車《派車單》都他娘的給撕了，讓他老王一點兒把柄也抓不到。」

周倉不僅會耍大刀，還挺會辦事。

王紹武教導員是山東章丘人，頗為有意思的是他的家庭出身也是上中農。大概因為他曾就讀過軍校，不存在提幹時遇到障礙。他不止一次地和我談過，他入黨時組織上就有意地考驗了他很久，並以此鼓勵我要經得起黨組織的長期考驗。

王教導員做事細緻認真，很自律，生活簡單樸素。工程團打組建他就在一營任職，一營的連排軍官多數與他關係密切。作為政工幹部的不足之處是他不善演講，講話囉嗦，多語病，沒有層次條理。

有一次，王教導員在全營官兵大會上，把經常使用的一句「毛主席他老人家諄諄教導我們說」中的諄諄講成了「哼哼」。他這一著名的語病，後來被調皮搗蛋的士兵們給演繹成：「毛主席哼哼教導俺老人家說（必須用山東口音模仿才夠味）。」這一演繹基本上能代表王教導員的講話水平。

一九七六年前後，王教導員被提拔到某團任副政委，幾年後轉業到山東電力某建設公司任副書記副經理。工作依舊兢兢業業。二〇〇五年，我曾專程去濟寧看望過他。他已是七十多歲的老人，身體尚健，只是頸椎不好。

那天晚上，老教導員談興很高。約見劉表，迫脅周倉，與徐營長較勁的情節，全場景地向我敘說了一遍。我的認知是教導員所言真實可信。

二〇一一年春，有戰友告知我，王教導員不久前因病去世了。

徐掌財營長也是一九五五年入伍，身材很矮，軍事素養卻很強。他講話簡潔，嗓門很高。單論個人威信，士兵們普遍對徐營長的評價比較好。

徐營長也是一九七六年前後離開一營的。他沒有按照幹部的身份轉業，而是回南匯縣做了一位上海郊區的農民。通過二十多年的奔波打拼，徐營長在周浦附近搞起來一家中藥廠。徐營長多次向與他有聯繫的原一營的軍官表示，很希望能見到當年一營的老部下們。

二〇〇九年春，我去周浦的那家中藥廠看望過他。他已經退休，仍擔任著廠裏的顧問，曾經多年住在安徽亳州採購藥材，煞是顛簸奔勞。徐營長的夫人老沈已經去世，又續了一個吳姓老伴，老吳對他照顧得不錯。

又過了兩年，徐營長給我電話，說是他幾個月前突發血管疾病搶救過來，身體剛剛恢復了一些，身體大不如以前，很想和曾經的戰友們通通信息，聊上幾句，聲音已無當年前年的高昂洪亮。

王教導員和徐營長都告訴我，他們倆分手後互相再也沒有聯繫來往，只是某一年在濟南飛機場等候飛機的時候，偶然遇到過一次。

二人有一個共同點，那就是非常懷念當年在工程一營的故人往事，因為那是他們三十多歲時跨度達十多年與七八年之久的一段經歷。

頗為不可思議的是，當年他們一千多名下屬，三十多年來，唯一專程前去他們晚年的定居地看望過他們兩個的，是我這麼一個多次被他倆阻擋在共產黨大門外面考驗了又考驗的普通士兵。

人間世事，多彩得很呀！

五十四、「伯恩施坦」

從一九七〇年起，為了貫徹毛主席黨中央關於批判陳伯達一類「假馬克思主義騙子」的指示，軍隊開始組織軍官和士兵學習馬克思列寧的原著。印發了許多學習材料，連以上軍官基本上是人手一套，印刷精美，造價很高。還要求各級的領導深入到連隊深入到基層進行講解輔導。這樣內容的政治學習持續了兩三年，官兵們的文化層次相差很大，閱讀馬列著作對於多數人來說，就如同耕牛聽鋼琴一般。唯一的學習成果，是馬列經典原著中的一些晦澀拗口名詞，經常會被士兵們掛在嘴邊，有的還成了一些人的綽號。

工程建築二一三團的副團長劉永祿，東北人，參軍前在家當農民，沒有多少文化。參軍後最初是一名馬車手，熟悉他的老戰友說他是趕著馬車參加抗美援朝的。後來逐步提升，職務做到副團，文化並沒有提高多少。讓他給士兵講解馬克思列寧的原著，有點強為其難。

一天，劉副團長來到我們一營的營部。營部五十多名軍官士兵正在管理員馮水央的帶領下學習馬列原著。大家對團首長的到來自然是鼓掌歡迎。到了該劉副團長進行講解輔導的時候，馮管理員一幅很認真的樣子問：

「劉團長，你給我們解釋一下，什麼是『托派』呀？」

劉副團長一面打著手勢一面說：

「所謂的『托派』麼，就是脫離黨，脫離人民的那一派！」

大家忍住笑聲。馮管理員繼續一本正經地問：

「那麼什麼是『伯恩施坦』呢？」

伯恩斯坦對於劉副團長來說實在是太陌生了，當著這麼多下屬的面又不好意思說自己不知道，不清楚，只好勉勉強強地應對：

「至於伯恩施坦麼，伯……伯……伯恩施坦，就是……就是一百個修正主義分子糾纏在一起，胡扯他媽的雞巴蛋。」

大家實在忍不住了，一場哄堂大笑，有人連眼淚都笑了出來。

注釋：「托派」指的是與俄國人列夫・達維多維奇・托洛茨基有關的一個政治概念；愛德華・伯恩施坦是一個德國人。讀者使用搜索工具搜索後，可能會得到關於這兩個外國人的好多種解釋。因為涉及到對馬克思主義，對列寧和史達林的評價，這些解釋的內容會各不相同。有一點可以確定的是：無論這些各取所需的解釋差別有多大，都與我們劉副團長的解釋相差甚遠。

五十五、「現編的！」

林彪事件的第二年，全國上下，仍舊籠罩在事件的迷霧之中，軍營內的迷霧好像更加凝重。

一九七二年五月二十一日至六月二十三日，中共中央在北京召開了有中央各部門，各省、市、自治區和各軍兵種負責人共二百一十二人參加的批林整風彙報會。在會議所列文件中，毛澤東於一九六六年七月八日寫給江青的信被當作最重要的一篇，下發給全國全軍傳達學習。下發這些文件的目的，不外是為了消除林彪事件的影響。會議的第一天，周恩來總理講話，介紹會議文件。周恩來在講話中，著重說明了毛澤東給江青的信的來龍去脈。周恩來總理說：

現在確定的文件之五，是最重要的一篇，就是毛主席給江青同志的信。這個信只有政治局一部分同志看過，在座的你們各省市的，還有中央委員、中央候補委員都沒看過。

這封信是什麼時候寫的呢？就是在一九六六年五月十八日政治局擴大會議林彪在河北廳講話以後。林彪講話經過多次改動，送到主席那裏，主席總是有點不安，裏頭有些話過頭，敘述政變那種說法也不當。但是當時是為的要發動文化大革命，鼓革命群眾之氣，要打擊、掃除那種修正主義的風，所以說話有些過。但是當時的中央修改以後，還是請主席批。主席覺得不批，這篇東西不能發表，不是等於給群眾潑冷水了嗎？因為大家希望看到這篇東西嘛。實際上這裏頭有毛病，有些極左的話，有些不恰當的。

現在大家回想回想恐怕就會看出來。林彪那篇東西是不是可以作為參閱文件印給大家？剛才政治局會議沒有討論，再看一看。

毛主席這封信一針見血。主席寫這封信是一九六六年七月八日，在武漢寫的，我是七月十一日到的武漢。那時見了個外賓，我跟主席報告我到國外訪問羅馬尼亞、阿爾巴尼亞以後，主席要我留一天。第二天上午見主席，主席就把給江青同志的那封信的抄件給我看。是一個底子，那個字是徐業夫同志抄的，有些字還抄錯，主席還改了的。那個信可寫得深刻，現在大家想想看，那簡直是完全看到了這些問題。

當然了，當時不是說林彪這個人了，也可能想著利用右派來搞。那封信指的林彪那些極左的話，這個極左，就形左實右，就落在林彪身上，是個右派。主席說七八年後，結果六年就出現這個事了。只有我們偉大領袖毛主席才能預見到這麼清楚。

這封信貫穿了整個文化大革命，大家可以看一看。當然了，那封信可能有些事情大家不大懂的了，將來我們參加政治局的做日常工作的九個同志分到各組裏，還可以加以解釋。

這個大概明天可以印給大家。非常深刻的一封信。前天，我們政治局決定要請示主席，我昨天去請示主席，原來主席還說等一等，昨天一請示說可以。這個我們當然先印給到會同志看了，先不外傳了。這是會議文件之五。

以上這些文件現在有的已經發了，有的明天要印發。

根據上述會議和周恩來的指示，《毛主席給江青同志的一封信》逐層傳達到軍隊的各個基層單位。時間大約是一九七二年七、八月份的某天，趙班長組織我們經始班全體士兵學習討論《毛主席給江青同志的一封信》。按照慣例，先由一個或兩個人把要學習的內容朗讀一遍。那天承擔朗讀任務的是哪個，現在已經記憶不清了。一般情況下，鄉音最接近普通話的李靖、朱文芝的可能最大。

《毛主席給江青同志的一封信》全文如下（部分括號裏內容為的編者所加）：

江青：

六月二十九日的信收到。你還是照魏、陳（即華東局書記處書記魏文伯、華東局書記處書記兼上海市委第一書記陳丕顯）二同志的意見在那裏住一會兒為好。我本月有兩次外賓接見，見後行止再告訴你。自從六月十五日離開武林（指杭州）以後，在西方的一個山洞（指滴水洞）裏住了十幾天，消息不大靈通。二十八日來到白雲黃鶴的地方（指武漢市），已有十天了。每天看材料，都是很有興味的。天下大亂，達到天下大治。過七八年又來一次。牛鬼蛇神自己跳出來。他們為自己的階級本性所決定，非跳出來不可。我的朋友的講話（指林彪一九六六年五月十八日在中央政治局擴大會議上的講話），中央催著要發，我準備同意發下去，他是專講政變問題的。這個問題，像他這樣講法過去還沒有過。他的一些提法，我總感覺不安。我歷來不相信，我那幾本小書，有那樣大的神通。現在經他一吹，全黨全國都吹起來了，真是王婆賣瓜，自賣自誇。我是被他們逼上梁山的，看來不同意他們不行了。在重大問題上，違心地同意別人，在我一生還是第一次，叫做不以人的意志為轉移吧。晉朝人阮籍反對劉邦，他從洛陽走到成皋，歎道：世無英雄，遂使豎子成名。魯迅也曾對於他的雜文說過同樣的話。我跟魯迅的心是相通的。我喜歡他那樣坦率。他說，解剖自己，往往嚴於解剖別人。在跌了幾跤之後，我亦往往如此。可是同志們往往不信。我是自信而又有些不自信。我少年時曾經說過：自信人生二百年，會當水擊三千里。可見神氣十足了。但又不很自信，總覺得山中無老虎，猴子稱大王，我就變成這樣的大王了。但也不是折中主義，在我身上有些虎氣，是為主，也有些猴氣，是為次。我曾舉了後漢人李固寫給黃瓊信中的幾句話：嶢嶢者易折，皎皎者易污。陽春白雪，和者蓋寡。盛名之下，其實難副。這後兩句，正是指我。我曾在政治局常委會上讀過這幾句。人貴有自知之明。今年四月杭州會議，我表示了對於朋友們那樣提法的不同意見。可是有什麼用呢？他到北京五月會議上還是那樣講，報刊上更加講得很凶，簡直吹得神乎其神。這樣，我就只好上梁山了。我猜他們的本意，為了打鬼，借助鍾馗。我就在二十世紀六十年代當了共產黨的鍾馗了。事物總是要走向反面的，吹得越高，跌得越重，我是準備跌得粉碎的。

那也沒有什麼要緊，物質不滅，不過粉碎罷了。全世界一百多個黨，大多數的黨不信馬列主義了，馬克思、列寧也被人們打得粉碎了，何況我們呢？我勸你也要注意這個問題，不要被勝利沖昏了頭腦，經常想一想自己的弱點、缺點和錯誤。這個問題我同你講過不知多少次，你還記得吧，四月在上海還講過。以上寫的，頗有點近乎黑話，有些反黨分子，不正是這樣說的嗎？但他們是要整個打倒我們的黨和我本人，我則只說對於我所起的作用，覺得有一些提法不妥當，這是我跟黑幫們的區別。此事現在不能公開，整個左派和廣大群眾都是那樣說的，公開就潑了他們的冷水，幫助了右派。而現在的任務是要在全黨全國基本上（不可能全部）打倒右派，而且在七八年以後還要有一次橫掃牛鬼蛇神的運動，爾後還要有多次掃除。所以我的這些近乎黑話的話，現在不能公開，什麼時候公開也說不定，因為左派和廣大群眾是不歡迎我這樣說的。也許在我死後的一個什麼時機，右派當權之時，由他們來公開吧。他們會利用我的這種講法去企圖永遠高舉黑旗的，但是這樣一做，他們就要倒楣了。中國自從一九一一年皇帝被打倒以後，反動派當權總是不能長久的。最長的不過二十年（蔣介石），人民一造反，他也倒了。蔣介石利用了孫中山對他的信任，又開了一個黃埔學校，收羅了一大批反動派，由此起家。他一反共，幾乎整個地主資產階級都擁護他，那時共產黨又沒有經驗，所以他高興地暫時地得勢了。但這二十年中，他從來沒有統一過，國共兩黨的戰爭，國民黨和各派軍閥之間的戰爭，中日戰爭，最後是四年大內戰，他就滾到一群海島上去了。中國如發生反共的右派政變，我斷定他們也是不得安寧的，很可能是短命的，因為代表百分之九十以上人民利益的一切革命者是不會容忍的。那時右派可能利用我的話得勢於一時，左派則一定會利用我的另一些話組織起來，將右派打倒。這次文化大革命，就是一次認真的演習。有些地區（例如北京市），根深蒂固，一朝覆亡。有些機關（例如北大、清華），盤根錯節，頃刻瓦解。凡是右派越囂張的地方，他們失敗就越慘，左派就越起勁。這是一次全國性的演習，左派、右派和動搖不定的中間派，都會得到各自的教訓。結論：前途是光明的，道路是曲折的，還是這兩句老話。

久不通信，一寫就很長，下次再談吧！

毛澤東

一九六六年七月八日

《毛主席給江青同志的一封信》朗讀完畢，該喝水的喝水，該撒尿的撒尿，該喘息的喘息。休整歇息了良久，便有人說：

「班長，你給我們講解講解吧！」

趙班長順嘴拋出來一句：

「講什麼講？這都是現編的！」

趙班長的一句話，如同丟出一顆炸彈，在座的全體立時都成了啞巴。這麼嚴重政治錯誤的話，哪個再敢接著話茬？

好在經始班的戰友們都不是卑鄙的小人。倘若有一個把趙班長的言語彙報了上去，老趙他可就吃不了的兜著走啦。

事後，我反覆琢磨趙班長的話，其實我心裏也有這樣的疑惑。明察秋毫的偉大領袖如果早就看出來林彪是個危險的人物，怎麼還會把他培養成黨章裏規定了的接班人呢？很可能許多人在學習《毛主席給江青同志的一封信》之後，都會發出這樣的疑問，都會產生「現編」或「偽造」的推斷與假設。只是絕大多數人都不敢說出來，而趙班長更坦蕩更率直更勇敢一些罷了。

毛澤東親自批准，向全國公布這樣一封夫妻之間的通信。周恩來總理還不遺餘力地出來解釋打圓場。目的無非是想借此粉飾掩蓋毛主席信任林彪，並借重林彪發動了史無前例的無產階級文化大革命的錯誤。其實這些失實的文字不僅於事無補，反而弄巧成拙，越描越黑，進一步加重了國人的疑問。一幫最基層最閉塞的普通工程兵戰士，也都會指責這篇毛主席的家信是偽作，可見偉大領袖的威信下跌得是多麼地迅速。

關於《毛主席給江青同志的一封信》的真偽，近年一些研究歷史的人搜集到了更多的資料，大致綜述如下：根據周恩來的解釋，這封寫於文化大革命初期的私人信件，在此之前只有兩三個人知曉。《周恩來年譜》也有相關記載，基本可以肯定當年確有這麼一封信，而且也給林彪看過。但是否和一九七二年發表的一樣就不得而知了。

《周恩來年譜》是這樣記載的：

（一九六六年）七月十一日、十二日到毛澤東處談話。看了毛澤東七月八日給江青的信後，建議找林彪談談。經毛澤東同意，七月十四日，從上海飛大連與林彪談話，轉達毛澤東的意見。林彪表示接受，答應回京後修改五月十八日的講話。十五日，周恩來返京向劉少奇作了彙報。

一九七二年五月二十一日，周恩來講話後，到會者學習了這封信。政治局九人分別到各組解釋了這封信。江青在參加華東組、中南組討論時，儼然以最權威的身份解釋、宣講毛澤東的這封信，說林彪從當抗大校長至當國防部長，就一直搞山頭、結死黨、搞陰謀詭計，而毛澤東則早就看出林彪「不是馬克思主義者」。江青的解釋被刊登在會議簡報上。

多年以來，一直有人懷疑此信是經人修改的。「四人幫」倒臺後，有人說最善於揣摩毛主席的心理，最善於模仿毛主席文筆的張春橋和姚文元，在一九七二年《毛主席給江青同志的一封信》公開發表前，曾經執筆參與過修改。最為直接了當的是曾經在毛澤東晚年身邊侍駕的工作人員近年所寫的回憶文章中確切地肯定，一九七二年作為中央文件下發全國的所謂《毛主席給江青同志的一封信》，是康生創意，張春橋和姚文元執筆的偽作。

一九九八年一月，此信由中共中央文獻研究室編輯的《建國以來毛澤東文稿》第十二冊全部收錄，其信末（獨立於注釋部分）注有下列文字：

「據修改件刊印。」

這就說明，這封信很可能是偽造的，最肯定最善意的推斷是：它不是原件。

五十六、好兵陸遜

負責全營施工業務的主管軍官，工程助理黃玉奇和技術員劉隆超先後調離了一營。施工規模的擴大，施工人員的增多，工程一營需要人數更多，技術水平更高的負責工程技術管理的軍官。

按照那時的軍規，這些軍官都要從具有一定文化水平和技術知識的士兵裏提拔。我們經始班熟悉工程業務而又服役年限比較多的士兵，應該是最具備提拔條件的人選。

前面說過，一九六五年入伍的關班長家庭出身上中農；一九六八年入伍的趙班長政審調件污漬斑斑。他們兩個，在營領導的眼裏早就被淘汰出局。一九六九年入伍的楊玉霞和我，還在為爭取入黨的路途上跋涉。沒有辦法，營領導只好擴大選拔的範圍，從其他相對比較接近施工技術崗位的士兵中挑選。

從一九七一年到一九七五年，先後有七位士兵被提拔為工程一營的工程助理員（連級）或工程技術員（排級），他們是：

王長法，一九六五年入伍，河南扶溝縣人，關純立班長的老鄉，四連木工班班長。他擔任技術員一年後，被提拔為工程助理員；

羅碧靈，一九六六年入伍，四川巴中人，機械連木工班班長，被提拔為工程技術員；

曹福英，一九六八年入伍，黑龍江杜爾伯特人，一連風鑽班班長，被提拔為工程技術員；

叢高傑，一九六九年入伍，來自山東臨清，我的同學，一連的班長，被選拔去西安某工程學院學習兩年，畢業後回一營任職。他應該是被提拔為技術員的七個人裏最具備工程專業知識的；

王玉忠，一九六九年入伍，吉林東豐人，烏居棟之後任統計員兼汽車調度，被提拔為工程技術員；

李德貴，一九六九年入伍，吉林東豐人，二營經始班士兵，被提拔到一營任技術員一年後，接替王長發擔任工程助理員；

侯聰遠，一九七一年入伍，本溪知青，王玉忠之後任統計員兼汽車調度，被提拔為工程技術員；

這些被提拔的軍官，除我的同學叢高傑外，文化程度最高者只有初中，且多是連農村中學都沒有畢業的初中。有的連工程圖紙都看不懂，負責整個工地的技術工作的確有些勉為其難。

有權決定提拔士兵為軍官的決策人王教導員和徐營長，何曾不想為自己配備幾個業務上得力的部下做助手？自己眼皮子底下經始班的技術骨幹若能提拔，還用得著去二營經始班求援？無奈在政治條件優先的年代，只能如此這般。

我們經始班一幫弟兄比別人多念了幾年書，從軍服役，誰不希望自己能有一個好的前程？拼死拼活地幹了一年又一年，得到的卻是無休止的歧視和壓制。

有時技術員們拿著施工圖紙去我們經始班詢問，其實是變相請教一些疑難問題。趙班長、楊玉霞和李靖往往都會沒好氣地給上一句：

「你個大技術員還用來問俺們這些小兵啊？」

在那個突出政治的年代，外行領導內行；沒學問的，學問低的指導學問高的是很普遍的現象。我們經始班幾個士兵的遭遇，放到時代的大背景下很正常。

一九七二年，我們經始班的士兵中也有一個人被提拔成了軍官。不過這位新提拔的軍官，沒有擔任一營的工程技術員，他就任的職務是團保衛股的幹事，正排級。

我們班的這個戰友叫陸遜。陸遜不是一個普通的士兵。陸遜的不普通來自他的家庭背景。陸遜的母親是瀋陽軍區後勤部下屬的衛生部副部長兼軍區總醫院的院長，副師級。據說她是全軍區職務最高的女兵。陸遜的父親級別也不低。

在我們工程團有一個傳說，說是陸遜的母親在新四軍某連擔任衛生員的時候，我們團的劉團長任這個連隊的通訊員。陸母與劉團長有幾十年的戰鬥情誼了，你說關係鐵不鐵？

陸遜一九六九年入伍，在長春附近的第十六軍炮團偵察排當戰士，一九七二年春調到我們經始班來，來之前已經入黨。一個士兵跨越兵種，跨越軍級的建制調動是不符合軍規的。林彪事件以後，各級軍官思想混亂了一陣子後，都務實了很多。互相關照安排好子女的前程，比什麼都務實。

團首長為什麼指名把陸遜同志調到我們班呢？大概是因為陸戰友在十六軍炮團做偵察兵的時候，曾經操作使用過三角儀、平板儀，和經始班使用的經緯儀、水準儀有些接近。

陸遜到我們經始班後，幾位營首長先後給趙班長打招呼：一定要重點保護陸遜同志的安全。這樣的指令或是直接出自團首長之口，營長副營長教導員副教導員們只是傳達；也可能就是營裏的軍官們怕陸遜同志萬一出點什麼意外，無法向上級領導交代。

經始班去山洞裏測量，人身傷害的危險主要是被墜落的石塊砸傷砸死。趙班長私下裏多次和弟兄們議論如何貫徹執行營首長們的這項指令。我們幾個從工作中積累的常識出發，都認為誰也無法提前知道山洞頂上的哪一塊石頭會墜落下來。保障人身安全的最妥善辦法就是不進山洞或少進山洞。趙班長撇撇嘴，認可了我們的見解和提議。

大凡是需要進山洞測量的活兒，趙班長一般就不安排給陸遜，盡量安排他多去參加一些不進山洞的工作，諸如參加政治學習，打掃衛生，去炊事班幫廚什麼什麼的。有時陸遜看到大家換工作服拿測量器具，便主動跟隨著朝山洞裏走。趙班長實在也說不出不讓他去的理由，就只好聽之任之。

趙班長還和我們討論過如果在山洞裏工作時，假如有石頭突然墜落，我們幾個是否可以撲到陸遜同志的身上去掩護他。根據我的經驗，如果石塊的個頭不大，這樣地撲救還能有效；如果石塊的重量超過十幾公斤或二十公斤，犧牲的人只會再增加一個。

陸遜同志不傻不笨，經始班內形成這樣「一國兩制」的陣勢，他不會看不出來。但他又有什麼辦法呢？乾脆還是不說破的為好。

其實陸遜是一個很好的戰友。他與我們經始班的人相處得非常融洽。他不僅沒有高級幹部子女的自命不凡與狂傲，而且比大多數士兵都安穩低調。趙班長不安排他進山洞工作的時候，他就一個人留在宿舍裏打掃衛生，有一次把大家換下來的內褲襪子都給洗了。陸遜打掃衛生也比別的戰友細心潔淨，據他說在家裏就這樣幹活，從小養成的良好習慣。陸遜的父母不僅是高級軍官，而且都是有文化有教養的人。陸遜從小受到了良好的家庭教育。他性情溫和，談吐文雅，從來都是不慍不火，該幽默時還能幽默。

有一次，朱文芝、郭景文、卞九寬三個七一年「新兵」，故意和六九年的「老兵」陸遜開玩笑，大白天在宿舍裏扒了他一個「老牛看瓜」。也就是說扒光了他的所有衣服，來了個裸體亮相。陸遜同志一點兒也不惱怒，起碼是表面上沒有惱怒的表示，並且很進入角色地拍擊著床鋪高聲大呼：

「奇恥大辱啊！奇恥大辱！」

比較有意思的是，大凡營領導或營部的管理員、黨支部的書記副書記們在會場上講話，或出現紕漏，或他陸某人覺得謬誤，陸遜就會小聲嘀嘀咕咕，很認真地予以糾正或者批評。但他絕不大聲或公開地談出自己的意見，過後也不再提及，完全如同不曾發生過一樣。我坐在他的旁邊，側耳細聽他的嘀咕，陸遜同志的觀點不乏真知灼見，對事物的認識有相當的水平。

陸遜在我們經始班生活了不到半年，就到丹東團部保衛股上任去了。那一年，陸遜的年齡是二十歲或二十一歲，女朋友也已經談定。未婚妻長得很漂亮，他的父母已經為他安排好了一切。後來陸遜又以保衛幹事的身份回到一營公幹幾次。一下車，他就直奔經始班來找我們玩。

雖然陸遜同志是一個好兵，是我們的好戰友。但從陸遜身上，經始班的弟兄們再次感受到命運的不公和部隊管理的不公正。

大凡具備軍事常識的人都知道，沒有公平的軍隊是沒有戰鬥力的。

五十七、營房前後的兩座山包——第三份和第四份入黨志願書

一九七二年冬天，一營經始班全體合影，前排從左到右：李靖；趙生余；卞九寬。後排：郭景文；朱文芝；作者本人；楊玉霞。

一九七二年秋，青山溝的工程還沒有完，配合我們施工的民兵就全部撤出了。軍事建設局部上的調整，一般都和大背景有關。或許是因為中蘇關係緩和；或許是因為林彪事件而焦頭爛額的軍隊高層，已經沒有精力關注這等瑣事；或許是經濟滑坡軍費需要減縮。這些大事件與我這樣一個普通士兵既無關又有關。

我告別了吳岐春、侯申明兩個民兵好兄弟，告別了李副營長，告別了白髮蒼蒼的顧教導員，告別了十四歲就做過新郎官的王胖子和「閻婆惜」，從青山溝回到了泉水溝的營區。

這時，我們經始班的人數達到鼎盛，總共有九個士兵：趙生余班長，楊玉霞、陸遜、李靖、張鎖柱、朱文芝、郭景文、卞九寬和我。雖然潰不成軍，滿是瘡痍，卻也人多勢眾。不

久，陸遜去了團保衛股；張鎖柱改行做了營部的給養員，經始班還剩下七員大將。

時間過得真快，我們一九六九年入伍的士兵服役都快四年了。營部和我同時入伍的戰友，來自山東臨清和吉林東豐兩個地域的士兵共有二十多個。沒有加入共產黨的只有楊玉霞我們兩個了。一九七二年九月，一直關心我入黨的黨支部各位領導第三次准許我填寫了《入黨志願書》。

當我拿著已經填寫了大部分內容的《入黨志願書》找到趙班長，要求他在「入黨介紹人」欄目填寫介紹人意見時，趙班長一口回絕。他的理由是：我已經當過你兩次介紹人了，都他媽的白忙活了，這次你老弟另請高明吧。

我去找黨小組長烏居棟。烏居棟問我，另一位入黨介紹人是誰。我把趙班長說的話如實告訴了烏組長。沒想到烏組長說：我也贊成老趙的意見，你的這個介紹人我倆都勝任不了，你去找別的人吧。

我只好另選了技術員叢高傑和我們班的黨員士兵陸遜作為我的兩位介紹人。沒想到，這樣一個細節卻讓我再次馬失前蹄。在營部全體黨員大會上，有一名黨員對兩個介紹人的資格提出質疑，理由是他們倆到營部工作的時間太短，雖然和我在一個班或一個黨小組工作生活，也不可能在這麼短的時間內對被介紹人的思想狀況，工作表現和政治態度瞭解清楚。提出異議的是營部書記官周瑜，附和他觀點的是醫助趙大祥。

周瑜和趙醫助的說辭一點兒也不差。陸遜到一營經始班的時間只有三四個月；叢高傑工程學院畢業後就任技術員才十幾天。

主持黨員大會的副書記馮管理員說：

「也是咧，老趙你們倆在一起這麼多年啦，還是由你們班長當介紹人最合適哩。」

於是，黨員大會中斷，待我換過介紹人後再另找時間開會。

我填寫的第三份《入黨志願書》作廢後，趙班長不再推辭。他在我的第四份《入黨志願書》上填寫了介紹人的意見。第二位介紹人我選擇的是經始班的另一個黨員張鎖柱，他到經始班工作一年多了。

營部黨員大會再次召開，我的第四份《入黨志願書》順利通過。按說我入黨的事已經拖延到如此地步，接下來應該不會再出什麼問題了。等待我的卻不是捷報而是噩耗，在不久後召開的營黨委會上，我再次沒有通過最後一道關隘的政治審查。

「黨表」第三次被槍斃的消息，我不是從正式的渠道得知的。官方——參加營黨委會的營首長或營部黨支部裏的人，沒有人找我談話，更沒有人告知我被判死刑的理由和過程。黨小組長烏居棟雖然拒絕第三次擔任我的入黨介紹人，他卻對我的再次失敗表示非常同情。據他的「小道消息」報導：營黨委的會議上審查我的時候，參加會議的七八個營首長和連領導，沒有一個人發言表態。僵持冷場了好一會兒，主持會議的王教導員說了一句：那就再放一放吧。

我認為，烏居棟戰友這次得來的情報，可信度能夠達到百分之七十以上。烏居棟的「小道消息」之後是「評論員文章」，他非常感慨地評論道：關鍵時刻沒有一個真正為你使勁的人。蒙古老鄉的評論一箭中的。

我需要一個人好好地思考一番。不去山洞幹活的時間，我就拿一件棉工作服去營房附近的山包上去思考。秋日的氣溫還很暖和，棉工作服不是穿在身上禦寒，而是鋪在山坡的青草石頭上。斜躺著思考更能集中精力。

營房的北面和南面各有一座山包。兩座山包的高度幾乎一樣，連形狀都有些相似。選哪座山包去完成我的「思考」呢？那就用一枚五分的硬幣來決定吧。國徽朝上去北面的；「伍分」則去南面那座。

兩座山包我攀登上去或許有十一二次，或許有十四五次。南北兩座被我選中的次數基本相等，符合硬幣選擇方式概率各為百分之五十的原理。

兩座山包的垂直高度都差不多有六七十米。沒有爬山的路，好在不算陡峭，如散步一般就可到達山頂。山頂上既沒有突兀，也不甚平坦，正適宜傾斜著身子或躺臥或坐靠，煞是一片自由天地。天氣好運氣也好的日子，還可以看到有鳥兒在空中盤桓，它們的翅膀更能激起我自由的想像空間。

其實我思考的空間很有限。我那時不知道黨組織一九七〇年和一九七一年對我兩次政審調件的內容。甚至都不知道**《一九七一年調二號》**的存在。我再三反思自身存在的問題，一是家庭出身是上中農；二是外祖父家是地主；三是曾經隱瞞篡改過自己的家庭成分。這三個污點，別人的身上濺上一個就會非常被動，而我卻榮幸地全都披在了身上。三塊大號瘡疤，使我成為工程一營政治上最不可靠的士兵，也成為一名最需要反覆鍛鍊考驗的另類。雖然我是多麼地努力工作，多麼地嚴格要求自己；雖然我和營領導營部領導的關係都還不錯；雖然我和同志們的團結也沒有問題；雖然團支部和黨員小組多次向黨支部推薦我。這些正數加上前面三塊瘡疤的大負數，得出來的還是一個不小的負數。我在這個負數面前，垂頭喪氣，束手無策，無可奈何。

我躺在山包上仰望藍天，白雲蒼狗變幻了又變換。想家的時候，我就朝西南方向遙望。很遠很遠華北大平原上的臨清，家裏的兩個弟弟是否又長高了？殷切盼望我早日入黨的父親，大概還在一日復一日地等候我的喜訊。父親的期望並不高，我只有加入了共產黨，退役復員後才能安排一個比較好的工作。人生才算有了一個比較好的開端。哪有服役四年還入不了黨的士兵？因為父親殷切，母親也變得殷切了。她現在最關心我的已經不是安全不是婚姻，而也是「早日加入組織」的問題了。我如果就這麼光著板回家，父親母親一定非常失望。

胡思亂想的時候，我就朝北方和東方遙望，翻越一座座高山和不高的山，就是東北的原始森林。那裏有老虎有黑熊有梅花鹿還有麅子；有人蔘有蘑菇猴頭還有大馬哈魚。乾脆我不入他娘的什麼黨了，沒臉回臨清的家我就不回家了，去那沒有人煙的大森林裏，當一個沒有人關注，也不需要非得加入什麼組織的獵人漁民兼採蔘人，倒也自由自在。我身體強壯，我吃苦耐勞，環境再苦還能苦過我們挖山洞的大兵？

思考可以使人理智，卻也可以使人更加苦悶，我排解苦悶的方法有很多種。我曾經痛痛快快地哭過一次，淚水把一個手帕都濕了個透；

我還高嗓門地呼喊過，聲音可能傳播得很遠，卻無法傳到低下處的營房裏去。也許營房裏的戰友有人能聽到一些聲音，但他們絕不會想到聲音來自山包之上，高聲呼喊的是我這個落魄悲觀的人。

我還嘗試著想唱一首或幾首歌曲。唱了幾句，自己聽著都難受，反而更加重了苦悶。

更有效的排解是把自己脫成裸體或半裸體，讓陽光直接曬著我的屁股和生殖器。如果能順勢來一次暢快的大便和小便，心情就會更加好上一些。有時屎尿的臭味會朝營房的方向飄揚，讓那些阻攔我入黨的人給我使絆子的人聞聞臭屎氣味的臆想，會給我帶來一絲兒快感。在山包上大便後，瞬時就會招來幾隻蒼蠅。帶翅膀的小精靈使我變得警惕起來。即使一個人在山包上獨處，周圍也有緊盯著自己的眼睛。人在做，天在看，一點兒也不假。

上過幾次山包後，我決定先找張副營長談一談。他肯定參加過審查我入黨的營黨委會，能透露一點兒資訊也算是我的收獲哦。一天，我倆下了幾盤象棋後，我開啟了有關的話題。張副營長雖然剛剛贏了我一盤棋，給我的話卻還是不痛不癢的一句：

「小臧你也不用打聽，該給你解決的時候一定解決。」

我知道張副營長在黨委會上的角色很不給力。我決定直接找黨委書記王紹武教導員。去見王教導員之前，我內心反覆準備了談話的腹稿。去教導員辦公室不到五十米的路上還鼓勵了自己一番。通信班的戰友指指一扇門，告訴我教導員就在他自己的辦公室裏。我走到那扇門前突然感到非常膽怯。我認為王教導員一定會再次和我談接受組織考驗的問題。找領導去談個人的問題本身不就是一種不能接受考驗的表現嗎？莫名其妙的膽怯驅使著我從教導員辦公室門前退了回來。退回來後我沮喪的心情上又加上了三分氣惱。我為自己的無能與軟弱而氣惱。

去見王教導員的計劃制定了三次或四次，經歷了幾次失敗後我終於見到了教導員。王教導員和藹可親，問了幾句關於工作的話，便握住了我的右手。我們倆坐的椅子離得很近。王教導員緊握我的雙手細聲慢氣地對我說：

「你的情況我都瞭解。你呢，要正確對待。好好工作，黨的大門會向你敞開的。」

接著就又一次和我談了一遍當年他入黨時，黨組織是如何考驗他的。其中手握鋼釺打眼爆破，用籃子大筐從山洞裏往外挑石頭的幾個細節，一年多以前他曾經給我至少講過兩次。

找王教導員談過話以後，我一點兒都沒有輕鬆的感覺。不得要領的溝通，再次使我有一種撞到了橡皮牆上的感覺。很像一九六六年文化大革命剛開始，爭取加入紅衛兵組織時受挫的感覺一樣。

這時，我接到了父親的一封信。父親在信中說：國務院下達了文件，明年大學招收學生要採取推薦和考試相結合的辦法，招收的人數也要增加。希望我做好準備，如果春節後能夠退役的話，就爭取參加明年夏季的入學考試。父親在信中沒有問我入黨的事。

此處不留爺，自有留爺處。我決定調轉船頭，準備回家參加一九七三年的大學招生。

和好朋友郭振忠商量，正中郭老兄的下懷。他雖然早已經入黨，擔任了器材組（班）的班長，家庭成分又好，提幹的希望很大。和我們經始班不一樣，他們器材組士兵互相間擠兌內耗很激烈，郭老兄對此很厭倦。我們倆約定，不管它三七二十一，爭取回家參加明年的大學招考。我們倆都對自己的學習成績很自信。有了新的目標，我的心裏輕鬆了不少。

李靖同志好像在我之前，就已經確立了爭取早日退役的目標。有楊玉霞和我這兩塊大石頭攔阻在他的前面。在講究論資排輩的軍營裏，入伍晚的士兵要想超越同樣崗位上比自己資格老的戰友，需要下上三倍五倍的功夫。李靖不想出這麼多的氣力。他和小馬同志的戀愛關係已經確立；他復員回哈爾濱肯定能換一個比入伍前更好的工作，何必還在這深山裏山洞裏拼死拼活呢？

我和李靖一拍即合。那一年的冬季，我們倆過得很舒服，很滋潤。李靖去商店買來幾袋炒麵，每天晚上，我們倆每人沏一碗炒麵喝。炒麵沏好後，滿屋子飄香，我們誰都不讓一讓。李靖還大聲嚷嚷：

「『半截子革命者』喝炒麵，沒有『長期革命者』的份。」

實際上趙班長即將退役早已板上釘釘了。趙班長也應該屬於「半截子革命者」，李靖之所以造出這樣的聲勢，其實是在發洩一種對經始班現狀的不滿，抱怨經始班的弟兄們遭受的不公正。

那一年，一連和營部都飼養了一群母雞，是散養不是圈養。冬季，正是母雞開始產蛋的季節。有不遵守紀律擅自行動的母雞，私下選擇山坡上背靜的地方產蛋。它們的散漫違紀行為，被我偵察到了。於是，我回報李靖沏炒麵的禮物是水潑雞蛋花，而且是絕對環保絕對新鮮的雞蛋。

一天，我的褲兜裏藏了幾個雞蛋。走在路上，正遇到衛生所的林醫助抱著很多東西走過。突然，有一只盒子掉到了地上。林醫助示意我幫忙。我彎腰幫他撿起了盒子。雖然我盡量地控制著我的身體，褲兜還是發出來喀嚓的聲音。雞蛋碎在褲兜裏是一件非常麻煩的事情。

大凡臨近年末，總有一些即將退役的士兵開始鬆懈，甚至放縱，提出這樣或那樣的要求，大家管這叫做「鬧復員」。軍官們對此一般都睜一隻眼閉一隻眼。士兵們的要求若能滿足，也都盡量地予以滿足。我和李靖，還有郭老兄算是都加入了「鬧復員」的行列。但我們只是稍微鬆懈，還沒有到「鬧」的程度。

一九七三年春節過後，李靖和郭老兄如願以償，退役回家去了。我的結局是繼續留隊服役。我「鬧復員」失敗的原因很多，最關鍵的還是不能真正拉下臉來。我根子裏是一個本分的人。

郭老兄如期回到臨清，當年夏天，他以優異的成績加上生產大隊和公社裏的推薦，成功地進入一所很好的大學。一九七三年大學招生，是文化大革命期間所謂「工農兵」大學生中文化程度最好的一屆。也就是那一年的招生，遼寧出現一鳴驚人的「白卷學生」張鐵生。

用「高山仰止，景行行止。雖不能至，然心嚮往之。」來形容我的大學情結十分恰當。一九七三年是我第一次與大學失之交臂。

沒有辦法，我只能繼續安心在軍隊裏服役。接下來又發生了很多奇特的故事，悲劇喜劇還都要繼續演下去。

一九七三年春節前後，我的確做好了退役的準備，因此這張照片上我讓寫上了「東北留念」四個字。身體也胖了許多。

五十八、山中人惘解天下事

身處大山包圍的山溝，又是資訊閉塞的年代，時間一久，軍官士兵們就會出現很多荒謬滑稽的共識。回憶摘錄幾個，陪看官讀者們苦笑幾聲。當時北京負責保衛毛主席的部隊番號是八三四一，我們工程建築二一三團的番號是三二四一。便有人說，我們和毛主席的警衛部隊是鄰居，番號只差一個數碼。真是聊以自慰的胡掰，哪兒跟哪兒呀？

我們工程一營，乃至整個工程團，有一個活靈活現的傳說。說是文化大革命之所以能夠發動起來多虧了周總理的機智靈敏。說一九六六年中國共產黨八屆十一中全會召開之前，中共中央政治局七個常委對是否發動文化大革命意見不一。毛主席決定用投票的方法來表決。

桌子上擺放了兩個紙盒子，一個是贊成；一個是不贊成。七個常委分別把寫有自己名字的紙片投進盒子裏。如果投進「贊成」紙盒子裏的票超過半數，毛主席就決定在全國範圍內開展文化大革命。當時的政治局常委是毛澤東、劉少奇、周恩來、朱德、陳雲、林彪、鄧小平七個人。很明顯，毛、周、林是投贊成票的；劉、鄧、陳投了反對票，這樣一來，朱德的一票就成了關鍵。

朱德老爺子已經八十歲了，腦子有些糊塗，是非辨別不清。周總理為了表示尊重朱老總，讓他在自己前邊投票。見劉少奇把票投進了「不贊成」的紙盒子裏，老邁的朱德跟隨在後面，手持寫有自己名字的紙片也要朝「不贊成」的紙盒子裏投。機敏的周總理跟上一步，用胳膊肘捅了捅朱老總。朱老總恍然大悟，趕緊調轉身子，把關鍵的一票投進了「贊成」的紙盒裏。於是乎，四比三，文化大革命得以合法地開展起來。

據我知道，這個荒唐卻精彩絕倫的傳說流傳的範圍很廣。好多團營連一級的軍官給士兵講課講話的時候都添油加醋地宣傳過這樣的傳說。

有關周總理聰慧機敏的傳說還很多：說在某次記者招待會上，有外國記者故意出難題問周總理中國銀行的人民幣一共有多少。周總理想了想說：

「我們的人民幣總共有十八元八角八分！」（當時中國還沒有發行五十元和一百元面額的鈔票）

全場掌聲雷動。

還說尼克森訪華的時候，周總理在人民大會堂招待尼克森的隨行人員和記者們。有一個記者給出了個難題，拿出二百美元來，要中國的廚師給他做一個菜。當時二百美元相當於三百多元人民幣。中國的物價很低，最貴的菜肴也超不過十幾元錢。人民大會堂的廚師們很作難，請示周總理。周總理讓廚師紅燒了一盤子雞心尖，每個雞心只取用很小的一部分。

又有記者掏出三百美元買一個菜。周總理讓廚師加工了一盤鴨子的腳蹼膜。

這些民間故事是怎樣產生出來的呢？民眾自發想像杜撰？某些人授意創作？或許僅僅是一種寄託，誰也無法搞清楚它的來源。

周恩來的形象假如是一座山，這些流傳於鄉村城鎮軍營裏的故事就是一塊塊小石子，一根根細小的草。這或許就是周恩來在中國人中的根基。

西哈努克是那個年代婦孺皆知的人物，是中國拍攝的唯一電影《新聞簡報》中的主角。有戰友去瀋陽出差，親眼看到瀋陽為了接待西哈努克，為了讓西哈努克乘坐的汽車在瀋陽的大街上行駛不感到顛簸，從瀋陽火車站到中山廣場（文革期間好像改名為紅旗廣場）的那一段有軌電車道都用瀝青給鋪平了。西哈努克的車通過以後再重新扒開——這事是真的。

家是哈爾濱的戰友們說：西哈努克五月一日去松花江邊遊覽，讓很多小學生穿裙子短褲列隊歡迎，孩子們都凍壞了——這事更是真的。

還傳說西哈努克去無錫，太湖邊上的廁所都沒有抽水馬桶，萬一「中國人民偉大的朋友」或他的夫人遊覽太湖的時候突然內急了怎麼辦？為了他有可能在那裏或大便或小便，無錫市革命委員會花了幾十萬元特意為這位落魄的柬埔寨國王修建了一座高標準的廁所。僅僅是為了讓腐敗奢華慣了的親王有可能使用一次——這大概也是真的。

那幾年，西哈努克在中國待膩了，就去朝鮮住幾天。中國人，也包括我們這些軍人都知道西哈努克好色。傳說金日成為了籠絡西哈努克，就把電影《摘蘋果的時候》裏的女一號演員，送給了他。西哈努克訪問朝鮮，主要是為了去會見那個年輕美貌的電影演員——這事有可能是真的。

那時期，我們這些解放軍的大兵們，對西哈努克國王的整體印象普遍不好，議論及他，即以「小努克」相稱。「小努克」搞過很多女人，全世界都知道。

軍營裏還有許多對外界的猜想和傳說。就絮叨這些吧！

第十七章　經始班（丁）

五十九、代理班長

鐵打的營盤流水的兵。趙班長回鞍山去了；李靖回哈爾濱去了。我暫時代理經始班的班長。正式的班長任職命令要由工程團司令部統一下達。

沒有退役的士兵就要好好幹。我更需要做出一些成績，力爭在留隊的一年內完成加入共產黨的既定目標。

在心灰意冷的趙班長帶領下，經始班的士兵們精神上沉悶，宿舍裏雜亂無章。我代理班長後，即便還沒有什麼資格頒布施政綱領，我也決定要改變這些。

班裏的人員減少了，我們拆掉了雙層鋪，粉刷了牆壁。被子床單也開始按照連隊士兵那樣整理出稜角。張副營長巡視過後發表評論：

「這還像那麼一回事兒。」

一九七三年的新兵，分別來自四川巴中、南江和遼寧大連、莊河，還有極少數來自北京郊區。負責訓練新兵的李永渭副營長向我推薦了一個適合經始班工作的新兵叫陳通剛，四川南江人，說是高中畢業。

我決定親自去見一見剛分配到一連的新兵小陳。陳通剛人很機靈，長得很年輕。說是十八歲，看上去也就是十五六歲的樣子，喜歡笑，兩只小虎牙，圓圓的小眼睛很黑很亮。我問了一些中學基本的數學知識，高中畢業的小陳竟然連「畢氏定理」都不懂。文革中後期的中學生，文化課的水平基本都這樣。看陳通剛的機靈勁，我認定了「豎子可教」，可以以後慢慢地培養，同意把他調入了經始班。

經始班在新的一年，六位士兵整齊上崗。精神也較前一年振奮了一些，起碼作為代理班長的我有這樣的感覺。

不久，趙班長給我們來信了。趙班長回鞍山後安排工作在市建委，具體職責是規劃測定公交汽車的線路和站點的位置。在經始班學到的測量技術，有時也能用上一些。

趙班長退役時已經二十七歲，工作安排好以後就該抓緊尋找女朋友了。趙班長來信中告訴我們：

> 我的那一半也找到了。你們還記得我曾經開玩笑說，我回鞍山後找對象一定要找一個在副食品商店賣菜的嗎？

趙班長和我們在一起時，這樣的說辭可不是一回。鞍山是重工業城市，副食品和蔬菜供應一直很緊張。在副食品商店賣菜的工作很實惠。趙班長既幽默風趣，也追求實惠。

趙班長在信中接著說：

> 我給你們找的這個嫂子，她不賣菜。她在二一九公園門口賣門票。你們以後來鞍山找我玩的時候，進二一九公園可以全部免票。

二一九公園在鞍山的市中心，是鞍山最大的公園。

趙班長的信裏還有更精彩的內容：

> 你們還記得馮管理員的家屬去部隊的時候，我和管理員開玩笑，笑話他的家屬又黑又矬。我曾經對管理員說過：「以後我孬好找個媳婦，就比你家屬的個子高？」
>
> 你們現在這個嫂子，比管理員媳婦的個頭還矬。

趙班長和馮管理員開玩笑的話，我們班的人都還聲聲在耳。營部面皮最黑，面容也最不清秀的幾位，號稱「四大黑」。趙生余班長和馮水央管理員是其中的兩個，另兩位則是醫生朱世和和技術員羅碧靈。大家常拿「四大黑」的話題說事。趙班長也愛和其他「三黑」開玩笑。馮管理員的妻子，是河南扶溝縣的一位小學教員。馮妻來軍營探親。趙班長當著管理員的面邊說邊表演，說馮管理員的妻子站在教室黑板的前面講課時因為臉黑，學生都看不見她。只有她笑的時候，牙齒露出來才能看到黑板上出現了個「一」字。管理員妻子身材不高，也是趙班長開玩笑的話題，沒想到他的來信又涉及到如此的內容。

趙班長的信還沒有完：

> 你們還記得我多次說過，我最討厭姓宋的人嗎？偏偏我為你們找到的嫂子，她就姓宋。

趙班長討厭姓宋的也是事實。他說中學時與一個姓宋的同學最不對撇子。為論證姓宋的都不是好東西，趙班長舉過宋美齡的例子，說宋美齡用牛奶洗澡什麼什麼的；他甚至把《林海雪原》中的定河道人宋寶森拿出來，說宋寶森是書中最為陰險的人。

趙班長的信讓我們哈哈大笑。

趙班長接著說：

看來一個人的婚姻，早就由老天爺給謀劃好了。「沒醬油」說的一點兒也不假，「誰跟誰過，都是一定的」。

「沒醬油」是營部炊事員小王的外號，（見本書第十五章《驢》一節），趙班長喜歡和小王閒聊。文化不高的「沒醬油」經常說一些富含哲理的話。

有趣的是趙班長寫信給我們的內容，趙班長的妻子宋大姐知道的一清二楚。二〇一〇年，我去鞍山看望趙班長時，宋嫂跟我聊天，比較詳盡地涉及到上面的細節。宋嫂邊說邊笑。

六十、三個女兵

前面說過，整個軍營全是男性。如果沒有來探親的女眷，山溝裏只有營長教導員家的兩個第一夫人是女人。

一九七三年春節後不久，我們軍營裏來了三個女兵。三個女兵是二〇四醫院的醫護人員。上級安排她們來我們一營，既是讓她們到部隊基層鍛鍊，又協助一營的衛生所救死扶傷。

三個年輕的女子，來到八百到一千個光棍漢子的隊伍，大家一定會把她仨觀摩個仔仔細細，我也不例外。

那就先從容貌外觀上評判幾句三位女性吧：

年紀最大的李醫生，二十七八歲左右，第二軍醫大學畢業，正宗的科班出身，她的家好像也在大城市。李醫生個子比較高，五官端正，身材不很勻稱，雙肩有點兒上聳，梳理著兩根比較長的細辮子，面容和皮膚看上去，比實際年齡要老；

張醫生更年輕一點，面紅潤，身體健康，五官平平，皮膚粗糙一些。她的兩根辮子比李醫生的粗，長短則相差不多，髮色有點黃。看她的舉止做派，很像來自農村或小城市的人家。不過那時能當上女兵，一定有點來頭，有些淵源。我只能說張醫生的外表好似普通人家的女子。

最年輕的女兵叫崔幸，朝鮮族，父親是某軍分區的首長。她是一名護士，軍隊醫院的護士是排級軍官。崔幸的個頭最矮，身材卻最好，皮膚白而細膩，紮兩根極短的辮子。她的眼睛小，且是單眼皮，但很亮很有神。崔幸護士比兩位醫生愛笑。

觀察得夠細緻吧？

三位女兵的到來，成為整個軍營的節日，成了每一個軍官士兵的享受。去營部衛生所看病的士兵陡然增多。不是一般地增多，是成倍成倍地多起來。有時甚至達到需要排隊的情景。為此，營長在全營官兵大會上宣佈了一條特殊的規定：士兵凡是去營部衛生所看病，必須有連隊衛生員開條子，連首長在條子上簽字方可。這條規定限制了看病的人數，卻無法限制士兵們去衛生所門前閒逛。經始班的宿舍就在衛生所隔壁。不僅我們的門前人來人往，很多老鄉熟人順便來到我們的屋子裏閒坐聊天。

三個女兵的住處，營首長也頗費心機，最後選擇在教導員夫婦宿舍的對門。不是對門的兩排房子，而是一座房子內對著門的兩個房間。看哪個油嘴滑舌且膽大包天者敢隨隨便便去那裏私訪？

營部的籃球場，就在衛生所和我們經始班宿舍門前。春天日長，如果天氣沒有風雨，中午休息或晚飯後，球場上幾乎都會有籃球比賽。大凡有女兵看球，球場周圍的觀眾就會多上幾倍。球場裏奔跑的軍官士兵，也會更加踴躍賣力。

一天，一場籃球賽結束後，我正彎腰用臉盆洗浴。新兵陳通剛笑嘻嘻地說：

「班長，剛才李醫生她們都誇你來著。」

我雖然聽清楚了，卻沒有回應小陳。

陳通剛又重複了一遍。我問他：

「她們都說了些什麼？」

小陳想了想說：

「她們說你真年輕。」

我知道她們是讚賞我剛才在球場上的表現，便隨意應對一句：

「瞎說唄！」

小陳繼續笑。我心裏其實也美滋滋地。陳通剛人小鬼大，常去衛生所玩耍。三個女兵拿他當小孩子待，都很喜歡他。

三個女兵在我們一營的表現中規中矩。有時候她們也戴著安全帽，身背醫藥箱去山洞裏施工現場巡迴醫診。最為耀眼的成績是李醫生利用衛生所簡陋的器具設施，用手電筒代替無影燈，為一個士兵做了闌尾切除手術。這一事蹟彙報上去，受到上級的表彰。

一年後，三個女兵基層鍛鍊結束。離開一營前，來時不是共產黨黨員的李醫生被工程一營黨委批准入黨。李醫生家庭成分本是資本家來著，入黨的難度應該比我還大呀。若真的用表現或貢獻來衡量，我哪方面比李醫生差？對我的考驗卻這麼長久？嗨！每個人的背景處境都不一樣，領導們也只好就人論人，就事說事。我焉能把目光集中於領導手中的碗，看是否對每個人都能端平？人比人該死；貨比貨該扔，這都是沒有法子的事，咱只能認了。

六十一、五月一日的嘉獎令

我的人事檔案中保存著兩張部隊的《獎勵卡片》，其中一張的第二欄，是一個「支部獎」。「支部獎」相當於一次「連嘉獎」。

時間是一九七三年五月一日。審查簽署人是李永渭副營長，並蓋有李副營長兼黨支部書記的方形印章。他當時兼任營部黨支部書記，

「獎勵原因摘要」一項填寫的是：

七三年「第一戰役」中成績顯著。

把某一段時間的施工任務說成「某某戰役」是我們工程團的慣常做法。這一嘉獎令無疑是對我代理班長兩個多月工作業績和現實表現的肯定。

第二天，五月二日，下午，全營的軍官士兵在營部籃球場上集合，公布「第一戰役」的嘉獎令。和嘉獎令同時公布的，還有團司令部關於營部及各連新任班長的任命書。

奖励种类	五好战士	支部奖		
奖励原因摘要	一九六九年度被评为五好战士	七三年"第一战役"中成绩显著		
奖励时間	19			
奖励人（姓名、职别、級别）	营 徐掌財印	李永渭印		
审查人签署	政 王[illegible]武印			
备考				

我檔案裏的這張獎勵卡片第二欄，雖然只是一個支部獎（相當於連嘉獎），但它證明在一九七三年春天代理班長期間，我的工作「成績顯著」。

李永渭是一營的副營長兼營部的黨支部書記。

營部的人馬站在各連隊的中間。我因為是代理班長，順位站在最前一排。我的位置幾乎就是近千人隊列中，最前排最中央的一個。

營長徐掌財宣讀工程建築二一三團司令部《關於任命王金才等同志擔任班長職務的通知》。

王金才是營部通信班的代理班長。徐營長用渾厚洪亮的聲音宣讀著團裏的文件：

……茲任命王金才同志為一營通信班班長；

楊玉霞同志為一營經始班班長；

……

我以為自己的耳朵聽錯了。回顧左右和身後，見大家的眼睛都在觀注我，我才意識到不是自己耳朵的錯誤。短暫地眩暈了片刻，我回到現實中來。徐營長還在宣讀，高昂的聲音提醒了我。我意識到現在最需要的是穩住神，事情的原委以後再去思考分析，千萬不要驚慌失措，起碼不要讓別人看出來我的驚慌失措。

代理一個職務最終沒有被任命，並不是什麼特別反常的事，何況是一個小小的班長，一個小得實在不能再小的職務。比較反常的是，事先沒有任何一個領導，一個與之有關的人通知我。這是最起碼的程序，是對我最起碼的尊重。在一個全營軍官士兵參加的大會上，我當兵四年多所認識的人幾乎都在場。一邊宣佈嘉獎令表揚我；一面卻給我以這樣的蔑視與侮辱，真他媽的混蛋透頂透頂混蛋極啦。我很有一種被人欺負的感覺，但我又有什麼法子不被人欺負呢？

這事和新任經始班班長的楊玉霞沒有關係。他很可能是和在同一個時間得知這一出乎全班人員的預料，又不太符合邏輯的任命狀。

散會以後，當著全班人員的面，我對楊玉霞說：

「你放心，我一定支持你的工作。」

楊班長隨口應答：

「大家還和從前一樣幹唄。」

春節後我代理班長期間，營部的人事以及和人事有關的情況發生了一些變化：

當初力主讓我繼續留隊服役的營部管理員馮水央，轉業回河南扶溝了；極力推薦由我擔任經始班班長的工程助理員王長發調動工作離開了一營；臨清縣貫徹「南郊會議」之後，清查五一六和一打三反宣告結束。原經始班的戰友現任廣播員陳國和的政審材料中關於他父親所謂五一六的問題得以解脫；新任經始班長楊玉霞的政審材料中的疑案也煙消雲散了。身上的污水清洗乾淨之後，楊玉霞又恢複了家庭出身是貧農的政治身份。

有關的資訊也傳進了一些到我的耳朵裏，說是營部黨支部在研究經始班班長人選時，黨支部副書記朱世和說：

「臧寶興，他的組織問題一時半時也解決不了，讓他當班長會阻礙班裏其他同志們進步。」

兼任營部黨支部書記的李永渭副營長一般不過問營部的具體事情。一點兒也不懂工程技術的醫生副書記一錘定音。營部黨支部作出的決定，沒有考慮經始班技術性強的特點，也不符合慣常的情理。

又一個助理葫蘆僧亂判了一個與之毫無干係的糊塗案。我代理經始班班長的工作，白白忙活了兩個多月。看似微不足道有關一個班長人選的決定，一年半後卻讓好多人為當時的草率而懊悔不已。詳細情節後面的章節中我將無比精彩地再予表述。

五月二日全營官兵開會時教導員王紹武不在現場。幾天後，王教導員把我叫到他的辦公室。教導員比較委婉地告訴我，確定經始班班長人選的時候，他出差去了。又聊了一些別的，教導員最後告誡我：

「擔任不擔任班長，都要幹好工作。就把這當作組織上對自己的一次考驗吧！」

我們營的最高領導這樣說了，我還能鬧什麼情緒嗎？我還能不好好地工作嗎？

我就這麼陰差陽錯稀裏糊塗地失去了班長的職務。沒有經始班班長這個平臺，我再次被扔到了一個更涼的涼炕上，加入共產黨就更困難了。王教導員不愧是一位非常稱職的政工幹部。他很清楚我的穴位與軟肋，幾句話就能把我安撫好。他也知道我是一個很容易被安撫的士兵，為了入黨，涼炕上冰炕上的我還是會老老實實地繼續接受考驗，勤勤懇懇兢兢業業地幹好工作。

五一節過後，工程二連轉移到筷子溝村附近的一個新工地。01山洞長數百米，一個洞口在山梁的右側，另一個洞口在山梁的左側，我們稱之為穿山洞。在工程一營的歷史上，開鑿穿山洞這是第一次。從經始班的業務說來，穿山洞的測量難度也比較大。引洞長，跨度小，每天兩個洞口的作業面都要測量三到四次，每一次測量完這個洞口再去另一個洞口都要從山梁上翻越過去，也就是說每天都要翻越三到四次山梁。這個任務又落到了我的身上。我帶領著郭景文老弟，隨二連一起搬到了筷子溝工地。

二連在筷子溝工地安營在一家廢棄的小水泥廠破舊的廠房裏。接下來，我在這裏生活了將近兩年的時間，周圍的旮旮旯旯一草一木，我都是那樣的熟悉，先稍微詳細地介紹一下二連營房的環境吧。

小水泥廠已經廢棄，球磨機一類的設備都還隨意堆放在那裏。生產石灰的兩座火窯卻還在冒煙生產，所以四周的空氣不是很好。水泥廠的伙房還能使用，甚至比二連在石頭溝和泉水溝的灶臺操作間還好。餐廳也算敞亮，全連人馬就餐，擠擠巴巴。若是集合起來開會，面積綽綽有餘。

二連的連部設在三間獨立的平房。房子很高，好像就是原水泥廠領導辦公的地方。一排、二排好歹安排在原來工人們住宿的地方。解決三排和四排住宿的辦法是改造了兩座簡陋的倉庫。三排的宿舍最差，原是存放水泥成品的地方，有四米多高。牆壁和房頂的混凝土預製板都很薄，冬天透風，很冷；夏天能曬透，很熱。東北地區凡是住人的房舍向陽採光最為重要，無論新舊好壞都會坐北朝南。三排的宿舍偏偏坐南朝北，每逢北風肆虐，寒氣徑直貫穿。

住宿在三排的宿舍也有便利的地方，房前數米就有一眼水井。水位不深，方便提取，用來洗滌，煞是便當。用電焊切割焊接了幾只大號鐵桶置於井旁，簡直就是一臺臺原始的「工程兵」牌洗衣機。夏日裏氣溫高，提取幾桶井水，盡情往頭頂傾倒，天下還有比這更清涼痛快的嗎？

伙房東面不遠有五間平房，那是筷子溝村的小學校。三間做教室，一年級二年級三年級和四年級都在一個教室裏上課，山區農村的小學教育多是這種模式。教室西側的兩間房子是校長兼語文教師兼數學教師也兼音樂美術和體育教師的辦公室。校長兼職教師姓梁，三十四五歲的年紀，一家四口都住宿在校長辦公室裏。梁校長的老婆沒有工作；一個兒子剛會走路；一個七八歲的女兒叫梁燕，也是梁老師的學生。梁燕一雙眼睛很大，皮膚稍黑，梳兩根長長的辮子，很活潑。梁校長很喜歡女兒，經常用寬手掌撫摸梁燕的頭；梁校長的妻子好像更喜歡兒子，整天高聲呼喊著梁燕的名字，不是讓她看護兒子就是讓她幹這幹那。呼喊的後果有兩個：一是讓活潑的梁燕如一隻燕子般整天在院子裏飛來飛去；二是梁燕為了飛翔得更加自由而經常向母親撒謊。

靠近教室東側有一間長四米，寬兩米半，只有三面牆的小屋。小屋的西牆借用了教室的東牆。小屋的房頂上沒有瓦片石灰，塗抹的全是摻了麥秸的泥土，下雨天就滿屋子漏水。屋子的牆壁也是泥土抹面，稍微一碰就嘩啦嘩啦地掉土。這間幾乎沒有人知道它原來的功能用途，只有十平方米陳舊簡陋的小屋，就成了我和郭景文下榻的地方。

住進去以後，聽村民說這間小屋裏不久前剛剛死過人。具體詳情不很清楚，再打聽得詳細只會增加晦氣與恐懼，絕不會因此而另給我們尋找住處。但願老天保佑，死亡的人不是什麼重症傳染病患者。

我倆在靠近床的牆上釘上幾張報紙，灰土落到床上的就少了。每個床的上方遮擋了一塊雨布，房屋漏雨就不再弄濕被褥了。過了些日子，我從筷子溝的老鄉那裏尋來一些麥秸，用刀剁碎，和成麥秸泥巴，弄到房頂上去抹平，再下雨時，雨水漏得緩了些。郭景文來自農村，我倆一塊兒幹這些活計，配合得得心應手。

我們兩個吃飯在二連的食堂，多是小郭用飯盆把飯菜打來。二連炊事班長是我的臨清老鄉姬宗祥，炊事員胡景雲是郭景文的凌源老鄉，他們都不會虧待我倆。

因陋就簡勞作一番之後，住宿飲食一一就緒。12山洞的測量按部就班，許多都與在青山溝子時相差不多，唯獨失去了那頂帳篷和帳篷裏的人氣。

郭景文對繼續跟隨我單獨執行這樣的任務，大概也一肚子不滿。他把肚子裏的不滿都變成了更加沉默，沉默到一天也難得說出一句話。沒有書，沒有報紙，沒有語言交流。不去山洞裏工作的時間，我躺在床鋪上看房頂的檁條椽子和已經開始腐爛的秫秸；郭景文則坐在屋子外去研究一群忙忙碌碌的蟻群。有一次我喊了一聲他「小林彪」的外號，試圖以開玩笑的方式打破沉默。定性日漸深厚的郭同志不僅沒有應聲，眼睛也沒有看我，連面部表情都沒有一絲兒的鬆動。郭老弟真地把自己修煉成了一堆泥佛。

日子一天天過去，我感到世間的所有人都把我們倆遺忘了個乾淨。

謝天謝地，還是有人記得我。思想工作細緻入微的王教導員到二連視察的時候，來到我倆住的小房子裏。問寒問暖關心我們的吃住，更關心我們的工作。臨離開時，王教導員長時間拉著我的手，諄諄善誘地叮囑我：

「在業務工作方面，我對你是完全放心的。住在這間小屋裏，你藏寶興的視野要更開闊一些，除了幹好本職工作，還可以為連隊提供更多的服務。你工作做得越多越細緻，領導和同志們越能看得到。二連離營部這麼遠，戰士們買個肥皂牙膏什麼的都不方便。你們倆開一個義務小賣部怎麼樣？」

王教導員為我設想得這麼細，我倆只能立即行動。泉水溝營部有一個小商店，售貨員孔令超是我們臨清老鄉。我和郭景文從他那裏賒欠了一些牙膏肥皂信封郵票之類的日常用品帶到筷子溝賣給二連的士兵們。因為主題是服務，從孔售貨員那裏拿貨是什麼價格，全部原價賣出。半年後算帳，我們倆賠了五角多錢，大概是無意中丟失了。拿貨多是郭景文張羅，我的付出微不足道。我也不認為做這麼一點「服務」，這麼一點「雷鋒」的事就能改變我的處境，就能讓共產黨的大門向我敞開。事實證明我努力的結果是一個零，我和郭景文白白販賣了半年的日用品。

六十二、軍屬（下）

一九七二年春節過後，我祖父的病日漸加重。父親帶祖父先後去了北京、天津的血液研究所檢查，最後確診為白血病。往返了幾次，醫藥費、輸血費、路費花了四五百元。這在那時是一個很大的數目，幾乎相當於父親一年的工資。

到了一九七三年五月，祖父的病接近了尾聲。從臨清去保定前，父親把一九六八年補發工資後買的那輛「大金鹿」牌自行車和自己穿的一件皮大衣全都賣了，又從會計那裏借來一些，一共籌集了二百六十元的醫藥費。

祖父住進了保定的醫院，每週都要輸血，花費很大。父親讓南劉口村革命委員會給開了一封介紹信，去南大冉清苑縣民政局、衛生局，以軍屬患病醫藥費巨大造成家庭生活困難為名申請救濟。

我四曾祖的次女嫁到了沙堤營村，我稱她為「營兒裏的姑奶奶」。「營兒裏姑奶奶」家的女婿叫呂德瑞，在清苑縣委宣傳部工作。按河北農村的姻親關係，父親應該稱呼呂德瑞為表姐夫，我則應該稱呼他為表姑父。去清苑縣民政局、衛生局申請救濟都是表姑父呂德瑞領著父親去的。

一則是「軍屬」在當時有冠冕堂皇的影響力；二則因為父親把我們家的困難陳述得真真切切。當然了，最重要的是有呂德瑞表姑父的引薦和情面。清苑縣民政局、衛生局兩個部門救濟了一百元錢。這已是很大的數目，非常難得。父親又去劉口村人民公社革命委員會（相當於鄉政府）申請。縣裏開了口子，公社裏自然也就沒有理由拒絕，就又給解決了三十元。能拿到縣和鄉兩級政府的救濟，也彰顯了父親的辦事能力。

得知因為是軍屬，縣裏、鄉裏都為自己看病補助了錢，祖父說：

「這次得了寶興的濟了（Lie）！」

「得濟」，劉口一帶俗語，「沾光」的意思。

祖父住在保定的醫院裏，父親日夜守候在病床前，實在疲勞了就去劉康舅爺家休息幾個小時。劉康舅爺家孩子多，住房狹窄。他們家在院子的小儲藏間裏臨時為父親搭建了一個簡易床鋪。小儲藏間門窗皆無蚊蟲叮咬雨漏風吹，就顧不得那許多了。

祖父的病床前，經常有醫生帶領實習的學生前來實地講解，大概是因為祖父的病症比較典型。祖父病情日漸加重，心裏鬱悶，厭煩實習生們的騷擾。鄰床的病人是另一個醫院的醫生，他對父親與祖父說：可以理直氣壯地向醫院醫生提出來，不讓他們到病床前講課，保持病房內的安靜。

這時正趕上在保定城裏工作的本家臧志忠，外號「茶子順」的來醫院看望我的祖父。那茶子順正是當年我父親到保定城報考河北酒業專賣公司借鋼筆給父親的那個。他在保定市公安局工作，認識鄰床的那個醫生病人。那醫生是一個歷史反革命，想必是曾經在國民黨軍隊裏行過醫，五十年代初鎮壓反革命時被茶子順等處理過。醫生病人叮囑我父親和祖父本是一番好意，沒成想茶子順馬上翻了臉，厲聲訓斥那人說：

「你想幹什麼？這裏哪有你說話的權利？你給我老老實實地待著，不許你亂說亂動！」

那醫生病人沒有再敢吱聲，父親與祖父倍覺尷尬，卻也無法幫那善意人解圍，甚至事後連個道歉的字都沒有說出一個。那個時代時時處處沒有平等而言。

祖父的病情日益加重。那時還沒有骨髓移植的手段，起碼是還沒有被我國的普通醫生們掌握。緩解病情的唯一辦法是不斷地輸血。原本是身體衛士的白血球，病變以後竟然成為瘋狂的殺手。輸入補充的新鮮血液，很快就被殺手們吞噬。

補充血液的費用很高。一天，醫生把父親叫到了他的辦公室。醫生問父親：

「你知道你家老人得的是什麼病嗎？」

父親說：

「知道。」

「你一個月掙多少錢？」

「五十多塊。」

「你們要考慮一下今後的生活。」

父親理解醫生的用意與善意。父親說：

「不管怎樣，都是為了讓我爹多維持一些時間。」

祖父雖然病重，頭腦卻還清醒。醫生和父親談話不久，祖父對父親說：

「祿啊，這次你算是爆了（Lou）股了（Lie）。」「爆股」（大概是這兩個字），瀏口一帶的方言，破產的意思。

祖父又在醫院住了十多日，輸了幾次血，效用全無，人瘦成一把骨頭。出院回到家裏，祖父身體痛苦，情緒卻裝作輕鬆，他帶有一二分詼諧地對眾人說：

「現在給我蒙上一張黃紙，你們就可以啼哭（發音Tiu Hu）了。」

又捱了幾日，祖父已經不能進食。父親問祖父：

「爹吆，你想吃點什麼？」

祖父沉思良久，說出了冰棍二字。父親忙讓人趕去保定城裏購買。去的人是我姑奶奶家的套轅表叔，他是我祖父的親外甥，那些天也一直守護在病入膏肓的舅舅身旁。套轅表叔騎自行車往返八十多華里買來了冰棍。父親讓祖母包了十幾個祖父平日最愛吃的餛飩。冰棍放到祖父嘴裏，祖父只是吮了幾口冰涼的甜水；餛飩勉強下嚥了三四個便停止了進食。

又過了一天，南劉口村的黨支部書記耿澤民聞訊來探望，問祖父一聲：

「好些了吧？」

祖父已是半昏迷狀態，眼睛沒有睜開，大概是聽出來說話的人是誰，回答的氣力也都沒有了，只是鼻子裏嗯了兩聲。這是祖父留在世間最後的聲音。

祖父去世的時間是一九七三年七月三日，享年六十一歲。

祖父去世前一天，父親給我發了一封電報。按照超期服役士兵的探親條例，我申請了第二次探親假。等我趕回劉口村老家，祖父已經入土為安。天熱，靈柩無法久放。

劉口村的風俗，三天圓墳，全家去祖父的墳塋祭奠。大爺爺是前一年去世的，他的墳塋位於他繼父三曾祖的墳前；祖父的墳塋則選在繼父四曾祖和親父五曾祖兩座墳前中間的位置。按照唯物主義的觀念，這樣地安排，已經去世的兩代人均無感知。後人這樣做了，既是感情的寄託，也是文化的傳承。

祖父回歸在他的兩個父親兩個母親的懷抱裏；父親百年以後，大概也要安葬在祖父的跟前；到了我需要入土的時候，莫

我的祖父臧瑞雲（一九一二－一九七三）。照片拍攝於一九七二年，祖父重病治療期間。

非也要選擇在這片灑滿祖先血汗的土地？我按照城市的禮儀，站在祖父墳前默哀，腦子裏思考著上面的問題。默哀鞠躬完畢。我又按照劉口的風俗，趴在地上，給祖父磕了三個頭。

六十三、相親

那年的七月十日前後，我隨父母回到臨清。我的假期還有七八天。我有一件大事要辦。我要會見一個人，她是一個年輕的女子。

一個多月前，父親的朋友幫我物色了一個戀愛對象。軍營裏的軍官士兵尋找女朋友，多數是先建立通信聯繫，待享受探親假的時候，再正式見面。和我通過兩封信的女子是我小學老師的女兒，在一家工廠裏做會計工作，比我小兩歲。因為介紹人姓李，姑且稱她為李會計吧。

我寫給李會計的第一封信，皆是常規性內容，自是先介紹一下自己，再問候她的父母。第二封信我就告訴李會計，我當兵都第五個年頭了，因為這樣那樣的原因，我不僅沒有提幹，也沒有能夠加入共產黨。第二封信寄出半個多月，李會計一直沒有回信。按照現役軍人感官的判斷，出現女方不回信或晚回信的現象則意味著戀愛的前途不妙，何況處境慘不忍睹的我？不管怎樣，我還是應當見一見李會計。

我的好朋友張善欣這時已是一家工廠的廠長兼黨支部書記。我還知道李會計所在的工廠，和張廠長他們的單位隔著一條馬路相望。我去找張老兄商量，張兄說：

「這事好辦，你就在我的辦公室裏等著，我去她們廠裏把她叫過來，你們該怎麼談就怎麼談。」

我說：

「這樣最好。不過你去見李會計時，一定說清楚原委，要她知道是我在這裏等她。」

張老兄笑了，說：

「廢話！我不說清楚，人家也不會跟著我來呀。」

我在廠長辦公室等候，張老兄去後約一刻鐘，李會計就跟著他來到我們要見面的地方。張廠長給我倆各自倒了一杯開水，說一句：

「你倆談。我有事要到車間去一下。」

說完，張兄掩上屋門就走了出去。

剩下李會計我們倆，屋子裏很靜。為了打破僵局，我問候了她的父母一句。李會計沒有應答。又僵持了三五分鐘，或者只有一兩分鐘。李會計突然推門跑了出去。我沒有來得及攔她。即便來得及，我也無法攔她。沒有聽到一句回話的相親，就這樣結束了。

相親失敗，而且是這麼出乎預料，這麼沒有面子，這麼喪失自尊的失敗，我心裏很鬱悶。張老兄也因為我鬱悶而鬱悶。我們倆第二天去照相館合拍了一張照片，分明是兩張共同鬱悶的臉。

我如期結束了探親假返回了營房。不久我就收到了李會計母親劉老師的一封信。劉老師的信裏說李會計年輕，不懂事，要我原諒她的女兒。劉老師希望我們倆繼續保持聯繫，增進瞭解，……。過了兩日，我回信給劉老師，婉拒了她的好意。事後剖析自己：我因為沒有

相親不成，我很鬱悶。好朋友張善欣也因為我而鬱悶。第二天，我們倆在照相館裏合影，分明是兩張鬱悶的臉。

入黨而備受歧視。因為備受歧視而變得神經過敏。李會計的失禮，觸動了我的神經最敏感處，所以我不顧一切地拒絕了劉老師的好意。我的第一次戀愛就這樣結束了。

三十多年後的一天，我在一位朋友家聊天。朋友的妻子是當年那個李會計妹妹的閨中密友。朋友妻子告訴我，正是我與李會計見面的那一年，李會計妹妹的未婚夫在軍隊服役，已是連級軍官。

設身處地從李會計的角度想一想，我當時和那連級軍官妹夫的反差，做姐姐的如何能夠接受我？

人世間多少事，當時看似難以理解，其實都有著充足的理由發生。只是局內人只知皮毛，不解深層的因素瓜葛而已。

六十四、山梁上的鬼火

01 山洞的另一出口，靠近鐵路線。那鐵路的終端，就是小林河煤礦。小林河煤礦是一座比較大的煤礦，國家修建了一座橫跨小林河的鐵路大橋，把鐵路引進煤礦的選煤廠，一列列載煤的火車把黑色的寶藏運往四面八方。

服役四五年的時間，和小林河煤礦的人打交道不多，卻也認識幾個。聽礦上的老工人講，小林河煤礦是大躍進前後開始建造，從事井下勞動的有很多勞改犯人。勞改犯人中多數是右派分子和反革命分子一類的人。若是刑事犯人，管教部門絕不敢放任他們到井下去幹活。一九六一年，糧食短缺，勞改犯人餓死的很多。犯人們為了活命，發生了暴動。所謂的暴動並不是要占領什麼或奪取什麼，只是大家一起跑，跑到一個不至於餓死的地方去。

看守犯人的部隊把要逃跑的犯人們包圍起來，在高處架設了機關槍，瞄準著犯人們掃射。死傷的犯人很多，有幾十個或幾百個，清理現場的時候，死者都被胡亂埋在了煤礦東側南北走向的山梁上了。

從筷子溝二連的營房，去山洞小林河一側的洞口，需要翻越山梁。原本連羊腸小道都沒有，走的人多了，就出現了一條路徑。我和郭景文每天都要沿著這條小路走上兩個、三個或四個往返。天氣好的時候，我們會在山梁的最高處或坐或站立地休息片刻。往東或往西瞭望一番，也能欣賞到泛泛的風景。

從我們在山梁上習慣的休息處往南二三百米，是一亂墳崗子。我們倆曾一起去那亂墳崗探視過。我自己也去閒逛過兩次。亂墳崗子很大，因為在山梁上，土層很淺，挖鑿墓穴很難。墓穴稍深一些的，死屍臥在兩口對封在一起的水缸裏。很多墓穴的水缸都已經暴露在表層了，有的水缸也被人砸爛，白骨都展露出來。小林河子一帶，有許多燒製大水缸的火窯。其中有一個村莊的名字就叫做缸窯村。就地取材，用水缸替代棺材，既是窮苦人家的無奈之舉，也算是一種民風民俗。

山梁上墓穴的年代無法考證出個一二。它最初應該是一個窮人胡亂埋葬家人的地方。和使用水缸做棺材的窮苦人墓穴相比，更多的是連水缸都沒有的淺葬墓。因為埋得淺，且沒有最基本的包裹遮攔，坑裏的白骨多數暴露於光天之下。這些白骨，主人應當就是那些曾經企圖逃跑的犯人們。白色的塊狀物，生前或許還不到三十歲；或許三十多、四十多、五十多歲；或許知識淵博，多才多學；或許只是一名普通的職員。只是因為思想「反動」，或者是說話不很沉穩，再不就是沒有搞好與領導們的關係，過早地死於非命。

整片墓地沒有墓碑沒有標識，一年四季從無祭奠。這些窮人和思想反動的傢伙們死亡之後即被人類忘記。但是亡靈們大概既沒有忘記人間，也沒有忘記自己。他們將唯一遺存下來的白色骨塊，展示給蒼天，展示給太陽，向萬能的神靈訴說著人間的苦難與悲涼。

我白天從山梁上的小路走過，想到南邊不遠處的那些冤魂白骨，心裏都覺得瘆人。我和郭景文都多次單獨一人夜間行走過那一路段。我靠的是唯物主義的意識；小郭大概是從小偏僻山區練出的膽量。

亂墳崗上的白骨，富含化學物質磷。七八月間，天氣炎熱，墳場裏瀰漫著升華了的磷。夜晚，沒有風，自燃的磷會發出藍綠色的光，這就是民間所說的鬼火。那山梁上的鬼火，我看到過兩次。一次是和郭景文一起；一次是我獨自路過那裏。鬼火雖然只是一種簡單的自燃現象，把它與冤魂怨鬼聯繫起來，即是一種文化，是人類的歷史。

三十多年之後，一條高速公路正好從那亂墳崗上經過。墓穴，瓷缸、白骨，統統都化作了路基。誰還記得那些冤魂？關於他們，除了上面的幾行模模糊糊粗糙的文字，中國人的歷史上，大概不會再有人會提及他們。

六十五、卸磨殺驢

一九七三年十一月中旬，東北的天氣已經很涼。山洞很快就要貫通了。

那天早晨，從這一側都能聽到另一側風鑽衝擊岩石的聲音了。山洞貫通如同臨盆的產婦，我們經始員則是等候胎兒降生的父親。山洞的軸線與水平能否一致，猶如父親擔心自己新生的兒子是健康還是畸形。

又爆破了一排炮，在這邊作業的士兵們，甚至都能聽到另一側用撬槓敲擊石頭的聲音了。我翻過山梁去那邊查看，幹活的軍官士兵們也都很興奮，大家都想快一點兒看到山洞的貫通。

幾乎全天我都在兩側的作業面來往奔跑，我的心情比搬石頭打風鑽的戰友們還興奮。下午三點多鐘，最後一排炮聲轟隆轟隆響過，頃刻，濃濃的煙塵即從洞口飄出。有經驗的工程戰士都知道，這是山洞貫通了的標誌。

遵照爆破操作規程，等候了差不多一刻鐘，我和郭景文還有二連的軍官士兵們跑進山洞裏查看。兩側的作業面對接準確無誤。用東北的黃色歇後語來形容，真說得上是大閨女騎瘦驢——嚴絲合縫。我的心裏非常高興，為半年多來的懸念有了正確的答案高興，為圓滿地完成了一項重要的任務高興。

回到我們倆那間小屋，我洗了把臉，想歇息一會兒。這時有人通知我，要我晚飯前回營部開會。我說與郭景文：晚上我如果回來得晚，他一個人去洞內現場，把最後一次幅圓畫完，讓整條山洞的斷面對接看上去整齊。小郭連應答都沒有，眼睜睜地看著我，頗為詭異地一笑。他就是這樣一個人，我一點兒也沒有在意。事後回憶他的笑容，方才理解了「小林彪」的詭異，他已經知道了我回營部去面對的將是什麼。

我到了營部說是要開會的地方，等候我的是一桌宴席。「會議」的主持人是黨支部副書記朱世和醫生。圍坐在大圓桌四周的七八個士兵，其中有經始班的卞九寬，擔任給養員不到一年的張鎖柱，通信班的小王等七八個士兵。「會議」的內容是給這幾個士兵送行。依照朱醫生講話的基調，說是營部機關執行上級精兵簡政的指示，你們幾個需要回連隊去。革命同志到了那裏都是幹革命。通俗實際的解釋應該是：你們嘛，表現不是很好，現在營部不需要你們啦，哪裏來的還是回哪裏去吧！

完全出乎我的預料。山洞今天下午貫通，晚上就把我驅趕出經始班，這不是典型的卸磨殺驢嗎？驢身上的汗水還在流淌，立馬就被豁開了胸膛，天下真有這等不公？前幾天營部開會，朱醫生還代表黨支部表揚我來著，說我長期單獨在外執行任務，條件艱苦，能夠嚴格要求自己，等等。今天怎麼我就又成了殘次品，成了營部機關難以容納之人？

朱醫生指指他旁邊的一把空著的椅子告訴大家說，營領導原本是要親自來歡送大家的，因為有事暫時來不了，權且由他本人敬大家一杯酒。

朱醫生在撒謊，他招呼我們的時候，徐營長高嗓門說話的聲音，多次出現在附近的房間。這樣不愉快甚至有些尷尬的場面，哪個領導願意參加？

朱醫生見大家不動碗筷，就開始勸酒。憤憤不平的卞九寬大聲說了一句：

「該吃就吃，該喝就喝，不吃白不吃，不喝白不喝！」

有人拿起筷子，有人端起了酒杯。

我站了起來，非常氣憤而又盡量地心平氣和地質問朱醫生：

「我想問一問領導，讓我們這些人下連隊去，是按照什麼標準確定的？為什麼沒有你們衛生所的一個人？」

朱醫生一時語塞，嗚丫了片刻，無奈地說了一句：

「這都是營領導決定的，和我們衛生所沒有關係。誰有什麼疑問，直接去找營領導吧。」

我縱有千般委屈萬言傾訴此時此刻此情此景再說什麼也都是多餘的啦。我移開身後的椅子，推開攔阻我的戰友徑直走出了那間會議室。其他幾位被驅逐者也都紛紛離場，歡送宴會不歡而散。

外面已經天黑，我混混沌沌地走回了筷子溝二連駐地的那間小屋。郭景文不在，他的行李物品也都全部拿走了。我倆朝夕相處兩年有半，連告別一言一面都不肯給我，人情冷暖何至於此？這個郭老弟，行為理念和規則可真是一個小號的林彪。我和郭景文戰友相處成這樣的結果，完全出乎我的預料。我倆朝夕相處於一頂帳篷或一間小屋，既無意見相左的衝突，亦無利害不一的糾結，一直是相敬相重的格調，生活上互相關心照顧的情景歷歷在目。如果想揣度郭老弟會對我有什麼不滿，唯一的一點就是我做為早他兩年入伍卻總也入不了黨的的「老同志」，的的確確阻礙了他加入共產黨的路徑。可這能怨得著我嗎？郭老弟啊！我只能，說你的思維與氣度連那個摔死在溫度爾汗的真林彪都不如。

沒有吃飯，沒有喝一滴酒，我歪倒在床鋪上，立時昏睡過去。第二天醒來，太陽已經老高。依舊懶得起身，開始思索自己的處境，回憶自己的冤屈。屋裏沒有別人，索性放開無有聲音的痛哭，讓委屈的淚水統統都流出來。

我回憶那年跟隨著關班長打乾草；回憶跟隨趙班長殺豬；回憶鑽研「閉合導線複測」；回憶去街亭書店的倉庫裏去尋找十一位對數表；回憶沒黑夜沒白天轉遍每一條山洞，每一個作業面；回憶04山洞內和劉維恩一起差一點兒被砸成肉醬；回憶一次次入黨志願書被槍斃；回憶父親和母親對我入黨的期盼；回憶和張副營長下棋；回憶各位領導與我每一次諄諄善誘的談話。

反反覆覆的回憶讓我得出一個結論：以前，我只是一個有利用價值的傻瓜，是一頭被幾口飼料誘惑的蠢驢。現在沒有石磨需要我來奔跑著拉了，被屠宰，被一腳踢開是我恰如其分的結局。看到我沒有利用價值了，領導們也不再諄諄善誘了，甚至連提前告知我一聲的待遇都享受不到。

文化大革命中各個行業各個單位，都實行「清理階級隊伍」的政策。我的家庭出身是上中農，外祖父是地主，這樣的政治身份在士兵中是最差的，在整個軍營裏是最差的。這次我是真地被清理出革命的隊伍了。

兩天或三天，我沒有吃一口食物，喝了幾次水桶中的洗滌用水。想得疲勞了就睡過去；睡醒了後還是胡思亂想。白天也不開門；晚上也不開燈，就好像我這個人，整個地在這個世界上消失了。

一天，二連炊事班長姬宗祥去敲門看我。隨後他回伙房給我打來了飯菜。恢複了些體力，我去了一趟小林河邊，靜坐在河邊的石頭上，初冬的太陽照著我，理智也漸漸回歸。事情反正也就這樣了，還有兩三個月，新兵就要來到，老兵就要退役。黨是加入不上了，大不了回去挨父親的一頓訓斥，再加上若干時間的看不起我；進工廠安排不了好工作，差的總還會有的；女朋友找不到好的，差也差不到哪裏去，人生就這麼回事，能有多大差別呀？

心裏釋然了一些。算一下近來的時光，我一個人在那間小屋裏已經蹉跎了七日。期間姬宗祥給我送過三次飯菜，再也沒有其他人見過我。

到了第八天，營部的會計王合文獨自一人來看我了。他不僅是經始班的老戰友，也曾經是和關班長一樣關心我的人。他好像知道七天來我是怎樣度過的，但他沒有多說什麼，只是表達了簡單的善意：人在屋簷下，怎能不低頭？胳膊不要和大腿較勁。去二連報到吧，你不是原先就是從二連來的嗎？老賈不會待你很差。

我聽從了王會計的勸告，收拾好自己的衣服被褥物品，也沒有回經始班去向戰友們告別，就去二連連部報到了。仔細看一眼居住了半年，簡陋得不能再簡陋的小屋，心裏依然充滿酸痛。

六十六、兔子急了也咬人

離開那間小屋之前，我還做了一件事。我給工程團政治處寫了一封信。在敘說這封信的內容之前，我先詳細介紹一下營部黨支部副書記衛生所醫生朱世和。

朱醫生是山東臨邑縣人，一九六四年入伍。他和我們經始班第一任班長劉明河是同鄉。

全中國各個地域，也許山東人是最看重老鄉關係的了。營級軍官王紹武教導員是山東人；連級的朱醫生是山東人；一九六九年以後，一營營部陸續調入山東臨清的士兵十幾個。幾年下來，逐漸形成了一個以朱醫生為核心的小小同鄉會。朱醫生在山東的士兵和王教導員之間，發揮著啟上承下的作用。

工程二一三團的王興治政委，也是山東人，老鄉觀念也很重，通過王教導員的舉薦承接，王政委對朱醫生

一營營部全體山東兵合影。戴棉帽者是朱世和醫生，山東臨邑縣人，其餘都來自臨清。（拍攝於一九七二年冬天）

後排左三是作者本人；在本書中出現過的還有楊玉霞（後左二）；陳國和（後右三）；孔令超（後左一）；郭振忠（中左二）；葉思龍（前中）。

的印象也不錯。

一九七二年冬天，營部十三個山東臨清的士兵和來自山東臨邑的軍官朱醫生有一個合影。十三個臨清兵都頭戴單軍帽；頭戴棉軍帽的朱醫生端坐在正中間，整幅照片的畫面如眾星捧月一般。這幅照片準確地說明瞭朱醫生與我們這些臨清兵之間的關係。也說明了朱醫生當時正在增長的軟實力與在營部範圍內的人事話語權。

我與朱醫生的關係多年來一直正常，不十分密切也沒有分歧隔閡。我對朱醫生第一次產生反感，是在決定我能否擔任經始班長的支部會議上，他那「一錘定音」的否決。其實細細思量，支部會議上傳到局外的聲音一定是真實的嗎？我那時對此沒有多想，一直認為我就是栽在朱醫生的手裏了。

營部為下連隊的士兵舉辦歡送宴會，營長諸人明明在家卻都託辭不到。由朱醫生來主持一件尷尬不爽落孬人的差事，其實是一種替領導諉過，屬於「勇挑革命重擔」的行為。我卻把被貶謫的怨氣也都記恨於朱醫生的身上。

我在陋室床鋪上煎熬的七天，心態混亂加扭曲，甚至可以說是魔鬼附身。我就如同一隻被逼急了的兔子，想的是無論如何也要掙扎著咬它一口。這被我咬的人就是醫生朱世和。

我在寫給團政治處的信中主要說了朱醫生的兩條過錯：一是不鑽研業務，醫療技術比較低，精力都用於黨務行政方面，大家稱他為「政治醫生」；二是朱醫生經常無償地送藥給駐地的老百姓，換取老百姓的好處。兩條過錯，差不多都是「莫須有」一類。尤其是第二條，說它是「軍民團結」的篇章也是可以的。破罐子破摔的心境下把信寫好寄出，我幾乎也就把它給忘記了。

一個多星期後，我已經到二連報到了。一天，連部的通訊員鄧殿虎傳我去連部一趟。去連部的路上，我問鄧殿虎什麼事。鄧戰友說是團裏的陳副政委找我，不知道什麼因由。我的腦子轉了一圈半，突然想到了那封寫給團政治處的信。心裏咯噔一下震動，不知是福是禍，霎時一陣緊張。

陳副政委有四十多歲，中等身材，瘦，嚴重的羅圈腿，說話口音是哪方人士已經記不清晰了。陳副政委很簡單地瞭解了一些我的情況，把那封信給我看了，毫無表情地問我：

「這是你寫的嗎？」

我回答說：

「是！」

然後，陳副政委並沒有多說一句，就終止了談話，只是我離開之前，叮囑了我一句：

「今天我們倆的談話內容，不要和任何人說。回去好好工作吧！」

後來，最後來，直到三十七年後的二〇一〇年我去瀋陽丹東，和二一三團的老戰友老領導們閒聊，才搞清楚了事情的原委：就在一九七三年十一月我給團政治處寫那封信的時候，團衛生隊馬隊長即將要轉業去地方。衛生隊長是正營級，接替馬隊長職務的人選有兩個：一是一營的朱世和醫生；一是團衛生隊的張醫生。

團長唐雲普和政委王興治正打得不可開交，陳副政委是站在唐團長一邊的。唐團長屬意提拔張醫生；王政委則傾向於山東老鄉朱世和。陳副政委不遠千里專程到一營召見我這個普通的士兵，目的很簡單，無非是想尋找一顆炸毀王政委方案的炮彈，置辦獲取讓天平朝自己一方傾斜的砝碼。我的那封既「莫須有」，又微不足道的「群眾來信」基本上滿足了陳副政委和唐團長的需要。接替馬隊長職務的是張醫生；朱世和醫生被淘汰出局。他在連級醫生的崗位上又幹了幾年後，轉業回了山東臨邑縣老家。

因為有了以上的背景和作業流程，一營沒有第二個人知道曾經有過這麼一封終止了朱醫生前程的信。其實值得後怕的應該是我。倘若事情不是這樣地發展，我的處境將更加困難，甚至可以說是吃不了的兜著走。

思想與思路都很狹隘的我，報復了自認為傷害過我的人，報復的後果當時並不知道，報復後連短暫的快感都沒有收獲。不久，我就開始悔恨自己的狹隘與醜陋。朱醫生對我的傷害基本上是查無對證的傳說。如果我稍微寬容大度，或者稍微能夠客觀地觀察人，觀察事，朱醫生其實是一個很不錯的軍官，一個很不錯的山東老鄉，甚至可以說是一個很不錯的人。

也許曾經在一營工作過的官兵們都沒有留意，朱醫生主持一營衛生所工作的八九個年頭，在朱醫生手下工作過的所有士兵（衛生員），前後有十幾人。因為有朱醫生扶持幫助，他們不僅全部加入了共產黨，而且全部都被提拔成了護士或醫助（都是排級軍官）。來自吉林東豐的衛生員姜永林，與朱醫生不合，全營部的人都知道。朱醫生不計嫌隙，把姜衛生員提拔去了某醫院做護士。僅僅總結這樣的功德，朱醫生就應該被塑為金身。

朱醫生肯定不知道我打過他的黑槍。以報復為目的，誣告朱醫生是那年我做的一件值得我懺悔終生，既愚蠢又荒唐的事。

六十七、書記官周瑜

在文字隨著我的思緒，離開一營營部去二連之前，我還準備說一說營部的書記官周瑜小周郎。我那幾年所受的周折冤屈，這位周戰友難脫干係。究其原因，既因為小周郎的為人，也因為他所處書記官的位置。

周瑜，吉林省集安縣人。他是師範學校畢業，分配到吉林東豐一家軍工廠的中學當體育教師，一九六九年和來自東豐縣的新兵一起入伍。先到機械連，後到營部擔任廣播員。施工任務緊急的時候，他長時間住在我們經始班的帳篷裏播音，放唱片，放起床號與熄燈號。

幹廣播員總不是長久，因為廣播員的職位只能由士兵擔任。周瑜比我年長幾歲，也比我成熟幹練很多。周瑜瞄準的目標是營部的書記官。

周瑜攻取書記官職位的第一步是練字。周瑜在學校學的是體育，鋼筆字很爛。周瑜同志練字必須速成，若練上三年五載，黃花菜也涼了。周戰友選擇了一種類似小學生練字的筆體，橫平豎直，撇與奈也都呈直線，然後讓所有的筆畫都傾斜一定的角度。這樣的筆體，很快就能熟練掌握，書寫到紙張上，能給人整齊劃一的感覺，重要的是它適應文化程度不高的領導閱讀。周瑜同志練字，很實用，很速成，也很成功。

周瑜策劃自己進階的第二步是想法接近一營的最高首長王教導員。按說周瑜同志遠在山上的帳篷裏，能夠近距離接近教導員的機會實在是太少了。但小周郎自有辦法。周瑜同志的敲門磚是主動給領導搓澡。

營部的澡堂子蓋好以後，王教導員也經常去澡堂泡澡。去過幾次之後，為教導員搓背的差事就基本上被周瑜一個人承包了下來。周瑜給王教導員搓背，不僅手法嫻熟，搓得舒服，重要的是他能預測教導員什麼時候去洗澡。教導員什麼時候去，他就能在最適當的時候出現，待教導員泡過了熱水，他早把一條毛巾鋪在臺子上，另一條熱毛巾也已擰乾，只等教導員匍伏就位。

和領導接觸多了，得到領導認知的機會也就多了。前面已經說過，一九六九年秋天王教導員從一連指導員被提拔上任營教導員的時候，營部的書記官正由原經始班的士兵蔣文閣代理。一年後，蔣準書記官的位置為周瑜替代。

以地理位置比較，蔣文閣辦公的地方就在王教導員隔壁，咳嗽的聲音都聽得清晰；周瑜同志遠在山上的帳篷裏，難得有見到教導員的機會。二人競爭的結果，周瑜同志捷足先登，其中有蔣文閣自身的原因，最重要的應該是周戰友的功力。

周瑜被任命為代理書記官後，他搬到教導員的隔壁。周書記官與教導員的關係進入了蜜月期，王教導員自己的一些瑣事，周書記官也都承包下來。緊急集合野外拉練為教導員挎手槍、背背包，這些本是通信班通訊員們的職責，周瑜也都攬到自己身上。這樣一來，不僅通信班覺得他越俎代庖，營部其他的軍官士兵也認為他做得過分。

有人去找教導員，問營部的人，教導員在哪裏？得到的回答也許是：

「去問周書記官吧，只有他知道教導員在哪裏！」

再不就是：

「你去找周瑜吧，找到了他，也就找到教導員啦！」

一九七一年夏天，周瑜被任命為一營的書記官，正式成為排級軍官，津貼由士兵三級每月八元，提高到國家行政幹部二十三級每月五十二元。周瑜在一九六九年入伍的士兵裏，進步是最快的一個。

我與周瑜的密切關係，始於經始班山上的帳篷裏。吃住在一起且是不同的工作不同的單位，交流則更放得開。他頭腦機敏靈活，說話風趣幽默，籃球與撲克都玩得精湛且遵守規則，輸了牌鑽桌子痛快麻溜，是娛樂時的最佳玩伴。我們倆都是營部籃球隊的主力，他擔綱控球後衛；我是跑右側的投手。常常是他帶球過人，我按固定路線往前衝。待我到了一定位置，他並不看我就嗖地一聲將球傳過來。我球到人到接球就投，擦板進框，配合非常默契。

一天午飯的時候只有我們倆在帳篷裏。去一連的食堂打飯，我拿著飯盆排隊打米飯；他去另一個灶臺打菜。那天一連改善伙食，午飯吃大米飯炸魚，我倆心中竊喜。他朝我使了個眼色，我便知道應當怎樣配合。炊事員問他：

「幾個人？」

他隨即答道：

「都在家！」

炊事員按慣常的數量，給了七八份炸魚，差不多滿滿一飯盆。我也盛了一盆大米乾飯。

回到帳篷，周瑜說：

「老天爺對咱倆真好！」

我也很興奮，甚至有點兒激動。接下來是酣暢淋漓大快朵頤，七八份炸魚，一盆米飯，兩張嘴米西了個淨光。這次炸魚大米乾飯之美妙，戰友間配合之默契，後來多次被我倆提及。一塊兒弄出點兒生活小花絮，小周郎也是最完美的搭檔。

書記官的職責，相當於營機關的文字祕書加人事祕書。營裏的主要文案，如工作總結；打給上級的報告；綜合情況彙報；營首長的重要講話等，都要書記官起草。周瑜在師範學校的專業是體育，基本是玩耍的體力活，書讀的也不多，缺乏擺弄排列文字的基本功夫。擔任書記官後，營裏起草一些重要的文件文章還得要他人幫忙。我就是「他人」之一。

周瑜就任書記官後的一年多，我先後替他書寫過五、六份材料。記憶最深的是一篇名為《工程一營關於清倉查庫工作的彙報》。報告送到團部後，團後勤處非常重視，營裏又派我專門去丹東口頭彙報一次，最後團裏還在我們一營召開了全團的清倉查庫現場會，很為營首長增光長臉。

我幫書記官寫材料，有的是周戰友當面相求；有的是營首長直接下令。寫過幾次以後，我意識到其中的芥蒂與尷尬。當年，周瑜他捷足先登，超越蔣文閣最終取而代之。如今周瑜他也一定會提防我以其人之道治其人之身。「螳螂捕蟬，黃雀在後」，周瑜是一隻聰明的螳螂，他捕獲了蔣文閣這隻蟬的同時，也時刻在提防自己身後的黃雀。雖然我先天不足，幾乎沒有取代他的可能。周瑜是一個心境細膩之人，他還是把我列入了黃雀的行列。

謹慎的人都知道：警戒線劃定在距離安全區比較遠的地方，安全區裏的人才最安全。我在周瑜書記官心目中，既是好玩伴，是好球友，但他還是把我當成了仕途上潛在的競爭對手。

周瑜書記官把我隔離在安全區之外的武器手段就是多次在關鍵的時刻拿出我的政審材料來說事。營部士兵們的檔案材料都存放在周書記官的檔櫥裏。有機會看到我的政治審查材料的少數人中，只有他能夠比較仔細地進行研判。按照我們倆玩伴的友誼，周瑜如果能夠把我政審材料中的內容透露給我一些，我一定會向領導提出申訴。

我檔案中兩次外調產生的五份政審材料，其他幾份都無大礙，唯獨一九七一年八月十九日，臨清縣革命委員會政治部出具的**《一九七一年調二號》**中的內容凶險：

……一九四六年在保定讀書期間參加過童子軍，係國民黨特務的外圍組織。

臧全祿同志文化大革命前在舊縣委宣傳部、舊縣委辦公室任幹事，文化大革命中堅持反動立場，瘋狂地反對毛主席的革命路線，惡毒攻擊紅色政權。……

而恰恰就是這段對我的殺傷最重，內容最離奇的文字，最經不起推敲。即便你書記官秉公辦事不徇私情，不私下透露，我那些政審材料中自相矛盾的結論，你也應該主持正義向組織上向營領導彙報呀。

參加營黨委會，做好會議記錄也是書記官的職責。每到營黨委會上審批我入黨的時候，周書記官就把寫有上面內容的那份政審材料拿出來閱讀一遍，參加會議的人就都只能息言息聲。我的所有努力也就全都化為泡影。

假如周書記官對我抱有中性的立場。在營黨委審批我入黨的會議上不僅閱讀《一九七一年調二號》，把其他幾份也全部端出來展示一下。參加會議的營領導連領導們，文化程度再低，也都會看出其中的蹊蹺與謬誤。事情也會出現轉機。而周瑜他卻連手指間的縫稍微鬆開一點兒都不肯，堅持把事情做到極致。

如果我在仕途上還有一定競爭力的時候，書記官小周郎如此操作，將我壓制在地板之下，尚且情有可原。當我早已落入井下苦苦掙扎即將溺水而亡之際，周書記官依然沒有絲毫惻隱之心，沒有改弦更轍之意。仍舊一如既往地把那份政審材料當作炸彈巨石，毫不留情地砸在我的身上頭上，就未免太殘忍太冷酷太自私了。而我卻一直傻乎乎地把他當作好友，球場上拼命地奔跑，努力把他傳給我的籃球投進那該死的籃框裏。

上面的情節場景，不是我隨意杜撰。它是我幾年後看到自己檔案中那幾份政審材料之後，反覆思考分析得出來的。準確率在百分之九十以上。全過程中的一些細節很可能更戲劇，也很可能更卑鄙下作。

當兵服役多年，我一直以「與人為善」和「謹慎小心」為座右銘，沒有傷害得罪過什麼人。書記官周瑜是唯一刻意陷我於萬劫不復之地者。而他害人的動機動力卻看似荒唐得不可思議，只能用本能和慣性來解釋。

周瑜很少與人提及有關他家的事。因為我倆私交甚久且甚好，他和我說過一些。他家在集安縣的農村，很窮。父親務農，身體不好，供他讀完師範已經很不容易，家裏還有一個嚴重殘疾的弟弟，生活不能自理。後來大概是家裏知道他被提拔成了軍官，收入多了，便來信要錢。一次，我遞給他一封來自集安的家信，或許信裏有刺激的文字，他拆開閱讀後心情十分不好，竟然有些失態，嘴裏嘟嘟囔囔帶罵罵咧咧，說了一些不耐煩的言話。對自己家裏的人尚且無情，對戰友朋友還能有義嗎？

二〇〇五年，我去山東濟寧看望王教導員時，老首長的一席話，對周瑜的為人給出了一個更恰如其分的注釋。

王教導員那天幾乎把當年一營營部的軍官士兵都評論了一遍。說到周瑜書記官的時候，王教導員提高了嗓門：

「媽拉個巴子的，那小子，典型的機會主義！」

「我那時對他怎麼樣？沒有我，提八個書記（官）也輪不到他！他是怎麼巴結我的？你們也都知道。最後他卻毫無道理地咬了我一口。」

王教導員說的「最後」是指一九七六年春天，後勤分部（師級）領導，準備提拔王教導員，派了幾個政工幹部去一營考察。所謂「考察」只是人事變動時的例行公事，只要是沒有硬性的問題，考察的評語好與壞，一般不會影響最終的任命。那時，周瑜已經被調到後勤分部工作，成為被派往一營考察王教導員的幾個人之一。

「這小子，他媽的，在我的考察材料中寫了好幾個問題，什麼老鄉觀念強；什麼與營長不團結；還有什麼遇事不堅持原則。淨他媽的胡說八道！你說說，我要是老鄉觀念強，還能提拔他這個吉林的壞小子嗎？」

「問題是，他周瑜咬我一口，並沒有耽誤我提拔。和他一塊去的李幹事，當天就都告訴了我。他自己也撈不到什麼好處！你說他這是圖了個麼？害人不利己，真他媽拉個巴子的不是東西！」

人與人之間的關係很複雜，很微妙。上級與下級，既是工作關係，也是利害關係。下級若對上級低三下四，阿諛奉承，溜鬚拍馬，實則是在用自己的尊嚴換取利益。這樣就與妓女和嫖客的關係相似了。妓女付出的是身體，前者賣出的是自尊。多數妓女對嫖客都會恨之入骨。獻媚的部下對上級，深藏在腦海裏的大概也是相同的意念。若這樣的比擬成立，王教導員所述，就絲毫也不奇怪啦。

唉！當兵遇到周瑜（化名）這樣一個戰友，人生結識小周郎這麼一個朋友，真是一件倒楣透頂，遺憾一輩子的事。

第十八章　二連十一班（上）

六十八、回二連

我扛著背包步行一百五十或一百八十米，去二連連部報到。四年半之前，我離開二連的時候，吳榮發連長叮囑我：一定要好好幹，不要給咱們二連丟臉。如今我卻灰溜溜地又回來了，可以說我丟了二連的臉。這個臉是怎麼丟的？我自己也不清楚。

二連的人員變化很大，我離開時的十三班長賈廷成現在擔任了連長；原三排長趙德臣任指導員；司務長邵元明任副指導員；陳發全副連長是一連來的。和我同年入伍的戰友已經退役了大半，仍然留隊者，有的已經被提拔為軍官，最不濟的也都擔任了班長或副班長。比我晚入伍一年或兩年的戰友擔任班長的也大有人在。

賈廷成連長接待了我。賈連長說：

「你的情況我們都瞭解。不是你沒有幹好，是因為有特殊的原因。」

當年，我在二連時和賈連長接觸不多，後來的熟悉全是因他一直負責二連施工現場的管理，和經始班打交道很多。平時見面，賈連長上來就會抓住我的一隻手，

一九七二年一營二連的連級軍官：連長賈廷城、指導員趙德臣、副指導員邵元明、副連長盧坤正、副指導員吳××、副連長陳發全。那時連隊副職實行雙配。

他們身後是二連的營房，連部是塊石砌牆，油氈紙蓋頂的簡易房，各排士兵們住的是帳蓬。

背景的山包位於整個營房的北面，它是前面章節曾經提到過的兩座山包之一。

佯裝做禮貌性地握手，卻暗暗地用上力量。賈連長非常強壯，甚至可以說是力大無窮，一隻鐵掌就能把我的手握得生疼。我倆之間這樣的玩笑開過很多次，現在我成了他的部下，不能再開玩笑了，話卻談的既真誠又給力：

「不就是入個黨嗎？有什麼大不了的。你回二連了，只要好好幹，一切就都容易了。」

哪位領導如此直接了當地和我談過話？我一時激動得熱淚盈眶。

賈連長和我談過以後，我就成了二連十一班的一名戰士，一名已經服役快五年的老戰士。

十一班的班長是王立彬，哈爾濱人，一九七〇年入伍，已經入黨。他是團文藝宣傳隊的隊員，經常外出執行演出任務。

副班長趙伯良，黑龍江肇東縣人，也是一九七〇年入伍。他原先在營部通信班擔任通信員，後來不知什麼原因到了二連，還沒有入黨；

朱景志，哈爾濱人，一九七〇年入伍，也來自哈爾濱市，原在機械連開空壓機，出過事故，後下放到二連，進山洞裏幹活他僅僅從事諸如扳道岔的輕活兒，很像當年二班的河南戰友老于；

孫義河，山東茌平縣人，一九七一年入伍，已經加入了共產黨；

楊天佑，遼寧莊河縣人，一九七三年兵。他有一個雙胞胎弟弟叫楊天佐和他一起入伍，在四連當兵；

于峻嶺，遼寧大連市人，一九七三年入伍；

辛光學，四川巴中人，一九七三年入伍。

十一班算上我共八名士兵，「下放」來的就占三個。是偶然巧合，還是連首長有意這樣安排？沒有人告訴我。我分析的結果認為是因為班長王立彬脾氣暴躁，卻又靈活多變，好人會做，惡人也敢當。這樣的人做馬車馭手，什麼樣的牲口也都能被他馴服。馭人與使喚牲口道理相通，所以連首長給他派遣了三名特殊的下放士兵，包括我一個。

全班數我的軍齡長，年齡僅班長王立彬長我一歲。在這樣一個八人的小集團裏立身，甚至想混出點名堂來，可比在經始班要困難多了。

人生的逆境，大凡是指富裕變得貧窮；高貴移身於低賤；或屢遭挫折失敗，或從廟堂之高謫居於江湖之遠。人們常說，人處逆境，一定不能氣餒自卑，不要丟棄奮發向上的精神。說是這麼說，可真正地身臨其境，那就是別有一番滋味在心頭了。

按說我從營部經始班調動回了二連十一班後，從地理位置和社會位置上並無多大的變化，都是一名沒有任何職務的士兵。差距還能有多大呢？不親身經歷，內中的感受是根本體會不到的。

孟老夫子把人分為勞心者與勞力者兩個大階層。並且說：勞心者治人；勞力者治於人。經始班是「勞心者」，是管理機構的一部分；二連十一班是「勞力者」處於「被治於人」的最基（底）層，這就是差別。

四年半以後，再把當年在二班練就的裝車搬石頭之功夫拿出來並不困難。因為我還年輕，體力潛能很大，再苦再累的重活很快就都適應了。把身體的肌肉再次強壯起來，只能算是硬體的配備。讓心理也能平和地接受和感受現實，則好比是在人體內重裝運行軟體。硬體的適應比較容易做到；理順重啟軟體則要困難得多，痛苦得多。

我身穿一身破棉衣，揮舞著一柄鐵鍬汗水淋漓的時候，原先經始班的幾個弟兄肩扛著儀器進洞測量來了。朱文芝看到我，表情凝重起來，眉頭也皺了幾次；陳通剛則呲著小虎牙朝我一笑。我微微地揮了一下手，繼續用鐵鍬搬弄石頭，心裏卻如燒開了一壺沸水。

營部衛生所的醫助、衛生員經常到施工現場巡診。我就在距離他們很近的地方幹活，有的衛生員點頭示意，有的或裝作沒有看見或裝作不認識我。

有一次，三名女兵中的李醫生崔護士由一個男衛生員陪伴著到我們班幹活的現場。站在稍遠的地方，三人對我指指點點。大概是那男的在向有點兒莫名其妙的倆女兵解釋我之所以被發配到二連的原因。我的心裏如同打翻了一只五味葫蘆瓶。

負責施工現場指揮的張副營長我也遇到過幾次。張副營長長時間看著我，一言不發。我也注目於他，回憶一起打籃球下象棋玩撲克的情景。我真不知道是我愧對於他，還是他愧對於我。我很想一步跨到他的跟前，把我的疑問一齊拋給他聽。

不是我狹隘，也不是我敏感，人心都是肉長的，肉上還布滿了神經。我默默地安慰自己：我一定要堅強，眼前的酸甜苦辣又算得了什麼？這些屈辱都會結束的。

營部的士兵是不站崗的。二連士兵站崗的觀念與四年前相比，也發生了很大變化，生出一些潛規則。我在二連當新兵時夜間輪到站崗，不論新兵老兵，不論班長副班長，如果沒有相當充足的理由就拒絕上崗，晚間全班講評都會嗚呀嗚呀地發言，能把你理論得拉稀屎。

林彪死了，兵難帶了。入伍還不到一年的新兵或者心情不好；或者暫時還不計劃入黨提拔；或者根本就放棄了入黨提拔者，夜間哨兵喚他上崗，竟然也會隨口說聲頭疼，然後用手指指睡在旁邊的戰友，示意你叫下一個去吧。

這樣一來，輪到三排站夜間崗，按部就班上崗者不到全排人數的一半。做為資格最老的士兵，我還沒有放棄入黨的希望，因此我不能拒絕上崗。全連四個排，每個排四天輪到一次夜間崗。一個月下來，我差不多要輪到七八次夜間的崗哨，白天還要照常幹活，晚間照常政治學習。

有一次我肩背步槍，站在哨兵崗位上，思緒胡亂脈衝：現在全團夜間還在站崗的戰士中，我大概是服役年限最久的士兵，不由得胃中陣陣酸疼。

二連的軍規：十六個班長，輪流擔任連裏的行政執勤；十六個副班長輪流去炊事班值日掌控全連一日三餐。也就是說，擔任了正副班長，每隔十六天，要比普通的士兵多休息一天。

各班的士兵除本職工作外，還要輪流值日整理床鋪打掃衛生去伙房打飯並負責洗刷飯盆碗筷。按照軍規，我雖然比班長副班長們的服役年限都久，我卻不能享受十六分之一的休息，卻還要承擔勤務值日。

把被子整成豆腐塊形狀的功夫，四年前我曾經爐火純青。荒廢了數年未免笨拙緩慢。王立彬班長看我整了一次，便不耐煩，大聲對楊天佑他們三個新兵說：

「今後不要老同志幹這個活兒啦！你們幾個主動點。」

王班長一錘定音，從那以後，整理內務的事我就免了。後來三個七三年的新兵連打飯刷碗的活兒也不再讓我奔跑操作。為這些生活瑣事，我從內心裏感謝他們仨。

營部士兵的宿舍，都有暖水瓶和加熱開水的電爐；連隊的班排，全沒有供應開水的條件。若在營房裏口渴，起碼還可以去炊事班取些潔淨的涼水飲用。在山洞裏幹活汗出得多，經常口渴。山洞裏可沒有什麼飲用水，口渴得厲害，要麼胡亂接一些石縫裏滴淌出來的水，要麼就喝打風鑽用的水。打風鑽用水的源頭，是距離洞口四五十米高處的一個儲水池。天氣不很冷時，風鑽班那些小子下班後經常跳進儲水池中洗澡。水中的汗水尿液和肥皂味定然不少。

剛回到二連，缺少飲水，我的嘴唇常常起泡。因為年輕，適應能力強，堅持了一陣，就和班裏的其他戰友們一樣耐渴了。在洞中幹活時渴得厲害，用手接過石縫的滴水。儲水池裏的洗澡水，打死我也不想接納它。

幹活再累，勤務再忙，總也是有些空閒的時間。報紙幾乎沒有，更尋覓不到什麼書籍。我隨身攜帶的印刷品，只有一本《新華字典》還算有些文化與文學的含量。我決定把《新華字典》收錄的成語都抄寫下來。我至今還保存著一個小開本的筆記本，上面有一九七四年初我手寫的《字典詞句摘抄》，共三十七頁，一千六百多個成語。《新華字典》中的成語，按照拼音字母的順序，從「A」欄目下的「藹然可親」到「T」欄目的「狼吞虎嚥」與「忍氣吞聲」。後來為什麼中斷了，現在回想不起來了。

小筆記本中夾藏著一頁紙，上面隨意寫有如下的幾句文字：

「人生最痛苦的是明明已經無法忍受，卻還要忍受下去。」

「人生並不短暫。有時候很漫長。」

「真正失敗的人，都是被自己打倒的。生命無限美好。」

「只有堅強地活下去，才有將來的希望。」

這樣內容的文字，是書摘還是讀後感？現在也記不清晰了。

和去年一樣，一九七四年上半年全營承擔的施工任務，再次被命名為「第一戰役」。「第一戰役」的總結大會上，我再次獲得了「連嘉獎」。這次「連嘉獎」被記錄在我檔案的立功授獎卡片上。

「獎勵原因摘要」一欄是這樣寫的：

第一戰役中工作積極主動，表現突出，成績顯著。

時間是一九七四年五月四日。

日期下面蓋有連長賈廷成和政治指導員王永慶的紅色印章。這時，原指導員趙德臣被越級提拔為團裏的副政委。王永慶是從團裏來到二連擔任指導員的。

我下到二連半年時間，在強手如林，幹活拼命，突擊性極強的二連能得到這樣的獎勵，受到如此的評價，體力與精神的付出都是很大的。我做為一名服役將近六年的老兵，決心用熱血和汗水，書寫新的篇章。

需要說明的是，一九七四年春季，全軍接收的新兵很少。老兵除極個別或病殘或家庭生活極度困難的，也都不許退役轉業。這也是我得以繼續留在軍隊，繼續為實現加入共產黨的目標拼死拼活的外部原因。

六十九、拉練（下）——小山村的兩戶人家

一九七四年春節過後，工程一營又進行了一次野營拉練。各連分散行動。拉練的過程平淡無奇，七八天的時間，信馬由韁地行走三百多華里，沒有崇山峻嶺，沒有涉水過河，甚至連一次夜行軍都沒有。我之所以要寫一寫這次拉練，主要是想把記憶中兩戶普通卻不平凡的人家用文字記錄下來。

兩戶人家所在小村莊的名稱，不是叫梨樹溝就是叫紅石砬子，再不就是和這兩個村子相鄰。咱姑且叫它紅石砬子村吧。

班長王立彬去團裏的文藝宣傳隊演出了；副班長趙伯良回肇東探親了。十一班參加拉練的只有我們六名士兵。

那天旁晚，二連的人馬一進村，負責打前站的給養員孫長林把我們十一班的人領進了一戶人家。隨後一個

好像是生產隊長的人也跟了進來。那戶人家就兩女人，母親五十多歲，年輕女子十八九歲的樣子。「生產隊長」介紹說，這是村黨支部書記的家。老支書到縣裏開會去了。「生產隊長」稱呼老女人五嬸；呼年輕女子為「三丫」。「生產隊長」說五嬸家最乾淨，所以安排解放軍同志住進她家裏。

五嬸家人口少，老兩口沒有兒子，只有三個閨女。大丫、二丫（姑且如此稱呼她們吧）都出嫁了，家裏只剩下三丫一個老疙瘩了。

從三丫家的住房看，那村支部書記應該是一名本分的農村幹部。作為村裏（生產大隊）的最高行政長官，他家裏只有三間北屋，比多數農戶還要少兩間。房子一點兒也不比其他農戶的住宅高，甚至有些舊，院子也很小。屋裏屋外收拾得整潔乾淨，外間作廚房，連燒柴都擺放得整整齊齊；裏面兩間向陽的一側一盤火炕。炕頭上擺放的被褥雖然破舊，補著補丁，卻疊放得有角有稜。僅這些細節，足可以判斷這是一家多麼好的人，包括那未曾謀面的村黨支部老書記。

五嬸家的火炕很大，不要說我們六個大兵，再來六個也能住得下。我見三丫那麼年輕，便小聲跟給養員孫長林說：

「還有別的人家嗎？」

「生產隊長」在一旁聽到了，理解我的意思，隨口說道：

「這好說，讓三丫去××家借宿去。」

晚飯後，隨我們一起拉練的團電影隊放電影慰問村民。電影結束後，我們回到五嬸家。外屋的鍋灶裏已經為我們燒好了一大鍋洗腳水；白開水涼在裏屋的桌子上；摸摸火炕，熱得燙手。五嬸和三丫的被窩早已在炕梢鋪好，娘兒倆用被子蓋住腿和腳，和衣坐在炕上說話。火炕很大，炕頭已經很熱，炕梢大概還是涼的。五嬸三丫把熱的一頭讓給了我們，娘兒倆睡冷涼的炕梢。

戰友們見三丫沒有出去借宿，一時不知道如何是好，愣在那裏不敢寬衣上炕。天這麼晚了，哪裏去找給養員和「生產隊長」？三丫已經半就寢，難道再出題目把她攆走不成？再說人家一個大閨女都不在乎，我們這些大兵還講究什麼？我呼一聲：

「咱們也睡吧！」

大家紛紛解開背包。我脫下外衣鑽進被子裏就寢。滾熱的火炕頓時驅散了寒冷和疲勞，很快就進入了夢鄉。

醒來天已大亮。昨天行軍，今日沒有再安排清晨操練。其他幾位還在酣睡。我悄悄起床，昨天行軍濕濕的棉襖在火炕上烙了一夜乾燥且溫暖，穿在身上很舒服。隔著門簾的縫隙，我看見三丫正在外屋的灶臺前為我們燒洗臉水。外間屋瀰漫著白色的水汽，晨光照射著水汽，使得整個空間都很明亮。

昨天晚上，電燈的光線很暗，人們也都忙亂，沒有著意打量年輕的三丫。現在她的身影籠罩在晨光水汽中，分明一個非常美麗的女子。她的身材勻稱，眼睛圓而大，頭髮烏黑，兩條粗粗的辮子，不長也不短，隨意地擺動在胸前肩後。脖頸與袖口內的手臂白皙可見；臉和手的膚色黑而紅潤，分明是在田野裏勞動被太陽曬的。三丫見我在注視她，臉上微微一笑，目光也沒有迴避，沒想到一個農村的年輕女子竟然如此大方。

待戰友們都起床後，挑水掃院子，自是把解放軍的傳統發揮了一番。五嬸三丫不僅給我們燒好了一大鍋洗臉水，還在給我們喝的水裏放了一些紅糖，那大概是她們家唯一能拿出來招待我們的東西了。

當天，北風很大，連隊駐紮在村子裏休整。上午，全體軍官士兵和村裏的貧下中農一起去地裏勞動。冬季裏沒有農活，能做的只能是平整土地，那時叫「修大寨田」。我因為有些頭疼，請假在老鄉家休息。三丫大概也去「修大寨田」了。五嬸和我隨意聊了幾句就掩上門出去了。五嬸說的多是有關沒有兒子的話題，很容易讓我聯想到我的外祖母家。

我一個人用被子蒙頭休息，似睡非睡，朦朦朧朧中感覺有人回屋來了，聽動靜應該是三丫。也許是貧下中農社員們下工比較早；也許是三丫有意提早回家來了。三丫躡手躡腳地在屋子摸索著家務。我的注意力從耳朵轉移至大腦。二十四歲的我，第一次和一位年輕的女性單獨相處一室。三丫是一個美麗大方，勤快樸實的姑娘，長相也正是我喜歡的那樣。假如我掀開蒙頭的被子坐起來，嘗試著和三丫交談，她或許不會躲避。我收獲的也許不僅是與異性交談的愉悅，今後可能還會繼續一些故事。但是，我現在不能，自卑自律的心理讓我意識到處境的危險：屋子裏就我和一位年輕美麗的姑娘，若戰友們突然回來，瓜田李下，容易產生一些解釋不清的口舌。

我用三分鐘或五分鐘的時間，想好了行動的方案。我推開棉被從火炕上下來，見三丫好像是在為我準備紅糖生薑水。我隨口搭訕一句兩句，戴好軍帽推門就離開了三丫家。

我的方案是去炊事班幫廚，這是我當時最恰當的去處。炊事班的臨時伙房設在一戶有寬敞閒房的人家，半野炊式的烹飪，並沒有多少活兒需要幫著幹，甚至有的炊事員都在閒逛。

我跟隨兩個炊事員逛到了他倆下榻的農戶家。那家人的火炕上端坐著四位老人，都是年紀很大的老人。我叫中間偏右，年齡最大的那位一聲大爺，老爺子微微點了一下頭；我叫他左手的老太太一聲大娘，老太太卻笑著說：

「不能叫大娘。」

炊事班的戰友在一旁插言說：

「那就稱呼大姑吧！」

炕上的四位老人都姓梁，他們是兄弟姐妹關係。年齡最大的老漢是大哥；老太太的年齡第二，是老漢的親妹妹；另兩位老漢都是他倆的親弟弟。大哥已經八十多歲，年齡最小的三弟也年過七十了。大哥和三弟終身未婚；二老漢的妻子孩子全都病故而去。老弟兄仨年過古稀鰥寡無助吃飯穿衣都不能自理。早年出嫁的二妹，丈夫已經去世，子女也都成人，便回娘家來幫助三個弟兄料理家務。

老弟兄仨都還能勞動，能去生產隊裏幹活掙工分。「大姑」看來是一個勤快且善於料理家務的女人，四位老人的衣服被褥都很破舊，多數都補著補丁，但補丁的針線細密，洗滌得乾乾淨淨。簡單的傢俱上和炕席上都一塵不染。裏裏外外，上上下下都給人以整潔的感覺。

我和幾位老人家嘮嗑聊天，多是二老漢回應說話。大哥和三弟盤腿坐著，面部表情端莊慈祥，且能配合著談話的內容或微笑，或點頭首肯。我手裏如果有一臺照相機，一定為四位老人拍一張合影。遺憾的是我不僅沒有照相機，而且連他們的名字也沒有記載下來。

到了吃午飯的時候了，「大姑」端到小飯桌上一盆高粱米水飯，一碟自家醃製的鹹蘿蔔絲兒，蘿蔔絲兒切得很細。盛好的第一碗飯，遞給了大哥，然後四人端碗拿筷子，盡顯謙讓和睦。四位如此高齡的農村老人，居住在一座山村的破舊房屋裏，貧窮的日子還過得如此安詳尊嚴，不由得讓我對他們肅然起敬。

第三天，二連的全班人馬拔寨開路。離開三丫家的時候，三丫簇擁在五嬸身旁，說了一句：

「我也沒有一個兄弟。你們都像我的親哥哥一樣。」

很誠懇很動情，三丫說完，眼圈竟有些紅，淚珠兒都快要掉了下來。我盡力平息內心的漣漪，能做的只是一次次向她們母女揮手擺手，我默默地記住了這一景一幕，記住了三丫，一個美麗善良樸實的東北農村姑娘，一個值得男人愛憐的好女子。

離開東北很多年以後，紅石砬子村的兩戶人家的音容笑貌，依然停留在我的記憶中。但凡有人說東北人怎麼怎麼不好的時候，我都會用嘴或者用心進行反駁：你在哪裏還見過和五嬸三丫，梁家四老一樣的農家？在哪裏見過像他們一樣好，一樣值得尊敬的人？

七十、「康德」、「托洛斯基」和「布叔叔」

一九六九年我第一次到二連不久，二連的文書陸作全被提拔為軍官，調到團部去了。陸作全是六八年兵，進步夠快的。

接替陸作全擔任文書的是我們臨清一中的同學劉貫義。一年後，劉貫義也被提拔去了瀋陽，任軍區某機關的幹事。劉貫義是我們臨清一中的學生會主席，在校時學習成績好，文章寫得也好，出身也好，當兵一年多就被提拔為軍官，理所應當。

接替劉貫義擔任文書的是我高一二班的同班同學趙振廣。振廣同學先當班長，後任文書，能文能武，擔任文書不到一年，即被提拔去了團軍務股任參謀。

接替趙振廣擔任文書的是張輝，他讀書在臨西中學，年齡長我一歲。他提拔為軍官後去了團後勤處任助理員。

我和這四位戰友的軍旅起點幾乎完全一樣，好比是漁民一同駕船捕魚。時過晌午，人家的漁網裏一個又一個歡蹦亂跳的大鯉魚，我連一條小鯽魚也沒有捕到，漁網還弄得千瘡百孔。人和人的差距怎麼就這麼大呢？

張輝是我的好朋友，是那種情投意合很能談得來的朋友，至今一直保持著密切的聯繫。他性情豁達隨和幽默。連隊文書那點兒事情不夠他做的，閒下來便要搞一點兒創作。張輝同志的創作是給一些人起一些不傷大雅的外號。雖然不傷大雅，卻也不宜贈送給領導或其他關係不是很密切的戰友。這樣一來，獲得張輝贈送外號者，幾乎都是山東臨清的老鄉。

張輝給李維國起的外號叫「康德」；司務長徐敬河的外號是「托洛斯基」；給養員孫長林的外號是「布哈林」。

林彪事件後，毛主席說為了不再上林彪陳伯達一類騙子的當，號召全國全軍閱讀馬克思列寧的原著。康德和托洛斯基這兩個人物，大概是哪位首長宣講列寧原著時介紹給士兵們的。至於布哈林，則是部隊三天兩頭放映的電影《列寧在一九一八》中的一個角色。

李維國與德國唯心主義哲學家康德；司務長徐敬河，給養員孫長林二人與被史達林殘害，在中國一直視為反派角色的兩位前蘇聯重量級人物托洛斯基、布哈林有什麼關係呢？除了孫長林同志的身材比較矮，和電影中的布哈林有些相似外，基本上是張輝同志隨心所欲，喬太守亂點鴛鴦譜。其他戰友也覺得好玩，三叫兩叫，很快就為大家所接受了。

李維國長我一歲。我與李維國戰友的淵源，可以追溯到一九五四年我們家暫居下堡寺的時期。那時李維國的父親擔任下堡寺區的區長。李維國的母親和我母親兩人說話聊天的時候，我和李維國在一起玩耍過。那年，我四歲；李維國五歲。玩耍的經過與交情的深淺，我們倆都沒有記憶了，只是從我們各自的母親那裏得到過驗證。

我母親說李維國小的時候，濃眉大眼，白白胖胖，比我強多了。成年後的李老兄依舊是濃眉大眼，皮膚白皙，體態勻稱，挺拔魁梧。他還從師練習過拳腳。到軍營以後，我曾多次見他脫去上衣，露出白白淨淨的半身

二連幾個臨清籍的戰友在小林河邊留影。前排從左到右：給養員孫長林（布哈林）、三排長解樹春（西哈努克）、司務長徐敬河（托洛斯基）、九班長李金海；後排：十三班長姬宗祥、作者本人、八班副盧耀文。（拍攝於一九七四年春）

疙瘩肉，挺胸仰頭，掄臂踢腿，揮舞出一套套拳路，贏得戰友們陣陣喝彩，讓我佩服羡慕得五體投地。

我甚至覺得，張輝把「康德」做外號劃歸到李維國名下。反而給德國那個有些學問的老頭子增添了不少光彩。

李維國提拔為軍官後，調往四連擔任排長，我們倆一直保持著密切的關係。

新兵連時，我與徐敬河在一個班。他長我三歲，為人厚道，做事沉穩，是臨清老鄉中提拔軍官比較早的。入伍前徐敬河就結婚了。一九七四年春天，徐司務長的妻子孫文英帶著五歲的兒子徐向東到二連的駐地探親。徐向東就成了士兵們爭相挑逗的玩具，如同營部的弟兄們逗張副營長家的二小子張國鋒一樣。

「向東，你知道嗎？你爸爸叫『托洛斯基』，你孫叔叔叫『布哈林』」

徐向東小朋友看看自己的爸爸，又望望孫長林。一來二去，聰明活潑的徐向東，雖然鬧不清托洛斯基和布哈林的含義，卻也常常把這兩個外號與他所熟悉的兩個人聯繫起來，頗帶惡作劇地高聲呼喊著「托洛斯基」，呼喊「布哈林」。

一天，很多戰友在司務長辦公的地方玩耍，徐向東小朋友的情緒很良好，很高漲，他大聲喊著孫長林的外號。孫長林佯裝生氣，把徐向東按在床上，威脅要揍他的屁股。向東害怕了，忙改口說：

「布叔叔，我改了，我不喊了。饒了我吧，布叔叔。」

孫長林苦笑。眾人哈哈大笑。

七十一、「西哈努克」解排長

張輝給解樹春起的外號叫「西哈努克」。背景自然是那幾年柬埔寨被廢的國王西哈努克在《新聞簡報》中的出鏡率很高。因由大概是解樹春同志的臉龐和西哈努克的有些近似，都是方形大臉；解樹春的眼睛也和柬埔寨前國王一樣，都是雙眼皮的大眼睛；他們倆第三個相似之處，就是都喜歡笑。也許西哈努克國王背地後也哭過，也愁過，也鬱悶過，他在《新聞簡報》上可都是一直在笑來著。解樹春戰友除了睡覺，大多數的時間都是在笑咪咪或笑哈哈的。解樹春和西哈努克差別比較大的是身材。解戰友是標準的山東大漢；西哈努克是典型的東南亞馬來人種矮小並胖墩墩的模樣。

解樹春家在臨清縣大辛莊人民公社（鄉）。他有一個哥哥，所以戰友們呼喊他，多是以「二小」相稱。就連賈廷成連長也經常喊他為「解二小」。三十多年後，我去瀋陽看望賈連長，提到解樹春，他使用的還是「二小」的小名。解樹春「西哈努克」的外號，一般只在我們山東老鄉中使用。

一九六九年剛下連隊時，解樹春被分在四班，和劉維恩、周百柱在一個班。四班那年一下子分去了三個這麼能幹的新兵，真是班長的幸運。三個人中，解樹春身材高大，搬弄操作一百多斤的風鑽，更得心應手。

也是在開鑿04山洞的時候。一天，四班幹夜班。作業面上幾臺風鑽咯咯咯咯，轟隆隆地響著，解樹春操作著其中的一臺。突然一堆石塊從拱頂墜落，正好砸在了解樹春握控風鑽的右手右臂和安全帽上。亂石把解樹春砸倒在地，風鑽也被砸倒。風鑽歪倒在地上卻還在轉動著，因為沒有人控制，鑽杆忽忽悠悠地亂竄，猶如一匹脫韁的野馬很容易傷著人。大個子蒙古族的趙班長嘴裏大罵一聲。

解樹春掙扎著從地上爬起來，趕忙去抓風鑽的把手。右手接觸到風鑽的時候，他才意識到自己的大拇指沒有了。墜落的亂石沉重而鋒利，砸在鋼鐵的把手上把解樹春的大拇指生生地給截斷了。短暫的麻木，全班人員的混亂，加上趙班長半漢語半蒙古語的罵聲，讓解樹春一時沒有感覺到疼痛。好在作業面的拱頂不是很高，墜落的石快個頭不是很大，不然的話，解樹春受傷的將不會只是一截手指了。

大家七手八腳地把解樹春抬出山洞背到衛生所的帳篷裏。醫生衛生員們一面給解樹春包紮，一邊調來值班的汽車準備連夜送部隊醫院治療。這時，醫生才想起來需要把那截被砸掉的大拇指一同帶去醫院。趙班長趕忙讓班裏的士兵回山洞裏去找。作業面燈光昏暗，地面上又是水又是泥，還堆滿了很多大大小小的石頭。戰友們在亂石堆裏翻來覆去地尋找，那一寸多長的肉體好歹算給找到了。

衛生所駐紮在施工現場的帳篷與我們經始班相鄰，從那兒往返去04山洞必須從我們的帳篷門前經過。那天夜裏，我們班的人都聽到了跑來跑去的腳步聲，是那種身穿橡膠工作服和橡膠靴子，步伐非常急促的腳步聲。第二天早晨，我們才知曉是二連「解二小」的手指頭被砸掉了。因為我的關係，經始班的人都和解樹春熟悉。

半個多月後，解樹春出院回到了駐地，傷口還沒有徹底痊癒就立即和他們班的戰友們一起進山洞裏幹活了。當時，斷指再植手術已經十分成功，因為解樹春的那截斷指在作業現場的污水中丟棄的時間太久，創面受到了污染，不能馬上進行手術。醫生切開解樹春的肚皮，把那截斷指的血管接在了腹肌的血管上，也就是暫時把大拇指養殖在本人的肚皮裏。醫生要解樹春一個月後再去進行接指手術。

一天，解樹春到經始班的帳篷裏找我玩，好奇的趙生余掀開解樹春的衣服，非要看一看他埋藏在肚皮裏的手指頭不行。解樹春十分隨和友好，對老趙看似非禮的要求滿口答應。解開褲帶，胖胖的肚皮便露了出來，肚皮中央有一個半寸長的刀口，刀口附近鼓著一個棗子大的包。老趙用手輕輕按了那個包一下，說是還有點兒硬。

據說，營長、教導員也都現場查驗過解樹春養殖在肚皮上的手指頭。

解樹春受傷是一九七〇年春天時發生的，「林副統帥一號戰鬥號令」還在執行，工程團的「應急施工」還沒有結束，營裏大概也是什麼第一戰役或第二戰役一類的佈局。一個月後，到了該去醫院接指的時候了。解樹春同志說，施工任務這麼緊張，我晚一些時候再去吧。就這樣一拖再拖，三個多月後，解樹春去醫院做接指手術。醫生割開他的肚皮把斷指取下一看，斷指裏的那兩小節骨頭已經完全軟化，沒法再往拇指根上接了。解樹春戰友為了施工延誤了治療，他這種先國家後個人的精神受到上級的表彰。解樹春同志永遠失去了右手的大拇指，十個手指中最重要的一個。

一九七三年七月，我還在經始班工作。解樹春得知我休探親假的消息，他要我路過天津的時候，為他去假肢廠買一個假手指頭來。王紹武教導員知道了，還為此事多給了我一天假期。我在天津給解戰友買的那根假手指是橡膠材料製成的，套到殘留的拇指根上和真手指相似，只是不能用力，僅能捏一些很輕很小的物品，如一根香煙，使用筷子都不勝任。剛開始，假拇指和真皮肉的顏色差不多，時間一久，橡膠老化，顏色便深了很多。解樹春體驗了一陣，便放棄了。

我到三排二連十一班的時候，解樹春正擔任三排長。賈連長知道我和解樹春的關係，這或許是我下到十一班的真實背景。賈連長外表好像一員張飛似的猛將，做事卻還如此細緻周密體貼，真是難得。

七十二、黨小組長李金海

這個李金海，就是五年前我在二班時的那位鐵哥們李金海。

我到十一班的時候，李金海擔任九班長，黨內職務是三排黨小組的組長。同樣的模式，一班長，五班長，十三班長，分別是一排、二排和四排的黨小組長。

擔任黨小組長的班長，雖然不屬於軍官，他的職位基本上相當於副排長，話語權在其他三位班長之上。排長不在的時候，黨小組長理所當然地主持全排的工作。所謂主持，其實就是帶領全排人馬幹活。

我與李金海。拍攝於一九七四年春節後。

當年我和李金海在一個班相處雖然僅僅兩個多月，戰友的感情卻相當深厚。我離開二班調往營部經始班，最感到失落的就是李金海老弟。

過了一年，李老弟加入了共產黨。隨後他被調到了炊事班。「應急施工」期間，二連在施工現場的洞口旁設立了一個簡易廚房，專門給上夜班的士兵們做夜班飯。李金海主動要求去山上值夜班。士兵們的夜班飯很簡單，就是把大伙房晚餐剩下的高粱米飯，加上點油鹽蔥花炒熱。不久，李金海炒的高粱米飯成為二連士兵們交口稱讚的美味。李金海炒出來的剩高粱米飯，米粒一個是一個的，嚼在嘴裏很香。我夜間去附近的工地測量，多次去李金海那裏混一碗炒飯吃。李金海的手藝真的很好，剩高粱米飯到了他的手裏就改變了味道。我問他有什麼獨門絕技。李老弟笑嘻嘻地回答我：

「炒個高粱米剩飯還有什麼訣竅門道？儘管多放些油和蔥花，火也不要旺，耐心多炒一會兒就行。」

李金海老弟做事很有耐心。

山上的伙房撤銷後，李金海還算是二連炊事班的人，工作變成了飼養員，負責養豬的飼養員。連隊還有一個飼養騾馬兼趕馬車的飼養員，大家對他的稱呼是車老闆。

連隊人多施工活兒重，營養要跟上。外來的副食供應，解放軍再優先，也是有數的那些，增加營養主要靠養豬。每個連隊飼養的豬很多，一般要有一百二三十頭，飼養員卻只有一個。那時沒有豬飼料，豬食全靠飼養員加工準備。飼養員每天要煮兩大鍋豬食，然後還要把一擔擔豬食挑著倒進豬食槽裏。豬食的內容，和那時的農家養豬差不多。把伙房剩下的蘿蔔纓子，白菜梆子，糊了的鍋巴，餿了的剩飯，戰士們從山上採摘的野草野菜剁碎，加上麩皮穀糠和粉碎了的玉米，燒火煮熟，晾涼後再給豬餵食。飼養員還要清理豬的糞便，還要幫助母豬配種接生甚至餵奶，除去睡覺（夜間若有老母豬臨產，就整夜都不能睡）一天到晚甭想有一點兒空閒。

這樣的飼料，這樣的飼養方法，生豬存欄的時間很久，一般都在一年半甚至兩年以上。土法土養的豬屠宰後，豬肉非常好吃。如今再想吃到這樣美好的豬肉，恐怕是一件非常困難的事了。

東北的天氣冷，冬天，豬只吃食不長肉。天氣冷，豬肉在常溫下也能長久地保存。所以每年大雪的節令一過，就到了連隊殺豬的時間。豬欄裏凡是一百多斤以上的呆貨，全部都要命歸西天，常常是一氣屠殺三四十頭。豬肉一扇一扇地吊在一間冰冷的屋子裏，渾是一座天然的小型冷庫。炊事班需用，隨時去砍上它一刀。

殺豬的時候，總要留下一頭最肥胖，最健康，長勢最好的冠軍豬，再精心飼養它半年多，待到紀念八一建軍節的時候就拿它祭刀——這是工程團一營的第三百零六條軍規。

說到這裏，看官一定會認為做連隊的飼養員是一件很辛苦的差事。此言不假，若放到其他的軍種，其他的部隊，哪個士兵情願擔綱生豬飼養員的角色？即便有士兵服從這樣的安排。餵養一百多頭大大小小的豬，七八頭老母豬，可能會使用五六個，甚至是一個班的士兵。在我們工程兵的連隊，因為勞動強度超極限地大，山洞裏潮濕危險，飼養員就成了士兵們非常嚮往既清閒又安全的崗位。李金海是費了一番功夫才爭取到此等美差的。

前文第十三章中，我已經說過，李金海比我小兩歲，家住臨清大辛莊公社黃官屯村。他的父親在村裏的一座磚窯上做事，大概是採購加銷售一類的角色。李金海是家裏的長子，十三四歲就開始跟隨著鄉鄰親戚，趕著毛驢車去山東的肥城、平陰，河北的邯鄲、邢臺一帶拉煤炭，拉石灰，拉沙子。臨清四周都是連一粒沙子都不出產的沖積平原，礦物和建築材料全都要從山區運來。

一頭毛驢能拉得動的車，是臨清一帶農村普遍使用的小號平板車。去的時候，毛驢駕轅，人可以坐在車上享受。回返時則要人來駕轅，毛驢拉套牽引。臨清距離肥城、平陰、邯鄲、邢臺裝貨的山區，差不多都有三百華里，途中自帶被褥乾糧燒柴鍋碗，風餐露宿勞苦無比。李金海經此鍛鍊摔打數年，從小養就練成不怕吃苦的根底。擔任連隊飼養員的角色，撚輕就熟，半似享受一般。

李金海擔任飼養員之後，除了餵豬以外他還給自己增加了做豆腐的工作。豆腐渣可以直接餵豬，只是更忙更累了一些。做豆腐的手藝技術，多是農村士兵帶到軍營裏來然後一茬一代地傳承下來的。經過內行人的幾次現場指導，李金海就自學成才了。實踐了數次，做出來的豆腐滑嫩可口，絲毫不次於老字號豆腐房的產品。

我曾多次到他做豆腐的工作間幫忙。磨漿用連隊飼養的那頭毛驢拉動石磨，人不用費多大氣力。比較麻煩的是用一塊大布過濾豆漿，需要不停地轉動加搖晃。另一個麻煩事是熬煮豆漿時要不停地用鍋鏟攪動並往鍋裏拋灑剎沫油，防止糊鍋和溢鍋，真地是要手疾眼快，手忙腳亂一陣子。相比之下，往熬煮好的豆漿裏攪拌鹵水液，把凝固成豆腐腦狀的白色塊塊包裹起來置於漏水的木箱裏固定成形，那就悠閒多了。

差不多有一年的時間，李金海做豆腐的工作車間，和我們經始班的平房宿舍遙遙相望，中間隔著一條路和路邊乾涸的溝。李金海做好了豆腐，遠遠朝我住的方向揮揮手。我看到了，即趕過去，一大碗熱呼呼的豆腐在等著我，碗裏已經澆上了醬油。那是李金海唯一能搞到的調味品。

餵豬加做豆腐，已經夠李金海戰友忙的了，但他還不滿足。他想讓自己的工作好上加好，多上加多。豆腐皮是東北城鄉普遍食用的豆製品。我在第十五章《驢》那一節曾描寫過一個加工豆腐皮的農村老漢。我這裏說的豆腐皮指的就是那種。

加工豆腐皮與做豆腐的前半程工藝完全一樣，只是最後要把鹵水和豆漿形成的豆腐腦狀物，平鋪到一層層白布中間，再施以很大的壓力，讓其中的水分幾乎全部都擠壓分離出來。技術好的豆腐房師傅，做出來的豆腐皮和紙一樣，又薄又均勻。

包裹豆漿塊的白布好解決。把水擠壓出來的木製框架，雖是民間創造製作，卻包含著輪軸、槓杆和契形等多項力學原理，結構煞是複雜。李金海去老鄉家觀摩了幾次，借來了幾件簡單的木工工具，從木工場找來幾根柞木桿子，日復一日，硬是把一架簡易原始的壓力機（器）做了出來。試用一下，效果良好，二連的食堂裏除了經常能吃到豆腐，豆腐皮也成了軍官士兵們的盤中之物。創出做豆腐皮的業績，李金海老弟在工程一營是唯一的一個。

時過境遷，四年半以後我又和李金海老弟走到了一起。當年，我是他的老鄉老大哥，很多事他都請教我，聽從我的。現在，他成了我的領導。如果說黨小組長就相當於副排長的話，李老弟完全可以指揮著我幹這幹那，我必須無條件地服從。

說心裏話，我到三排以後，最讓我欣慰，讓我感到前面還有些希望的，就是李金海來擔任我們三排的黨小組長。他的職務雖低，對我入黨卻是一個十分重要的角色。我知道，李老弟一定會全力以赴地幫助我走出這條華容道。

天不滅曹。一步一步地往前走吧！

七十三、安全員

一九七四年春節過後，解樹春排長外出執行任務，九班長李金海開始代理三排長，或者說是暫時主持三排的工作。

雖然有李老弟為我保駕護航，如此不利的勢態之下要想殺出重圍，爭取在不到一年的時間內翻盤，實現加入共產黨的願望也絕不是一件輕而易舉的事。尤其是在特別能吃苦，幹起活兒來都不要命的二連，我必須要比大多數士兵多吃苦，多幹活，更敢於拼命。

李金海班長組長代排長比我還清楚這些。他建議由我來擔任三排的安全員。具體地說，是擔任三排除去風鑽爆破班（十二）班以外的三個運渣班的安全員。我理解李老弟的用心良苦，我接受了黨小組長交給我的光榮而艱苦的任務。

按照施工現場的操作程序，運渣班進入之前，要先由一名或兩名安全員進洞去接通照明的電燈，排除那些容易墜落的石頭。整個工作環境符合基本的安全條件之後，運渣作業方能正式開始。

剛剛爆破過的山洞，安全員第一個走進去，裏面漆黑漆黑沒有一絲兒光亮。風鑽班使用過的電線，爆破時或許被炸斷，或許電線被炸得金屬絲暴露出來，安全員要把這些電線接通。

安全員不是正式的電工，連電工鉗子和試電筆這些最基本的器具都沒有，摸黑先找到一個燈口，擰上一只燈泡。燈泡如果亮了，就順著電線往裏摸。裏面的電線有沒有電，只能用手指甲蓋彈一彈電線裸露的部位，若感覺到麻，那就是有電，可以繼續往裏摸。用手指測試電線，千萬不能用兩個指頭去捏。手指觸電，會自動合攏，那樣就會把電線越捏越緊，人非電死不可。用指甲蓋觸電，手臂麻得哆嗦一下，手指即條件反射地躲開，身體並無大礙。

可能有人會問：你們這些當兵的真傻大膽，電源線怎麼不安裝保險絲呢？工程兵在潮濕的山洞裏幹活，破破爛爛的電線碰到牆壁石頭都會短路。洞外的電源閘刀開關處如果使用可融化的保險絲，專門安排一個人站在那裏負責更換維護也忙不過來，所以我們歷來都是用電線替代保險絲的。

我曾把這樣大膽莽撞的做法，還有工程兵用指甲蓋代替試電筆的創舉，說與工廠裏正式的電工們，聽得他們只咋舌頭。什麼安全規程不規程，一茬茬一代代工程兵都是這麼幹的，要不怎麼最艱苦危險的工程都交給了工程兵和鐵道兵們呢？工程兵開鑿山洞的施工模式，比鐵道兵更粗曠，更野蠻，也更山寨版。

安全員違反常規地擺弄電線電燈還不是最危險的操作，只要小心應對，最重的損失也只是被二二〇伏安的電線麻酥酥幾次。安全員最大的危險是隨時可能被墜落的石頭砸傷砸死。

剛剛爆破過的山洞，安全員第一個摸黑走進去。黑暗中非常寂靜，水滴從拱頂滴滴答答下落的響聲都能聽到回音。不時有石塊從拱頂墜落下來，發出咕登或轟隆的響聲。誰也不知道頭頂上哪塊石頭會突然墜落，這時安全員的命運完全是聽從老天爺的意志。安全員自己其實是處於最不安全的境地。

把山洞的頂部或側牆上有塌方危險的石頭清除掉，我們叫做排險。山洞的拱頂一般要有七八米甚至十幾米高。安全員手持一根鐵製長竿排險，長竿要有十多公斤重。揚著頭，咕登咕登地或敲擊或撬動石頭，體力消耗很大。比掄大鍬，搬大塊的石頭都累人。

比照戰爭時期士兵的職責，安全員就好比是步兵行進時走在最前面的掃雷兵；是軍隊突破防線時負責掃清障礙的爆破手。董存瑞、黃繼光當時扮演的正是這等角色。當我手持長長的鋼釬渾身汗水呼哧呼哧排險的時候，想想自己一個已經服役快六年的老兵，還掙扎在這等最累人最危險，炮灰賣命鬼一般的崗位，心裏非常地苦，甚至想痛哭。

安全員的崗位並不是專職。排完險，安裝好照明的電燈後，其他戰友幹什麼，我還得幹什麼，汗水一點兒也不能少流。扒渣、裝渣、運渣的過程中，安全員還要隨時檢查拱頂上的石頭，隨時把可能墜落的石頭給捅下來，或撬下來。若有大的險情，安全員的職責是在最短的時間內呼喚戰友們撤離或躲避。

我當上安全員後才意識到，我攬下這個差事的風險相當大。除了我的人身經常面對傷亡的危險，現場作業的二十多個士兵，也絕不能發生墜石砸傷人砸死人的事故。否則，我做為安全員要承擔責任，我入黨的計劃也就徹底泡湯了。

劉少奇的「大毒草」《論共產黨員的修養》中引用過孟子的一段話：

> 故天降大任於斯人也，必先苦其心志，勞其筋骨，餓其體膚，空乏其身，行拂亂其所為，所以動心忍性，曾益其所不能。

兩千多年來，孟子這段名言鼓舞激勵過多少落魄落難之人？我並沒有看出老天有降大任於我的預謀，卻照樣要苦我的心智和心志，勞我的筋骨和皮肉，是否太不公平了？

我那時還沒有閱讀過大仲馬的《基督山伯爵》，但我不知道從哪裏抄來了書中的一句話：

人類的一切智慧都包含在這四個字裏面：「等待」和「希望」。

等待和忍耐是我唯一的選擇。我在艱苦危難中等待，再苦再難我也不能失去希望。我深信上蒼老天不會忘記我，我時時刻刻都在他老人家的關注中。

願上蒼保佑我，保佑我們三排的弟兄們，不要讓我們三排發生傷亡事故。願老天呵護我啊，最好不要把我砸傷砸殘，更不要把我砸死，電死。

七十四、卸水泥

地下工程需要大量的水泥。那年代，全國水泥供應緊張，若哪家修建住宅需要購買三五袋水泥，不想辦法去縣物資局拿到局長副局長的批條就不可能買得到。

軍隊國防工程的水泥優先供應，一車皮一車皮的水泥源源不斷地運了過來。給我們工地運送水泥的火車皮都停靠在小林河車站，那兒有我們營的專用貨場。所謂貨場，僅僅是兩根不到一百米的鐵軌，一側數十米的站臺，一片堆放貨物的平地而已。

二連的駐地離小林河車站近。若有水泥到站，卸車的任務多數會派遣到二連的頭上。哪個排山洞裏的活兒不是很急，連首長就會臨時安排這個排的人馬去小林河車站卸貨。攤上這麼一個派遣，將要去卸水泥的十幾二十多個士兵會很高興，猶如額外撈到一個節假日一般。

在鬧請弟兄們為什麼會高興之前，我們先算一道數學題：假設到站了三節車皮，每一節裝載水泥六十噸，卸載水泥的任務是一百八十噸。去完成卸車任務的士兵共二十四人，每人需要完成的是七噸半。每一噸水泥是二十袋，一個士兵的勞動量是把一百五十袋水泥從車廂裏卸下來，搬運三十米遠的距離，整齊地碼放在貨場上。

算完這道數學題，任何城市，任何貨場的搬運工人，都不會心甘情願地接受這麼繁重的派遣。只有我們建築工程兵，或許只有我們工程一營的士兵，才會有這樣不知輕重的錯覺。

任何事物的輕重緩急，宜與不宜，只能相對而言。且不說去貨場幹活可以暫時不用擔心頭頂有石頭會墜落；且不說在那裏可以隨時仰望藍天白雲；且不說能暢快地呼吸沒有炸藥煙塵氣味的新鮮空氣。單單勞動強度，每個士兵每個工作日在山洞裏搬運的石頭，遠遠比七噸半水泥重得多。更何況去小林河車站基本上能看到有幾個女性經過。運氣好的話，女性有可能比較年輕，比較漂亮，大飽眼福的機會很難得。

二十幾個弟兄風風火火抵達小林河車站，打開車廂板或車廂門就開始幹活兒。每一袋水泥重五十公斤，力氣大的一隻胳膊夾一件；力氣小的兩隻臂膀搬一袋，腳下的節奏幾乎往往返返都全是小跑步。卸水泥是包工活兒，節省下來的時間，士兵們可以自由支配。最初幾次參加卸水泥，我的臂力和腹肌的力量達不到，每次只能搬一袋。幹過幾次以後，加上在山洞裏排險搬石頭的鍛鍊，我也可以每一隻胳膊夾一袋，腰不彎，腿也不顫了。

說到腹肌臂力的鍛鍊，我羅列一個小小插曲：

我回到二連第二年的深秋。一天，或許是什麼節假日，三排的士兵們清掃營房附近的垃圾。活兒幹得差不多了，大家站在院子裏閒聊。空地上擺放著一塊圓臺型的鑄鐵，形狀很規整，頂部還有一手指粗細的橫柄，很適宜抓握，便有人嘗試著想把它提起來。

鑄鐵很重，接連有數人嘗試都沒有成功。人越聚越多，工程兵戰士，閒暇一兩日肌肉便癢癢。大家七嘴八舌開始估摸那鑄鐵的重量。有人對我說道：

「你在經始班幹過，會計算，能算出來它的重量嗎？」

正好十班長尹祖寶口袋裏裝著一個鋼捲尺。我測量了那圓臺的上下直徑和高，就在地面上用一根樹枝劃拉著計算起來。我先利用圓臺體積的計算公式，計算了那鑄鐵的體積，再乘以生鐵的比重七・五（實際可能高達七・八），得出來的數據是二百六十公斤至二百八十公斤。也就是說，那一塊鑄鐵最低也有五百多斤重。

大家認同我的計算結果，再次踴躍著企圖把那重物提起。有人讚嘆我還有經始班的學問；有人發表評論，說了一些高射炮打蚊子大材小用的話語。

三排的三十多個弟兄們幾乎都在場。有人提議：凡是三排的挨個試一遍，看誰的力氣最大。一遍試下來，只有十二班副班長楊忠貴一個人取得了成功。那楊忠貴，是一九七一年入伍的凌源兵，長得虎背熊腰，體重有一百七八十斤，獲取冠軍順理成章。

我第一次嘗試雖然失敗了，心裏對那塊鑄鐵的份量及高度也有了數。其他弟兄嘗試的時候，我已經想好了竅門。戰友們為楊忠貴喝彩告一段落，我提出再試一次的要求，大家無不贊成。我雙手緊緊握住鑄鐵塊上的橫柄，雙膝微微彎曲，把靠近膝蓋的大腿伸到雙手的下面，憋足氣力，雙臂及腰部用力的同時，兩根大腿順勢給雙手以有力的支撐，硬是把那塊令人生畏的鑄鐵砣子提得離開了地面。我有意堅持了一秒鐘或兩秒鐘，直到掌聲響起才讓重物輕輕落地。

二十四歲是男子體能最強壯的年紀，又一年的重體力勞動使我的身體比以前更強壯。這也算是我下到二連後計劃外的收獲吧。在最強悍的一群士兵中，我能夠和最最強悍者比拼個高低，對提高我在群體內的威信很給力。

題外話說多了，還是繼續聊卸水泥吧！

卸水泥的貨場附近就是一條馬路，經常有小林河煤礦的工人上下班路經那裏。見解放軍幹活一個比一個歡實，一個比一個拼命，就有工人停下來圍觀。圍觀的人越多士兵們幹得越賣力，形成一種互動效應。煤礦工人可都是出苦力的人，幹活能受到他們羨慕欣賞的也只有我們這些整年家開山鑿石的解放軍大兵。

幹卸水泥的活兒，最怕水泥的塵粉黏到身體和頭髮上。水泥的塵粉遇到汗水會凝結成塊，怎麼洗也洗不掉。有的水泥，剛出爐不久就裝包出廠運達車站，整包的水泥還是滾燙。那時水泥都是用雙層牛皮紙袋包裝，水泥出窯時溫度很高，都能把紙袋烤糊了。滾燙的整包水泥接觸皮膚，能把皮膚燙傷。所以我們卸水泥的時候，多數人都要武裝上帆布做成的專用工作服。

工作服帶帽子，袖口和褲腿口都是能紮緊的。再戴上口罩，只有一雙眼睛露在外面。卸完幾個車皮的水泥，解開紮緊袖口的帶子，包裹在工作服裏的汗水嘩嘩地傾瀉出來，少說也有大半碗。這樣對於我們是家常便飯的鏡頭，我只在宣傳第一顆原子彈爆炸成功的紀錄片中看到過。流淌那麼多汗水的人，是在炎熱乾旱的沙漠中為了防備原子彈試驗基地的核輻射渾身包裹得嚴嚴實實的士兵。

關於卸水泥，就敲打這些文字吧！

七十五、父親的失望與憤怒

父親已經有半年多沒有給我寫信了。下到二連以後再苦再累再委屈，我都沒有告訴家裏。我只是寫信給家裏說，我的通信地址從三二四一部隊七十分隊，又變回了七十二分隊。

一九七四年春，父親早已走出人生的低谷，從康聖莊人民公社調回了縣城，仍舊擔任縣委辦公室副主任的職務。這時候，文化大革命中暫時失去了權力的各級共產黨組織全部恢復了，共產黨臨清縣縣委重新成立。縣革命委員會名存實亡。中國共產黨臨清縣委又成了全縣的最高領導機構。

父親一直認為我家上中農的家庭成分，我外祖父家是地主的社會關係，對我的殺傷力不應該有這麼大。按常理推斷，這兩個政治污點的羈絆他都順利地掙脫了，參加工作，加入共產黨，在黨內還受到提拔，擔任了一個比較重要的職務，一步一步地往前走著。我怎麼就從這兩個小坑裏跳不出來呢？一定是我的努力還不夠，表現不夠好。

我給父親的解釋是軍隊內的情況和地方上不一樣。上中農的家庭成分在軍隊內已經是最高的了，再加上一個「地主」，我費了九牛二虎的力量，十八般武藝加渾身解數都使了出來，一次次填寫《入黨志願書》就是通不過，我還能有什麼法子？

對於我的解釋，父親很不滿意。進一步的溝通無法進行，父親對我表達不滿的方法就是不給我寫信。我一連給他寫了好幾封信，他都不給我回。

母親知道了這個情況，她開始給我寫信。母親寫的信，錯字特別多，有時候能占一半以上。很多字都缺胳膊少腿，使用白字的頻率也很高，但我能看得懂。母親寫的信要是能保存到現在，拿出來看一定很好玩，可惜我看過後不久就都銷毀了。母親寫字很慢。她寫信基本上是報一個平安。若再加一些家常內容，篇幅達到兩頁或三頁，就要花費她三四個夜晚。

一九七四年六月，我第三次享受探親假回臨清看望父母和弟弟們。二弟寶昌已經在棉紡織廠幹電工四年多了。三弟寶華高中畢業後，去了一個離城五十多華里，名字叫後李莊的村子做了下鄉知青。

說起三弟寶華在小學中學讀書，簡直就是笑話。文化大革命開始的時候，他正讀小學二年級，從此再也沒有上過課。一九七〇年，他算是小學畢了業，不用考試就升入了初中。初中讀了兩年，不是去工廠「學工」；就是到生產隊「學農」。高中也是兩年，「學工」和「學農」的時間比初中還多。這樣混到十六歲就算高中畢業了。遵照毛主席「知識青年到農村去」的最高指示，成了後李莊生產隊的社員。

後李村離縣城遠，多鹽鹼地，糧食產量低，很貧窮，很落後。三弟他們是十幾個同學一起下到後李村「知青點」的，頭幾個月，吃國家供應的糧食，好好歹歹還能弄個囫圇飽。幾個月後，沒有了國供糧，生產大隊和生產隊沒有多餘的糧食給他們吃，「知青點」就經常斷炊斷頓。生產隊提供給他的糧食，也多是玉米、高粱和地瓜乾。蒸窩頭吃幾頓，他們就堅持幹幾天農活兒；沒糧食吃了，就去村邊的公路上攔截汽車，各自回縣城家裏蹭吃蹭喝。

後李村有一個磨坊，是以電做動力的那種最簡易的對輥磨。看管磨坊的社員家庭出身雖好，卻經常偷糧食。為了解決這個問題，生產隊讓我三弟擔任了磨坊的管理員。管理員的名稱大了一點兒，叫負責磨麵的社員或看磨坊的「知青」比較合適。生產隊的貧下中農們看上了三弟的厚道可靠，不會私下裏圖謀他們那點兒寶貴的糧食。我們弟兄仨無論到了那裏，都會讓周圍的人產生信任感。

一九七四年十七歲的三弟寶華下鄉到在一個叫後李的村莊，給生產隊看守磨坊。這副裝扮，很像一個下鄉知青吧。

母親建議我去後李村看望一下三弟。不知什麼原因，臨清城裏連雞蛋都不容易買到。母親讓我順便在那一片的農村買一些雞蛋回來。

跟我一起去後李村的是至交楊希澤家的大小子楊晨旭，那年十三歲，沒有學上，在家閒著沒事。我們倆每人一輛自行車。十三歲的楊晨旭，自行車比我騎得還溜。

柏油路面的公路上汽車很少行人也少，不到兩個小時，我倆就騎到了後李村。找到三弟，他正在磨坊裏看磨，身著破舊的衣褲，頭戴一頂舊帽。十七歲的青年看上去像是二十七或三十七歲，渾身上下，全是白色的粉塵。對輥磨的磨坊裏，粉塵飛揚是難免的。

三弟的個頭，比去年我探家時，又長高了一些，人很瘦，瘦了精神。他說：反正大家都不會在知青點幹長久，苦點累點都算不了什麼。

三弟他們「知青點」的知青有幾個我是認識的。吳建新的哥哥吳建國，是我小學時的同學；劉小青的父親也在縣委工作；王新春是我初中同學王新華的妹妹，她二姐王新霞在一中讀書時，比我們矮兩級，是學校文藝宣傳隊的骨幹。有好幾個知青在生產隊的蘋果園裏幹活兒，不論男女，全身都穿著很舊的衣服。

時到中午，三弟的知青點不要說給我和楊晨旭吃飯，連一個多餘的窩頭都拿不出來。我們仨去了公社所在地，在供銷社的飯店裏買了幾個饅頭充饑。又在村裏買了四五十個雞蛋，把雞蛋裝在一個非常簡易的挎包裏，挎包栓在自行車上。告別了三弟，我和楊晨旭就啟程回返。

回縣城的路是順風，六月的東南風很大，騎在自行車上雙腳不用費力蹬踏就可以快速行駛。飛奔了十多公里，感覺口渴，路邊有一眼水井，有人在澆菜。把自行車停在水井旁的空地上，飲水，歇涼。突然，大風把我的自行車給刮倒了。自行車一般是摔不壞的，挎包裏的雞蛋卻遭了殃。不等我把自行車扶起，已有黃白顏色的黏液流了出來。解開挎包的帶子查看慘狀，完全破裂的幾乎有一半，受重傷的也有一些。清理摔碎的一包雞蛋，還要把傷病的雞蛋們帶回家來，的確是一件鬧心的事。

我知道，還有一件更鬧心的事等著我，那就是要和父親交一次鋒。父親一天到晚都很忙，早飯後離家，晚上很晚才回來。

一天，差不多是晚上十一點多，我已經睡下了，父親回家後把我叫醒。看架勢他是想和我正式嚴肅地談一次話。

父親好像是剛剛完成睡前的洗浴。因為天熱，父親手持一柄蒲扇，上身穿著的是挎籃背心。談話的具體內容，現在記憶有些模糊，只記得他好像是談到要注意和領導以及戰友們搞好關係，說話要謙虛，做事要謹慎，還說了一些有關共產主義信仰的詞句。

我的應對可以歸結成一個意思：真的不怨我；我已經做了最大的努力；比任何人付出的都多了。

話不投機談不攏，父親不相信我的辯解。我說了一句：

「你講的這些道理，我聽得多了。」

父親惱羞成怒，扔掉手裏的蒲扇，掄起胳膊就要揍我。父親心裏的怒火壓抑了不是一天，今天來一個爆發很正常。我閉上眼睛，準備讓父親的巴掌搧到自己的臉上，身上。好像讓父親發洩發洩，我內心的愧疚會減輕一些。我心裏甚至還頗具幽默地想到：毆打現役軍人可是犯法的啊。

父親的巴掌沒有落下來，他大概不是因為突然想到我是現役軍人而停了手，是一直站在旁邊的母親攔住了他。

「以後我再和你小子算帳！」

父親吼了一聲，就離開了我的床前。

母親安慰並哀求我說：

「你回去好好幹，只要入了黨回來，你爸爸就不生氣了。我求求你，回去後好好地幹，昂？（劉口村習慣使用的語氣助詞，在這裏有：『聽清楚了嗎？可以嗎？』的意思）聽媽的話。」

直到我的假期結束，父親也沒有再和我「算帳」，卻也沒有再理過我。我離家那天，他上班去，連招呼也沒有給我一個。

我知道，母親說的沒錯，要消除父親的憤怒也容易，只要明年初我退役的時候加入了共產黨，解決了組織問題，就一切都煙消雲散了。

為了滿足父親，當然也包括母親的期望，我必須再狠狠地加一把力，

第十九章　二連十一班（下）

七十六、批林批孔

把林彪和孔子硬扯到一起來批判，很是無厘頭。文化大革命搞了七八年，無厘頭的事情很多，大家也就見怪不怪了。

偉大領袖想用「批林批孔」來收拾殘局，盡顯蒼白與衰弱。莫名其妙的普通人也都覺得是英明無比的毛主席亂了方寸。老人家手裏的牌不多了。

一九七四年一月十八日，毛澤東批准王洪文、江青的要求，以黨中央的名義轉發江青主持選編的《林彪與孔孟之道》，「批林批孔」運動遂在全國開展起來。

按照官方對「批林批孔」的定義，說「這個運動從一九七四年年初至同年六月，歷時半年左右。」在我們的軍營裏，一直到那年的夏天和秋天，以「批林批孔」為內容的會議依舊方興未艾，如火如荼。我至今還保留著的小筆記本上記載了那年夏秋之際我在二連幾次參加「批林批孔」會議的內容。通過這些原始的文字，可以看到當年毛主席精心構思的批林批孔運動，落實到軍隊最基層後是一個什麼樣子。

一九七四年八月九日下午的討論題：

（一）、呂不韋是什麼人，秦始皇為什麼和他鬥？

（二）、焚書坑儒是怎麼回事？

（三）、秦始皇的進步作用反映在哪些方面？

（四）、林彪為什麼攻擊秦始皇？

一九七四年八月二十七日上午，團政委王興治，副政委趙德臣到一營傳達中共中央二十三號文件。王政委說：「最近，（瀋陽）軍區游好洋副司令員親自到丹東地區傳達中央二十三號文件，召開了萬人大會。游副司令員說：這場鬥爭（指「批林批孔」運動）是馬克思主義戰勝修正主義，無產階級戰勝資產階級的一場政治鬥爭和思想鬥爭。是全國全黨全軍的頭等大事。要進一步深入批判林彪修正主義資產階級軍事路線是黨中央，毛主席向我們提出的新的光榮任務。我們要進一步學習毛主席的軍事思想和軍事路線，揭露林彪一貫正確，常勝將軍的畫皮，還歷史真面目。

中央一九七四年二十三號文件，毛主席：

「已圈閱」。

軍隊傳達至排級；地方傳達至黨支部。

趙德臣副政委傳達二十三號文件的附件一：

林彪在遼沈戰役中的問題：

1、林彪對抗毛主席關於南下北寧線，堵住敵人進關路線的指示；

2、林彪對抗毛主席堅決打下錦州，全殲范漢傑集團的作戰方針；

3、林彪對抗毛主席占領營口的命令。

王興治政委傳達二十三號文件附件二：

林彪對抗毛主席及早祕密進關的指示，違背毛主席關於平津戰役的作戰方針。

八月下旬某天，指導員王永慶布置學習安排：

九月一日至十日，九天安排六次學習。頭兩天（次）學習《前進報》七月二十八日的增刊。

然後用兩天（次）來剝（林彪的）三張畫皮。

最後兩天（次）做批判發言的準備。

出三道討論題：

1、為什麼說林彪不是作戰有功，而是對人民有罪？

2、為什麼說林彪不是常勝將軍，而是竊功大盜？

3、為什麼說林彪不是正確路線的代表，而是右傾機會主義路線的頭子？

九月中旬某天，瀋陽軍區後勤部朱政委將要來我們一營視察，二連副指導員邵元明按照上級（團裏或營裏）的指示，向全連的軍官士兵傳達《關於後勤朱政委來視察回答問題準備提綱》。下面是邵元明副指導員傳達內容的文字記載：

一、對批判林彪軍事路線意義的認識：

1、批判林彪資產階級軍事路線，是黨中央、毛主席批林批孔的又一偉大部署；

2、是批林批孔運動的深入發展和重要的一個方面；

3、只有深入批判林彪的軍事路線，才能進一步肅清林彪在我黨我軍的流毒和影響；

4、批判林彪的軍事路線，對於我軍加強戰備，做好反侵略戰爭的準備，具有現實意義。

二、什麼叫儒家？什麼叫法家？為什麼學習儒法鬥爭史？

1、為了更深入地批林批孔；

2、通過學習儒法鬥爭經驗，可以加強對黨的基本路線的理解，掌握階級鬥爭的規律；

3、通過學習（儒法鬥爭史）可以培養和鍛鍊無產階級理論隊伍；

4、研究儒法鬥爭史是為了還歷史真面目。

三、林彪的軍事路線和政治路線是什麼關係？

四、怎樣在批林批孔運動中，加強連隊建設，你自己有什麼收獲？

正軍級的朱政委，大概是我們這樣基層的士兵能夠看到的級別最高的軍官了。隨後的日子，朱政委究竟來過一營或二連沒有，我不知道或不記得了。

九月二十二日下午，地點：飯堂，政治指導員王永慶做輔導報告：

結合學習儒法兩家在軍事上的鬥爭，批判林彪資產階級軍事路線的滔天罪行。

一、儒法兩家軍事思想的鬥爭：

1、儒家主張「以禮治軍」；

法家主張「以法治軍」。

2、儒家主張「貴以德，而賤用兵」；

法家主張「以戰去戰，富國強兵」。

3、儒家主張「不鼓不成列」；

法家主張「因敵變化而致勝，知己知彼，百戰不殆」。

二、林彪資產階級軍事路線和儒家軍事思想的聯繫。

（內容略）

九月二十三日，上午，地點：飯堂，二連批判林彪資產階級軍事路線大會：

一、三排長解樹春發言內容：

遼沈、平津兩大戰役是勝利是毛主席無產階級軍事路線戰勝林彪資產階級軍事路線的偉大勝利；

二、四排袁術同志發言內容：

揭開林彪一貫正確路線代表的畫皮；

三、炊事班長張永祥發言內容：

批「常勝將軍」；

四、二排苟堯一同志發言內容：

林彪是地地道道的歷史罪人；

五、三排侯存海同志發言內容：

批林彪作戰有功；

六、副指導員邵元明做階段學習總結（內容略）。

邵副指導員總結之後，布置下一步的學習內容：從明天起，到十月二十五日，拿出工餘的三十二個小時，開始批判林彪的「六個戰術原則」。批判的武器是毛主席的「十大軍事原則」。

九月二十九日上午，地點：飯堂，副指導員邵元明輔導學習毛主席的《十大軍事原則》，（內容略）。解釋林彪的「六個戰術原則」：

1、「一點兩面」；

2、「三三制」；

3、「三猛」；

4、「四快一慢」；

5、「三種情況，三種打發」；

6、「四組一隊」。

批判提綱：

1、林彪「六個戰術」的本質是擊潰戰，反對毛主席的打殲滅戰；

2、林彪的「六個戰術」是唯心論和機械論的大雜燴；

3、林彪推行「六個戰術」是為他反黨奪權復辟資本主義大造輿論準備。

我當年小筆記本的文字記錄有關參加批林批孔的內容，一直持續到一九七四年底。作為解放軍最底層的一個連隊，施工任務非常繁重的時候，還讓士兵們拿出這麼多時間和精力來批林批孔，這是解放軍全軍的統一安排還是瀋陽軍區的特殊環境，本人沒有考察研究。八大軍區司令員對調後，瀋陽軍區的新任司令員是曾任中共中央副主席，原北京軍區司令李德生。他赴瀋陽上任不久「批林批孔」就開始了。可以肯定，我們工程團的士兵軍官們「批林批孔」運動中的每一個步驟，批判用的材料，都是來自李司令和他那些直接下屬的指令。

一顆樹木的年輪，可以作為考查地球歷史的第一手資料。我上面摘錄的文字，對普通讀者說來，未免有些枯燥；一個基層連隊的軍官士兵們對既失寵又失去生命了的前解放軍最高指揮官林彪進行的所謂批評，並且鸚鵡學舌地胡亂往他身上潑髒水的細節或許會對研究那段歷史的人有些幫助。

為了批判孔子，下發到連隊許多被劃歸為儒家學說的輔助材料，其中有《三字經》、《增廣賢文》、《朱子治家格言》。我好歹也算是高中畢業，卻從來也沒有見識過這些中國文化中的精品。本來是要被批判的東西，全都被反覆閱讀背誦如流，算是補了幾堂古代文化課。其中一些內容怎麼琢磨都覺得很有道理。批判沒有成果，卻讓士兵們「中毒」，這大概是下發材料的決策者始料不及的。

我在哪一次批判會上發過言，發言的內容是什麼，小筆記本上沒有記錄。「批林批孔」的批判稿我肯定也寫了不少，因為我不能放過任何一個表現機會，黨小組長李金海總是想方設法地為我尋找和創造表現的機會。如果我在「批林批孔」中稍有懈怠，他也會非常及時地督促我，提醒我。

七十七、一不怕苦，二不怕死

我的人事檔案中的獎勵記錄還有一頁一九七四年八月榮獲營嘉獎的卡片。獲得這個榮譽是因為我在二連那年的第二戰役中自報奮勇承擔了「把井口」的任務而被表彰的。

如果要鬧請「把井口」的工作是一個什麼概念，就需要從山洞內具體的施工程序說起。而保密意識又不允許我說得太具體。

簡而要之就是在山洞裏開鑿一個垂直的豎井。從事過地下岩石開鑿的人都知道，從下往上開鑿豎井是最為艱難危險的。對我們基建工程兵來說，這還不是最難最危險的。豎井開鑿完畢以後，豎井上端的混凝土澆築工程才是最難最險的。

現在廣泛使用的混凝土輸送管道，可以把攪拌好的混合漿從地面直接輸送到幾十層樓高的澆築現場。這樣高級的設備我們那時既沒有見過，也沒有聽說過。怎樣才能把幾百噸幾千噸混凝土提升到豎井上去呢？只能因陋就簡地想辦法了。

賈連長，陳副連長帶領幾個有經驗的老兵研究琢磨了幾天，設計出一個利用一臺小型捲揚機提升混凝土的方案。具體地說就是在豎井上面拱頂的正中選一塊堅固的岩石，在岩石上鑽一個五十多公分深的孔。孔內固定一根帶環的鋼釺。環上固定一只滑輪做捲揚機的牽引端。然後焊製了一個可以懸掛六隻鐵桶的吊架，這樣就可以用捲揚機一次吊起六鐵桶的攪拌好的混凝土漿體。

六隻裝滿混凝土的鐵桶順著豎井垂直起吊到澆築作業的位置，需要坐在或站在豎井邊的人把鐵桶一只一只地摘下來並遞給旁邊的人。再由排成一列的幾個人把鐵桶傳遞到澆築作業的位置。我們就管負責站在豎井邊摘鐵桶者的工作叫做「把井口」。

參加混凝土澆築的所有崗位中，把井口的人最累：

一只裝滿混凝土的鐵桶，差不多有三四十公斤重。六只同時到達的鐵桶，需要立馬從捲揚機的吊架上摘下來，隨手遞給旁邊的戰友。摘一只鐵桶或一口氣摘六只鐵桶，算不了什麼。隔兩三分鐘就有六只鐵桶嗖地一下子竄到你的面前，旁邊的一溜人和下面的捲揚機都在等著你，你必須用最短的時間把六只沉甸甸的鐵桶摘下來。不間斷地如此操作，實在是一件異常繁重的活兒。

把井口的人最危險：

硬砸進岩石的那根鋼釺，能否長時間承載捲揚機的拉拽，而且捲揚機一直在不停地震動顫抖。如果鋼釺周圍的岩石或鋼釺墜落下來，一定會把站在井口邊的人腦漿給砸出來。為了防止這樣的事故發生，井口上方遮擋了兩塊木板。墜落的事一旦發生，那兩塊木板根本抵擋不住岩石和鋼釺的衝擊。所以站在井口的士兵必須經常觀察頭頂上鋼釺的牢固程度，並且做好隨時躲避的準備。

把井口的人最苦：

工程兵的手掌一年四季和鐵鍬鋼釺撬槓大錘鎬頭石頭打交道，早就磨練成鐵砂掌一般。工程兵的鐵掌不怕鋼鐵岩石摩擦，但怕混凝土中的水泥腐蝕。攪拌好的混凝土漿體，在豎井下裝進鐵桶時，使用的是大鐵鍬；豎井上傳遞鐵桶的幾個士兵手中的工具是一把盈尺長的鐵鉤。整個流程中只有把井口摘桶人和手持震搗棒震搗的士兵需要用雙手直接接觸混凝土泥漿。士兵們每人每個月發給一付勞保手套。工程兵的手套很結實，有帆布的，也有塗有一層橡膠的。不管多麼結實的手套，一接觸水泥漿液和鐵桶的提手，用不了一天就能磨損腐蝕個稀爛。水泥的漿液透過手套，照樣把手掌的皮膚腐蝕出裂縫。時間一久，裂縫就都演變成潰瘍。沒有更好的辦法，把井口的士兵只能胡亂在手掌上纏裹一些破布，做一點暫時性的保護。

全連四個排編成了四個混凝土澆築作業班。四個作業班互相比著幹，哪個也不想落後。二排和四排作業時是哪位戰友把井口我不記得了。一排「把井口」的是崔長勝，我卻記得清楚。

崔常勝是遼寧莊河人，一九七三年兵。崔戰友當兵前是生產隊的大車馭手，新兵連時就出了名。崔戰友出名是因為吃，據說他曾經一頓飯吃下了十三個饅頭，三棵白菜，兩碗稀飯另加一碗醬油。東北的白菜棵小，適宜用來漬酸菜。即便棵小，每棵最少也有一兩斤重吧。什麼樣的胃囊能裝得下，且又能消化得了那麼多飯菜？

崔戰友可不是能吃不能幹的主兒。他五短身材又黑又壯，伸出胳膊，比多數人的腿還粗。最肥的褲子他穿著都腰窄。籃球場上能把高大魁梧的賈連長撞一個跟頭。老百姓管崔常勝這樣的男子叫車軸漢子。一排由車軸漢子崔常勝來把井口可以說是實至名歸，非其莫屬。

二連承擔豎井上的混凝土澆築工程是一九七四年七月開始的。最初，九班長李金海安排我在洞口外配料，就是往攪拌機裏傾倒水泥，沙子和碎石。按常規衡量，這已是很繁重的差事。二連承擔混凝土澆築工程的時候它卻成了最清閒的活兒了。

幹了一星期或十幾天，李金海特意找我「談心」。李戰友的話有些拐彎抹角，但意思很明確：做為一個老同志，如果不再要求進步，在洞外運運沙子碎石水泥什麼的，就可以了，別人也不會說什麼。像你現在這樣的情況，還想在退役之前解決組織問題，那就要選擇更繁重更危險的工作了。

我不清楚這是李金海個人的建議，還是轉達連長指導員副指導員們的指示。我問李金海：

「你聽到什麼反映了嗎？」

李戰友說：

「群眾反映倒沒聽到什麼，是我個人想到的。你自己決定吧。」

我稍作思考，便決定自報奮勇挑選一個最艱苦最繁重的活兒。我對李金海說：

「好吧，我去把井口。」

第二天上班，我就換上了棉工作服，站到了豎井井口的位置，成為混凝土鐵桶的第一棒接手人。

接下來的活兒有多累，有多苦，有多危險，前面我已經說過。真幹起來，比那些文字描寫的還要苦累它七八分。

混凝土凝固過程中會散發出熱量，豎井上面空氣不流通，溫度很高。如果不穿棉工作服，屈身於模板的縫隙間，很容易受傷；若穿上棉工作服，一個作業班下來，汗水能把棉襖棉褲都給濕透。

二連的第九十四條軍規規定，為了減少上下豎井的次數，在豎井上面作業的人大便可以跑出去洞外解決；小便一律就地拋灑。十幾個人焖在一個空氣絲毫都不流通的狹窄去處，汗味、尿味，呼出的二氧化碳，混凝土凝固時散發的熱量及不知名的氣體、氣味，能把人熏得昏頭昏腦，四肢無力。

罐帽裏的弟兄們，幾乎全都裸身穿上棉襖棉褲，連褲頭都不襯在裏面。一身破棉衣可著勁造，任它隨意溻透。若遇到好天，下班後把棉衣置於陽光下可以曬乾；若遭逢陰雨，第二天上班就只能把仍然潮濕的棉衣穿到身上，這樣會使身體很受傷。

我有一套咖啡色的羅紋運動衣，平時我捨不得穿，多年來一直陪伴我在籃球場上瀟灑。現在我把這套羅紋運動衣襯在破棉襖棉褲的裏面，棉襖棉褲不再那麼潮濕，運動衣既容易洗滌，也容易乾燥，比那些弟兄們舒服很多，也潔淨很多。

雙手和鐵桶的提手，和混凝土泥漿接觸了三五日，手掌和十指便都被摩擦腐蝕出很多裂紋，很多潰瘍面。手套也損失了兩雙。胡亂纏裹上一些破布，血水把破布都浸濕了。疼也好，痛也好，血水流淌也好，反正它們都有一個極限，咬咬自己的牙，狠狠對自己的心，也就那麼回事，天底下沒有人吃不了的苦，沒有中國人受不了的罪。

在我的記憶中，那年七月八月我站在把井口位置的那兩個多月，是我一生中最艱苦、最拼命、最難熬的一段時光。值得慶幸的是懸在我頭上的岩石和鋼釬一直沒有出現鬆動。上蒼還是保護我，愛護我的。雙手的裂紋與潰爛，後來也都痊癒了，連疤痕都沒有一絲兒，身體反而更強壯了一些。

一九七四年八月底，一營的「第二戰役」結束。我在「第二戰役」中拼命三郎似的表現上上下下有目共睹。「第二戰役」的總結大會上，我受到了「營嘉獎」。在我的人事檔案中，獎勵卡片上對這次「營嘉獎」是這樣描述的：

在第二戰役中，工作積極，能夠發揚兩不怕革命精神。

一九六九年三月中蘇邊界衝突中脫穎而出的孫玉國出席當年四月召開的「九大」並進入了主席團。據報導，他的發言受到毛主席的讚揚，毛主席當場高興地說「我贊成這樣的口號：叫做一不怕苦，二不怕死。」

自此這一口號風靡全國，軍內更是將其奉為最高指示裏的最高指示。這是一公共場所展示的毛體「聖旨」。

「兩不怕」指的是「一不怕苦，二不怕死」。這樣地表述，非常真實。

獎勵卡片的填寫日期是一九七四年八月二十四日，卡片上分別蓋上了營長徐掌財和政教王紹武的紅色印章。印章肯定不是兩位老領導親自蓋上去的，但他們倆或其中的一位，甚至包括張副營長，肯定看到過獎勵名單中有我的名字。我很想知道他或者他們看到我在二連受到這樣的獎勵後，是否會產生一點兒感想。

為這個「營嘉獎」我吃了什麼樣的苦，只有我自己知道。但我從內心裏還應該感激李金海老弟對我真心實意的幫助和提攜。

澆築混凝土的工程完成以後，接著是從豎井上面的空間向下開挖。要開挖的空間很像一隻小香菇，豎井就是香菇的頸杆。

也許連裏的領導事先就預測出來開挖「小香菇」也是一場很艱苦的硬仗，所以全連專門為此召開了一次頗具聲勢的誓師大會。時間是一九七四年十月上旬的某一天。我的小筆記本上記錄了誓師大會後的三道討論題。幾十年後，從討論題的內容也可以推斷出那年秋天，二連的軍官士兵們面對的將會是怎樣的任務，何等苦累的差事。

奖励种类	五好战士	连嘉奖	营嘉奖	
奖励原因摘要	1970年被[illegible]评为五好战士	第一战役中工作积极主动表现突出成绩显著。	在第二战役中工作积极，发扬两不怕革命精神	
奖励时间	徐掌財印	[illegible] 賈廷成印	7[illegible] 徐掌財印	
奖励人（姓名、职别、级别）		连[illegible]	营[illegible]	
审查人签署	王紹武印	政指 [illegible]	政[illegible] 王紹武印	
备考				

一九七四年五月、八月我受到的兩次嘉獎，「兩不怕」是「一不怕苦，二不怕死」口號的縮寫。為了加入中國共產黨，我真的是拼了。

全連決戰誓師大會，會後討論題：

一、過去我們是怎樣大幹的？

二、決戰中我們怎麼辦？

三、在決戰中，我們怎樣全面建設隊伍？

開挖「小香菇」，其實也就是打眼爆破、扒渣、搬石頭、裝石頭、運石頭，勞動強度比以往也沒有增大多少。我們遇到的新問題是爆破後的煙塵排不出來。「小香菇」剛開挖的時候，爆破後的石頭堵塞了豎井，窩在香菇頭部位置的煙塵沒有排除的孔道，人從石塊的縫隙間鑽到香菇頭部位置去扒渣，只能帶著煙塵作業，很傷身體。即便把豎井清理出來，蘑菇頭裏的煙塵因為比重太輕，也不往下走，接上通風管道，十幾個小時也排不乾淨。

恰巧我們二連那段時間使用的是從朝鮮進口的硝銨炸藥。朝鮮炸藥比國產的硝銨炸藥爆炸威力大，煙塵的毒性也重。施工的任務又急，不能慢慢等候著排煙，唯一應對的辦法就是忍耐。

人在從事重體力勞動的時候，呼吸系統的工作量也會增大，吸入的空氣要比靜止或輕體力活動時多。士兵們在有毒的煙塵裏扒渣，搬石頭，有毒的氣體大量進入氣管，進入肺泡，進入血液，時間一久就有人實在堅持不下去，呱唧一聲跌到在亂石上失去了知覺。大家趕忙把他從罐體裏抬出來，背到山洞外去呼吸新鮮空氣。

第一個暈倒的士兵把大家嚇了一跳。暈倒的多了，也就習以為常。有時二十多人一起作業，暈倒後被背到山洞外面的比還在罐體內幹活的人還多。

被背到山洞外的士兵多數都在洞口附近的山坡上找一乾淨去處，斜躺著大口地喘氣，儘快地讓身體從中毒狀態恢複過來。身體恢複後，就立即又都回到原來的崗位上去幹活兒。

一天，裘皮溝煤礦醫院的救護車打從山下經過。那天的能見度可能很高，救護車上的人遠遠看到解放軍施工的山洞洞口周圍躺著很多人，還有白色的煙塵從洞裏不斷地冒出，便斷定是發生了大的傷亡事故。不問因由，便徑直把救護車開到了洞口，車上的警報器還嗷嗚嗷嗚地叫著。帶班的副連長告訴救護車上的人：這在我們解放軍是家常便飯，感謝他們的關心和愛護。救護車停留了一會兒，便沿著原路開走了。打那以後，有關解放軍幹活不要命的說法傳遍了周圍的礦山農村。

如果用人文主義的標準來評價「一不怕苦，二不怕死」這個口號。它是非常不人道非常荒謬愚昧的。當年我作為一個駐紮在大山溝子裏的年輕士兵，無法進行這等的思考，這等的評判。

七十八、山洪中的推土機手

澆築混凝土的工程最好是一氣呵成，時間上沒有間隔才能保證混凝土凝結的質量。連裏把四個排分成四個作業班，實行輪流作業車輪戰術。

早班是凌晨三點半起床，四點正式在山洞裏接班，早飯送到洞口就餐，中午十二點下班，回營房吃午飯；中班則是中午十二點接班，晚飯在洞口，晚上八點交班；

晚班在山上吃一頓夜宵。

連幹部跟班作業，炊事班比平日要多做一頓飯，還要送三頓到山上去。全連軍官士兵的作息時間都打亂了。

早、中、晚三個作業班，早班的時間安排讓人最不舒服。凌晨三點多正是睡夢正酣時，愣是被哨兵喚起來，迷迷糊糊地穿衣集合，迷迷瞪瞪地往山上行走，真是難受得很。

一天，夜色烏黑。我們三排的人馬凌晨摸黑起床，懵懵懂懂地移動到山上。楊天佑的懷裏還抱著十一班的飯盆。飯盆裏是十幾只飯碗和勺子筷子。楊天佑似睡非睡，似醒非醒，東倒西歪跟隨著隊伍往山上走，飯盆和飯碗都還安然無事，只是一大把筷子從他的胳膊縫手縫裏全都拋灑了出去。吃早飯時才發現沒有了入嘴的工具。班長王立彬氣得一瞪眼，大吼一聲：

「還不趕緊去找！」

腿快的於峻嶺立馬沿著上山的路奔跑而去。

如果哪個排既輪到上早班又輪到夜間站崗，從傍晚到凌晨這個上崗那個下崗，大家睡覺的床位離得又近，動靜難免聽得轟響，那就基本上是一個不眠之夜了。

八月上旬的一天，三排夜間站崗還輪到了上早班。天公也不作美，下了一整夜的暴雨。大家幾乎一夜都沒有睡眠，凌晨三點半照常冒雨往山洞裏行進。前一天溻濕了的棉工作服又淋上了一層雨水，裏裏外外全都濕透了。接下來是實打實幹八小時的辛苦，待到中午十二點交完班抵達連隊餐廳的時候，士兵們連吃飯的勁也都沒有了。

我勉強往嘴裏塞了幾口高粱米飯，心想著趕緊回到宿舍的上層鋪去睡覺。

忽然，連部的衛生員跑進餐廳來傳達賈連長的命令，說是有一名推土機手誤在了小林河裏。連長指示我們三排的人馬立即跑步去河邊救人。

三排的士兵推開飯碗，來不及集合整隊，大家分頭朝小林河邊跑去，大家身上穿裏著的仍是濕透了的破棉工作服。

小林河邊已經站滿了上千人，多是小林河煤礦上的工人和周圍農村的社員（村民）。平日裏潺潺流水安靜溫順，蹬踏著幾塊石頭就可輕鬆走過的小林河，連日暴雨後變成了一匹脫韁的野馬，夾帶著敗草枯枝急流而下。渾濁無比的河水中南瓜大小的石塊上下翻滾著。

湍急的河中央，那一位推土機手還暴露在水面上。整個推土機幾乎全部被河水淹沒，推土機手抱在懷裏的是推土機排氣管的煙筒。瞭解情況的村民告訴我們：推土機上本來有兩個駕駛員。幾個小時前小林河的水還沒有這麼深，也沒有這麼急。推土機行駛到小林河中間時熄了火。會游泳的那個駕駛員趁著水淺離開推土機涉水上了岸。沒想到河水越漲越深，河裏的那個不會游泳的駕駛員抱著排氣管的煙筒已經兩個多小時了。沒有辦法，這才去向解放軍求救。

二連的軍官士兵除了仍在山洞裏作業的四排幾乎全都抵達了救人現場，炊事班和連部的人也都來了。

救人要緊，沒有領導的指令，我就和幾個會游泳的士兵嘗試著下水朝推土機游過去。沒想到水流太急，剛一沒過膝蓋人即被水流沖倒，腿上身上立即被河水中夾雜的石塊碰撞出塊塊青紫。我掙扎著爬上了河岸。大平原上來的人第一次領教了山洪的凶險。

第二次嘗試是我們幾個會游泳的士兵手牽手地朝河水裏涉去，想用人體的鏈條把推土機和河岸連接起來。沒有行進幾步，人的鏈條即被沖散。我的右腿被一塊大石頭撞上，青紫的程度遠遠超過了第一次。

賈連長的家鄉在豫東沖積平原上，這麼凶險的山洪大概也是第一次遇到。他攔住了幾個準備繼續下水的士兵，再三提醒大家一定要注意安全。

賈連長，邵副指導員幾個人稍事商量，確定出一個大家都認為可行的救人方案：從上游不遠處的鐵路橋上繞過去一根又長又粗的繩子，兩岸的人拽緊，順流搭到推土機上去，然後派戰士手牽著繩子爬到推土機上把人帶下來。

馬上派人去準備繩子。這時，解放軍涉水救人的資訊通過各種各樣的渠道向四面八方傳去，兩岸的人越聚越多。有人站在河的這岸觀看；有人覺得這岸的視野不開闊，索性轉移至對岸的山梁上觀瞻。那一道順河走向的山梁上密密麻麻地站滿了人。

又長又粗的麻繩搞來了。幾個班的士兵身跨麻繩從鐵路橋上繞到了河的對岸。兩岸各有一二十個人拽緊了麻繩，從水流的上游往下行進，逐步朝推土機靠攏。麻繩剛剛接觸到河水，立馬被湍急的水流沖成了一個很大的彎弧。麻繩的每一端又增加了十幾個士兵。拉拽的力量更大了，麻繩在河水裏堅持了三五分鐘，只聽得嘩啦一響，麻繩從中間斷成了兩截，士兵們摔倒了兩片。麻繩崩斷的原因，可能是兩岸的拉拽力量太大，也許是河水中石頭的有力撞擊，也許是兩種原因的合力。

有人建議用八號鐵絲代替麻繩。賈連長立即同意。連隊器材庫裏就有現成的鐵絲，幾個腿腳快的士兵奔跑著扛來一捆。如同使用麻繩的方法把鐵絲牽引到河的對面。出乎大家預料的是，八號鐵絲沉到河水中後也立馬崩斷了。河水的力量實在是太強大，太粗野了。

河水還在上漲。推土機上的那位，原先還能看到他轉動一下腦袋，現在他一動也不動了。雖然是夏日，河水卻很涼，人一進入水中，身體還涼得打冷顫。水中的駕駛員已經在冰涼的水中浸泡了數個小時，隨時都有失去知覺的危險。只要他抱緊煙筒的手臂稍微一鬆，洪流立即會把他沖得沒了影。

士兵們泥裏水裏也奮鬥了兩個多小時。為了給解放軍驅寒，附近供銷社商店的職工提來了一桶地瓜乾子白酒。這種白酒，老百姓給取的名字叫「一毛找」，意思是花一角錢買一兩酒，售貨員還要找給你一分錢或二分錢，喝一口滿嘴是地瓜乾子的苦味和酶味。

鐵路橋下有一個最簡易的水文站，一間小屋，一艘小船，兩個測量人員。水文站的人送來了兩件救生衣。兩岸的觀眾更多了，或許會有八千；或許都超過了萬人。人群中傳來幾陣口號聲，雖然嘈雜，「向解放軍學習，向解放軍致敬！」依然聽得分明。

情況越來越緊急。賈連長的褲子不知道脫到了哪裏。穿著內衣短褲的賈連長也冷得說話都不利索了。他朝幾個會游泳的士兵招了招手，算是集合整頓出一支「敢死隊」。賈連長用磕磕絆絆的河南話給我們幾個訓話：「任務大家都知道。黨和人民考驗我們的時候到了。我們現在唯一的辦法是游泳衝到推土機上去，把那個傢伙帶下來！」

賈連長又補充了一句：

「我們自己的安全也很重要！」

站在「敢死隊」中聽連長訓話的有八九個人，除了我以外，現在還記得姓名的只有桑宜生和馬德山兩個。器材員桑宜生是山東茌平人，一九七一年的兵。他身體敦實，家在徒駭河邊，游泳該是從小練就的。徒駭河也是大平原上的河流。

馬德山是我們三排九班的士兵，一九七三年入伍，來自北京郊區，游泳的歷史僅在游泳池中練過。馬德山身材很高，平日比較散漫，是一個隨時盼望著退役回家的城市兵。沒想到他在救人的關鍵時刻竟然也主動站到「敢死隊」的隊列裏來了。

我參加「敢死隊」之前並沒有多想。我僅僅知道自己會游泳，但我的游泳技能只對付過平原上的河流水塘，山洪的凶險從來沒有領教過。二連的戰友，沒有一個人知道我會游泳。我甚至也沒有想到通過英勇地表現一下，借機為入黨創造點條件，增加點兒籌碼。我只是出於一種救人，救同類的本能。

我不記得是誰塞給了我一件救生衣，是水文站的人支援出來的兩件中的一件。把救生衣塞給我的人，是出於對老兵的同情讚賞體諒，還是就判斷出勇敢的我能冒死把這件救生衣送到推土機上去？當時我根本沒有時間多想，事後也沒有搞明白，如今更考證不出來了。

閒話少說，還是說救人。

我穿上救生衣，端量水勢水速，緊跑幾步，到了上游二三百米的去處下水。其他幾個戰友，也都仿照我的提前量。

人在湍急的洪水中游泳，如同一塊漂浮的木片，速度飛快，瞬間我就距離推土機很近了。這時我看清了推土機在水中的方位。不知道什麼原因，推土機不是横在河水的中央，而是迎著水勢擺放在急流中。推土機的推板正對著上游的方向。人如果急速衝上去，碰到堅硬鋒利的推板，必然會粉身碎骨。我倒吸了一口冷氣，趕緊朝岸邊撥了幾下子水，身體便緊擦著推土機的右邊飛速而過。越過推土機後，我必須立即猛力朝岸邊游。三四百米的下游是一處懸崖陡岸。人若游到那等去處，不是撞到石壁上就是陷進旋渦裏，猶如鬼門關一般。

我奮力劃水，在下游二百多米處爬上岸，渾身冷得打顫。昨天夜裏沒有休息好，午飯那幾口高粱米的熱量早都消耗乾淨了。我去酒桶那兒喝了幾口「一毛找」，身上並沒有發熱的感覺。八九個戰友第一次衝鋒全部失敗，沒有一個成功地登上推土機。我心裏對水中的情況基本有了點兒數。

第二次下水衝鋒，我稍微調整了策略。下水後先不急於朝河中央的位置游，而是慢慢地朝推土機方位靠攏。待到靠近推土機時再猛地用力划水，一隻手伸向推土機側面，爭取抓住它的某一個部位。我的方法還算奏效，只是抓推土機的手一滑，水流便沖得我整個身體與推土機脫離了。

第三次下水前，我沒有再喝「一毛找」，喝得頭暈了會更誤事。我把往上游伸延的距離又增加了幾十米，這樣可以讓接近推土機的時間更從容一些。我撥水的節奏比前兩次稍為緩慢。待我將要接近推土機的時候，只聽得推土機上有人喊我的名字。原來剛才游在我前面的桑宜生已經成功登上了推土機。我伸出胳膊握住了桑宜生的一隻手。我第二個登了上去。

我和桑宜生先後又拉兩名戰友爬到推土機上，這才聽到兩岸圍觀的人一聲聲呼叫，高聲為我們四個士兵叫好。我仔細看了看被困的駕駛員。他的年紀和我差不多，很黑，很瘦。這麼長的時間驚嚇，他整個身體都浸泡在冰涼的河水裏還沒有失去知覺已經很難得了。

我脫下救生衣給駕駛員穿上。我們四個商量好了撤退的方案：四個士兵前後左右各伸出一隻胳膊抓著要被我們救的人，另一隻胳膊用力划水。我盯著駕駛員還在轉動的眼珠反覆叮囑他，下水後千萬不要用手抓我們。駕駛員不知道是沒有聽明白還是已經失去了思維能力。我渾身顫抖話都說不成句了。他卻沒有一點兒反應。我大聲朝他吼道：

「你都看到啦！下水後，我們四個絕不會撒手不管你的！」

駕駛員終於明白了，點了點濕漉漉的頭。

我們五個做好準備。我喊了一聲：

「跳！」

五個人一齊撲進了洪水裏。四隻划水的胳膊自是拼命地用力。游了幾百米後，終於順利地登上了陸地。我一隻手從後面推著駕駛員，所以我是最後一個離開推土機，也是最後一個爬上岸的。

兩岸雷鳴般的歡呼聲經久不息。圍觀的工人農民大人孩子們為推土機的駕駛員獲救歡呼，為解放軍英勇頑強不怕犧牲的精神歡呼。

救人的場面，持續了四五個小時。若擱到現在，早有數家電視臺的攝影記者和無數民間的拍客主動到現場拍攝錄音影像了。第二天某某省電視臺和CC－TV《新聞聯播》的節目都會多次播放和轉播了。幾十年來，大凡CC－TV播放解放軍武警險中救人的場面，我都會聚精會神地觀看。沒有看到哪一次比我們搶救推土機手時更危險，更驚心動魄。可惜那時候沒有這麼好的資訊條件，宏大震撼的場面連一張照片也沒有留下。

話又說回來，若擱到現在，調一架直升飛機來，十分鐘就可了事，還用得著我們這些大兵拼命？

第二天或第三天，街亭市報社和廣播電臺的記者趕來了，採訪，錄音，忙碌了一陣。

又過了一兩天，瀋陽軍區《前進報》社的記者也來了。營裏團裏的領導也多次駕臨二連，接見記者也接見有功的人員。

第一個登上推土機，救人發揮了最關鍵作用的桑宜生榮立了三等功；受到「團嘉獎」的有四五個士兵；我得到的是一次「營嘉獎」。

憑心而論，我在整個救人過程的表現和貢獻應該是僅次於桑宜生排在第二位的，不給我一個三等功，最次也應該是一個「團嘉獎」啊。連裏為什麼這樣安排，我一時非常迷茫，捎帶著鬱悶。班裏排裏有不少戰友也都議論這事，發表的言論多是為我打抱不平的內容。

那幾天賈連長很忙。百忙中的賈連長並沒有忘記我，或許是他感覺到什麼，或許是他聽到了什麼。他沒有讓連部的通信員鄧殿虎來傳喚我，而是親自到三排十一班來把我叫到宿舍的外面和我進行了一次短暫的談話。

賈連長說我這次在救人過程中的表現非常好，很了不起。連裏的領導和全連的群眾有目共睹。接受記者採訪和上級的表彰連裏有統一的安排，主要是從政治上和人員培養上考慮，希望我能理解，能正確對待。

賈連長的言外之意，我則可以理解為：我仍然屬於政治上不可靠的人，更屬於沒有培養價值的士兵。

賈連長把話說到這麼直爽的程度，我還能說什麼呢？即便賈連長不找我談，我還能有什麼資本可以表達一番感慨和不平嗎？我應該感謝賈連長的細緻，感謝他的率直，感謝他的體諒。

賈連長關於人員培養之說也是正確的。不到一年，桑宜生就被提拔成了軍官，擔任了排長，是一九七一年入伍的士兵中最快的一個。

和賈連長談過話以後，我隱隱地感到好像我在和賈連長進行著一種交易。我「一不怕苦，二不怕死」地幹最累最危險的活兒也好，關鍵時刻參加「敢死隊」衝鋒陷陣也好，都只是在增加自己手中的一些交換籌碼。而賈連長將要交易給我的東西，早已明明白白地擺放在那裏：一張黨票。賈連長的關心和鼓勵，包括一些用心良苦的運籌，無非都是在促使我努力地置備更多的籌碼。從社會學和管理學上講，賈連長這樣做是無可厚非，是十分精明也是非常正確的。

幾十年後，我查閱我的人事檔案，裏面並沒有關於這次救人的「營嘉獎」記錄。或許是當時連隊文書賈漢昌的失誤，也許是不知在哪個環節給搞丟了。唉！那麼賣命的一次拼搏，算是白幹啦！

不對！危難之時救人性命，什麼時候都是世間最為正義，最為高尚的行為。人們的記憶會永遠把這樣的事蹟保存在崇高的位置。

事後的日子，十一班和三排的弟兄們讚揚我的話經常掛在嘴邊上。幾個七三年的新兵多次當眾暢言：

「關鍵時刻，還是咱們的老同志！」

其他排的戰友也有幾個朝我豎起大拇指的。仗義和勇敢是男人最重要的美德。在一個全部是男人組成的群體裏，仗義和勇敢最能贏得同夥的尊重。

二〇〇六年秋，三十二年後我回到小林河那座鐵路橋下作故地重遊。我徘徊於那曾經熟悉的地方反覆端詳，期望舊物舊址能引起更多的回憶。蹲在附近閒聊的三個村民注意到我。他們靠攏過來。其中一位問我：

「你是不是從前在這裏當過兵？」

我回答說：

「是啊！」

他指指不遠處的山梁問我：

「那裏有一條山洞是你們打的吧？」

我說：

「是的。」

那人頗為炫耀地說：

「我進去過，老深啦。」

我反客為主，問那人：

「裏面都有什麼？」

那人回答：

「不知道，黑洞洞的，沒看清。」

我說：

「你不知道，我知道。」

那人回應道：

「這麼說，你真地在這裏開過山啦？」

當地人管打山洞叫開山。

那人接著說：

「那時候我們都知道：你們這幫解放軍幹活不要命。」

這時拉載我的出租車司機湊了過來。司機認識和我聊天的人，向我介紹說那人是缸窯村的張會計。

張會計很健談，和我一見如故，說了許多當年的老話。我判斷張會計的年齡差不多有五十歲，便把話題一轉，指了指小林河的位置問張會計：

「你還記得那年解放軍從河裏搭救推土機手的事嗎？」

張會計說：

「怎能不記得呢？我那年十七歲，一直站在河邊看來著。這麼多年了，這一片的人都沒有忘。那事還能忘嗎？」

我說：

「我就是第二個衝上推土機的那位。」

張會計頗為懷疑地追問我：

「真的嗎？」

我哈哈大笑曰：

「難道三十多年後，我會從千里之外的山東專門跑到這兒來冒名這事？」

張會計很激動地說：

「這麼說，應該稱呼你為英雄啦！」

張會計又問我：

「你還認識被你們救的那個人嗎？」

「不認得。」

「那你知道他姓什麼嗎？」

我回答：

「不知道。那天我們上夜班，事情過後都立馬回宿舍睡覺去了。」

張會計說：

「推土機手姓呂，瓜田寺村的，現在過得很好。正好我有老呂的電話。我告訴他，他的恩人來了。老呂一定會管你酒喝。」

說著，張會計掏出來手機就要打。我趕忙制止了他。我說：

「我下午還要回街亭趕火車。以後有機會我再來找老呂喝酒。」

離開了張會計後，我的心朝澎湃了好一陣子。我三十多年前留在這裏的足痕，成為流傳

一九七四年八月，我們在山洪中搶救人民公社的推土機手就發生於這條小河裏。三十二年後，解放軍奮勇救人的好名聲依舊在周圍的區域廣為流傳（拍攝於二〇〇六年九月）。

於山間田野世代相傳的佳話，成為鄉民村夫心中矗立的豐碑。今生今世，做過一件這樣的事，也算沒有白來人間一場。

七十九、生產模範

前面我已經說過，為了改善士兵的伙食，為了給繁重的體力勞動者提供營養，連隊每年都飼養很多生豬。豬多，需要的豬飼料就多。我們工程一營解決豬飼料沒有正式的渠道，也沒有專門購買豬飼料的資金，豬飼料主要靠士兵們利用業餘的時間來種植或到山坡山溝裏採集。

那時，附近村莊的村民們是不允許隨便找地方開墾荒地的，哪怕僅僅是開墾一盤炕大的地種蔬菜，或種幾棵玉米高粱也不行。解放軍卻不受這個限制，山坡山溝旮旮旯旯任憑開荒。二連駐地四周可供開墾的荒地不多，全被勤勞的士兵們左一點右一片地開墾了不少。春天，這兒點種幾棵玉米，那裏撒上一把菜籽，夏天秋天就有收獲。蔬菜生長得好就直接進伙房上餐桌；生長得不好就讓豬仔們享用。玉米棒子掰下來不用脫粒，整個送進粉碎機裏打成豬飼料。

士兵們多是農家的子弟，不乏種植的技能。種子也是來自天南海北，五花八門，各顯神通。為了鼓勵大家開荒種植的積極性，收獲的莊稼蔬菜數量都要登記在案，每年年終連裏都要進行評比，評出「生產模範」。連幹部管理一個連隊和居家過日子一樣，既講究實惠，實惠中還要過得有樂趣。工程兵種瓜種豆種苞米種茄子都種得有樂趣。

春天是播種的季節。連隊生豬飼養員李吉順老家用信封給他郵寄來幾十個大白瓜的瓜籽。李吉順來自山東茌平縣，大白瓜是那裏住宅旁菜園裏的常見品種。不知什麼原因李吉順把瓜籽拿到我們三排來轉讓。我看到了，就把它們要了過來。李戰友對我的種植技術不是很相信，質疑地問我：

「你還會種瓜？」

我說：

「請你隨時來指導。」

三排宿舍的西側有一座廁所，大概是原來小水泥廠保留下來的建築。四周幾個磚垛子，胡亂圍著一些破磚爛木板。頂棚是幾根木棒做支架，上面是一層紅瓦。廁所裏是一個大坑，大便小便通用。坑上鋪墊著幾塊木板，木板的空隙即是茅坑。我現在不記得當時三連是只有這一個廁所，還是它僅為三排的士兵們服務了。反正它的大坑裏存有足夠的大糞，儘管讓那些熱衷於種植，對天然肥料感興趣的士兵們取用。

春天的天氣乾燥，我抽空閒把從廁所裏掏出來的大糞曬成了糞乾。廁所周圍的土層很深，也很鬆軟，大概是當年建築廁所的時候填上去的。我圍著廁所挖了十幾個深坑，每個坑裏鋪墊足了大糞乾，撒上三四粒大白瓜的種子，種植的第一步就算完成。

瓜苗出來了，一個多月後只長出來幾片葉子，並沒有多少長進，只是葉片的顏色綠得很深。我知道它們是正在扎根，在為夏季的生長做準備。六月，我回山東臨清探親，半個多月後回到營房，瓜苗們已經有一尺多長了。我拔掉了多餘的瓜苗，每個坑只留下了一棵。我知道大白瓜的瓜秧和絲瓜一樣是要攀爬的。我專門去泉水溝的營部器材組找來很多廢棄的草繩，為每一棵瓜秧提供了攀爬的依著。我在廁所的頂蓋上也胡亂鋪了一層草繩子。草繩子遇到雨水就會坍塌成一堆並貼伏在廁所頂蓋的瓦片上。廁所頂蓋上才是大白瓜果實的安身之處，有了一層草繩子做鋪墊，瓜秧才能安穩地攀爬。

接下來的情景幾乎都如我的預料。那一年的雨水又勤。天不下雨的時候，我就從井裏提幾桶水。厚厚的底肥加上充足的水分，瓜秧生長得很旺盛，碩大的葉子又綠又黑。成功攀爬到廁所頂棚上面一共九棵瓜秧，每一棵瓜秧都開出來黃色的花朵，很快就結出了果實。我在家種絲瓜的經驗告訴我，瓜類植物只有按時打杈掐尖果實才能正常生長。每隔幾天，我就要爬到廁所的頂棚上去，只在主幹上保留兩三個果實，掐掉了所有的枝杈。

七月、八月，北半球植物們生長的季節，我的大白瓜都如同吹氣球一般，每一天都在不斷地膨脹。九棵瓜秧一共結了二十三個果實。每一個瓜都白白的長長的，像一只只白色的枕頭。三個瓜懸吊在廁所的棚沿下；二十個擺放在棚頂上。盛夏時節，碩大的扇形葉子一片墨綠；初秋的日子，白色的大瓜臥於綠葉之間；待到天氣轉涼，瓜葉子開始枯黃枯萎，廁所的頂棚上就全是白色了，好像是一群靜臥的綿羊。

三排宿舍的南面是一條乾涸的河溝。沿著河溝是一條小路，經常有村民從小路上經過。在我們十一班的宿舍裏就能聽到行人的腳步聲和說話的聲音。自從我的白瓜結出碩果，行路的鄉民對白瓜的評論就時常傳進我們的宿舍，傳進我的耳朵裏：

「嗨！你看解放軍種的瓜，長得真好！」

鄉民多是種地的行家，他們的稱讚中肯實在。待到廁所棚頂上瓜秧的葉子多數枯萎，那二十個白瓜匍匐靜臥在那裏的時候，過路的鄉民常常會駐足於小路邊長時間觀賞指點評論讚嘆，人最多的時候圍觀者可達十幾個。

我種植的白瓜成為那附近的一景。據說還有稍遠村莊的人專程前來領略的。

團裏營裏或者更高機關的首長來二連檢查指導工作，連裏的軍官也一定要領他們到我的種植園參觀。一次營裏的王教導員來二連。他參觀白瓜時聽說是我的勞動成果，立馬讓人把我呼喚過去。王教導員當頭問我：

「臧寶興，你這小子，家不是一直住在城裏嗎？跟誰學會的種瓜呀？他媽拉個巴子的，你小子能種出來這麼大的瓜，我真不敢相信。」

我微笑著回答：

「這兒有的是大糞。」

王教導員談興很高：

「是啊，是啊。『莊稼一枝花，全靠糞當家』；『沒有大糞臭，哪來飯菜香？』看來你小子在這裏幹得不錯。小知識分子就得這個樣子地鍛鍊，不斷改造自己的思想。」

哪兒跟哪兒啊？王教導員什麼時候都離不開老本行。

收獲的季節到了。三排的戰友和連隊炊事班為我的白瓜喜獲豐收舉行了一個小小的儀式。磅秤擺放在飯堂的門口。三排的戰友們每人懷抱一個，把我的勞動成果送到那磅秤前。計重的結果是二十三個白瓜總重三百三十多斤。其中最大的一個重二十二斤半。

其實大白瓜並不是連隊食堂理想的蔬菜。它只適合用來包水餃或做大包子，並且必須多放肉餡進去。炊事班的人這麼喜歡大白瓜主要是因為它肥碩漂亮的外觀。種植大白瓜是一個「形象工程」。

是年十一月二十九日，二連年終總結表彰大會上政治指導員王永慶公布了二連全年的受獎人員（我的小筆記本上有記錄）：

三等功：徐輯安（五班長，後被提拔為軍官，再後來晉升為營長）；

團嘉獎：李吉順（飼養員），李金海（九班長），賈漢昌（文書），傅萬成，陳發全（副連長），徐臣（業餘報導員）；

營嘉獎：張永祥（本溪知青，炊事班長），任俊友，羅開亨（十二班戰士，家在四川巴中，一九七三年入伍。他在家時當民工，參加襄渝鐵路的建設，打了幾年山洞，沒想到當兵以後，還是打山洞），張慶文（一班長），蔡景文；

連嘉獎：

辛光學（十一班戰士，見後文《辛光學》一節），崔常勝（一排戰士，見前文），劉勝遠，李鳳來（炊事班戰士），楊安福，鄧殿虎（連部通信員），王之貴，高文智，羅開成（羅開亨的堂弟或堂兄），王洪江；

生產模範（當時也叫落實毛主席五七指示標兵）：

楊忠貴（十二班副班長，見前文），羅開亨，張文禮（十二班戰士兼連隊器材員），郭少富，周萬發，羅開成，臧寶興；

大家的感覺，「生產模範」的榮譽起碼能趕上一個「連嘉獎」。但「生產模範」不記錄進檔案，每個人只獎勵一個蓋了二連黨支部印章的筆記本。

八十、「勞動黨」

一大間破倉庫改成的三排宿舍，中間砌了兩道牆做走廊，其餘部分間隔成四小間，每個班一間。十班的宿舍和十一班對門。

十班的班長叫尹祖寶，比我大一歲，吉林東豐縣人，和我同一年入伍。尹祖寶有兩個特點非常突出，一是他的個頭非常矮，一米五稍多一點，如果嚴格執行徵兵的標準他都不可能入伍服役。他矮且瘦，骨骼短而細。最小的五號軍裝，他穿著還又肥又大；發放棉工作服，小號女式舊棉褲他穿上褲腿還長一截子。身材瘦小，腦袋也小，最小號的帽子戴在他的頭上，裏面不襯上幾片紙，也寬闊得晃蕩。

有人問尹祖寶：

「你的體重有沒有八十斤？」

他笑而不答。再追問他：

「六十斤總會有吧？」

他很不滿意，說：

「淨胡扯！」

尹祖寶的第二個特點是幹活肯出力。也許是因為尹祖寶的個頭矮，底盤低，他打從當新兵時就開始負責修道軌，用來從山洞裏往外運石頭的鐵道軌。山洞不斷往裏延伸，山洞外堆放亂石的渣堆也要不斷往前推進，兩頭的鐵軌每天都要加長，道岔的位置也都要經常改變，所以每天都要修鐵軌。尹祖寶是全連公認最好的修道工。

把一條幾百斤重的鐵軌搬運到安放它的位置，完全要靠人肩扛手枱。若有兩個士兵和尹祖寶一起幹這個活兒，尹祖寶一定會讓那兩老兄抬一頭，自己把纖細的腰板一挺一個人扛起來另一端。爬坡他走前邊；下坡他扛後端，用他的話說是充分發揮身高不足的優勢。

因為經常高強度地使用，久而久之，尹祖寶腿肚子上的肌肉變得非常堅硬。肌肉堅硬卻乾瘦，尹祖寶的腿肚子就像兩根樹枝上綁了兩個土豆子。修鐵道，幹得最多的是掄著錘頭往枕木上砸道釘，久而久之，尹祖寶瘦瘦的胳膊上也就綁上了兩個土豆。

修鐵道技術含量最高的活兒是使用電焊機。任何鋼鐵的玩意兒到了工程兵電焊工的手裏，幾乎可以變成任意的形狀，想讓它們發揮什麼用途就發揮什麼用途。電焊工工作時必須要使用護眼罩，否則電弧會把人的眼睛灼傷。尹祖寶幹活兒性子急，護眼罩懷了或護眼罩不在手底下，他就不顧操作規程而「裸焊」操作。因此，尹祖寶的雙眼經常是紅紅腫腫的。

修鐵道的活兒不排班，只能插在爆破班和運渣班的作業空隙間幹，沒有固定的工作時間。施工任務緊急尹祖寶就日日夜夜地盯在工地上，活兒忙得連下山吃飯的時間都沒有，那就餓一頓；睏乏了，隨意找一個地兒眯一會兒。用尹祖寶的話說，他的身軀小，躺在一根樹枝上也能睡一覺。

尹祖寶幹活兒如此地拼命，哪個班長排長連長會不喜歡？他的家庭出身又好。用他的話來表達是：不要說往上查三代，就是查八代，查八十代，查到猿猴老祖宗那裏，他們家也是貧農。所以尹祖寶是六九年兵裏入黨比較早，當班長也比較早的一個。

作為普通的士兵幹活兒不要命，人人都喜歡；當了班長後若再按照自己的標準要求班裏的士兵，可就要引起很多人的不滿意了。尹祖寶的文化程度低，可能也就是小學三四年級的水準，看書閱讀報紙基本上是順一個大溜。文化低，讀書筆記心得體會寫不出多少，馬列主義，革命道理，閱讀原著就成了他的弱項。

那時候，班裏排裏連裏經常開展黨員講評活動。全體士兵講評黨員，可都是真槍真刀，刀刀見紅的。士兵們講評尹祖寶的時候，一般都會拿他文化低的弱項說事。有人說他是一頭不善於辨別方向的牛，「只知道埋頭拉車，不知道抬頭看路」（那個年代的常用語）。經常看報紙聽新聞，看電影《新聞簡報》也能記清楚其中內容的人，把阿爾巴尼亞勞動黨、朝鮮勞動黨的名稱也給搬了過來，硬說尹祖寶老兄這樣只知道拼著命幹活兒的人，遠遠沒有達到中國共產黨黨員的標準，最多只能算是一個「勞動黨」。

幾次類似的講評和比擬都講得尹祖寶嗚嗚地痛哭。「勞動黨」也就成了尹祖寶的外號。不僅二連的人知道尹祖寶的這個外號，整個工程營的人，甚至一些民兵也都知道二連有一個幹活兒不要命的小個子兵，外號叫做「勞動黨」。

我到二連十一班後和尹祖寶對門而居之日，尹老兄已經不再那樣拼命地幹了，身體甚至比先前胖了一些。如果還有人稱呼他那「勞動黨」的外號，他不高興的時候則會反擊幾句：

「我這個『勞動黨』也比你們媽拉個比的『自由黨』、『無政府主義黨』、『修正主義黨』強百倍！」

山東臨清兵與吉林東豐兵素有嫌隙。我到十一班後與尹祖寶來往並不多。我甚至能感到他對我從營部被退回二連來，抱有些許幸災樂禍。

待到我在山洞內幹活兒把吃奶的氣力全都使出，十七般武藝能亮出來的也都亮了出來，該不怕死的時候和他當年一樣不怕死，該拼身家性命時和他一樣拼命。本分樸實的尹祖寶便有些惺惺相惜了，對我的態度也逐漸改變。節假日宿舍裏可以玩撲克時，他有時會叫我過去。

他喜歡玩「三打一」，賭注一般是一根香煙或兩根香煙。他雖喜好打撲克，牌技卻差，輸多贏少。他贏的時候，我如數支付；他輸的時候，我模糊處理；最後散場，我就把手下的煙捲悉數送與他，並說一句：

「先放在你這兒，下一次玩時咱倆再用。」

幾根香煙，談不上賄賂，讓人面子上舒服一些總沒有壞處。一年多交往下來，我和尹祖寶就成了那種雖說不上是知心朋友，卻也可以算得上是關係不錯的戰友。這樣的關係一直維持到我們倆退役之前，當我有一件非常重要的事需要他幫助時，他沒有拒絕。究竟是何等大事，下一章的文字中我再表述。

也是二〇一〇年我去東北，打探尹祖寶的情況，先後聽兩三個吉林東豐的戰友說，尹祖寶前幾年死於一場凶案。他帶領全家人在地裏幹活時被人殺害，全家人一起遇難。我聽說後，簡直不敢相信自己的耳朵。告訴我這個凶信的幾個東豐籍戰友，都多年沒有回過東豐老家去了。但願他們知道的消息只是以訛傳訛的結果。因為尹祖寶戰友是一個吃了一輩子苦的東北小個子男人，上蒼應該善待他。

八十一、劉占嶺

劉占嶺是十班的士兵，尹祖寶班長的部下。

有朋友去了一趟俄羅斯，回來後送我一組套娃玩具。同是人的模樣，外面的能把裏面的全副包裹起來，裏裏外外可以包裹四五層。看到套娃玩具，我立馬就想到了尹祖寶和劉占嶺。如果尹祖寶是套娃最裏面那個最小號人物；劉占嶺則可以做最外邊那個最大號玩偶。也就是說劉占嶺高大魁梧到可以包裹尹祖寶好幾層。出操站隊列，矮小乾瘦的班長身後站立著一個高大魁梧肥胖的戰士，對比之強烈之滑稽不由得讓所有人發笑。

劉占嶺是大連兵，一九七三年入伍。他父親文化大革命前就是大連鋼鐵廠的黨委書記。東北的大企業領導人的配置級別都比較高，劉占嶺應該算是高幹子女。

高大且肥胖，整天笑哈哈的，就有些像笑面彌勒佛似的。我不知道彌勒佛是否長著兩條O型的羅圈腿，羅圈到雙腳都嚴重外翻。如果是，劉占嶺就更像一尊彌勒佛了。

入伍不到半年，劉占嶺就成了名人。他的名聲不僅一營和團部的人都「家喻戶曉」，我們遇到二營三營的戰友，他們也往往會打聽一下劉占嶺的故事。

劉占嶺入伍前曾經做為城市下鄉知青在農村的一個知青點待過。那個知青點大概是在丹東附近的鳳城。一九七三年夏天，那個知青點的一位女知青挺著大肚子來到二連找劉占嶺，說劉占嶺是她肚子裏孩子的父親。

這事可就鬧大了。未婚先孕，那年代幾乎就和強姦罪接近。何況劉占嶺是現役軍人，那女子是下鄉知青，弄一個破壞上山下鄉罪，那就接近死刑了。團首長都被驚動了，師一級的領導部門肯定也要彙報上去。團裏一位副政委專門蒞臨一營來處理這事，隨後把劉占嶺和那懷孕的女子一起帶到了丹東的團部。

劉占嶺從團部回到二連時，帶來了大把的喜糖。團領導破例批准了劉占嶺娶那女子為妻。這罪那罪都沒有了，洞房花燭夜，劉占嶺做了新郎。這個皆大歡喜的結果，劉占嶺的父親介入或施加影響沒有？此時的劉書記早已經被群眾組織解放出來，從文化大革命初期的走資本主義道路當權派變成了有職有權的領導人了。劉占嶺沒有透露絲毫的有關背景，只是滿臉笑容地讓大家吃糖，嘴都樂得合不上了。

第二年，劉占嶺的妻子帶著不滿周歲的女兒來軍營探親，母女倆在筷子溝的老鄉家住了差不多有一個月。這時，戰友們才知道劉占嶺的妻子也姓劉。劉妻子和劉丈夫有時好的了不得，當著戰友和村民的面恨不得就摟抱到一起互相啃；有時又激烈地吵架，吵到劉妻子痛哭。

劉占嶺雖是高幹的兒子，卻沒有絲毫盛氣凌人高人一等的公子哥架勢。他很隨和，全排所有的士兵，不論是來自東北的黑土地，還是來自四川的大山裏，都和他相處得很融洽。班長訓他幾句，他笑臉相迎；戰友哼他一聲，他也不怒。他很看重和周圍每一個人的關係，並盡量處理好，有時甚至故意表現得很市儈。

他每個月的開銷也就那幾塊錢的津貼，從家裏得不到額外的支援。很多日用品一經他使用，壽命就都短，所以他穿的戴的，隨身的物件幾乎都是破破爛爛的，顯得他比其他戰友還艱苦樸素。不知道他是否故意這樣與周圍的環境，周圍的人打成一片。

劉占嶺的弱項是能吃不能幹。去紅石砬子梨樹溝一帶拉練那次，拉練的強度並不大。我都沒感覺出來絲毫的腿腳疲勞，劉占嶺卻非常艱苦狼狽地度過了幾天。部隊行進了三四十里路程，他的腳上就開始打泡。待要快到宿營的村莊，他的背包早已經背到了其他戰友的肩上。他的兩側則有兩個小個子兵的臂膀，給他做支撐的拐杖。幾天下來，劉占嶺的雙腳爛了很多塊傷口，本來走路的姿勢就不好，現在瘸瘸拐拐地就更沒有形象了。但他硬是堅持了下來，讓大家同情中還有些贊佩。他天生就是一個沒有戰鬥力的大個子兵，能怨他自己嗎？

掘進開挖山洞運渣，最輕的活兒是扳道岔。三排作業時，這份活兒基本上就是劉占嶺和我們班朱景志他倆的了。飛速行駛的運渣車突然從鐵軌上掉下來，就好比動車高鐵的「脫軌」，我們工程兵稱之為「掉道」。凡有渣車掉道，立馬就有幾個士兵匯集過來。把幾噸重的渣車抬回到鐵軌上去並非易事。撬槓撬，棍棒抬，必須齊心合力再加上經驗和竅門不可。按說劉占嶺你個扳道岔的，基本上長時間處於養精蓄銳狀態，這時候該你這大個子出把子力了。而他卻承擔不起這樣的角色。讓他遞過來一根棍棒撬槓，往往都是最不好用的。

下面該說說劉占嶺吃油炸糕的那會事兒啦。

澆築罐帽那幾個月活兒重，連隊的伙食也要跟上去。一天下午，三排幹中班，晚飯要在工地現場吃。炊事員胡景雲用毛驢車送到工地的晚飯是油炸糕。

油炸糕慣常的做法是把麵粉用開水燙到半熟，白糖或紅糖做餡，放到熱油裏炸透。連隊伙房是不計算成本的，伙房的任務就是保障士兵們的營養。不論什麼飯食，都必須管飽。若有一個士兵說還有點兒餓，炊事班就得再給補充。送到工地上去的油炸糕個兒又大，油和糖都多，數量也絕對能保證滿足一群大肚子漢的吞納。

從營養學上說，油炸糕絕對是高糖高脂肪高熱量的食品，也絕對是最不容易消化的食品。按照現在的飲食標準，也絕對是最不健康的食品。不過不要緊，工程兵的腸胃絕對一流，再難消化的食物都能對付得了。

在老兵的記憶中，二連炊事班把油炸糕送到施工現場給士兵們吃，這也是第一次，歡呼雀躍之後則是快刀斬亂麻，板斧劈西瓜，狂風掃殘雲一樣的大快朵頤。轉眼間，一大籮筐油炸糕就剩下了一個筐底。我費很大勁才咀嚼嚥下了四個油炸糕，若計算重量，一市斤只多不少。

帶班的副指導員邵元明走到毛驢車邊，看了看籮筐裏剩下的油炸糕，用河南話高聲說道：

「失！你們三排沒有戰鬥力呀，這十個八個的油炸糕還好意思再讓小胡帶回去？」

九班長李金海接著話茬說：

「好，咱們就按副指導員的指示辦，一定把它們都消滅掉！」

九班長數了數，一共還剩下十一個油炸糕，隨逐個動員士兵們接受任務。五個戰士給自己的胃裏又增加了一個油炸糕，其中就有劉占嶺和九班的士兵曹士林。

邵副指導員餘意未盡，指著剩餘的六個油炸糕對士兵們說：

「我說呢，三排還是可以的嗎。現在還剩下六個。你們看這麼辦行不？如果把這六個油炸糕也都吃下去，我就讓小胡捎信回去，就說你們都沒吃飽。八點鐘下班後讓炊事班再給你們下一鍋麵條。怎麼樣？你們看著辦吧！」

邵副指導員鼓動激勵手段絲毫不亞於指導員和教導員們。

其他的士兵是都沒有戰鬥力了，大家一致推薦，消滅六個油炸糕光榮艱鉅的任務就交給劉占嶺和曹士林兩位戰友了。

劉占嶺很仗義，他主動挑選了三個看上去稍微大一些的。劉占嶺一邊吃油炸糕一邊還和邵副指導員聊天。邵副指導員問他：

「大劉，到現在你一共吃下去多少啦？」

劉占嶺說：

「吃飯時一共吃了十八個；加上剛才那一個是十九；再加上現在這仨，是二十二個。」

邵副指導員啊了一聲。

劉占嶺在眾目睽睽之下，臉不變色，氣不急喘，一口氣就把三個油炸糕吃進了肚子。那邊曹士林卻沒有這麼順暢，最後一個油炸糕他說什麼也嚥不下去了。

邵副指導員故做輕鬆狀地說：

「好的，剩下的這一個就讓小胡帶回去吧，晚上的麵條也不用做啦。」

劉占嶺繼續他的仗義，提出來由他幫助曹士林完成最後的任務。曹士林把那個油炸糕掰成了兩半。劉占嶺又吃下去了半個。曹士林手裏的那半個，他強堅持著吃了兩口，剩餘的一小塊兒乘著大家不注意隨手扔到了附近的草棵子裏。

沒想到這個小動作被邵副指導員看到了。他指著那叢草棵子說：

「大家都看到了，油炸糕到底還是剩下了一小塊啊。」

劉占嶺一看，趕緊走了過去，撿起來那四分之一的油炸糕，胡亂用水沖洗掉上面的泥土，捏把捏把就填進自己的嘴裏。戰友們一片歡呼叫好聲。

劉占嶺吃完二十二又四分之三個油炸糕之後，在棉工作服上蹭了蹭手上的油漬，站到了一處高崗上用手拍著胸膛說：

「俺老劉，半年之內如果肚子疼，我就不算好漢！」

戰友們鼓掌喝彩了一陣。

半個月後，劉占嶺住進了軍隊的某個醫院。他住院是因為他的盲腸發炎了，或者是他的盲腸假裝發炎了。臨去醫院前，他一再向戰友們聲稱：他的病，絕對與那天吃油炸糕無關。直到大家都異口同聲地贊同他的說法，他才放心地去了醫院。

劉占嶺還有一個長處就是善於拉關係。劉占嶺的盲腸切除手術很順利，刀口癒合後他仍然沒有出院。他住在醫院裏，專門替醫院幹一些粗活。醫院的卡車去糧店拉糧食，他就跟著去扛麻袋糧包；去蔬菜基地運白菜，挖土豆，他什麼髒活累活都搶著幹，幾乎成了那家醫院不可或缺的編外人員。他住院期間，他的妻子孩子在醫院裏住了好幾個月。野戰醫院成了劉占嶺的療養院，而且還是帶著妻女療養。劉占嶺心裏很清楚，醫院裏最重的活兒也比工程兵施工現場扳道岔輕，何況那裏還有病號飯吃著。

劉占嶺割一個闌尾住院的時間超過了半年，基本上創造了工程二一三團的一個奇蹟和記錄。直到臨近春節，他才又白又胖地回到了二連駐地。

春節過後，劉占嶺就隨大溜退役回大連去了。臨分別前，他送給我一個筆記本，龍飛鳳舞地寫了十幾個留念想念的字，簽名更是龍飛鳳舞。

三年後，聽大連的戰友說，他回家後就和妻子離婚了。在他陪第二任女友逛馬路時死在了汽車輪下。

八十二、「老九」

十六班長歐陽德立出事的時間大約是在一九七四年的十月，天氣剛剛有些涼的時候。

十六班是風鑽爆破班。那天下午，十六班長歐陽德立和副班長王清海帶領全班人馬完成了一次打眼放炮任務後，正往營房回返。走到半路，班裏有人發現衣服口袋裏還有四枚沒有使用過的雷管。

發現口袋裏有四枚雷管的是誰，當時我就沒有鬧清楚，現在更是無法考證了。

這個問題並不重要，因為不管班裏誰在回宿舍的途中發現衣服口袋裏有雷管，都要報告給班長歐陽德立。因為工程兵施工安全條例中明確規定，任何人都不允許把雷管炸藥帶到生活區。

四枚雷管被發現後，歐陽德立班長面臨的正確選項只有一個，那就是親自或派部下把雷管送回施工現場的雷管庫去。其他的選擇都是不符合安全施工條列的。

全班的人馬打了半天風鑽都很疲勞了。歐陽班長很體諒部下們，派誰返回山洞去都要奔波些路程，爬一段山坡路。疲勞和體恤讓歐陽班長做出來一個錯誤的決定，他決定就地銷毀這四個雷管。他讓其他的士兵先行一步，僅把副班長王清海留下來與他一起操作。

歐陽德立身上穿的是一套很破舊的棉工作服，替代扣子腰帶的是一截報廢了的導火索。歐陽解下腰間的導火索，掐頭去尾把它裁剪成了四段。每一段差不多都有二十釐米長短，分別鑲嵌在四個雷管上。新導火索的外皮都是纏裹著一層棉線的，棉線裏面是很薄的瀝青塗層紙。做腰帶使用的破舊導火索最外層的棉線都斷裂了。歐陽班長剪裁導火索時順手把斷裂的棉線都撕扯了下去，暴露在外邊的是那層很薄的瀝青塗層紙。

那天的風很大，歐陽班長讓身體魁梧的王清海為他遮擋著風。歐陽班長和王清海副班長點燃導火索的歷史都有五年多了。對他倆說來銷毀四個雷管就和燃放四個小鞭炮差不多，完全可以在二十釐米導火索點燃的時間內把雷管仍出去足夠遠。問題就失誤在暴露了的瀝青塗層紙上。瀝青塗層薄紙的燃速很快，導火索剛一接觸到打火機的火苗，沒有容得歐陽班長轉身甩出，四個雷管就一起爆響在了他的手中。

瞬間的爆炸讓擋風的王清海副班長頓時閉上了眼睛。他睜開眼睛後看到了一幅慘不忍睹的景象：失去了雙手的歐陽班長渾身是血，痛苦地倒在了地上。

王清海外號叫「大驢」。「大驢」的身體很強壯。爆炸發生的位置距離王清海的身體很近，他的腹部胸部以及兩條腿之間的襠部也都被炸傷了。王副班長神智稍事清醒以後，顧不上自己身上的鮮血和傷痛，趕忙用兩隻大手攥住了歐陽的傷口，使上氣力猛地一掄就把歐陽扛到了自己的背上。「大驢」三步並做兩步朝山下飛奔而去，轉眼就追上了班裏的其他士兵。大家看到渾身是血的副班長以及昏迷了過去了的班長，這才知道了發生了天大的事故。

歐陽班長和王副班長是如何讓被送去醫院，到醫院又是如何治療的，就不費筆墨記述了。 個月後，王清海副班長傷癒出院。雷管爆炸在他腹部胸部襠部造成的傷口都痊癒了，留下了很多模模糊糊的傷疤。他腹部的皮膚下還留存著兩個雷管帽，摸上去是兩個小小的硬疙瘩，還需要再一次手術摘除。

王清海說：幸虧是紙雷管；若是換成銅皮雷管，爆炸的威力會更大，碎屑的殺傷力也會更強，他倆的眼睛恐怕都要保不住了，王清海腹部襠部的創傷也會更大，命根和睪丸也會傷及的。

又過了兩個多月，天氣已經很冷，即將要過年的時候，歐陽德立也傷癒出院了。大家都爭先恐後地去十六班看他。歐陽住院三個多月養得又白又胖，讓大家無比傷感的是他永遠地失去了雙手。他左手的五個手指都沒有了，手掌也炸沒了大半。傷口癒合後的左手如同半個鍋鏟。他的右手只剩下了一根小拇指，大拇指殘留下小半截，手掌傷得也很重。傷癒後的右手就像一隻兩個尖的叉子。

歐陽德立是一九六九年入伍的吉林東豐兵。他家在農村，兄弟姐妹很多，七八個或十多個，他是老大，家裏很貧窮。二連的每一個人都還記得，他出事之前才休探親假回來不久。探親的時候歐陽定了一門親事。大家也都知道歐陽德立當兵五年多，一直幹得很好。他為人也好，家庭出身又好，不僅很早就入了黨，當上了班長，而且探親前已經通過了提幹前的體檢，就等候上級下達任命狀了。遭受如此的事故，如此的傷害，歐陽也就失去了被提拔為軍官的可能了。他那剛訂婚的未婚妻是否會毀約呢？

歐陽班長的情緒好像還不是很壞。他紅光滿面地應對大家的問候，向大家展示自己的傷口，展示自己的殘肢。我內心裏是強忍著淚水的，不知道其他的戰友是否也是這樣的心情。

說話間，歐陽從衣服的口袋裏掏出來一隻特製的羹匙，羹匙的一端是一個套。歐陽把羹匙套在右手殘留的小拇指上，給大家演練了一個用羹匙吃飯的姿勢，算是解答了戰友們的疑問和一個最重要的擔心。隨後，歐陽又演練了用「肉鏟子」和「肉叉子」解開或紮緊褲帶的程序動作，在場的戰友無不感動加心動，震撼加顫抖。歐陽真是我們的好戰友、好兄弟，鋼打鐵鑄的工程兵。

又過了幾天，歐陽來我們三排找老鄉尹祖寶玩。正好是星期天，歐陽加入了打撲克的系列。讓大家萬分稱奇的是歐陽能用僅存的一根小拇指加上半截大拇指的「肉叉」一張一張地抓牌，並且能把抓到手的牌整齊地用左手「肉鏟子」護在胸前，還能一張一張地出牌。歐陽在醫院休養治療的期間，從千奇百怪的傷兵傷號那裏學來了雜技般的生活技能和娛樂技巧，真是讓人讚嘆千般佩服萬分啊。

不知是哪位戰友開頭，歐陽因為失去了九根手指而得到了一個「老九」的外號。樣板戲京劇《智取威虎山》中的人物臺詞，自然是其語言的來源背景。

一個多月後，老兵該退役了。團裏專門派了兩名軍官去吉林東豐為安置歐陽做工作。東豐縣民政局很不錯，歐陽最終被安排在縣醫院的傳達室做門衛。歐陽能使用他的殘肢摸撲克牌，接電話一類的活兒當是不能難住他的。據說他的未婚妻也沒有悔約，很快就和他結婚了。

歐陽出事以後，一營的軍官士兵中就有了一個說辭：

「二連的指頭，一連的腰」

這句話說的是二連士兵受傷失去手指與腳趾的比較多。歐陽德立的九個手指以外，還有三排長解樹春的右手大拇指；九班士兵李萬寶右手的一根小拇指；一排的士兵王占武左腳的一根腳趾，都是被石頭砸掉的；

一連的士兵則腰椎嚴重受傷的比較多，先後有三個或四個士兵的腰椎被砸斷，造成了終生的下半身癱瘓。

士兵們的傷殘部位其實並沒有什麼規律性。常年在艱苦環境下施工的工程兵戰士受傷的幾率很大卻是千真萬確的。

除了上面傷殘的戰友，除了前面章節說到的二連王彥梅（摔死），民兵四連馬九成（砸死），四連的陳三喜和高副班長（爆炸造成雙目失明）；後勤二分部的徐助理員（被墜石砸斷了大腿骨）；民兵一連的三個民兵（雷管炸瞎了雙眼）之外，我還應該在這裏記錄下三個人的名字：

民兵三連的尤為民，昭烏達蒙翁牛特旗人，一九七一年初被運渣的車斗擠壓而死；

民兵五連的楊寶貴，遼寧錦縣人，一九七〇年觸電身亡；

還有一個叫張作凡的民兵，連隊的名稱、籍貫、死因和死亡時間我都忘記了，我只在死亡人員的名單中記錄過他的姓名。

這些死亡傷殘的戰友和民兵，都是平凡普通的草民，死傷的價值現在也很難用泰山鴻毛一類的詞語來記載表述了。但他們都是曾經的生命，曾經是身體健全健康健壯歡蹦亂跳雙目炯炯有神的人。我永遠都不會忘記他們，但願還有人能多記憶他們一些時間。

八十三、辛光學

如果有人問我，幾十年後的今天，當年那些工程兵的戰友我現在最想念哪一位？我心中的這個位置一直為辛光學保留著。

前面已經說過，辛光學來自四川巴中縣，是我們十一班三個一九七三年入伍的士兵中的一個。因為一九七四年沒有補充新兵，于峻嶺、楊天佑和辛光學他們仨入伍兩年後，一直也沒有熬成「老兵」，依然擔綱「新兵」的角色。

辛光學是一九五四年生人，入伍時的年齡和我一樣也是十九歲。四川人的個頭普遍矮小，解放軍各個部隊裏的四川兵，多是穿四號或五號軍服的人。辛光學卻不是這樣，他的身高有一米七五以上，寬肩膀闊胸膛，和北方地域來的戰友站立在一起沒什麼差別。

辛光學既有北方人的身高，還有四川人的強壯，幹活時又不惜力氣。他不僅是十一班最能幹的士兵，整個三排的人馬也沒有能超過他的。

我到十一班後，全班的戰友對我都很好。七八個不同籍貫不同秉性不同處境的士兵，幹活吃飯睡覺一天二十四小時幾乎全都在一起。即便不發生什麼大事，生活中的細節，每天都可以讓一個人產生很多體會，很多感受。

開飯啦，我拿起飯盆準備去伙房打飯。于峻嶺或楊天佑看到了，隨口說一聲：

「怎麼好意思讓老同志幹這個？還是我去吧！」

如果換成了辛光學，他就會一聲不吭，趕忙從我的手中把飯盆子搶過去。細小的差別是，辛光學對我更體貼，更樸實，有時候能一下子暖到我的心靈深處。

被服罐帽我把井口的那兩個多月，十一班的戰友們對我不怕苦不怕累不怕危險的表現有目共睹。連素來幹活兒不惜力氣手腳利索的副班長趙伯良，也都幾次直言對我的佩服；整天泡蘑菇的朱景志則表示出一幅「友邦驚詫」的態度；楊天佑和于峻嶺也多次表示向我這個老同志學習；只有辛光學在我最勞累簡直要堅持不了的時候，不容我商量就一屁股坐在井口的位置替換了我的崗位，讓我得以休整了幾個作業班，手上被水泥腐蝕的傷口也有了癒合的時間。戰友間這樣的情感不身臨其境是體會不到的。在我的內心中，辛光學是對我最好的戰友。辛光學對我好，是那種發自內心，不圖回報（我能回報給他什麼呀？），時時處處讓人感到溫暖，感到人間真情的好。

他來自川北的大山，我來自華北的平原，我們倆相遇於軍營，只能用緣分來解釋。上蒼安排的緣分。辛光學不僅身體魁梧強壯能幹，而且非常聰明。幹活的時候遇到了難題，例如一塊石頭體積很大，如何把它裝到車上去；滿載的運渣車脫軌了，或者裝渣機掉道了，怎麼才能把它們弄到鐵軌上去。按說這是班長老兵們拿主意的時候，而往往是新兵辛光學拿出來的方案最好使。

辛光學的記憶力也相當出色。幾個月前連裏開過一次什麼會，會上誰發過言，都說過什麼事，他都能記得一清二楚。因為辛光學很聰明，戰友們給他起了個外號叫「腦殼」。四川人稱腦袋為「腦殼」，此外號用於辛光學是寓意他的腦瓜好使。辛光學的這個外號在四川兵裏最流行，用四川話呼喊他的外號，發音就成了「老客」。

讓人非常奇怪，奇怪到無法相信的是腦殼非常聰明的辛光學同志，卻不認識字。我對辛光學進行過測試。

他真的只認識「辛光學」三個漢字的模樣和十個阿拉伯數字，連「大小多少，春夏秋冬，饅頭稀飯，米麵糧食，中國人民，學校，解放軍」這些最普通常用的漢字也不認識，是一個不折不扣的文盲。

我問辛光學不認字的原因。辛光學告訴我說，他們家在巴中一座很高很高的山裏，他家住的村子就兩戶人家，另一戶是他的二爹家。

四川方言，二爹即二叔也。

從辛光學家去生產隊或開會或辦事，要有十幾里的路程；去大隊（村），去公社（鄉），路途要遠上數倍；去縣城巴中，則是非常遙遠而勞累的長征了。

他不去上學不是因為家裏窮，上不起學。他的爹爹是認識字的；辛光學的哥哥也上過學。辛光學小的時候，辛光學的爹爹催促辛光學去上學。辛光學貪玩，就去找婆婆替他解圍掩護。婆婆非常疼愛辛光學，只是疼愛的方式很錯誤，疼愛的結果是辛光學沒有上過一天學。婆婆的溺愛害了辛光學。

四川方言，婆婆即祖母也。

辛光學不能進行最簡單的閱讀，更不會書寫。爹爹或哥哥給他來信，他都是去十二班找老鄉羅開亨和張文禮他們替他閱讀講解，回信也是由老鄉代筆。

我問辛光學：

「你願意學會看信寫信嗎？」

辛光學只是微笑。我鼓勵他說：

「大夥兒都知道你很聰明，你不光能學會看信寫信，看書看報紙都能學會。」

辛光學還是微笑。我從他的微笑中能看到他的迫切。

幾天後，他接到家裏的一封來信。來信只有一頁紙，內容很普通，只是告訴他家中一切都好，不要他掛念；要他好好聽領導的話，和戰友們搞好團結之類的言語。我一字一句地念給他聽，然後讓他練習著閱讀。反覆了兩三遍，信紙上的字辛光學就都認識了。

比照來信的內容，我執筆替他寫好了一封回信，盡量地多寫上一些詞語，湊夠了兩頁信紙，字也一筆一畫，故意寫得周正。寫好的回信，我又讓辛光學反覆閱讀，直到不再磕磕絆絆，吞吞吐吐。閱讀熟練後，我讓他比照著我的代筆抄寫出來。

成年人第一次執筆練字，比初學的少兒還要生拗。辛光學很聰明，學習的決心又大，橫平豎直，左撇右捺，點、提、彎、鉤，只教他一遍，就能基本掌握。即便這樣，他第一遍的抄寫，還是沒有漢字的基本模樣。我叫他比著葫蘆畫瓢反覆地抄。四遍或五遍以後，辛光學的筆下就有了兩頁可以讓人正常閱讀的文字。信的內容他已爛熟於胸，背誦如流了。

我又讓他在信的末尾填上了幾個字：

「這封信是我自己寫的。」

信封上的內容，也是我手把手教辛光學完成的。

我相信辛光學的家裏收到這封信後，全家人都會非常高興，並且會把辛光學在部隊裏的進步，說給親戚朋友們聽。

辛光學以聰明「老客」所特有的速度，幾個月後就已可以閱讀報紙和《毛澤東選集》上的文章了，只是生字還很多，速度很慢，只能把意思順下來。

我為他選擇了一個速成的學習方法：查字典。我把我的袖珍版《新華字典》送給了辛光學，給他講解了使用字首邊旁在字典上查字認字的簡要方法。

從《新華字典》查閱生字，使用漢語拼音最方便。我認為，學會漢語拼音對辛光學來說難度太大，所以我沒有教他二十六個字母及聲母韻母知識，只是翻閱著字典對照漢字給他解說了漢語發音的一些基本規則。

我與辛光學在小林河邊合影。雖然與他相處只有一年多，他卻是最讓我想念的戰友。

辛光學的聰明和智商再次讓我震驚。他自己翻了一個多月的字典之後，竟然領悟查字典的基本規律。他很快就能夠熟練地使用《新華字典》，包括利用拼音字母從《字典》裏來查找漢字了。從那以後辛光學學習生字的速度，飛快地加速。完全文盲的士兵很快就成了一個勝任基本閱讀和書寫的戰士。

我從「小知識分子成堆」的經始班下放到二連後，全連一百七八十個軍官士兵中，我差不多是受過正規教育最多的一個。文化最高和最低的兩個士兵都在十一班，也算是天意安排。我幫助辛光學學文化的事，讓連裏知道了。連首長表揚了又讚揚，其他戰友也無不支持和鼓勵。

我至今還保存著一張和辛光學的合影。那是團裏的攝影師專門來二連為士兵們拍照時拍攝的，背景選在小林河鐵路橋附近。照片上我和辛光學身穿軍衣，頭上都戴著柳條安全帽。辛光學肩扛一柄鋼鍬；我扛著一把鐵鎬，很工程兵的裝扮。

我退役之後，辛光學給我寫過幾封信。他的字寫得已經很好了。後來我們倆的聯繫就中斷了。辛光學家所在的公社（鄉）大隊（村莊）文革中都改成了東方紅、紅旗、紅星之類的名稱。他留給我他家鄉的位址，文革後肯定都無法使用了。

辛光學雖然自學了很多漢字，總歸是沒有受過文化教育。依照我的判斷，他退役之後直到農村分地單幹，農民可以自由經商的時候，他面臨的選項也不會很多。幾乎可以肯定，幾十年來辛光學就一直在大巴山的那個深山溝裏耕種著田地。

若能跋涉到川北的巴中，坐車爬山走進辛光學的家裏去看望他一次，無疑是我有生之年的願望和夢想。

八十四、一篇黑板報稿和一份發言提綱

黨小組長李金海又給我攬來一個活兒：寫一篇黑板報。事情的起因，黑板報中也都展示清楚了。我寫的這篇黑板報，底稿至今還保留在在我的小筆記本上。抄錄如下：

《紀律不容破壞》

毛主席教導我們：

「紀律是執行路線的保證。」「這個軍隊之所以有力量，就是參加這個部隊的所有人，都有自覺的紀律。」

今天早飯時，八班長穿襯衣，連長讓他回去換，他就和連長頂撞起來，強詞奪理，態度非常傲慢。吃早飯穿軍衣，是連黨支部為了加強連隊行政管理，增強紀律性做出的規定，連長這樣做是對的，是應該的，他管得好。楊貴安同志這樣做，違反了紀律，頂撞了領導，在群眾中造成了很壞的影響，這樣做是非常錯誤的。

我們希望楊貴安同志能夠認真地認識這個問題。我們每個同志都應該通過這件事提高認識，增強遵守紀律的觀念和自覺性，把我連的行政管理和作風培養進一步搞好，以實際行動批判林彪的資產階級軍事路線。

九月十日

黑板報寫好以後，就豎立在去飯堂的路上。

說心裏話，這個活兒我不願意幹。這是一個得罪人的差事，我是一個誰也得罪不起的角色。全連任何人給我下一個絆子我都承受不起，起碼要花費很大的氣力來挽回它。

寫黑板報完工後，我的活兒還沒有完。兩天以後連裏還要開大會，八班長楊貴安要在全連大會上做檢查。黨小組長李金海要我在八班長檢查完以後，帶頭在會上發言，內容是進一步對八班長進行批評幫助。

我一口回絕了黨小組長的指示。我對李金海說明了我的難處。接下來。李金海直接了當地告訴我，讓我在大會上發言是賈連長親自安排的。賈連長認為我做為一名和楊貴安同一年入伍的老兵到會上講話，最有說服力和影響力，所以執意要我在會上發言。

一邊是普通黨員楊貴安，一邊是掌控著我能否入黨的黨支部書記賈連長，李金海讓我看著辦。我只能向黨小組長表示服從，向黨支部書記賈連長屈從。

九月十二日下午，召開了全連官兵大會，楊貴安做完檢查後，先後有四五個士兵發言評判他的檢查。我是第一個發言的，另外兩三個發言人是誰，我已經不記得了。

楊貴安站在隊列的前邊做檢查的時候，我在下邊開始準備發言提綱。發言提綱就隨意寫在我的小筆記本上了，得以保存到今天。提綱的內容如下。

我認為八班長檢查的態度是比較誠懇的，說出了自己思想上的根本問題，認識到了自己的錯誤。楊貴安同志這樣做是錯誤的。連裏為了搞好行政管理，對著裝進行了統一的規定，每一個同志都應該遵守，革命隊伍就是要統一。楊貴安同志這樣做，事情不大，但影響很壞，特別楊貴安同志是一名黨員班長，更應該自覺遵守連裏的規定。他因此和連長吵了起來，我們可以從中看出來楊貴安同志在檢查中說的驕傲自滿情緒。楊貴安同志對這個問題，認識還是比較深刻的。

我們每一個人都應當通過這件事吸取教訓，提高認識。

首先，連裏和連長這樣做是對的，不這樣做，自由主義的思想就會占領上風。連裏這樣做，抓得及時，既幫助了楊貴安同志，也教育了每一個幹部戰士。

有的同志或許認為這樣做有點兒小題大做。有這種認識也是不對的。如果有這樣的認識，而又不加以改正，今後自己也會犯錯誤。我們每一個人都要不斷增強遵守紀律的自覺性。

楊貴安同志在檢查中說到自己犯錯誤的根源是「三到頭」（當兵到頭，進步到頭，革命到頭）思想，我也就這一個問題談談自己的認識。我也是一個老兵，當兵的年頭比較多了，也就是說，離退役復員的時間越來越近了。這是很自然的現象。

軍隊就是這樣新陳代謝，這樣不斷壯大發展的。如果不這樣，革命前輩和以前的老兵都不復員，都不轉業，我們這些人可能都當不上兵。連長、營長他們也當不上兵。部隊也就都成了鬍子兵了。（我記得這句話當時引起了一陣笑聲）

做為士兵，當兵快六年了，考慮退役復員的問題很正常。說不考慮也不客觀，也不實際。如果真地到了領導讓我們退役的時候，不走也是不對的。問題是我們做為一個老兵應該怎樣對待這個問題。

我們當兵五六年來，回想一下，如果沒有黨的培養，沒有上級領導、黨支部的關懷，同志們的幫助，我們能幹些什麼呢？我們有的同志入了黨，入了團，有的當了幹部，當了班長，這不都是黨的培養，同志們關懷的結果嗎？離開這些，就沒有我們的進步，沒有我們的一切。

想到這些，我們當兵年頭越多，就越要努力學習，積極工作；越是快要退役復員了，就越要抓緊時間為部隊建設多做貢獻。

總之，我們要正確對待組織和個人的關係，正確對待組織紀律和個人自由的關係，正確對待復員和留隊問題，擺正個人利益和黨的利益的關係。無論什麼時候，都要努力學習，改造自己的思想，朝氣蓬勃地為黨工作。

我套話連篇的發言，按照當時的標準，還算是層次分明，有一定的水平。我好歹算是完成了賈連長和李黨小組長交給我的任務，也沒有造成什麼嚴重的後果（或許是有後果，但不嚴重）。

三十多年以後，我翻開我的小筆記本，閱讀到前面的這些文字，為我當時的處境和擔綱的角色，我真想為我曾經的低賤卑微而再哭它一次。

八十五、「我們施工為人民」

題目的這七個字，最早出現在報紙上發表的王傑日記中，是王傑寫的一首七絕詩，或者說是打油詩，或者說是四句順口溜中的第二句。王傑的「詩」是這樣寫的：

座座高山聳入雲，
我們施工為人民；
工作不怕苦和累，
願把青春獻人民。

一九六五年七月十四日，解放軍濟南部隊裝甲兵某部班長王傑在江蘇省邳縣向民兵傳授埋地雷技術，即將發生意外爆炸的危急時刻，他為了保護在場的另外十二個人，以身體撲向爆炸點而英勇犧牲。那年年底，解放軍總政治部、全國總工會、共青團中央分別發出了向王傑學習的號召。全國繼學習雷鋒之後，再次掀起了一場向英模學習的熱潮。

王傑是山東金鄉縣人，文化程度可能不高，「詩」寫到上面的水平已屬不易。王傑的這首「詩」經過全國的報紙刊物登出後，出現了明顯的炒作效果。在當時屬於知名度比較高的一首「詩」。

我們工程兵整年家在山溝裏打山洞，比裝甲部隊的王傑在施工方面更專業。所以軍官和士兵們經常把「我們施工為人民」這樣的句子，掛在嘴邊上。

石頭溝工地路邊有一塊巨石，巨石的一面如牆壁一樣平滑。我們經始班每次上山測量都要隨手帶著一小桶紅色的油漆。從那塊巨石邊路過，我順手把王傑的四句「詩」用紅色油漆寫在了石壁上，還署上了王傑的名字。

一天，團裏的王副團長到工地視察，看到了石壁上王傑的「詩」後，連聲說好：

「寫得好！我們就是為人民才施工的。你們應該把這首詩記下來，讓每一個戰士都會背誦。」

王副團長還追問陪同他視察的張副營長：

「你們營也有一個叫王傑的嗎？」

看來王副團長大概是只知有一個英雄叫王傑，而不知王傑曾寫過這首「詩」。所以才鬧了這麼個小誤會。

王副團長他們觀看我的「書法」時，我們經始班的幾個恰好也打從那裏經過。班裏的戰友告訴王副團長說那些紅字就是我寫上去的。幸好王副團長沒有再追問我的名字是不是叫王傑。

我們回到住宿的帳篷後又議論起這事。趙生余評論道：

「一個副團長，都不知道那是王傑的『詩』，還要在咱們營找出個王傑來，也太有點兒那個了。」

好啦，又扯遠啦，咱還是書歸正傳吧！

秋季是收獲的季節。一九七四年的秋季，我不僅收獲了二十三個大白瓜，我還開始收獲應得的榮譽了。我因為在安全員的崗位上盡職盡責，也因為老天爺的眷顧，三排全年沒有發生任何安全事故，我被連裏推薦為安全標兵，先後出席了一營和全團的安全工作表彰大會。

當然了，像我這樣的安全員二連還有好幾個，除了四排發生了事故，一排，二排的那兩位也應該受到表彰獎勵。我之所以脫穎而出，賈連長的有意提攜起到了最關鍵的作用。我按照賈連長一年前對我提出的要求做得怎樣，賈連長心裏也十分有數。賈連長是一個講信用的人，他是在逐步兌現一年前對我的承諾。

我的小筆記本上記錄：

一九七四年十一月十一日，十二日雨天，一營安全行政管理座談會暨表彰會召開。出席會議的有：

專程從丹東趕來的副團長武葆華、團副參謀長王惠全；一營營長徐掌財；政治教導員王紹武；

一連副指導員等四人；

二連排長李長林等四人；

機械連吳連長等四人；

四連和副連長等四人；

營部會計王合文，王醫助，等三人。

先後有七個人在會上發言介紹經驗：

一連黨支部：《以批林批孔為綱，抓好連隊安全工作》

四連和副連長發言；（內容沒記錄，現在也忘記了）

四連二排長周毛，代表黨小組介紹抓安全工作的經驗：從一九七二年開始，混凝土澆築高空作業，沒有發生過事故；

機械連汽車班：沒有發生汽車事故；

一連馬車馭手王富玉：《為革命趕好大車》；

本人第六個發言：《我是怎樣當好安全員的》；

四連十一班班長王文才：《不讓一個同志掉隊》；

十二月初，我又出席了全團在丹東召開的安全工作表彰會。一營去參加會議的應該是前面提到的七個在營安全會議上發言的人和帶隊的營首長。會議的過程細節現在無從記起，只記得會後安排了參觀五龍背榮軍療養院，還順便在五龍背洗了一次溫泉。或者說是洗溫泉順便參觀榮軍院。

五龍背榮軍院是全軍最著名的榮譽軍人療養院。裏面的療養員資格最老的有老紅軍，資歷最淺的是抗美援越受傷的士兵和中蘇邊境衝突時的傷殘軍人。因為五龍背榮軍院距離距離鴨綠江只有二三十公里，朝鮮戰爭時負傷的志願軍最多。

我們工程團和五龍背榮軍院都是隸屬於軍區後勤部，算是友鄰兄弟單位。我們集體去參觀，榮軍院安排有文藝演出，演員全是在那裏療養的傷殘軍人。

大幕開啟，十幾個參加合唱的演員和三五個擔任伴奏的演奏者早都擺好了位置和架勢，顯然是讓殘疾人自己上臺入場有一定的困難。拉胡琴和吹笛子的是兩位雙目失明者；拉手風琴的沒有雙腿。幾個節目，三種樂器伴奏或演奏都非常好。尤其是那位失去了雙腿的傷殘軍人，表情莊重，琴藝精湛，演奏結束後謝幕的畫面尤其感人。

榮軍院的領導介紹說：演奏手風琴的傷殘軍人姓黃，他的雙腿在朝鮮戰場上被炮彈完全炸沒了。他的妻子是志願軍某部的衛生員，也被美國的飛機炸掉了雙腿。他們倆是到榮軍院以後才認識的，經組織上為他們聯繫搭橋，失去了四條腿的二人結為夫妻，現在已經有了三個孩子，大兒子已經參軍。

榮軍院辦了一個生產骨灰盒的小工廠，讓傷殘軍人們在小工廠裏幹些力所能及的輕活兒。老黃的妻子自學了畫畫，在小工廠裏給骨灰盒畫圖案。老黃的妻子和老黃兩人的身軀都很胖。大概是因為沒有雙腿，身體對營養需求的少而又無法進行體能鍛鍊的原因。

榮軍院的領導還介紹說，為了節省費用和人力，榮軍院的傷殘軍人們享受探親假的時候，常常搭配著組成互助組。例如一個雙目失明者和一位沒有雙臂的一塊兒搭伴從丹東乘火車汽車去湖南探親，一路上就發生過很多生動感人的事。

身體正常的人參觀過傷殘者的日常生活後，會有意想不到的收穫，甚至會改變對世間很多事情的看法。我那次參觀五龍背榮軍院的收穫就很大，很多細節和感悟終生都難以忘記。

全團的安全工作表彰會的最後一天，每個受獎者頒發了一個蓋有中國人民解放軍三二四一部隊紅色大印的筆記本：

還有一個噴塗了紅字的搪瓷茶杯。茶杯上噴塗的字是：

我們施工為人民

獎

中國人民解放軍三二四一部隊

我被評為全團安全工作的先進士兵。去丹東參加了安全工作先進代表會。這是得到的獎品之一——一個筆記本。

我出席工程全團年度安全先進工作會議時得到的獎品之二——一個茶缸子。

八十六、「雷打不動」

袁術，山東省臨清人，家住臨清城的東關，雖在城裏卻是農業人口，是城關區古樓人民公社東關大隊的社員。

在新兵連，袁某和我不是一個班卻住在一間大房子裏。有一次交談，他說在臨清師範附小讀過書。我也曾在那個學校混過幾個月。我們也算是校友，他比我大三歲。下連隊後，我們都在二連。我離開二連後與他就沒什麼來往了，偶然在路上遇見，互相笑一笑而已。

袁術在新兵連的時候就開始寫學習毛主席著作的心得筆記了，還經常拿給別人看，當時這叫做交流心得體會，屬於活學活用的行為。袁讓我看過兩次，內容不外是毛主席領導我們翻身解放，讓我們貧下中農過上了好日子；什麼狠鬥私心一閃念，努力改造思想一類當時流行的文字，和其他人寫的以及報紙上流行的沒有多少區別。只是袁寫得很認真，一筆一劃很工整。

到了二連，除了上山施工出操吃飯，一有空閒袁某就拿著《毛選》或《毛主席語錄》，一邊看一邊寫。時間一久，心得體會寫了好幾本子，成為學習毛主席著作的積極分子。是否出席過團裏的積極分子代表大會我現在記不清了，反正是多次受到領導的表揚。袁某的家庭出身又好，是貧農，第二年就加入了共產黨，後來又當上了炊事班長。

袁某出名是在當炊事班長的時候。一天上午，天氣很好，班長老袁正帶領炊事班的同志們學習《毛選》。早飯後到做午飯之前有一段空閒，是炊事班學習毛主席著作的時間。伙房的外面涼曬了許多糧食，大米和高粱米。

天氣突然變化，陣陣雷聲中大雨點劈裏啪啦地落了來。炊事員們沒等班長吩咐就紛紛放下手裏的《毛選》往外跑，想著趕緊去搶救糧食。袁班長大喊一聲阻攔住大家，說：

「學習毛主席著作應當雷打不動。搶救糧食事小，影響學習毛主席著作事大。」

有人想和班長爭論，袁班長嚴肅地命令大家：

「能不能真正做到『雷打不動』是政治問題！」

同志們無言應對。

毛主席著作天天讀；學習毛主席著作的安排要「雷打不動」是林彪副統帥提出來的，成為了那一年代最流行的口號之一。但真正在打雷下雨時仍堅持「不動」的，只有袁班長做到了。

事後為這事二連乃至全營都發生過爭論。軍官和士兵多數來自農村，自然都珍惜糧食。很淺顯的道理，《毛選》完全可以晚幾分鐘再學麼。但還是有人讚賞袁班長的做法，認為他是一個很有代表性的學習毛主席著作先進典型。

袁班長為此也出了名，戰友們背地裏都叫他「雷打不動」。

大約是到了一九七三年，袁同志已經當了幾年班長，除了寫讀書筆記並沒有多少才幹，群眾威信也差。連隊的領導和士兵都認為他很「虛」。按照當時從士兵中提拔軍官的規定，袁班長也已經超過了年齡。他自己也開始考慮退役復員的事了，探家的時候就結了婚。妻子姓甄，很粗糙的一個女子。家住臨清城裏，卻也是農業人口，身份和袁班長入伍之前一樣，也是人民公社的社員。

兩年後，他意想不到地被提拔成了軍官。在決定他命運的營黨委會上，黨委書記營教導員王紹武力排眾議，不考慮袁術超齡的因素，提議任命袁術為一連的司務長，正排級。不在二連原地提拔而是去了一連，可能是因為袁術在二連的威信不高之故。王教導員很欣賞袁「雷打不動」非常具有創意性的表現，認為這樣的同志不提拔起來是軍隊建設的損失。

袁某擔任一連的司務長後工作還算兢兢業業，帳目也很清爽。工程連司務長的職責是保障參加施工累死累活的士兵們能夠吃飽飯，並且盡量吃得舒坦。袁司務長幹了一年，年底時結帳一連的伙食費節餘了兩千多塊錢。全連一百幾十號人，每人每月十五六塊錢的伙食費，袁司務長竟然節餘了十分之一還要多，一下子惹惱了全連的軍官和士兵。年底黨員考評，袁司務長高票當選「最差的共產黨員」。

再次聽到袁某的消息是他出事以後。幾個戰友包括我們的營首長告訴我袁某出事的細節都沒有大的差別。

我聽了他們敘說後，都有一種耳朵被污染了的感覺。

袁某出乎預料被提拔成了軍官。他開始後悔自己的婚姻了。甄姓女人是農業人口，不等到老袁的軍齡達到十五年，或被提拔為營職軍官之前，她只能在生產隊當她的社員，何況她的長相還醜陋粗俗。

袁司務長暗暗思量著想和妻子離婚。那時的軍官離婚可不是一件容易的事。軍官結婚和離婚都要部隊的領導審查批准。想和農村人民公社的社員，尤其是貧下中農出身的社員離婚的軍官，幾乎都會背上一個忘本的惡名。既然忘本，政治上肯定就不可靠，不僅離婚得不到批准而且會被搞得灰溜溜的，影響今後的提升。

袁司務長思考了很久後，想出來一個辦法。他的妻子到部隊探親時住在了青山溝的一戶人家。這時一連已經移防到青山溝的工地施工了。房東姓李，家中有一個二十四五歲還沒有成親的小夥子，姑且就叫他李青山吧。

袁司務長夫妻兩個在李青山家住了幾天，和房東家的人都熟悉了。袁司務長對妻子說：

「咱們結婚好幾年了也沒有孩子。」

妻子說：

「我們在一起的時間太少了。」

袁說：

「這不怨你，是我不行。我去醫院檢查過了。」

袁又說：

「咱們得想個法子呀！」

妻子問：

「能想什麼法子呢？」

一來二去地兩人討論了幾次，當妻子再次發愁沒有辦法的時候，袁司務長對妻子說：

「你看房東家的李青山怎樣？」

妻子才知道丈夫是要自己去勾搭別的男人。妻子說什麼也不同意。袁司務長威脅妻子說：

「你養不出孩子來，我就和你離婚。」

妻子害怕已經提升為軍官的丈夫和自己離婚，再三掂量之後就和李青山說了。李不相信是真的，甄女士告訴李說是自己丈夫的意思，想讓李幫助懷上一個孩子。

青山溝是一個很窮的山村。因為窮，有許多年紀很大了還說不上媳婦的光棍漢。解放軍大嫂的盛情相邀，雖不是天上掉下了來個林妹妹，掉下來一個傻大姐也讓李青山這個候補光棍漢興奮異常。但李還是將信將疑。那天下午，趁袁司務長在房東家的時候，李青山想鬧個究竟。他問袁司務長說：

「大哥！真的啊？」

袁笑了笑沒有吱聲，轉身就離開青山村回連隊了。

晚飯後，袁司務長借整理帳目的因由故意不回妻子的住處。磨蹭了兩三個小時，估計那邊已經入巷，袁司務長跑到炊事班對戰士們說：

「我的妻子有作風問題。你們現在幫我去抓她。」

戰士們一聽領導布置這樣的任務無不爭先恐後。三步並做兩步趕到了司務長的房東家，一下抓了個正著。

事情鬧大了，團保衛股長帶領一幫人馬連夜趕到一連。破壞軍婚是嚴重的刑事案件兼政治案件，當事人最少要判三年徒刑，當地公安局也派了幾個人來處理這個案子。

案子並沒有費多少事。審問李青山，李說曾經問過袁大哥，袁大哥沒有表態，自己就認為他是同意了的。審問袁司務長的妻子，甄女士一個勁的哭，最後就把自己丈夫如何以不生孩子為由威脅要離婚的事都說了出來。下來的結局很簡單，袁司務長被開除軍籍開除黨籍押送回家。那李青山破壞軍婚的罪名不成立，算是白揀了個不大不小的便宜。

這則黑色的幽默讓山東老鄉丟盡了顏面，以後再開玩笑時，只要其他地域的戰友說一句：

「大哥！真的啊？」

山東籍。特別是來自臨清的軍官士兵們都無言應對。

讓人想不通的是，袁某人花了那麼長的時間學習毛主席著作，寫了那麼多的讀書筆記，他的靈魂竟然還是那麼地醜惡，做事還是那麼地愚蠢。

許多年以後，我向臨清的戰友打聽袁某的情況。戰友們不屑一顧地說：

「他還有臉和大家來往？」

大約是一九九一年的夏天，我在濟南火車站候車，遇到一個臨清口音的小夥子，一問正好是袁某的鄰居。他告訴我，袁某回家後沒有和姓甄的女人離婚，還有了孩子。兩個人也不好好過日子，經常吵架。袁某好吃懶做，還和其他的女人胡搞。「雷打不動」是徹底崩潰了。

二〇〇五年我去看望教導員王紹武，說到袁某，老教導員還很氣憤：

「念叨他幹什麼，我費這麼大勁把他提了起來，竟幹出那樣的事，真丟咱們山東老鄉的臉。」

第二十章　脫去軍裝

八十七、經始班出事了

一九七四年結束了，我安全標兵也當了，生產模範也評上了，連嘉獎、營嘉獎我得了好幾個。一個士兵在一年多的時間裏能受到的表彰，我幾乎都得到了，可入黨的事還是沒什麼徵兆和音信。

三排的黨小組長李金海還在不斷地鼓勵我，安排我幹這幹那，我只有繼續一絲不苟地執行，力爭把所有交給我的差事都幹得圓滿漂亮。

一九七五年的新兵已經集結在新兵連進行訓練，距我退役的日子屈指可數了。很多將要退役的老兵都鬆懈下來，著裝不再整齊，張口就想罵人，甚至開始調換或新或舊的軍裝，準備自己的行囊了。

老兵們幾乎全都名正言順地夜間不再站崗；一些不可能退役，但暫時還不具備入黨條件的一九七一年兵和一九七三年兵，也都混水摸魚地加入到拒絕站崗的行列。連裏和排裏的領導們也都睜一隻眼閉一隻眼不再較真地管理。這樣一來，每個排三十多個在編的士兵，夜間持槍站崗的人就沒有幾個了。

我的處境使我成為三排最沒有資格和資本拒絕站崗的士兵。那年冬天，每逢輪到三排站夜間崗，我常常是上半夜站過一個小時，下半夜還要爬起來再懷抱步槍站上它一班。全連，全營，全團，全軍，哪裏還有我這樣窩囊的老兵？

解樹春排長外出執行任務歸隊了，我嘗試著和他溝通，企圖從他的嘴裏打探出一些更有價值更接近連領導旨意的消息。我們倆之間的溝通很有成果，他把他手腕上新買的一塊「寶石花」牌手錶轉讓給了我。「寶石花」牌是上海手錶廠新生產的一款手錶，比「上海牌」更漂亮，也更難買到。解排長把自己的心愛之物轉讓給我，足可以證明我們倆之間戰友加兄弟的情誼。

那塊「寶石花」售價一百一十元錢，當時「上海牌」的價格是一百二十元。一九七四年，我服役第六個年頭的津貼是每個月二十元，一九七五年一月提升到了每個月二十六元。

戰友加兄弟的解排長並沒有向我透露更多的黨內消息，也許根本就沒有什麼消息。我自己當作天大事情的入黨問題，放到連長指導員那裏，芝麻一般的小事，根本沒人顧得上討論。解排長和賈連長的關係再好，再鐵，恐怕也沒有就我的事進行單獨商談的機會。所以我和解排長溝通後，他除了把「寶石花」轉讓給了我之外，能夠告訴我的也只能是和黨小組長李金海給我的一樣，幾句鼓勵和安慰的語言而已。

曾任過炊事班長的姬宗祥，改任十三班長一年多了。他是四排的黨小組長。他也是關心我入黨問題的鐵哥們之一。姬宗祥很清楚我的處境和心思，他幾次找我說話聊天，幫我分析形勢和趨勢。

姬宗祥認為賈連長是一個說話算數的人，在我退役之前，賈連長肯定會兌現對我的承諾。姬宗祥還說：賈連長越是想兌現對我的承諾，連裏一些對賈連長不滿的士兵，越要從中作梗，想辦法讓賈連長兌現不成，這倒是值得我重視和警惕的事。

姬宗祥替我分析說：抵制賈連長的主要是幾個東北籍沒有被提拔成軍官的老兵。他們人數不多，但幾乎都是黨員班長，到時候各個黨小組討論我入黨問題時，如果他們死活都不同意，誰也沒有辦法。

姬宗祥老弟進一步分析道：三排，有他擔任黨小組長的四排，應該是沒有什麼問題；後勤黨小組有司務長「托勒斯基」和給養員「布哈林」罩著，肯定也沒有問題。讓人擔心的是一排和二排。一排三班長孔令山，四班長王新舉都是哈爾濱兵，磨磨嘰嘰的事很多。二排的八班長楊貴安很可能會因為我在批評他的大會上發言，關鍵時對我發難。

我認為姬老弟分析的不無道理，我必須非常地重視，十分地留意。若能想辦法一一破解這兩個疑難病症，那就萬無一失了。

就在我雲裏霧裏霧霾裏瞎猜亂想的時候，一陣子沙塵暴席捲了籠罩在我身上的雲和霧。沙塵暴的源頭在經始班。經始班的弟兄們出事了。

經始班出事的內容是把山洞內原本中心點重合的甲乙兩個工程組件搞錯了位。錯位的距離是二十二釐米。打比喻說就好比一個大茶缸子蓋因為放錯了位置，無法擺放到茶缸子上了。更準確地說是茶缸子的位置錯了位，對不準早已懸掛在那裏的茶缸子蓋了。

經始班出事的經過是：甲組件大茶缸子蓋用混凝土澆築的時候，經始班在茶缸子蓋的中心點預埋了一截鋼筋。從測量技術流程上講，這截鋼筋的根部既是茶缸子蓋的中心點，將來開挖乙構建的時候它也將是乙構建大茶缸子的中心點。茶缸子蓋才能準確無誤地覆蓋在茶缸子上。

乙構建開挖時，炸藥千轟萬炸，本來垂直安放在甲構建中心點的那截鋼筋，被炸藥亂石轟炸得緊緊貼在了混凝土頂壁上。經始班的弟兄們在後來的測量工作中，錯把那截鋼筋的頂端當作了根部，並用經緯儀將頂端的位置反射移植到乙構建的基座上。那截鋼筋露在混凝土外面的長度是二十二釐米，甲構建與乙構建之間也就錯位了二十二釐米。

這樣的錯誤如果及早地發現，乙構建的開挖工程結束前就把它糾正過來，罐體的局部多挖了二十二釐米，根本就不會有人在意。經始班的弟兄們是在乙構建底座的混凝土澆築完成以後才意識到出現了差錯，已經沒有從技術上糾正的可能了。

沒有辦法，只好一級級彙報上去。工程組的技術員助理員們看過了；營長教導員副營長們看過了；團裏工程股的股長參謀們也來了；團長副團長們是否來過幾個，我不是很清楚，但肯定也驚動了。三級技術人員和指揮員們最終的解決方案是把原來澆築堆砌好的乙構建炸掉重來。據計算共造成經濟損失大約五六萬元人民幣，耽誤工期一個多月。一營的事故全團通報批評。

經始班有三人受到處分：

班長楊玉霞，嚴重警告；

副班長朱文芝，嚴重警告；

經始員郭景文，警告。

郭景文受處分的原因是因為發生事故的時候是他操作的經緯儀，他是直接的責任人。「小林彪」原先是分工操作水準儀的，楊班長和朱副班長大概是想讓郭戰友在技術業務方面全面一些，那天便把最重要的一項操作交給他來完成。

沒有人員施工的時候，我一個人曾經去事故現場觀看過兩次。山洞內的光線很不好，用肉眼仰望那截該死的鋼筋頭，根本分辨不清楚它的頭尾。我打開了一盞大功率探照燈，還是頭尾難辨。

我眼睛的視力很好，比大多數人的視力都好。我相信即便使用經緯儀的鏡頭把那截鋼筋放大數倍，它的頭尾還是難以區分。郭景文同志和楊班長朱副班長既不是沒有掌握這門技術，也不是簡單的粗心大意，只是在判斷小小鋼筋哪一端是頭哪一端是尾的時候，有些武斷，沒有再進行一次或多次的驗證。

我離開經始班後再也沒有回去過。我只是在經始班出事後才知道朱文芝早已經擔任了副班長的職務。一營經始班和營部的其他幾個班，以前可從來沒有設置過副班長的。單另為經始班增添一個副班長的職務，只能說明是楊班長的工作不是很給力。

楊班長不給力的另一個例證是晚他兩年入伍的副班長朱文芝已經先於他加入了共產黨。楊班長的入黨志願書是在發生事故前不久，才在營部黨支部通過的，正在上報營黨委等候審批。他受到處分以後，營黨委審查他的黨表時自然也就無法通過了。

郭景文當兵也有四年了，據說也已經被列入黨員發展對象。如果這也算作是一個人的政治前途，郭同志的政治前途毫無懸念地也因為事故和處分而到此為止了。

這樣統計一下，自從一九七〇年趙生余被批准入黨以後，五年的時間內經始班先後進進出出了十幾個士兵，唯獨朱文芝一人是在經始班突破重圍入了黨。幾乎可以肯定，這樣低的「入黨成功率」在工程一營六七十個建制班裏也是最低的。

從整個軍事工程技術指揮的角度來說，經始班毫無疑問應該做為工程一營的神經中樞。經始班的弟兄們，多年來因為一星半點的所謂政治問題，因為一些「莫須有」的思想改造問題，慘遭領導和家庭出身好的群眾們蹂躪。一個個的都被欺負得灰頭土臉，不該退役的退役了，不該調走的調走了，不該發配的發配了。「中樞神經」如此被虐待被扭曲，經始班不出差錯，不發生事故，那才怪呢。

如果讓所有瞭解經始班情況的人，對這些年在經始班工作過的十幾個士兵做一個客觀的評價。不論是技術能力，實際貢獻，還是細緻認真謹慎的工作態度，我都可以說是當之無愧最好的一個。因為這樣或那樣的原因，我的遭遇和處境也是最慘，最不公平的。經始班出事以後，如果說我沒有一絲兒幸災樂禍的意念，那我可就真地成了天使，成了釋迦摩尼，成了文殊菩薩，成了南海觀世音了。

我幸災樂禍了幾天，便把經始班的事兒放到了於己無關的系列裏去，不再想它了。出乎我預料的是，這件事兒遠遠還沒有完，經始班發生的事故還在不斷地發酵。接下來的日子，大凡熟人遇到了我，話題無不定格在這裏面。每一個人都替我打抱不平。人們異口同聲地說：

「如果你還在經始班，就出不了這樣的事故了。」

我不知道人們憑什麼做出這樣論證的，頗有受寵若驚的感覺。我無法做出別的表示，只能以幾分同情的口氣回應說：

「常在河邊走，難免不濕鞋。誰幹都難免會出錯。」

我嘴上這麼說，心裏卻十分受用。

經始班那些技術活兒，只要具備基本的中學數學知識就不存在會幹不會幹的問題。若要更進一個層次，則需要有一個對全部工程數據有一個融入腦髓的理解。再就是需要每時每刻都要有一種「戰戰兢兢，如履薄冰」的謹慎態度。重要的地方絕不能怕麻煩，絕不能有一絲兒模稜兩可和「想當然」。說真地吧，楊班長、大朱和「小林彪」他們幾個在這兩方面和我相比，不是差一點半點。

這麼一對比，基本上可以得出如下的結論：他們幾個經手的測量出現差錯也不能算絕對地偶然，若換成了我來現場負責或由我來操作，也不能絕對保證不出差錯，只是我出錯的概率肯定會比他幾個要小一些。

經始班的事故不斷地發酵，二連，營部，甚至一連和四連很多人都在議論，紛紛發表自己的評論。據說在某一次或兩次營黨委會上，討論研究對經始班的事故如何處理時，參加會議的黨委委員們：一連指導員李洪祥，二連連長賈廷成和四連連長鄭懷里都向營長教導員質問：

「為什麼要把最好的經始員調離出經始班？」

三位我熟悉的連級領導在替我說話。

這樣一來，上上下下的輿論都出現了對我有利的轉機。這簡直就是別人田裏下的冰雹，變成了灌溉我家莊稼地的肥水。世間的事物有時就這樣頗為奇妙地相輔相成。

經始班事故的處理事項塵埃落定，便出現一個讓我再回經始班的傳聞。

大約是一九七四年十二月末的某一天，我正在山洞裏和戰友們一起幹活。張副營長頭戴柳條安全帽，身背他的大號手電筒巡視到了我們的施工現場。我回到二連以後在這樣的地方遇到張副營長差不多有八次或十次，每一次我們倆只是以雙目相會，並沒有過言語交談。這次我們又相遇了，我手扶著鐵鍬送給他的依舊是微笑加注目禮。張副營長與以往不同，他朝我走了過來並衝我招了招手。我躍下渣堆靠攏到副營長身邊。張副營長笑著問我：

「怎麼樣啊？你還是回經始班吧！」

我微笑著用手慢慢地擦拭著額頭上的汗水，望著張副營長一言不發。張副營長又叮囑了我一句：

「你要有思想準備，回經始班去，啊？」

十幾天後，張副營長找到我們十一班的宿舍。他指了指我們班的上下鋪，問我：

「你就睡這兒啊？」

他把我叫到宿舍的外面，繼續和我說回經始班去的事。我不再仰視副營長的臉，低頭默默地品味著副營長的話，心裏禁不住思索道：我離開經始班的時候，你張副營長幹什麼去了？

張副營長和我說的最後一句話是：

「咱倆很久沒有下棋了吧？」

張副營長兩次和我提及回經始班的事，說明這樣的傳聞不是來自民間，應該是營裏的領導們討論商議過。在張副營長和徐營長王教導員們的眼裏，我大概還是「一個有利用價值的白癡」——可能是列寧語。

我心裏的計劃卻不是這樣。我的願望是把黨票弄到手之後立馬離開這裏。但在還沒有入黨之前，我沒有一點兒討價還價的資本和餘地。不論誰跟我聊到這個話題，我只能哼哼哈哈地應酬幾聲。

解樹春排長也曾很認真地和我探討過我回經始班的可能。他的見解是：如果組織上真地命令我回去，我的選項也只能是老老實實地服從。解排長的論斷無疑是正確的。服兵役最後的一兩個月，決定我命運的主動權絲毫也沒有掌握在我自己的手裏。一切皆由天定，上級領導就是天，聽天由命吧！

八十八、二百米賽跑

春節臨近了，老兵退役的日子也為期不遠了。施工現場停了工，各級軍官們忙著總結開會；士兵們開始休整；司務長給養員和炊事班的人在準備年貨；連隊裏也因地制宜地舉辦一些文體活動，盡量地讓年的氣氛活躍起來。

不知道從哪一年開始，二連每逢春節都要舉行一次二百米賽跑。我也不知道為什麼不賽一百米，也不比賽四百米，單單進行二百米。二連的二百米賽跑沒有正規的場地和跑道，也沒有預賽和選拔賽，每個排出一名到兩名選手，六七個人直接決賽，冠軍的獎品一般是一個筆記本，上面寫著獎給某年春節二百米比賽第一名某某某同志，蓋上「中國人民解放軍三二四一部隊七十二分隊黨支部」的大印。

去年春節的二百米比賽，解樹春排長沒有徵得我同意就替我報了名。究竟能否勝任比賽我自己心裏也沒有數，解排長他怎會清楚？他大概只是想讓我湊湊熱鬧，提提我的情緒。三排參賽的還有我們十一班的于峻嶺。沒想到比賽時我跑了個第一名。于峻嶺的名次是第三；獲得亞軍的是四班長王新舉。

可不要因為我這個從來沒有參加過賽跑的能得第一，就認為我們二連所有參賽者的水平都很差。我們十一班的于峻嶺一貫善於奔跑，當兵之前參加大連市中學生運動會，曾獲得過短跑第三名。一件印有獲獎字樣的運動背心他經常穿在身上。大連是一個體育運動水平很高的城市，能在全市中學生運動會上拿第三名的水平已經相當不低。

四班長王新舉是來自哈爾濱市的七〇年兵。他身材挺拔，肩膀很寬，體格強健，在哈爾濱城市兵裏屬於比較能幹的一位。他在籃球場上善奔跑能跳躍，二百米賽跑獲得第二名也全憑他的實力。

至於我跑了第一名，既出乎戰友們的預料，我自己也沒有想到。怎麼一下子就成了賽跑的健將？我自己都為突然發現的運動天賦有些莫名其妙。悉心一想也就不覺得奇怪了。我在經始班四五年的時間，一年到頭不論白天黑夜，從這個洞口奔波到那一個洞口，行走的都是山坡上的路，腳力自然也就鍛鍊出來。奔跑的速度，雙腿的頻率與我經常打籃球不無關係。

後來我才知道，我來二連之前是王新舉連續數年壟斷著二百米賽跑的冠軍寶座。對於我的超越老王很是憤憤不平，揚言來年春節一定要和我爭個高低。

不知道什麼原因，山東兵和哈爾濱籍士兵的關係總是處不好，好像不僅僅是因為地域相距較遠，用城市人與鄉下人之間的差異解釋可能更接近實際。當然了，我在經始班和李靖、張鎖柱處成鐵三角般的哥們，應該是一個例外。

十三班長姬宗祥替我分析說如果我入黨問題進入各個黨小組討論階段，擔心一排的三班長孔令山，四班長王新舉會從中作梗的事並不是望風捕影，更不是杞人憂天。

我到二連以後，和李靖的書信聯繫也逐漸減少，我沒有把我的處境和鬱悶全都告訴他，免得讓李靖為我擔憂。但李靖好像知道有關我的一切，很可能是哈爾濱的士兵們探親時和他談到過我。有兩個哈爾濱兵探親回來對我說，李靖讓他們給二連所有哈爾濱兵捎信：

「老臧到了二連還那麼拼命，不為別的，就為了一張黨票。你們幾個小子到時候如果不幫忙，還搗個蛋什麼的，我跟你們沒完。」

聽他們這麼一說，我心裏非常感動。心有靈犀一點通的李靖小老兄，你可真體諒我呀！有李靖千裏之外的保駕護航，我就不用再擔心哈爾濱兵們節外生枝了。

即便這樣，我還是想和他們搞好關係。在參加二百米賽跑之前，我已經決定讓王新舉一馬，把冠軍的頭銜還給他。

我沒有獲得賽跑的冠軍，卻收獲了一些實惠，具體地說是增加了一些獲取黨票的安全係數。

如果說五年前我第一次提出加入共產黨申請的時候還抱有一些信仰，甚至感覺到幾多神聖，輾轉拖延了幾年之後，我心中黨票的價值就完全等同於一張畢業證、良民證或通行證了。獲得黨票的手段方法也摻雜了一點兒計謀，有些計謀還有些齷齪。這樣子地與時俱進也許不能全都怪我。

二〇一〇年夏天去哈爾濱時，戰友們告訴我，王新舉幾年前因病去世了。曾經是那麼強壯的身體，卻不能盡享天年，難免讓人遺憾！

八十九、去商業局工作？

春節過後，已是一九七五年的二月中旬。老兵退役的時間越來越近。我入黨的事卻仍然還沒有消息，使用忐忑不安、心焦如焚一類的詞語來形容我的心情還是不足以表達充分。

二月十五日那天，連裏把我叫了去。給我談話的是賈廷成連長還是陳副連長現在我記憶不清了，姑且就算是賈連長吧。賈連長告訴我說，營裏讓徵求一下我的意見，說是街亭市商業局來我們工程一營求援一名即將退役的士兵去幫助他們開鑿一條山洞。這個士兵一是要有測量技術；二入伍前是非農業戶口，符合國家給安排工作的條件。

商業局給開出的承諾是那條山洞的工程結束後，保證把這名士兵安置在市商業局機關工作。營裏的領導扒拉來扒拉去，全營就我和經始班的朱文芝符合商業局的兩個條件。賈連長說這個機會很難得，連他都想轉業去那裏工作，讓我好好想一想，然後給營裏彙報。

第二天，經始班的朱文芝來二連找我。他也是為去街亭商業局的事和我商量。因為經始班的事故受到處分後，朱文芝好像不再考慮繼續服役或提幹了，也是在一門心思地準備退役。

朱文芝之所以決斷不了是去街亭商業局還是回本溪去，主要是在反覆比較街亭和本溪這兩個城市的優劣，自然也會顧及自己的家庭環境。

他問我是否選擇去街亭。我說還沒有拿定主意。我還說出了我的兩點顧慮：一是街亭市的糧食和副食品供應很不好，幾乎可以說是東北最差的城市，更無法和我們山東相比。二是不知道商業局的那一條山洞要幾年才能完工。朱文芝認為我說的兩點都有道理，這可是決定自己後半生的大事，需要再認真考慮一番。

我沒有和大朱談及讓我萬分焦心的入黨問題。我心裏的真實想法是，如果退役前黨票到手，我就堂堂正正地回山東臨清父母弟弟們的身邊去；如果實現不了，乾脆就一個人在街亭跑單幫，也算是個一了百了的方案。

昨天夜裏我因為思考這一方案幾乎整夜都沒有闔眼。我甚至想到紅石砬子村的三丫。我胡思亂想地設計事情的發展細節：如果確定了去街亭商業局工作之後，我就去找三丫。三丫雖然是個農村姑娘，這麼美麗健康勤快善良的女子也是可遇不可求的。我的記憶中有三丫的眼神。根據她的眼神判斷，我如果去找她，她一定能夠同意。

街亭市商業局幹嘛要打一條山洞呢？這要從毛主席的一段「最新指示」，也是「最高指示」說起。下面的文字是某一文人留下來並傳播開的：

一九七二年的某一天，從林彪事件後的沮喪和重病中恢複過來一些的毛澤東又一次心血來潮，他對周恩來說：

「恩來，你讀過《明史》沒有？我看朱升是個有貢獻的人。他為明太祖成就帝業立了頭功。對了，他有九字國策定江山，這九字就是：『高築牆、廣積糧、緩稱王』。我也有九個字可以對付核戰爭，那就是『深挖洞、廣積糧、不稱霸』。」

周恩來聽後，眼睛一亮。毛澤東狡黠地一笑：

「有沒有剽竊之嫌啊？」

後來，毛澤東就把這九個字確定為國策。一九七二年十二月十日中共中央在轉發國務院十一月二十四日

《關於糧食問題的報告》時，傳達了毛澤東「深挖洞、廣積糧、不稱霸」的指示。

許多城市按照毛澤東的這一口號挖了不少山洞，儲備了不少戰備糧食。一些宣傳牆上也到處寫了「深挖洞、廣積糧、不稱霸」和「備戰備荒為人民」的標語。

從那以後，國家每年要花費六億元來搞地下人防工程建設。

這就是街亭市的商業局也要開挖一條山洞的大背景。

全國各地勞民傷財費盡九牛二虎之力開挖出來的這些山洞基本上沒有什麼用處。多年以後又不得不報廢封堵填埋。

三十多年後到街亭遊玩，聽街亭的一位市民說，就在商業局當年開挖山洞的位置，現在開鑿出一條貫穿市區南北的隧道。不知道商業局早年的工程是方便了當今的工程，還是困難了現代化的隧道。

最終我和大朱都沒有答應去街亭市商業局落戶。大朱拒絕的原因沒有告訴我，或許是因為他的母親。

我拒絕的原因，下面的文字裏自有答案。

美麗善良的三丫，今生今世只能是夢中之人了。

九十、終成「正果」——第五份和第六份《入黨志願書》

一九七二年二月十八日，乙卯年正月初八，黨小組長李金海告訴我連黨支部同意讓我填寫《入黨志願書》，明天就召開全連黨員大會討論表決我的入黨問題。

據我推想，一定是黨支部書記賈連長突然意識到馬上老兵就要退役了，許諾給老臧的事，再不辦理就沒有時間了。我之所以這樣推斷是因為這次審批「黨表」的會議，是只為我一個人而召開的。按照慣例，每次這樣的會議上被討論審查的一般都是四五個，最少也要有兩三個。這是一次專門為我召開的黨員大會，賈連長可真夠意思。

沒想到依舊是好事多磨，連部的文書賈漢昌翻箱倒櫃怎麼也找不出一份空白的《入黨志願書》來。賈連長命令他去營部或其他連隊尋找。賈漢昌去泉水溝尋覓了一遭，連小林河煤礦黨委都去過了，還是沒有求援到。為了不耽誤幾天後報請營黨委會研究，賈連長讓賈漢昌用白紙和鋼筆，比著葫蘆畫瓢地畫了一份，先行讓我填寫，以免耽誤黨員大會上審查。

我填寫過的第五份《入黨志願書》是山寨版的，這也算是我加入共產黨的過程中的又一個蹊蹺的景遇。

我讓黨小組長李金海做我的第一入黨介紹人，他自然不會推辭。我又和他商量，第二介紹人想讓十班長尹祖寶來做，這是我很長時間深思熟慮的結果。李金海恍然大悟地拍著大腿叫好。

李老弟很聰明，他比我更明瞭三排乃至整個二連那些狗扯蛋攏不到桌面上的人際關係。有尹祖寶出來撐面，其他排幾個吉林東豐的黨員，一般地說來就不會再節外生枝了。

我和尹祖寶一說，他非常爽快地答應了，還跩了一句成語：受「寵」若驚。那一段時間，他經常故意說一些錯別字的成語，認為那樣很幽默。其實受「寵」若驚的應該是我。小個子老兵尹祖寶很仗義，我從心裏感激他。這也是三十多年後聽說他全家人都死於凶案的傳言後，我不願意相信的原因。

二月二十一日下午，我的第五份《入黨志願書》在二連黨員大會上表決通過。三天後，從丹東團部來的人順便帶來了一批空白的黨表，我才正式地填寫了第六份。

自從一九七一年七月我填寫第一份《入黨志願書》以來，三年半的時間先後被「槍斃」了四次。當我認真地填寫第六份《入黨志願書》的時候，心裏真是感慨萬千。我沒有聽說過有哪個中國共產黨員曾經有過如此波折怪異的經歷。我也許是創造了共產黨內一個無人打破的記錄。

下面是黨支部書記賈廷成在我的《入黨志願書》「支部大會通過申請人為黨員的決議」一欄親筆填寫的意見：

> 該同志自入伍以來能認真的（地）學習馬列、毛主席著作，堅持理論聯繫實際改造思想。入伍幾年來，幾次調動工作，能做到幹一行愛一行，服役態度端正，責任心強，由（尤）其後調本連後，施工中能發揚兩不怕的革命精神，在思想上，學習工作中充分發揮一個老同志的作用。敢於開展批評於（與）自我批評，遵（尊）重領導，團結同志，積極靠進（近）組織。根據該同志的表現，支部決定發展該同志為中國共產黨黨員。參加會議四十名，三十九名通過（同意）。希望加入組織後，進一步加強黨的知識學習。
>
> 二支部　　支部書記賈廷成　　簽名蓋章
>
> 一九七五年二月二十一日

賈連長書寫的上面這些文字，我是在三十多年後才看到的。讓賈連長這樣最能幹的老工程兵評價說我施工中發揚了「兩不怕」（一不怕死，二不怕苦）精神是難能可貴的。

賈連長還說我「敢於開展批評」，大概是源於我在八班長楊貴安和他吵架那次不辱使命秉筆黑板報，還在全連官兵大會上發言批評當事人楊貴安。

參加會議的四十名黨員在我宣讀完入黨申請離場後表決，三十九名黨員贊成，一人反對。這個不同意我入黨的戰友，很可能就是八班長楊貴安。我這樣的猜測應該有九成的把握。細細琢磨此事也挺有意思。

三天以後，連裏通知我到營部去，說是有營黨委委員找我談話，這是當時接收新黨員的一個例行手續。和我談話的是黨委書記教導員王紹武。我不知道是輪流制正好輪到了王教導員，還是正好王教導員有空。

再一個可能就是王教導員屬意想和我這麼一個有些特殊的老兵新黨員做最後一次交流溝通，為我倆之間數年的交往畫上一個句號，做一個了斷。

王教導員和我的談話用了很長時間。他幾乎回顧了他知道的有關我的所有。他再一次回憶了他當年入黨的時候因為家庭出身上中農的問題，是如何接受黨組織考驗的。其中在山洞裏施工，用扁擔大筐運石頭的場景是我第四次聆聽。

最後，王教導員問我對黨組織還有什麼要求。我想了想說：

「如果允許的話，我要求把我前幾次沒有被審查通過的《入黨志願書》都從我的檔案裏撤出來，免得今後一些不瞭解情況的人產生誤解，」

我的話音還沒有落，王教導員就說：

「那當然，那當然。你不說組織上也會這樣做。你放心吧！」

我的這個擔心其實多餘。如果我曾一筆一畫認真填寫的六份《入黨志願書》全部都保存在我的人事檔案裏，擱到現在可真就成了見證歷史的文物。它見證的不僅是我一個人的歷史。

和我談話之後，王教導員在我的第六份《入黨志願書》「上級黨委指定的黨委成員進行談話的情況和對申請人入黨的意見」欄目裏親筆書寫了如下的文字：

臧寶興同志家庭出身上中農，本人成分學生。

經談話瞭解，該同志家庭和社會關係比較清楚，本人歷史清白。

談話中該同志認真回顧了入伍幾年來的成長進步過程，總結了正反兩方面的經驗教訓，深刻感到：自己的每一點進步，都是黨組織培養教育的結果，是首長和同志們幫助的結果。認識到一個革命戰士要緊跟毛主席幹革命，就必須自覺地改造思想，爭取早日加入自己的組織無產階級先鋒隊，接受黨的領導，為實現共產主義遠大理想而努力奮鬥。

該同志是入伍比較早的老同志，曾多次申請入黨都未被批准，能自覺找思想上的差距，在行動上按照黨員的五條標準嚴格要求自己，努力爭取在思想上入黨，能接受和正確對待黨組織的考驗。

該同志對黨的基礎知識瞭解比較全面，對黨有明確認識，入黨動機比較純。根據該同志的平時表現，按照共產黨員五條標準衡量，已基本具備共產黨員的條件。因此我同意該同志加入中國共產黨，希望入黨後要努力學習馬列主義，毛澤東思想，認真改造世界觀，爭取做一名思想上入黨的名副其實的共產黨員，為共產主義奮鬥終生。

談話人　王紹武　簽字蓋章

一九七五年二月二十五日

王教導員的文字，既能勾起我心酸的回憶也讓我不得不感謝這個細緻入微的老首長。他的這段文字是記載我為加入共產黨九牛二虎九死一生的證據。

王教導員對我的結論是：

能接受和正確對待黨組織的考驗。

代表黨組織，主持和導演對我考驗的人，就是政治教導員黨委書記王紹武。

歷史除了正襟危坐，一絲不苟，有時也喜歡開玩笑，在我人生的歷史上，我遇到的王教導員是一個好人，但是他和我開了一個很大的玩笑。我不知道應該怨恨他，還是感謝他。

上级党委指定的党委成员进行谈话的情况和对申请人入党的意见

谈话人 王绍武　王紹武印　1975年2月25日

一營黨委書記、營教導員王紹武與我談話後，親筆在我的最後一份《入黨志願書》上填寫的意見。

九十一、站好最後一班崗

那年春節前後，糾結於我心中的是三個選項。入黨的大事塵埃落定之後，街亭市商業局的選項自然取消。是按照我的計劃盡早退役回家，還是依從張副營長說的再回經始班，選擇的主動權在營首長那裏。我做為一個剛入黨三天的新黨員沒有一絲一毫向上級，或者說是向黨組織討價還價，提出個人要求的資本和權利。我只能繼續聽天由命。

即將退役的老兵們都在準備行囊，給家人的禮物也都買了一些。老兵和新兵之間，不同地域的老兵之間，大家都熱烈地交談話別的言語。我則成了一個旁觀者和旁聽者。

在丹東團部任職的幾個同學朋友，劉玉林、趙振廣、張輝他們，甚至團工程股熟悉我的幾個參謀，都瞭解我的處境和想法。凡有一營的軍官去團部開會公幹，他們就都主動地幫我遊說。遊說的內容用兩句話概括：

放老臧走吧！沒理由再留人家啦！

信息傳到我的耳中，我的心裏熱乎乎的。

公布老兵退役名單的日期是一九七五年二月二十八日中午，關於我的去留仍舊沒有確實的信息。我遊逛到炊事班去。那天的午餐是大米飯炸魚。我思忖分析：我希望在第一時間聽到令自己滿意的喜訊，又不願意在現場遭受相反結果的鬱悶尷尬。如果召開全連軍官士兵大會，一定是在餐廳裏集合。伙房與餐廳只隔著一層玻璃，完全可以聽清楚餐廳裏開會的全部內容。於是我決定留在伙房裏幫廚。

四坨子凍魚早已泡在大行軍鍋裏還沒有完全化開，是那種巴掌大小的冰凍海魚。我知道，雙手浸泡在冰冷的水裏擇魚，腥氣，冰手，甚至會扎手，是個誰都不願意幹的活兒，炊事員們也都退避三舍。

我向炊事班長張永祥提出來要幫他們擇魚。張班長高興得嘴都合不上了。立馬有炊事員給我拿過來矮凳，刀子剪子也都遞了過來。每一坨子凍魚重約四十斤，四坨子是一百六十斤。三四條魚差不多才有一斤重，把五六百條凍魚開膛破肚剪掉魚頭，我這一上午就不用幹別的了。

凍魚大概是春汛時捕撈的，個頭不大卻有魚籽。魚籽高蛋白高膽固醇，是最有營養的食物。我覺得把魚籽和魚內髒一起丟掉太可惜，就不怕費事一一將魚籽從內臟裏剝離出來，收集在一個大碗裏。

魚籽有營養，魚腥味也重，並不是每一個人都習慣食用。炊事班長張永祥與經始班的大朱一樣，也是本溪下鄉到凌源去的知青。他一則很會來事，二則為我的辛勞所感動。他提出來單另把魚籽放上佐料蒸熟給我開小灶，慰勞慰勞我這個不怕辛苦的老同志。

大約在中午十一點鐘前後，我把凍魚全部整理清洗完畢。大鍋裏翻滾著炸魚的油花，一大碗魚籽也蒸熟了。我從容地清洗了手臂，捧起那碗魚籽準備好好地享受。

這時，全連人馬在隔壁的餐廳內集合完畢。賈連長聲音洪亮地在整頓隊伍。接下來賈連長就要宣讀退役名單了，我自然把耳朵的功能集中到玻璃窗的那邊去了。

賈連長高聲宣讀著工程建築二一三團司令部關於同意二連張慶文等×××位同志退出現役的決定。被念到名字的老兵隨即應一聲：到！有的老兵故意把回答「到」的聲音弄得怪聲怪氣，賈連長也沒有像平時那樣給以批評，連停頓也沒有。我仔細傾聽，心中急切地盼望能聽到自己的名字。直到名單快要念完了，玻璃窗的那邊才傳過來我最想聽到的聲音。

賈連長念過我的名字後因為沒有人回應「到」，他又重複了一遍。三排有人說了一句：

「在伙房幫廚哩！」

賈連長接著讚揚道：

「你看這老同志，馬上就要離隊了，還堅持著站好最後一班崗，真值得我們大家學習！」

我享受著魚籽，心裏很高興。高興不是因為魚籽的美味和賈連長的表揚，而是因為等來了盼望已久的大好消息。兩件大事都是按照我自己的願望兌現的。一個人的運氣再不好，也不會永遠背時，更不會在所有的事情上都背時，這就是上帝的公平。

一九六九年七月，我第一次離開二連時做的最後一件事是挖掘廁所的大糞，牛班長當眾表揚說我是「站好最後一班崗」；六年後，我即將再次要與二連告別時給自己找的最後一個活兒是擇凍魚，賈連長把同樣的讚揚給了我。站好最後一班崗，算是我為自己的軍旅生涯畫上的完美句號。

是誰成全了我的好事沒有調我再回經始班，而是讓我夙願得償退役回家的呢？

是同學朋友們說辭的成果？

是營首長們開恩？

都不是。

那一定是有貴人相助了。

這個貴人就是工程助理員李德貴。李助理員主管施工，是經始班的直接領導。營首長選擇經始班長時尊重他的意見是理所當然的。

前面我已經說過，因為一營經始班好幾位弟兄的政審結果都不好，入黨不順利，更是達不到提拔軍官的條件。營首長不得不把二營經始班的士兵李德貴提拔到一營來擔任技術員，一年後提升為助理員。李德貴和我同年入伍，來自吉林東豐，只有初中文化程度。他之所以勝出，被破例跨營提拔，不是因為他的測量技術水平比一營經始班的同志們高，也不是他對測量工作比我們更認真負責，而是因為他的家庭出身是無可挑剔的貧農。

到一營後的幾年，不論是趙生余班長執政；我暫時代理；還是楊玉霞班長主事，李技術員或者李助理員與經始班的弟兄沒有一點兒同行相惜之誼，反而隔膜芥蒂頗多。經始班是在他的領導下出事的，按說他應該承擔一些責任，或者站出來為自己的部下說幾句話。經始班四名士兵處分了三個。營部的人都認為工程組若是換一個其他人做領導，經始班弟兄們的結局不會是如此地慘重。

三個受到處分的士兵：楊玉霞、朱文芝和郭景文全都被安排退役了，只剩下一個一九七三年兵陳通剛。用小陳一個「新兵」做種子來重組經始班，營首長們也都覺得力量單薄。李德貴助理員說，他可以重操舊業，抽出時間幫經始班工作。話都說到這個份上，營首長也就只好採納了。

很顯然，任命一個像我這樣資歷的人擔任經始班長做他的部下，上級下級都會覺得不自在。李助理員微妙的心態，使他投出了關鍵的否決票。後果是大大地成全了我。

現在回憶一九七五年春節前後那一段日子，我就像參加了一場足球賽。

上半場，黨票好比是足球。我左衝右突，盤帶過人，可怎麼就是無法把球踢進球門裏去。這時，對方的球員郭景文用自己的失誤自擺烏龍，一腳替我把球踢進了球門。而郭景文是我在經始班先後相處的十幾個戰友中對我最冷漠的一個。關鍵時刻，小郭同志實實在在地幫了我的大忙。

下半場，我變成了球。營首長們想把我踢回經始班的門框裏。工程助理員李德貴擔任著對方守門員，硬是撲住了張副營長罰射的點球，甩腿把我踢出了球場的邊線。而李助理員恰恰是我經歷的三任助理員中對我最疏遠的一個。關鍵時刻他給了我一個大實惠。

世間的事情，往往會以這樣扭曲的方式相輔相成，真讓人感歎不已啊。

九十二、「康德」排長打開了我的檔案袋

接下來就簡單多了。退役老兵的名單公布以後，連隊伙房裏天天改善，頓頓過年，生活安排異常地優裕。老兵們什麼活兒都不用幹，也不開會學習，更不需要站崗，所有的時間儘管去會老鄉吹牛，去和朋友告別，去

小賣部閒逛，還可以一遍又一遍地整理行裝。

和我要好，需要我說很多話告別的朋友們，兩年前就都退役了；臨清一中一起來的同學，多數都被提拔成軍官調到上級機關去了。我去了一趟泉水溝的營部，找會計王合文說了幾句告別的話；去四連看望了張鎖柱。我還去了王教導員家，想和老首長再見一面。結果他不在家。他的夫人老賈送給我兩瓶白酒，算是代表王教導員給我送行。

我特意再次爬上了營部房後的那座小山包。和過去一樣，我把身子斜躺在山包的南側，仰望藍天白雲，俯瞰營房籃球場和進進出出的人，思緒從頭至尾又翻滾了一遍。

六年前，我穿上軍裝的時候是十九歲，現在我就要永遠地離開軍營了。人生最好最美的六年，我都獻給了附近這些山溝山梁和山洞。它們是我人生的見證，它們周圍的一草一木一山一石都值得我好好地與之道別。

回顧六年歲月，心情難免再次顫抖起伏。用和平年代軍人的標準衡量，我無疑是一名最優秀的士兵。

我退役時的照片。（一九七五年三月）

入伍的第一年，我被評為「五好戰士」，以後我幾乎年年都受到嘉獎。

到經始班不到一年，我就掌握了難度最大的測量技術並有所創新，參與完成了「閉合導線複測」的課題。

經始班的士兵中，我負責測量貫通的山洞數量最多，且沒有發生過一點兒差錯。

我不辭勞苦，日日夜夜堅持「排排經始」，我經手的掘進工程超挖量最低。幾年下來，大概能少開挖幾千立方米，或許更多。節約的費用和工時不是一個小數字。可能相當於一個班的士兵幾年完成的掘進量，或許更多。如果用此論斷考量我在經始班四年半的工作，我不僅是一名優秀的經始員，甚至可以說是同一時期全營貢獻最大的士兵。

我以待罪之身（何罪之有？罪何有之？），被貶謫回二連，做一名服役期最久的老兵。我搶著幹最累最苦最危險的活兒，多次被連營領導表彰為「一不怕苦，二不怕死」；

山洪中救人時我充當敢死隊員，奮不顧身地衝到激流裏的推土機上去；

做安全員，我成為安全標兵；

業餘時間，我被評為生產模範；

我站好每一班崗，直至最後的一刻。在二連的十五個月，我無愧是全連最好的戰士。

一份又一份的《入黨志願書》；一個個苦思冥想坐臥難安的白天黑夜，一滴滴心酸的淚水，還有父親揮拳要揍我的憤怒；母親殷切的期盼和哀求，一幕幕難忘的場景，全部在我的腦海裏閃現了一遍。

剛穿上軍裝的時候，我崇拜雷鋒，崇拜王傑、劉英俊、董存瑞和黃繼光，崇拜保爾•柯察金、高爾基和列寧。我最崇拜的人當然是毛主席了。是真心實意地崇拜，認為他是最英明最偉大的人，認為自己能生活在毛澤東的時代，非常榮幸，非常幸福，非常安全。

六年後，目睹了從上到下的欺騙荒誕卑鄙和不公之後，崇拜變成了質疑，叛逆替代了虔誠。那個年代，人們都說解放軍是毛澤東思想的大學校。頗具諷刺的是我在這個大學校學習了六年之後，我開始鄙棄所謂的思想，開始質疑虛構的偉大，尤其是對其思想之核心「以階級鬥爭為綱」的學說，達到了深惡痛絕的地步。「什麼階級說什麼話」，那時常這麼說。這也算是我這個上中農後代親身體驗之後對領袖思想體系所產生的「階級感情」。

我那時還不知道「你可以欺騙所有人於一時，也可以欺騙部分人於永遠，但是你不可能永遠欺騙所有的人。」這段話是林肯的語錄，我也不記得是從哪裏得來的這些文字，但我把它抄寫在了筆記本上。我非常欣賞這三個斷句。在一個是非顛倒充滿謊言的年代，這樣的思想變化如果也可以算作一個男人正在走向成熟的話，這是我用六年最美好的青春所取得的唯一收獲。

我躺在山包上回憶思索一番之後，心裏再也沒有絲毫的懊惱和悔恨。我的心裏很平靜。和死去的王彥梅、馬九成他們相比；和終生殘疾的陳三喜、歐陽德立他們相比，我還是幸運的。我在鬼門關口盤桓了六年，身體有驚無險，胳膊腿都還健康地長在我的軀幹上。工程兵常見的胃病被我治好了。很多戰友都患上的腰腿疼沒有光顧到我的身上。

仔細一想一算，我甚至覺得的自己六年青春也並沒有損失，沒有浪費。我即使不來當兵，或許也會成為一名下鄉知青，最好的現狀是臨清某一個工廠的工人。生活也就那麼一回事，當兵的路也並沒有錯與不錯之說。像我這樣上中農家庭出身的人來做士兵，無論幹得有多好，也是不可能被提拔成軍官的。

我因為入黨的周折太多，期間又有兩年沒有徵集新兵，我只是比最初的設想多服役了兩年或三年，出乎預料地多吃了很多苦，這又算得了什麼呢？吃苦受累之後，年輕的筋骨還在。再說，有這幾年的磨難墊底，今後什麼樣的境遇我大概都能對付得了，這不就是收獲麼？。想到這些，更加釋然頓悟。站在山包上最後一次審視軍營，遠眺群山，心裏非常輕鬆，甚至有些愉悅。

告別軍營的時間是一九七五年的三月二日。留隊的新兵和已經登上卡車的老兵們握手祝福。很多人的眼眶發紅，還有人掉下了眼淚。我沒有流淚，我只記得和辛光學的告別。兩人都沒有什麼言語，只是長時間緊緊地握手。我至今還記得他那天的手很熱。

辛光學或許和我想的一樣：今日一別，天隔南北，互為參商，今生今世再見面的機會幾乎就沒有了。

離開軍營臨登火車前四位戰友合影。從左到右：于德明（剛果布）；作者本人；解樹春排長（西哈努克）；護送我們回家的李維國（康得）排長。

六年前從臨清來的士兵除了提拔成軍官的，這次幾乎全部都退役了。營裏指派四連的李維國排長負責護送我們，他就是外號叫「康德」的那位。

我至今好保存著一張照片，背景是街亭市的一座挺有名氣的紀念碑。照片上共有四個人：最右邊的是「康德」李排長；左邊的是四連的臨清兵于德明；中間是我和「西哈努克」解樹春排長。解排長是專程到街亭火車站給我們送行的。于德明六年前在新兵連時和我在一個班，因為皮膚特別黑，被人起外號叫「剛果（布）」。「剛果（布）」入伍退役都和我一起拍照合影，也算是一種緣分。

三月三日的上午，火車駛過天津。六年前我們這批新兵乘車去東北路過天津的時候也是這個日期。滿打滿算六年的光陰，一天也不多一天也不少，也算是一個巧合。

這時，發生了一件事情：我不記得是哪位老鄉戰友為座位的事和另一個部隊的幾個退役老兵發生了口角。我的情緒立時極度衝動，竄到對方前面，左手抓住一個人的衣領，右手的拳頭高高地舉起，嘴裏模仿著電影裏國民黨傷病的口吻一聲大喝：

「老子鑽了六年山洞，憋了一肚子氣，今天就要好好地教訓教訓你！」

「康德」排長和其他戰友們趕忙過來把我抱住，制止了一場惡鬥。那幾位陌生的老兵，大概被我的惡相，被我的「鑽了六年山洞」給鎮住了，大氣也沒有敢吭一聲。

「康德」和戰友們都沒有看到過我發怒，所以非常驚訝，紛紛好言安慰我，一聲聲地追問：

「你怎麼啦？到底怎麼啦？」。

我自己也不知道為什麼會為一件於己毫不相干的事，做出如此的舉動。平靜下來，莞爾一笑，沒想到六年的壓抑會在這樣的場合以這樣的方式發洩一番。

電影中國民黨傷病的標準臺詞是：

「老子在前邊打仗，身上鑽了這麼多窟窿，吃你一頓飯還敢要錢？你不想活啦！」

那次火車上揮拳打架是我一生中唯一的一次動粗，一次莫名其妙的衝動。

從德州換乘卡車，再行駛一百多公里就到了臨清。離家六年的一批服役士兵，一批挖了六年山洞的鋼鐵般戰士，終於又回到了大平原上的家。

卡車剛剛駛進臨清汽車站的院子裏，我就看到母親和二弟早已等候在那裏。一定是昨天就已到家的郭信昌或潘金富兩位戰友把我回臨清的確切時間告訴給母親的。他們倆入伍前和我母親在同一個工廠工作。

卡車剛一停穩，戰友們開始整理行囊準備下車。我站起來揮手和母親二弟打招呼。母親靠近卡車，仰著頭，第一句話就張口問我：

「你入了嗎？」

我沒有回答母親，儘管把行李交到二弟的手中。母親問的聲音更大：

「你到底入了沒有？」

母親的高聲引起幾位戰友的關注，他們有的可能根本就不會知道我母親問的是什麼事。有兩位認識我母親的和她打了一聲招呼。我擺擺手對母親說：

「回家再說吧！」

母親和二弟騎來了兩輛自行車。我騎一輛帶著母親；二弟騎一輛馱著行李，開始往家裏走。走到青年橋附近，母親從自行車後座上跳下來，一隻手拉住自行車說：

「你也下來，咱們不走了。你告訴我，你到底入了還是沒入？」

我笑了，二弟也笑了。我趕忙對母親說：

「我入啦！你放心了吧？」

母親嘟囔一句：

「這還差不多！」母親也笑了。

我們仨自行車也不騎了，高高興興地步行回家。我感覺有許多話要對母親說，對二弟說，可一時又不知道從哪裏說起，我只是無言無語地陪母親笑。

回家的感覺很好，實現了父母心願的兒子回家的感覺更好，我和母親都享受著喜悅。

二弟為我打來了洗臉水，我還沒有洗完臉，護送我們回臨清的「康德」李排長來到了我們家。

李排長上次探家的時候見過我的母親。她倆交談時還回憶敘說到李排長小時候在下堡寺時的事。李排長也算得上是我母親的熟人。

李排長是等退役老兵們全都離開汽車站後就直接到我們家來了，完全出乎我和母親的預料。李排長公務的最後一個任務是去縣武裝部交接退役老兵的人事檔案。這項工作他還沒有完成，我們這些退役老兵的檔案都裝在他的一只大手提包裏。

「康德」李排長和我的母親寒暄了幾句，立馬打開了他的大手提包。李排長說：

「老夥計，你這幾年到底是怎麼回事啊？」

我知道他問的是我入黨所費的周折。我說：

「我也不清楚，」

李排長說：

「現在你的檔案就在我這個提包裏，等會兒就要交到武裝部去了。咱們打開看一看，把事情鬧明白。」

不等我表態，李排長就把我的檔案袋給打開了。李排長和我，還有我的母親，看到了我檔案袋裏的所有材料。其中**《一九七〇年調一號》**和**《一九七一年調二號》**兩份調件，使用的是同樣的紙張，同樣的筆跡。它們的外觀和內容，我在第十四章和第十五章已經全都記述過了。

很顯然，同一個人相隔十五個月書寫的兩份調件，內容和分量都有很大區別。**《一九七一年調二號》**對我的殺傷力非常大。

我看過之後，六年噩夢的原因方才鬧明白了一些。心裏激情澎湃，身體卻癱軟如泥，激動癡呆良久，難以恢復常態。

母親還沒有看完，嘴裏就開始罵人。母親可不是一個輕易說髒話的人，最重的言語也只能是「王八蛋」、「壞蛋」、「胡說八道」之類。

「童子軍，係國民黨特務的外圍組織」；

「堅持反動立場，瘋狂地反對毛主席的革命路線。」

呵呵！「上中農」的孫子，「地主」分子的外甥，又莫名其妙地添上了這麼兩條，現實生活給我開了一個天大的玩笑，使我在人生的旅途中多看到這麼多崎嶇的風景。

哪個混蛋王八蛋胡編亂造出來的這等內容，害得老子我苦難了六年。我也真想痛痛快快地大罵他三天。

李排長勸了我母親一陣，安慰了我一番，把兩份調件和我的所有檔案材料整理好，裝進大手提包裹就到武裝部交差去了。

我呆坐在凳子上，再次陷入了回憶。

六年和青春捆綁在一起的經歷，都刀刻劍銘在腦海的深處了。還用一幕一幕地回憶嗎？

二〇〇九年八月，我在瀋陽又見到了當年的幾個領導：左一：營部器材技術員金鐵林（蒙古族）；左二：作者本人；中：二連連長賈廷成；右二：經始班長趙生余；右一：營部器材助理員李繼祥。

賈連長八十年代曾任工程建築二一三團的第四任團長，現已退休。

二〇一〇年十月，二連和營部的十位戰友在臨清的一次聚會。自左至右，前排：楊玉霞；周百柱；魏玉其；張輝；葉思龍。後排：作者本人；姬宗祥；李金海；陳國和；郭振忠。

後記

一、關於上中農

百度上的解釋：

上中農，又稱為富裕中農。是二十世紀四十年代末五十年代初，在中國共產黨領導發動的「土地改革」運動中對農村那些自給自足略有結餘，或零星雇傭他人幫助自己從事勞動，有輕微剝削行為的農民所劃定的階級成分。

毛澤東在一九二六年的著作《中國社會各階級的分析》中對上中農有如下論述：

「小資產階級。如自耕農，手工業主，小知識階層——學生界、中小學教員、小員司、小事務員、小律師、小商人等都屬於這一類。這一個階級，在人數上，在階級性上，都值得大大注意。自耕農和手工業主所經營的，都是小生產的經濟。這個小資產階級內的各階層雖然同處在小資產階級經濟地位，但有三個不同的部分。第一部分是有餘錢剩米的，即用其體力或腦力勞動所得，除自給外，每年有餘剩。這種人發財觀念極重，對趙西元帥禮拜最勤，雖不妄想發大財，卻總想爬上中產階級地位。他們看見那些受人尊敬的小財東，往往垂著一尺長的涎水。這種人膽子小，他們怕官，也有點怕革命。因為他們的經濟地位和中產階級頗接近，故對於中產階級的宣傳頗相信，對於革命取懷疑的態度。這一部分人在小資產階級中占少數，是小資產階級的右翼。」

「土地改革」之後到二十世紀八十年代的三十多年，被確定為「上中農」成分的人以及他們的子女，在招工，提幹，升學以及各種政治、經濟、文化活動中都受到了普遍的歧視。

下面是我收藏的一段非常拗口，但措辭十分嚴謹的文字，來源是《解放軍報》，時間大約是上世紀七八十年代。

《答讀者問》

怎樣對待上中農出身的戰士的入黨問題？

來自：解放軍報

溫宗貴同志：

來信收到了。你提出的怎樣對待上中農出身的戰士的入黨問題，答覆如下：我們的黨，是無產階級的先鋒隊，擔負著徹底消滅階級、消滅剝削、實現共產主義的偉大歷史任務。我們接收新黨員，一定要貫徹黨的階級路線，堅持黨員條件，保證黨組織的純潔，保證鞏固黨的戰鬥力。在我們的青年戰士中，有一部分同志出身於上中農的家庭。上中農是農民中資本主義傾向比較多的一個階層。生長在這樣家庭中的青年，當然會在不同程度上接受家庭的思想影響。但是，他們年紀較輕，在他們剛剛記事的時候，家庭的經濟地位就因合作化的發展而發生了變化，他們一般並未直接參加家庭那種非經常和非主要的輕微剝削。有的入伍前是學生，有的入伍前參加集體生產勞動，因而不能把他們同上中農一樣看待。至於接受家庭思想影響的程度如何，那要根據本人的具體情況，進行具體分析。一方面，我們不能忽視上中農家庭對子女的思想影響，另方面，還要看到，十多年來，在黨、政府、社會和學校的教育下，這些青年政治上思想上是有進步的，特別是入伍以後，經過學習毛主席著作，認真改造思想，和在連隊這個革命熔爐的鍛鍊，他們是可以同家庭的資本主義傾向劃清界線，擺脫家庭的思想影響的。接收上中農家庭出身的戰士入黨，是不是不符合黨的階級路線呢？不，不能這樣理解。在任何時候，我們都要著重選擇、培養工人和貧下中農出身的、具有無產階級覺悟的戰士入黨，這是毫無疑問的。這樣做的目的，是為了保證我們黨的無產階級先鋒隊的性質，使每一個新黨員，都能站穩無產階級立場，發揚無產階級的革命精神，把無產階級革命事業進行到底。既然黨的階級路線是為無產階級事業的利益服務的，那麼，有的出身於上中農家庭的戰士，經過黨的教育和實際鬥爭鍛鍊，能夠自覺地站到無產階級立場上來，自願為無產階級革命事業獻身，積極要求入黨，我們也就不應該把他們關在黨的大門之外，而是應該抱熱誠歡迎的態度，經過嚴格的考察教育，把他們中間確實已經具備了黨員條件的人接收到黨內來。這樣做，對黨的事業是有利的，這與黨的階級路線並不矛盾。我們不是唯成分論者。一個青年戰士能不能成為共產黨員，重在表現。也就是說，決定的因素，不在於他出身於工人、貧下中農家庭或是上中農家庭，而在於他能不能按照黨的要求鍛鍊改造自己。我們對一個上中農家庭出身的戰士的情況進行階級分析，固然要看到家庭給了他一些什麼影響，更要看到他是不是已經擺脫了家庭的這種影響，是不是努力學習毛主席著作，自覺進行興無滅資鬥爭，決心做一個無產階級的先鋒戰士。重在表現，對上中農出身的人是如此，對其他階級出身的人也是如此。即使對於接收工人和貧下中農出身的戰士入黨，也不能因為他們家庭出身好而放鬆對他們的考察教育，也必須在他們真正具備了黨員條件以後，才能接收入黨。我們一定要以對黨負責和對同志負責的態度，正確對待上中農家庭出身的戰士，正確處理他們的入黨問題。

從這段文字中可以看出，我和關班長，還有來自四川的「老白毛」在部隊享受到的「上中農」待遇，不是個案。

按照我們現在的認識水平，上中農其實可以說是中國農村中的中產階級。在全中國的農民中，上中農可能更勤勞一些，更節儉一些，更本分一些，種植養殖技術更高一些。從社會財富積累和社會架構的角度說，上中農應該屬於社會的基礎或中堅。

做為上中農的後代（雖然我們家的上中農身份來得比較勉強）我可以為上中農唱幾句贊歌。如果有人想寫一篇研究上中農的社會學論文，上面這幾句贊歌你儘管隨意引用。

二、關於童子軍

父親參加工作以後，無數次填寫《國家機關工作人員登記表》和《中國共產黨員登記表》。為了表示對黨組織對上級的忠誠，他把從孩童時期起參加過的所有活動，所有組織一點兒不拉地都填寫到檔案裏去了，包括他十五歲在保定師範附小讀小學時參加過半年童子軍的事。

童子軍被人演繹成「國民黨特務的外圍組織」，可能是他如實填寫《登記表》時所沒有預料到的。

《現代漢語詞典》（一九八三年版）上對童子軍的解釋是：

資本主義國家的少年兒童組織。解放前國民黨統治時期也曾仿行。

《辭海》（一九七九年版）中的解釋是：

某些資本主義國家使兒童接受軍事化訓練的一種組織。英國軍官貝登堡根據他在南非活動時訓練兒童充當警探的經驗，於一九〇八年創設。不久即流行於許多國家。一九二〇年，在倫敦設立童子軍國際局，一九五八年遷加拿大多倫多。中國也於一九一二年成立童子軍，首創於武昌文華書院。訓練內容有紀律、曆屆、操法、結繩、旗語、偵查、救護、炊事、露營等。國民黨統治時期，初設中國童子軍司令部，後改設中國童子軍總會，領導全國的童子軍訓練事宜並在初中設童子軍課程，推行童子軍管理。蔣介石同時還出任童子軍總司令、三民主義青年團團長、中國童子軍總會會長。

如今百度上的解釋則是：

童子軍是目前世界上影響最廣泛的非營利性、非政府青少年組織之一。

童子軍的形成最早源於一九〇七年在英格蘭棕海島上舉行的一次實驗性營區活動。該活動的組織者貝登堡把自己童年的一些戶外活動經驗和在軍隊時訓練士兵的一套經驗方法用於訓練二十名十幾歲的男孩，結果深得受訓者的喜愛。這次活動產生了巨大的影響，青少年開始紛紛效仿並自發組織起來進行類似的活動，由此便發展形成了今天世界上規模最大的青少年運動。童子軍運動的目標是：幫助青少年增長知識，掌握技能，完善自我、家庭以及所在的社區，使青少年成為有責任感、能自立的公民與未來的領導人。

童子軍作為一個國際性的運動，其組織按活動的範圍可分為國際性、地區性、國家性與地方性等各個不同級別。世界童子軍會議是童子軍的最高立法機構，同時也是其世界組織的管理部門，其成員是由得到童子軍世界組織承認的各國童子軍組織構成，每個國家只能作為一個成員加入。目前已有一百五十多個國家和地區的童子軍組織得到了世界童子軍組織的承認。目前全世界大約有二億五千多萬名童子軍。

上面三個不同時代對童子軍的解釋都具有一定的權威性。內容的差異，反映了時代的變遷。連《現代漢語詞典》、《辭海》這樣理應完全公正、中性的工具書中都把童子軍和「資本主義國家」，「國民黨統治」，「蔣介石委員長」聯繫到一起。一個縣城裏有一位職務相當於縣委組織部長的人，把童子軍演繹成「國民黨特務的外圍組織」的創意就不算十分出格，也沒有多少天才的成分了。

當年我的那些文化知識，歷史知識都不很多的軍隊基層領導們，被「童子軍」被「國民黨特務的外圍組織」所震懾，因而不敢做出放我一馬的決議。他們的嚴謹慎重絲毫也不奇怪，我不應當記恨他們，也不應當蔑視鄙棄他們，他們幾乎都是在盡職盡責地秉公辦事。

甚至連我對周瑜書記官心理活動的推理依據也不是十分地充分，他大概其只是稍微粗心而已。

在毛澤東主席的操縱下，中國大陸的整個社會都變成了一臺巨大的絞肉機。我做為一介草民，在這臺機器裏面滾動了數年，身上受幾處傷脫一層皮再正常不過。

三、關於調件的演繹與推理

自從偷看過李排長手提包裏的檔案後，我就一直想鬧清楚究竟是誰陷害了我。

兩份調件是一個人的筆跡，字體細長，這是我所掌握的唯一線索。

我在等候分配工作期間，閒著無事打掃家裏的衛生時發現了幾個筆記本。筆記本的主人是邢希梅，內容多是學習毛主席著作的心得體會，大概是一九六七年夏天他躲藏在我們家和我下象棋時遺忘或丟棄的。引起我注意的不是其無關緊要的內容，是筆記本上細長的字體。

邢希梅大叔和我父親一九六七年時一起擔綱臨清捍衛派參加濟南辯論的首席代表；一九六八年初一起蟄伏於臨西「築長城」，可謂出生入死，志同道合。捍衛派勝利之後，他倆因為在是否以牙還牙報復炮轟派的問題上始見分歧，進而視同水火。**《一九七一年調二號》**出籠之日正是二人分道揚鑣之時。所以我判斷是邢希梅作的案。其動機因素是具備的，再加上同是細長的字體。如此推斷，我覺得十有八九的把握。

邢希梅老兒，你當年逃難似地住在我家。我陪你下象棋吃窩頭。你和我的父親分道也好，揚鑣也好，相互攻訐謾罵也好，你儘管出招，那是你們倆之間的事。你竟然卑鄙無恥地向我這個晚輩下死手，把我害了一個苦。不狠狠地報復你一下我誓不為人。

後來，我閱讀了大仲馬的小說《基督山伯爵》。我一口氣連著讀了三遍，每一遍都很投入。閱讀後的心得體會是我一定要像被欺騙陷害，遭受了大苦大難的鄧蒂斯學習，對仇人實施一場酣暢淋漓的報復。報復的方式，我需要從長計議。

一年後，我結識了一位民間的好漢。他身體強悍，會武功搏擊，且淳樸俠義。我把我的遭遇說與他聽，只說得他憤然而起，立馬就要替我前往出氣，猶如《快活林》中的武松要去毆打蔣門神一通。我問他是否需要再物色一兩個幫手？那好漢說他一人足夠。

我說：那好，等我的口信吧！

後來那好漢又催促過我兩次，我只是說：再等等看。

日月荏苒，我的性情也在不斷地老練成熟。一者沒有百分之百的把握，我不能輕易地對嫌疑人出手；二者刻骨的仇恨也難以經受歲月的腐蝕。隨著年歲的增長，人對很多事情便看得淡漠。經歷的義憤填膺之事多了，也就失去了義憤填膺的激情。除去一次回臨清去和幾個同學喝酒後微醺說過幾句真想打斷邢希梅那廝的一條腿之類的話外，沒有再有實施報復的構思與激情。

文革結束後，人事部門對檔案裏帶有「誣蔑不實之詞」內容的材料專門進行過數次清理。原本保存在我檔案裏的**《一九七一年調二號》**因為「誣蔑不實」太多在那次清理中被撤出銷毀了。

三十多年後的一天，我把當年**《一九七〇年調一號》**和**《一九七一年調二號》**的事講給我父親聽，並且告訴他，我曾經設想著要狠狠地報復他那當年的最親密戰友邢希梅一下，最輕也要砸斷老邢的一條腿。

父親對我的設想和密謀很驚訝。

我把一直保存在我的檔案袋裏的**《一九七〇年調一號》**掃描件拿給我的父親看。父親還沒有看完，就十分肯定地說：

「這不是邢希梅寫的字。他的字也是細長的，但字的核心往一塊兒擰。」

父親還毋庸置疑地說：

「這是組織部甯繼齋的字。」

父親還分析道：

「邢希梅那些年一直在宣傳部工作，不大可能接觸人事檔案和接待外調人員。」

我認為父親分析的很有道理。以父親對邢希梅以及甯幹事的熟悉程度，字體的辨認也不會錯。

父親反覆回憶當年的經過，頗為恍然大悟地說：

「一九七一年八月，正是我剛被派去康聖莊不久的時候。我被發配到康聖莊去是因為我得罪了組織部長劉玄德（化名）。那份最壞的調件肯定也是劉玄德搞的鬼。一定是他打好草稿之後，又讓甯繼齋謄寫的。毫無疑問，整個過程肯定是這樣的。」

父親又把他當年如何如何向劉之忱、張敬軒兩位主任進言反對劉玄德進常委班子。劉玄德的鐵哥們辦公室主任張松就在現場。以至於後來劉玄德把他排擠到康聖莊去的過程說與我聽。我認為父親所言應該是事情的真實答案。

你看看，我差一點兒砸斷了邢大叔的一條腿，幸虧沒有輕易地出手，不然的話豈不釀成了一宗錯案冤案？世間的的事，還是多悠著點好。

這事兒的全過程，戲劇性歷史性都非常充分。當我真正鬧請了當年陷害我置我於千劫難復之地的人是誰，知悉了他的真實姓名真實身份後，我卻對這個劉備劉玄德同志並沒有產生基督山伯爵一樣的敵視與怨恨。我已年逾耳順，日月時光不僅磨損了對苦難的記憶，而且沖淡並改變了我對世事的認知。

人生幾十年，接觸並熟悉的人也許幾百，也許幾千。這麼多熟人，不會個個都是天使，都是你的守護神。總會有幾個品質不好，或品質尚可卻與你相克的人。他們出手做出傷害甚至是嚴重傷害你的事，完全正常。就如同吃過一碗幾千粒大米蒸煮成的米飯裏，很可能會有三五粒沙子。我打心裏原諒了劉玄德。他被我原諒的順序，排在周瑜書記官和偷看我日記並據此書寫整理出「黑材料」的蔣幹同學之後。他們是我這輩子心靈深處最後原諒寬恕的三個人。

有一篇文章我很受啟迪：一九九四年五月，曼德拉就任南非總統。就職儀式上，受邀參加的來賓除了世界各國的政要，還有羅本島監獄的三名看守。他們是曼德拉的老熟人，曼德拉關押於斯的二十七年間，三名看守經常侮辱虐待和慢待他。就職儀式上。曼德拉逐一與他們擁抱，向來賓介紹三位看守時不僅沒有報復侮辱的語言，而且說是他們陪伴自己度過了在羅本島漫長艱難的歲月，說自己年輕的時候性子急，脾氣暴，正是在這三位獄警老朋友的幫助下學會了控制自己的脾氣。曼德拉出人預料的話，贏得了來賓們的掌聲和讚揚。三位看守也不由得對曼德拉肅然起敬。

就職儀式結束後，曼德拉在與其中一位看守格裏高交談中平靜地說：

「當我走出囚室，邁出監獄大門的時候，我意識到：如果我不能把悲傷怨恨留在身後，那麼我其實仍然在獄中。」

我是無法和曼德拉相比的，但我可以向曼德拉學習，我的思想意識可以和曼德拉相通。我可以用曼德拉的來話理解生活：年輕的時候欺辱過你的人，是你人生難遇難求的老師；原諒別人也等於解放了自己。我原諒寬容了劉玄德、周瑜和蔣幹等人，歸根結底是為了解放我自己。

四、鋪磚

一九七五年四月，我在家等候分配工作。身體休閒了一個月便覺得渾身的氣力應該使用。父母和二弟每天去上班，三弟還在後李莊給貧下中農們看守磨坊。我決定自己找點兒活兒幹。

我們家那年的住房是縣委新蓋的家屬宿舍。因為資金有限，新房子很簡陋。最讓人難以理解的是屋裏的地面比院子還低。我給自己找的活兒是把屋內的地面升高十幾公分。地面上鋪的是一層普通紅磚，把紅磚掀開，鋪墊上一層土，再把紅磚恢複成原樣就行了。需要的唯一原材料是沙土。我們家的門外還在建設，沙土就地取材，有的是。

和母親商量這事，她非常同意，說：

「那敢自好。只是得需要多少土哎！」

這句非常「劉口」的話意思是：如果能把屋內的地面墊高一些實在是太好了，只是需要的沙土太多了，怕你幹不了。

二弟的計算結果是：四間屋子的淨面積有六十平方米。假如使地面增高十二釐米，需要的沙土是七點二立方米。還要把兩千多塊紅磚倒騰兩次。

我說：

「你們就傾好吧！」

這句很「臨清」的話意思是：不用你們費心費力，只管等著看結果吧！

我找來一輛獨輪車，一只背筐。三天以後就完工了。下雨就再也不用擔心院子裏的水倒流進屋子裏了。如果哪一位讀者是建築工人或農民工，你可以試一試，給你三天時間，你一個人是否能完成同樣的工作量。全家人和鄰居們都為我的幹活的效率而驚訝。

六年基建工程兵白當了嗎？

五、汽車調度

一九七五年五月，我分配工作到聊城汽車運輸公司就業。擔任運務科的調度員，具體工作是安排汽車運輸的線路和運輸貨物的種類。

那年月，汽車數量很少。聊城地區八個縣，五百多萬人口，所有的機動車輛一共有八百多臺，包括地委書記乘坐的一輛上海牌轎車。駕駛員的職業很吃香。民謠：「聽診器、方向盤、木頭疙瘩（公章）、營業員」指的就是醫生、司機、官員和商店裏賣貨的（最好是賣自行車或賣豬肉）。

駕駛員吃香，管駕駛員的調度更吃香。我剛上班不久，一位老調度對我說：

「你什麼時候結婚啊？我讓木器廠給你做幾件傢俱，保證便宜。」

木器廠運輸木材需要到汽運公司來申請使用汽車，有求於調度們。

我從一個整天在無有天日的山洞裏搬石頭的士兵，一下子成為人人都來相求的白領，真有一步登天的感覺。

話又說回來，我如果退役前沒有加入共產黨，就不可能得到這麼美的工作。

在中國的大陸地區，入黨還是很實惠的。

六、政工幹事

汽車調度幹了三個多月，駐地在東阿縣城的汽車四隊的陸調度員生病請假，運務科張科長派我去東阿臨時頂替老陸，同時收集一些派車現場的情況。每週在東阿住四天，回聊城公司裏編制汽車運行計劃兩天。

一九七六年秋天拍攝的全家福。父親臧全祿（四十五歲），時任中共臨清縣委副書記；母親趙俊蘭（四十八歲），臨清色織廠門衛；作者本人（二十六歲），聊城地區交通局政工科幹事；二弟臧寶昌（二十二歲），臨清棉紡織廠工人；三弟臧寶華（十九歲），臨清發電廠工人。

大約是九月下旬，我從東阿剛回來，運務科裏正開著調度會議。公司組織科的老劉通知我去地區交通局有事。

地區交通局是汽運公司的主管機關或者說是上級機關，辦公的地點相距二百多米。我去到交通局後，才知道是調我去那裏工作，崗位是交通局政工科幹事，負責勞資人事和共青團工作。

交通局是聊城地區直屬機關，政工科幹事的人選除了工作表現好，有一定的文字能力，忠誠可靠諸多條件外，最重要的一條必須是共產黨員。我工作才三個多月即被選中，從企業調到機關政工科，簡直有一點兒飛黃騰達的味道。如果我退役前沒有入黨……。

在中國大陸，加入了共產黨，人生的機會就多了許多。

七、國人共一哭

一九七六年九月九日，毛澤東逝世。

那天上午十一時左右，我在政工科值班。我接到地區經委政工科的電話通知，說是當天下午三點中央廣播電臺即將播報重要消息，上級要求各單位組織全體職工集體收聽。

我向科長、局長彙報過後，立即往所有的下屬單位轉達。

交通局機關那時沒有會議室。下午兩點半以後，局機關所有人員就都集合到了政工科的辦公室裏。收音機也早早調試到中央廣播電臺的頻段。

等候的時候，有一個同事小聲問我將要播報的是什麼消息。我想了想說：

「上級的通知中沒有告訴。」

那人又問：

「你估計會是什麼內容呢？」

我和那位同事關係不錯，所以我聲音很小膽子卻很大地猜測道：

「或許是毛主席的身體不很好。」

報紙上廣播裏已經很久沒有毛主席的消息了，所以我這樣猜測。我認為有關毛主席健康狀況的消息，黨中央很可能像一九五三年史達林去世前後那樣，一步一步地對外公告。

三點整，中央廣播電臺直接就公布了毛澤東去世的消息。一兩分鐘內，就有人開始哭泣。交通局機關共有六七名女同志，多數都哭出了聲，看不出來是哭還是沒有哭的兩位，也把腦袋低垂到別人無法看見她臉龐的位置。

男人哭出淚水的差不多占三分之一稍多。其餘三分之二也都做悲痛狀。

交通局的兩位副局長（局長暫缺）年齡都在五十七八歲的年紀。兩人都沒有流淚，只是悲痛的樣子比一些年紀輕的更接近真實。

我沒有哭，悲痛的樣子還是要有的。假如毛主席去世的事發生在十年前，我一定會哭得死去活來。十年之後，我的心裏已不會再為之悲痛了。事後我回憶當時的第一感覺感想是：下來國家要有大的變化了。怎樣變，變成什麼，我一點兒也說不清楚，只感覺當時整個國家的上空，都被一個非常大且密不透風黑不透光的鐵鍋籠罩著。現在鐵鍋裂開了，被扣在下面的人和物都可以看到外面的光線，起碼可以呼吸一些新鮮空氣了。

交通局政工科也負責整個交通系統的政治保衛工作。分工保衛工作的劉副科長搜集整理各單位彙報上來的情況後，處分了四名職工，全都是在毛主席治喪期間唱歌或喝酒並被人舉報了的。處分的名目並不十分嚴重，警告或開除留用級別的。

我回家問母親哭過沒有。母親回答的很率直：

「他死了有什麼值得哭的？你又不是不知道，他禍害了多少人哎？」

母親的評論或許與其地主的家庭出身有些關係。

很久以後，我就毛主席去世後哭過還是沒有哭過的問題回劉口村時進行調查。劉口村的幾個村民說的意思基本接近：

「哭什麼哎？又不是自個家裏的人死了（Lie）。你們在外頭（工作），別人都啼哭（音Tiu Hu），你也就都跟著哭一哭，裝裝樣子唄。咱們老土爾（劉口村俗語，土包子的意思），當家十戶地（意思是：都是本鄉本土一個家族的人），還用得著裝嗎？你要啼哭，還惹人笑話呢。」

毛主席去世後的第二天，聊城地委在辦公樓二層正中間的一個大房間設置了靈堂，地區所有的領導都輪流守靈，地區直屬機關的幹部們輪流去那裏弔唁。設置靈堂甚至靈堂的大概佈局，幾乎可以肯定是按照上級指示行事的。

我們交通局機關職工去弔唁的時候，站立在靈堂左首守靈的四個地區領導人是：地委副書記張程震，地委副書記徐桂英（女），地委常委宣傳部長張韌庭和一位穿軍裝的軍人（軍分區司令員或政委）。兩位副書記痛哭流涕；張韌庭部長低頭戚戚；軍人面部平靜地直視進屋弔唁的人。

徐桂英副書記是聊城地區最著名的學習毛主席著作積極分子，來自臨清的某個村莊，年方三十歲左右，屬於呂玉蘭、尉鳳英一類的人物。對毛主席感情深厚，痛哭流涕很真實很誠摯。

讓人琢磨不透的是地委副書記張程震，他的痛哭流涕一直讓我百思不得其解。

張程震是山東蒼山縣人，生於一九二六年，一九四二年入黨，文革期間任魚臺縣委書記，後升任濟寧地委副書記，移任聊城地委副書記。此人做事果斷有魄力，性情外露。擔任聊城地委書記之後還想百尺竿頭更進一步，行政自然不很平穩，引起一批老幹部赴京上訪。致使他的雄心壯志遭受挫折，被平調低就至山東省水產局任局長。

他的仕途終結便開始放手撈錢，不想被助手王家斌告發。為滅口，張程震找來當年他在魚臺擔任縣委書記時結識的紅衛兵小將張昌文，於一九九四年把王家斌夫婦槍殺於王的家中並焚屍滅跡。這個案子轟動了全省甚至全國，成為公安部督辦的大案。他和張昌文還計劃殺害受理王家斌控告的檢察院副檢察長金增旺，結果未遂。殺害王家斌夫婦的手槍和經費都是張程震提供，行動細節也是他親自策劃的。二〇〇〇年張程震病死。二〇〇二年兇手張昌文再次作惡而事發，張程震惡行敗露，死後還被永遠開除了黨籍。

像張程震這樣的惡人壞人殘忍的人，為什麼會在毛主席的靈堂前痛哭流涕呢？無論我怎麼想也都搞不明白。

一九七六年九月十八日下午三時，毛主席的追悼大會在北京天安門廣場舉行。聊城地直機關也在地委辦公樓前設置了一個分會場。正逢天降暴雨，會場上的人衣服都被澆透了。哭的人很多或不很多。只是雨水和淚水都混在了一起讓人們看不出來誰流淚誰沒有流淚，誰的眼淚多誰的眼淚少。

副局長指派給我的任務是護衛交通局擺放的那個大花圈。因為事先就做了下雨的準備，我隨身攜帶了一塊很大的塑膠布。暴雨中，我用塑膠布蓋住了花圈，我的身軀也就躲藏在塑膠布下而沒有淋濕。我也沒有流淚，真地哭不出來。再說了，我整個人都藏在塑膠布下，哭沒有哭誰也看不到。

八、一九七七年高考

一九七七年參加高考前的我。

毛澤東去世後，禁錮在陰霾裏的國家開始變化。中斷了十一年的大學恢復招生考試是最震動全國的變化之一。

一九七七年十月十二日，國務院批轉教育部《關於一九七七年高等學校招生工作的意見》，正式恢複高等學校招生統一考試的制度。當年的十二月十一日－十三日，全國五百七十萬青年開始爭奪二十七萬個大學生名額。據統計，錄取率百分之四點七。

我和我的兩個弟弟同時參加了那次高考，考試的結果是被錄取了一個半：

二弟寶昌落選；

三弟寶華初選榜上有名，僅參加了體檢和政審，最終沒有被錄取，一九七八年七月他第二次參加高考，以全縣第五名的成績被同濟大學錄取；

錄取我的學校是山東師範學院聊城分院（簡稱聊師，現在的聊城大學），專業是政治系。

恢復高考後的第一次考試是各省市自行出題，我記得山東省高考語文考試的作文題目是《難忘的一天》。報名的同時直接填報志願，我填報的四個志願分別是：復旦大學國際新聞專業；北京廣播學院（現傳媒大學）編導專業；山東大學歷史系和漢語言系。是否服從分配一欄填寫的是：不服從分配。後來得知我的四門（語文、政治、數學、史地）考試成績合計分數是二百五十一分，達不到上述四個志願的錄取分數，所以被分配去了聊師。

我有一個劉姓同事的哥哥那時在聊師擔任黨委書記。劉同事領我去找他的哥哥，我要求從政治系換到歷史系或中文系去。劉書記說：沒有這個先例，政治系也很好嘛！

換專業的願望沒有實現，我決定放棄這次就學的機會。在我生活工作的小範圍內那年某個人考上了大學即可算作新聞；考上了大學本科而又沒有去讀，可就成了一個有些轟動的新聞了。

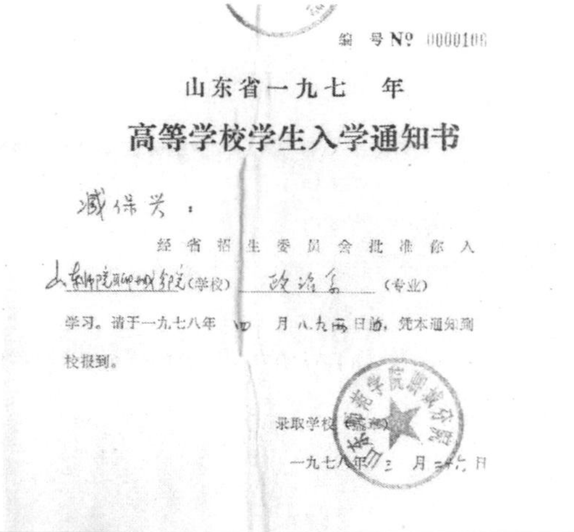
编 号 №0000186

山东省一九七 年

高等学校学生入学通知书

臧保兴：

经省招生委员会批准你入

山东师范学院聊城分院（学校） 政治系 （专业）

学习。请于一九七八年 四 月 八、九两日前，凭本通知到校报到。

录取学校（盖章）

一九七八年三月二十六日

山東師範學院聊城分院政治系的入學通知書。原件我一直珍藏著，因為那是一次空前絕後具有歷史意義的高考。

我參加那一年的高考是人生一次很特殊很值得懷念的經歷。二〇〇七年，紀念恢復高考三十週年的時候，有人展示了自己當年的准考證，但沒見到有人拿當年大學的《錄取通知書》出來。因為去學校報到時《錄取通知書》都要交給學校的。我的那張《錄取通知書》至今還保留著，應該說它是一件接近文物的紀念品了。

九、四十八根螢光燈管

聊城地區交通局新建了一座辦公樓，三層，兩千多平方米。大樓建好了卻怎麼也買不到螢光燈管。聊城一帶管螢光燈管叫電棍（棍發音要很兒化韻）。那年月什麼物資都短缺，一個像模像樣的機關連幾十根「電棍」都搞不來。管基建的張林昌和我關係不錯。他知道我在東北當過兵，問我能不能找找東北的關係，托托部隊的戰友幫助我們解決一下燃眉之急。

這時，我的老同學叢高傑在工程一營擔任著工程助理，我們倆一直保持有通信聯繫。叢同學給我回信說，一營器材組的戰友們聽說是我求助，就滿口答應下來，條件是必須我親自回部隊的駐地發貨。我知道其實是戰友們想借此見一面。和張林昌一說，張也很高興，於是我就得以又回了一次部隊。時間是一九七八年五月。距離我退役離隊三年稍多。

一營還在泉水溝青山溝石頭溝一帶施工。王教導員徐營長張副營長全都調離或轉業去了地方。賈廷成擔任了營長。營部有了一輛舊美式吉普車，算是交通工具方面的進步。

「西哈努克」解樹春擔任了二連的連長；「托洛斯基」徐敬河仍然擔任司務長。我打聽辛光學的消息，他幾個月前已經退役回四川巴中的大山裏去了。有戰友說他退役前因扭傷或潮濕陰涼導致經常腰疼，讓我再增添一層的惦念。

營部的朱世和醫生和王合文會計見到我時都很高興很熱情。他們倆都做好了轉業回原籍的準備，離隊的時間還沒有定。

我和王合文的交談多一些。王會計有一個很特殊的習慣：吃飯時先把菜全部吃完，再慢慢地對付米飯或饅頭。我問他現在是否還是那樣就餐？王合文用最簡潔的河南話反問我：

「那還用改？」

王合文的妻子正在部隊探親。王妻也很黑很瘦，也是單眼皮小眼睛，比王合文小幾歲，很像是他的妹妹。兩人結婚數年一直沒有孩子。夫妻兩地生活無疑是其原因。

王合文轉業回河南扶溝以後，三十多年不知他的音信。二〇一〇年遇到扶溝的戰友，聽他們說幾年前王合文服毒自殺了。和聽到其他戰友、朋友的噩耗一樣，我也非常希望這個消息是誤傳訛傳。王合文性格很開朗，說話高音，幽默，喜歡開玩笑。大凡有他在場，氣氛就會很活躍。如果凶信不是訛傳，他一定是遇到了人生極大的阻礙或傷害。上帝上蒼沒有保佑好他這樣的人，應該被追究失誤失職。

經我接受到經始班的四川兵陳通剛，被提拔成了技術員。小陳出差去了，我們倆沒有見面。小陳是經始班十三年來第一個被提拔成技術員的士兵。

鐵打的江山流水的兵。軍隊就是這樣，新的人來了，舊的人走了，軍隊的功能和作用一代一代地傳承著。

一九八〇年前後，賈廷成就任工程團第四任團長（第一任是擔任過吳法憲警衛員的劉培顯；第二任是唐雲普，第三任是趙志傑）；曾任二連六班長、二排長，四連連長的鄭懷里任副團長；政委副政委趙德臣、陸作全、陳殿舉也都出自二連，工程團成了二連的天下。

八十年代末大裁軍的時候，工程團的建制被取消，士兵全部退役，一百多名幹部集體轉業組成了一個工程大隊，後改名為××建築工程公司。

基建工程兵是解放軍歷史上的一個特殊兵種。嚴格意義上講，它的組成人員不能算是軍隊。除去每年練習幾天射擊，幾年才撈上一次實彈打靶外，這些穿軍裝的士兵軍官只能算是一個工程隊的工人和管理人員。因為是軍隊的建制並使用軍隊的方式管理，官兵們的勞動強度大，施工中不顧及生命安全，待遇又非常低，工程團的士兵們其實是廉價的苦力。很容易讓人想起古代服勞役修皇帝陵墓修長城的戌卒。

十、離開臨清

一九八五年三月七日，農曆正月十六，我們舉家搬遷離開了臨清。我們要去的地方是山東沿海一個小城市，三弟寶華大學畢業之後去了那裏工作，我們全家決定都靠攏到他落足定居的地方去。

我們搬家裝車那天清晨，整個巷子都站滿了前去給我們送行的人。

從一九五一年我父親獨自一人身背行囊到臨清報到參加工作起，他在臨清工作居住了三十四年；我母親在臨清生活了三十二年。他們從二十出頭的青年變成了華髮初生的中老年人。他們把青春華年全部都貢獻給了臨清。

我和兩個弟弟的童年少年青年都是在臨清度過的。這裏有我們的玩伴同學。我還有很多一起服過兵役的生死戰友。我們仨習慣並熟練使用的口音都是臨清的方言口語，飲食習慣也都非常「臨清」。臨清養育了我們；臨清人永遠值得我們感謝；臨清的土地永遠值得我們懷念；臨清是我們的第二故鄉。

我自己問自己：我一共只在臨清生活了十六年，其中有十年（一九五九至一九六九）是在饑餓半饑餓或稍微饑餓狀態中度過的，我腦海裏記憶臨清最深刻的畫面，不是關於饑餓的場景，就是曾經吃過的幾頓飽飯好餐。那我為什麼還對臨清如此眷戀呢？我自問自答曰：臨清是我長大成人的地方，和劉口村老家一樣，第二故鄉的土壤裏也蔓延著我的根，饑餓的苦水或許也是滿足人身生長的一種營養。

臨清的朋友問我們：在這裏住的好好的，幹嘛非要搬走呢？我們家庭內部也討論過這個問題。除了這原因那原因，大概還因為我們家族的血液裏有著遷徙的基因。

換一個地方嘗試，自有一番新天地。

告別了臨清，我們家族的這一支又開始了新的遷徙。

十一、夢

截止到二〇〇六年，我離開石頭溝泉水溝，或者說是離開軍營三十一年了。就算一九七八年我又回去住過兩天，那也二十八年過去了。每一年，我都會有三四次甚至七八次做夢又回到那些熟悉的山溝裏去了。

有時回去的場景是在山洞裏幹活，遇到洞裏塌方，有戰友被砸在亂石下，只露著一個腦袋；

有時夢到被砸死砸傷的是我自己，血淋淋的場景出現過很多次；

白天看過NBA美國籃球比賽電視轉播，夜裏就會夢到回軍營的籃球場上打球；

看過類似《星球大戰》一類的科幻片，夜裏就會夢到石頭溝成了一個航太基地，到處都是高高的發射塔。

我還夢到過那些山溝都被開發成高級住宅區；還夢到過我帶著親朋好友去石頭溝參觀旅遊，我指著04山洞介紹說：我就是在這裏差一點兒被砸成了肉餅。

這些夢裏的場景我沒有和別人說過，常常是醒來後自己非常奇怪地回味一通了事。為什麼三十多年經常做夢回軍營去呢？我自己也感覺奇怪，怎麼也思索不出原因來。後來我去鞍山見到趙生余班長。聊天的時候，他無意中說他也經常做和我同樣的夢，夢裏又回部隊回石頭溝泉水溝工地去了。

年輕時嚴酷曲折的經歷，深深地銘刻在大腦裏的某一片細胞裏，終生也不會消失忘記。

二〇〇六年九月，我專程去了一趟當年我們軍營所在的那一片山溝。本書前面所說看望晚年的馮海山；和缸窯村的張會計話說當年洪水中救人的往事，都發生在那一次。

當地的老鄉告訴我，最近幾年經常有一些曾經在這裏打過山洞的老退伍兵帶領著老婆孩子來這裏「憶苦思甜」。

我問老鄉，山溝裏面有一棵野梨樹，現在還在嗎？他領我在樹叢雜草間尋找了好長時間，才找到了那棵多次出現在我夢裏的野梨樹。樹已經死了，樹幹枯枝還在。

有一個問題引起了我的注意：當年我們修建的駛往山溝裏的標準公路，因為年久失修，橋樑全都坍塌，路基也都損壞了。進入山溝的路徑只是一條崎嶇的山路。依照這一點判斷，我們費了那麼大勁修建的工程，幾十年來是不曾被使用過的。國家當年投入了那麼多財力物力人力竟然沒有產生過一點兒價值。

嗚呼！悲哉！嗚呼！痛哉！嗚呼！哀哉！

難道我會為當年的巨大浪費而惋惜嗎？難道我會因為自己的青春被糟踐而悲哀嗎？我大可不必如此。人類的歷史進程就是這樣。歷史上很多看似主要的角色，其實都無足輕重。很多重大的活動產生的效果，也都是毫無用處的。我們每一個人都是歷史的一部分。

讓我再次感覺奇怪的是，二〇〇六年秋天之後我就再也沒有做過回部隊營房，回施工工地的夢。

（全書完）

二〇一二年三月十六日　第一稿

附錄　「麻色文革」三部曲總目次

第四章 童年歲月（上）

第五章 童年歲月（下）

第六章 初一二班

第七章　高一二班

「麻色文革」二部曲：文革之火

第八章　文化大革命——一九六六

「麻色文革」最終曲：挖山洞的大兵

第十二章　穿上軍裝

第十三章　二連二班

目擊中國06　史地傳記類　PC0338

「麻色文革」最終曲
——挖山洞的大兵

作　　者 / 南懷沙
主　　編 / 蔡登山
責任編輯 / 劉　璞
圖文排版 / 楊家齊
封面設計 / 秦禎翊

發 行 人 / 宋政坤
法律顧問 / 毛國樑　律師
出版發行 / 秀威資訊科技股份有限公司
114台北市內湖區瑞光路76巷65號1樓
電話：+886-2-2796-3638　傳真：+886-2-2796-1377
http://www.showwe.com.tw
劃撥帳號 / 19563868　戶名：秀威資訊科技股份有限公司
讀者服務信箱：service@showwe.com.tw
展售門市 / 國家書店（松江門市）
104台北市中山區松江路209號1樓
電話：+886-2-2518-0207　傳真：+886-2-2518-0778
網路訂購 / 秀威網路書店：http://www.bodbooks.com.tw
國家網路書店：http://www.govbooks.com.tw

2013年8月BOD一版
定價：670元

國家圖書館出版品預行編目

「麻色文革」最終曲：挖山洞的大兵 / 南懷沙著. -- 一版.
-- 臺北市：秀威資訊科技, 2013.08
面； 公分. -- (史地傳記類；PC0338)
BOD版
ISBN 978-986-326-152-0 (平裝)

1. 文化大革命 2. 文集

628.75 102014242

讀者回函卡

感謝您購買本書，為提升服務品質，請填妥以下資料，將讀者回函卡直接寄回或傳真本公司，收到您的寶貴意見後，我們會收藏記錄及檢討，謝謝！

如您需要了解本公司最新出版書目、購書優惠或企劃活動，歡迎您上網查詢或下載相關資料：http:// www.showwe.com.tw

您購買的書名：______________________________

出生日期：________年________月________日

學歷：□高中（含）以下　□大專　□研究所（含）以上

職業：□製造業　□金融業　□資訊業　□軍警　□傳播業　□自由業

□服務業　□公務員　□教職　□學生　□家管　□其它_____

購書地點：□網路書店　□實體書店　□書展　□郵購　□贈閱　□其他

您從何得知本書的消息？

□網路書店　□實體書店　□網路搜尋　□電子報　□書訊　□雜誌

□傳播媒體　□親友推薦　□網站推薦　□部落格　□其他__________

您對本書的評價：（請填代號　1.非常滿意　2.滿意　3.尚可　4.再改進）

封面設計____　版面編排____　內容____　文／譯筆____　價格____

讀完書後您覺得：

□很有收穫　□有收穫　□收穫不多　□沒收穫

對我們的建議：______________________________

____

____

____

請貼
郵票

11466
台北市內湖區瑞光路 76 巷 65 號 1 樓
秀威資訊科技股份有限公司 收
BOD 數位出版事業部

（請沿線對折寄回，謝謝！）

姓　　名：＿＿＿＿＿＿＿＿　年齡：＿＿＿＿　性別：□女　□男

郵遞區號：□□□□□

地　　址：＿＿＿＿＿＿＿＿＿＿＿＿＿＿＿＿

聯絡電話：(日) ＿＿＿＿＿＿＿＿ (夜) ＿＿＿＿＿＿＿＿

E-mail：＿＿＿＿＿＿＿＿＿＿＿＿＿＿＿＿